I0123577

Heterodoxia y fronteras en América Latina

ANDRÉS KOZEL, HORACIO CRESPO
Y HÉCTOR A. PALMA (COMPILADORES)

Heterodoxia y fronteras en América Latina

Kozel, Andrés
Heterodoxia y fronteras en América Latina / compilado por Andrés Kozel ; Horacio Crespo ; Héctor A. Palma. - 1a ed. - Buenos Aires : Teseo, 2013.
504 p. ; 20x13 cm. - (Sociología)
ISBN 978-987-1867-65-3
1. Sociología de la Cultura. I. Crespo, Horacio II. Palma, Héctor A. III. Kozel, Andrés, comp. IV. Título
CDD 306

Imágenes utilizadas: Guadalupe Miles, Florencia Blanco y Antonio Pozo

Buenos Aires, Argentina

ISBN 978-987-1867-65-3

Editorial Teseo

Hecho el depósito que previene la ley 11.723

Para sugerencias o comentarios acerca del contenido de esta obra, escríbanos a: **info@editorialteseo.com**

www.editorialteseo.com

Índice

Presentación

Heterodoxia y fronteras en América Latina reúne las intervenciones presentadas durante el simposio que se realizó, bajo el mismo nombre, los días 9 y 10 de abril de 2011 en el campus Miguelete de la Universidad Nacional de San Martín. Organizado por iniciativa del Centro de Estudios Latinoamericanos (CEL) de la Escuela de Humanidades de la Universidad Nacional de San Martín, el encuentro pudo concretarse gracias a varios apoyos: del Fondo para la Investigación Científica y Tecnológica (FONCyT) de la Agencia Nacional de Promoción Científica y Tecnológica; del Programa REDES de la Secretaría de Políticas Universitarias del Ministerio de Educación, y del Programa Lectura Mundi de la Universidad Nacional de San Martín. Hacemos constar aquí nuestro agradecimiento a los tres ámbitos.

Introducción

El libro *Heterodoxia y fronteras en América Latina* se estructura sobre una trama de supuestos que viene orientando desde hace tiempo el quehacer de uno de los programas de investigación radicado en el CEL de la Universidad Nacional de San Martín, en estrecha vinculación con otros especialistas y entidades académicas del país y del extranjero: desde inicios de 2012, el CEL integra la Red Internacional *La frontera: conceptualizaciones, historiografías, políticas y estrategias contemporáneas.*[1] Concretamente, la trama de supuestos referida postula que hay cierta potencialidad heurística en pensar zonas y aspectos de la historia intelectual y cultural latinoamericana acudiendo a un dispositivo hermenéutico que haga uso de las nociones de heterodoxia y frontera como claves de intelección, trabajando sus interconexiones, y poniendo de relieve sus eventuales vínculos con nociones emparentadas: traducción, transculturación, transcreación.[2]

---

1 Además del CEL, integran la Red las siguientes instituciones mexicanas: Universidad Autónoma del Estado de Morelos, Universidad Autónoma de Ciudad Juárez, Universidad Autónoma de San Luis Potosí y Escuela Nacional de Antropología e Historia.

2 *Cf.* Crespo, Horacio, "Poética e historia de la cultura latinoamericana. La traducción en Haroldo de Campos", en *Nostromo, revista crítica latinoamericana*, núm. 2, México, otoño de 2008-invierno de 2009.

El volumen se abre con un estudio de Élida Lois sobre los cruces de fronteras en el *Martín Fierro,* obra que, junto con el *Facundo* sarmientino y *Una excursión a los indios ranqueles,* de Mansilla, ha de contarse entre las grandes textualizaciones de la problemática de la frontera en la cultura rioplatense (y no sólo en ella). El aporte de Lois es un modelo de erudición y refinamiento filológico: con su publicación aquí a modo de obertura quisiéramos reconocer de manera explícita a quien es, sin duda, una de las mayores especialistas en el estudio de la clásica obra de Hernández y de otras expresiones medulares de la historia de nuestra cultura.

No parece necesario insistir sobre el hecho de que la constelación de supuestos sobre la cual se estructuran tanto el programa de investigación referido como el presente volumen es, al menos en un nivel, tributaria de un conjunto de indicaciones formuladas por José Aricó en varias zonas de su obra. Aspectos de esta específica y matricial dimensión de la cuestión son repuestos desde un mirador a la vez actual y problematizador en la contribución de Diego García. Más allá, aunque subyacente a la constelación de supuestos referida, late la interrogación relativa a en qué medida y de qué maneras la eventual especificidad de la cultura latinoamericana se deja apresar a través del uso de nociones como heterodoxia, frontera, traducción, transculturación, transcreación, las cuales tienden a devenir, acaso con demasiada premura, adjetivos calificativos, rasgos definitorios, teoría: ¿es nuestra cultura una cultura heterodoxa/de frontera; una cultura traductora/transculturadora/transcreadora?; ¿no está acaso presente este conjunto de rasgos en otros horizontes culturales (en todos ellos...)? Estos y otros problemas son recogidos y elaborados en las aportaciones de Bernal Herrera y de Martín Cortés: ambas proponen estimulantes recorridos por amplias zonas de la historia de la cultura latinoamericana.

Dada la orientación de parte importante de las indicaciones de Aricó -por ejemplo, aquella en la que se refirió a Saúl Taborda como "típico intelectual de frontera"-, y dados, también, los intereses temáticos de varios de los investigadores radicados en el CEL -quienes cultivan, en dosis distintas, aspectos ligados a la historia del pensamiento, la filología, la historia intelectual, la sociología de los intelectuales, los estudios poscoloniales y la opción decolonial-, una proporción considerable de las intervenciones analiza dinámicas y situaciones vinculadas con determinadas figuras intelectuales -obras, itinerarios, flexiones- desde ángulos emparentados con las nociones de heterodoxia y frontera: es el caso de los aportes de Juan Francisco Martínez Peria sobre las obras de Olaudah Equiano y Ottobah Cugoano; de Álvaro García San Martín sobre Francisco Bilbao; de Mina Alejandra Navarro sobre aspectos y momentos sustantivos de la trayectoria de Saúl Taborda; de Andrés Kozel sobre las marcas de heterodoxia en los historicistas mexicanos; de Ximena Espeche sobre el modo en que los intelectuales uruguayos Julio Castro y Carlos Real de Azúa elaboraron la cuestión de la frontera; de Gustavo Cruz sobre el indianista y postreramente amáutico Fausto Reinaga; de Marcelo González sobre ese difícilmente clasificable pensador que fue Rodolfo Kusch; de Lucrecia Molinari sobre el poeta revolucionario salvadoreño Roque Dalton.

Si es cierto que esta serie de materiales no se deja sumar sin más, también lo es que constituye un muestrario de la potencial fecundidad de desplegar dispositivos de intelección sensibles a lo que el par conceptual heterodoxia/frontera denota y connota en relación con el análisis de estrategias, gestos, prácticas de escritura, procesos de creación, modalidades de instauración de instancias de criticidad más o menos revulsivas... Prácticamente en todos los aportes que integran la serie es dable identificar esfuerzos por avanzar más allá de las referencias casuísticas, sea en la forma de alusiones a constelaciones textuales más amplias, de remisiones a los contextos de enunciación y/o recepción, del establecimiento de entramados analógicos, del delineamiento de andamiajes hipotéticos. En particular, despunta con frecuencia una preocupación importante, vinculada a la tematización de la naturaleza de las relaciones entre distintos cauces discursivos y/o saberes: sucede que, en numerosas oportunidades, la heterodoxia intelectual se ejerce con base en una insatisfacción con respecto al estatuto que eventualmente rige las relaciones entre discursos y saberes, y a una concomitante postulación de nuevas modalidades de relación entre ellos (en otras palabras, de redefinición de las fronteras). De hecho, algo de cierto parece haber en la imagen según la cual los gestos de heterodoxia se ejercen desde los intersticios, desde las cornisas, desde las bifrontalidades que emergen como "con más facilidad" precisamente en aquellas situaciones que cabe caracterizar como *de frontera*.

Las problemáticas asociadas a la cláusula *de frontera* remiten a innumerables referentes: tan múltiples y diversos son que pretender agotarlos con unas cuantas alusiones sería una improcedencia.[3] La consideración de las problemáticas implicadas admite -más que eso, reclama- modalidades de abordaje multidisciplinarias e interdisciplinarias. De hecho, en la actualidad, el estudio de las fronteras -de los límites y de las zonas de contacto- se realiza desde perspectivas geopolíticas, sociológicas, históricas, historiográficas, geográficas, antropológicas, pedagógicas, iconológicas, literarias. Sin pretensión alguna

---

[3] *Cf.*, por ejemplo, el conjunto de ensayos reunidos en el núm. 3 de *Nostromo, revista crítica latinoamericana,* núm. 3, México, primavera-verano de 2010, dossier *Frontera, relaciones y fracturas,* coordinado por Carlos González Herrera y Sara Ortelli.

de ser exhaustivos, con la inclusión de los aportes de José del Val -invitación a pensar múltiples facetas de la multiculturalidad del México contemporáneo-, Sara Ortelli -panorama crítico de la historiografía sobre la frontera norte de México y el Lejano Oeste estadounidense-, Cesar Guazzelli -síntesis de los trazos principales de la historia social, política y cultural de la extremadura sureña del Brasil-, Verónica Giménez Béliveau y Fortunato Mallimaci -abordaje de las formas que asume la alteridad en la provincia de Misiones-, Alejandra Laera -indagación sobre la frontera como dimensión central desde el punto de vista del moldeamiento de la imaginación literaria rioplatense y como estímulo para desplegar miradas transnacionales-, Claudia Torre -exploración crítica de aspectos medulares de la discursividad asociada a la llamada *conquista del desierto-,* Carlos Masotta -fascinante aproximación al tropo del *fin del mundo-,* y Marta Sierra -análisis de la producción fotográfica *de frontera* de Guadalupe Miles y Florencia Blanco-, buscamos brindar un muestrario, aunque más no sea sucinto, de la inspiradora variedad de abordajes que hacen de cuestiones asociadas a la noción de frontera centro preferente de atención.

Otro de los andariveles que tanto el simposio como el volumen se han propuesto recorrer tiene que ver con algunos nudos preanunciados en, por ejemplo, las intervenciones de Bernal Herrera y Martín Cortés: se trata del andarivel epistémico/epistemológico. Hay, sin duda, un debate constantemente renovado acerca de los límites epistémicos/epistemológicos: algunos de sus aspectos son abordados en las aportaciones de Gustavo Bombini (donde se analiza el tema de las fronteras entre los conocimientos académico y escolar) y de Héctor Palma (donde se propone un conjunto de deslindes conceptuales clarificadores en torno a la cuestión de los límites de la ciencia, adentrándose seguidamente en una reflexión sobre el lugar de las metáforas en la ciencia). Hay, también, un debate constantemente renovado sobre la naturaleza de los vínculos entre la cultura latinoamericana (y "su ciencia") y la cultura euro-estadounidense (y "su ciencia"): alude de manera directa a esta cuestión el aporte de Diego Hurtado y Eduardo Mallo, en cuyas páginas se aboga de manera explícita por la multiplicación de abordajes sensibles a las complejidades empíricas, capaces de superar diagnósticos y prescripciones superficiales.

En términos generales, esta última dimensión de la problemática de la frontera –la de los límites epistémicos/epistemológicos– se vincula muy estrechamente con una inquietud que en los últimos tiempos viene marcando con intensidad el quehacer académico en la Escuela de Humanidades y de la Universidad Nacional de San Martín en su conjunto: el fascinante debate acerca del estatuto de los saberes en nuestro tiempo. El ensayo de Horacio Crespo que cierra el volumen se sitúa precisamente en ese registro.

Frontera es, en suma, una noción no sólo de enorme y por momentos abrumadora actualidad –ello puede apreciarse, por ejemplo, en la omnipresencia de una temática como la de las migraciones, con sus duros muros y sus trabajosas resistencias y porosidades–, sino además de inspiradora y a veces desconcertante polisemia. A nivel mundial, la intensidad y la velocidad de las transformaciones en curso se han visto acompañadas de diagnósticos imprecisos, las más de las veces, sobrepuestos a dispositivos axiológicos confusos. Como ha señalado Serge Gruzinski, en nuestro tiempo coexisten, de manera extraña, discursos que reivindican lo híbrido y lo mestizo con otros que apelan a lo étnico y lo identitario, así como también posiciones que conciben la hibridación como expresión cultural de la globalización uniformadora –y, por lo mismo, temible– con otras que la visualizan como vía de emancipación en el seno de una modernidad definida como eurocéntrica y unidimensional.[4] Estos discursos y posiciones coexisten, además, con señalamientos orientados a poner de relieve la emergencia de nuevos y difícilmente franqueables lindes que, al parecer, se establecen con el objeto de marcar y sellar nuevas y eventualmente crecientes formas de desigualdad.[5] Algunas viejas fronteras sobreviven, otras se difuminan, otras nuevas emergen...

Ante semejante panorama, sería en verdad difícil objetar la pertinencia de cualquier iniciativa orientada a propiciar indagaciones y debates sistemáticos en torno a las fronteras, entendidas no sólo como límites, sino también

---

4 *Cf.* Gruzinski, Serge, *El pensamiento mestizo,* Buenos Aires, Paidós, 2000. El mensaje de esta importante obra pareciera ser que "pensar mejor" sería no sólo asumir las dinámicas que signan nuestro presente desde un *pathos* estoico, sino además y sobre todo con cierta disposición a la fascinación por un espectáculo que, empero, no pierde en ningún momento su núcleo trágico. Cierta lectura ácida podría concluir que la constatación de la prodigiosidad creadora en medio de la más brutal de las opresiones posee un tinte autocomplaciente y hasta celebratorio; considero, sin embargo, que llevar las cosas hasta ese punto sería tergiversarlas. Si el libro de Gruzinski tiene un sentido político -y sin duda que lo tiene-, ese sentido no residiría tanto en la eventual coloración autocomplaciente como en su afán por conjurar uno de los fantasmas más inquietantes que nos acechan actualmente, a saber, el de una uniformización irreversible de la cultura. El punto es que si nos dejamos llevar por los miedos que ese fantasma despierta, corremos el riesgo de quedar situados en el umbral de una reacción identitaria fundamentalista, tan peligrosa como absurda. Tomar en cuenta esta opinión en nuestros debates no necesariamente acarreará perjuicios. Lo que nos enseña el libro de Gruzinski es que la crítica de aquellas dimensiones de la globalización que se nos aparecen como brutales o como no deseadas no tiene por qué articularse con una condena en bloque de las dinámicas culturales que signan nuestro tiempo: a veces, en las noches más plomizas se dejan sentir también embriagadoras brisas.

5 Seguramente el lector tenga presente a esta altura el ya clásico ensayo de Bauman, Zigmunt, *La globalización. Consecuencias humanas,* Buenos Aires, Fondo de Cultura Económica, 1999, el cual puede leerse, estimamos que con algún beneficio analítico, en contrapunto con el de Gruzinski.

como zonas de relación y de entrecruzamiento, pletóricas de mezclas y de posibilidades combinatorias novedosas y heterodoxas, cuyos "resultados", invariablemente provisionales, siempre pueden gravitar hacia lo inesperado y sorpresivo. No parece excesivo pensar que una de las formas más promisorias de ejercicio de la creatividad intelectual en un contexto así tenga que ver, justamente, con transitar, no sin cierta dosis de obstinación, aquellos carriles orientados a la reelaboración crítica de los discursos y los saberes convencionales. El desafío de insistir en esto posee implicaciones de importancia para los Estudios Latinoamericanos, aunque no sólo para ellos. No se trata, empero, de una empresa simple: cabe preguntarse si al contribuir al desdibujamiento de lo convencional y de las zonas de certidumbre, los tiempos de crisis y confusión no les plantean al pensamiento crítico unas condiciones bastante especiales de sobrevivencia y vitalidad.

Cruce(s) de frontera(s) en el *Martín Fierro*

Élida Lois[1]

1. La frontera vista desde la óptica de la literatura

Vamos a enfocar una frontera histórica de nuestro país desde la óptica de la literatura. Por eso, esta mirada, que se detiene en el modo en que la percibieron sus contemporáneos y los testimonios que dejaron de esa percepción, se vincula también con una manera de leer esos documentos. Por eso, también, voy a tomar la definición de esta frontera que hace un crítico literario a partir de esos testimonios. Adolfo Prieto la ve como "la línea ambigua de contactos entre los intereses de la ciudad y los del Desierto", que "se convirtió, de alguna manera, en un mundo fascinante en el que la aventura, el heroísmo y la abyección intercambiaban un cotidiano juego de máscaras".[2]

La denominación "la Frontera" tiene como correlato otro lexema: el "Desierto", llamado también "tierra de indios"; es decir, todo el territorio situado entre los asientos dispersos de la antigua colonización española. En 1845, la introducción del *Facundo* lo califica como un territorio "*civilizable* y desierto", y la antinomia irreducible "*Civilización* versus *barbarie*" que propone este modelo de identidad nacional desarrolla, con una prosa avasalladora, una idea: el Desierto es el ámbito natural de la Barbarie. Y el capítulo siguiente la complementa cuando el autor formula lo que

---

1 Centro de Investigaciones Filológicas "Jorge M. Furt", Escuela de Humanidades, Universidad Nacional de San Martín. CONICET.

2 Prieto, Adolfo, "Literatura de fronteras", en *Diccionario básico de la literatura argentina*, Buenos Aires, Centro Editor de América Latina, 1968.

para él es una convicción determinista: ese ámbito y los mestizajes han modelado a los descendientes de los aventureros españoles que colonizaron estas tierras.[3]

Así, entre las ciudades más sus campos circundantes y las grandes extensiones que habían podido permanecer en poder de los indios libres, hay un territorio vagamente definido: se lo llama "la Frontera", y lo jalona una serie de fortines muy espaciados que aglutinan soldados mal pertrechados, provenientes -en su mayor parte- de levas compulsivas realizadas entre los hombres de la campaña.

En el imaginario de *Martín Fierro,* la frontera es un territorio material y simbólico. Su cruce se carga entonces de una multiplicidad de sentidos: en la simultaneidad misma de lo que articula y separa que es toda frontera, atravesarla supone redefinir identidades. Es lo que ocurre en el desenlace de *El gaucho Martín Fierro* (1872): la fuga a las tolderías del protagonista y su amigo Cruz, dos víctimas de la injusticia social. El gaucho Fierro asume que la coexistencia de subalternidades tiene más peso que las diferencias. Pero siete años después, se publica *La vuelta de Martín Fierro* (1879); y por el solo hecho de hacer regresar al protagonista a la tierra "en donde crece el ombú" en una continuación de la trama argumental se clausura un modelo de resistencia en el universo del discurso que el poema había instaurado.

Pero el entrecruzamiento de niveles de sentido nos obliga a distinguir, primero, lo que se lee en los textos -que puede complementarse con lo que se lee en manuscritos de trabajo escritural y en las reformulaciones que Hernández realizó sobre el texto de *El gaucho Martín Fierro* a lo largo de sucesivas ediciones (hizo reescrituras en él durante once

---

3 Sarmiento, Domingo Faustino, *Civilizacion i barbarie. Vida de Facundo Quiroga, i aspecto físico, costumbres i hábitos de la República Argentina,* Santiago de Chile, Imprenta del Progreso, 1845.

años)–; y esos materiales escriturales llevan inevitablemente a leer la *Ida* y la *Vuelta* en términos de *revolución* y *claudicación*, respectivamente, tal cual como ha venido leyendo gran parte de la crítica a partir de Martínez Estrada.[4] Pero después de hacer esta lectura, lo vamos a releer desde el diarismo que había venido practicando Hernández a partir de 1860 y desde una recapitulación de los contextos de situación específicos de cada etapa, y descubriremos que una distinción tajante es demasiado simplista; lo que nos conducirá, finalmente, a ver que también hay otras fronteras móviles entre los procesos de producción de sentidos y su recepción.

2. Los textos y las reescrituras del poema

La literatura gauchesca es un híbrido. Es una literatura de alianza de clases que desde adentro de la denominación misma toma distancia del objeto de su elaboración poética: por eso es "gauchesca" y no "gaucha".

Cabría para la literatura gauchesca la catalogación de "literatura menor" en el sentido que le asignan Deleuze y Guattari: una denominación que no pretende asignar calificaciones literarias, sino marcar la detección de condiciones revolucionarias en la literatura de sectores minoritarios.[5] Es la literatura que una minoría hace dentro de una lengua mayor, y en ella la individualidad se articula con la inmediatez política: por eso su enunciación se vuelve colectiva y sus enunciados están atravesados por tensiones políticas.

---

[4] Martínez Estrada, Ezequiel, *Muerte y transfiguración de Martín Fierro. Ensayo de interpretación de la vida argentina,* 2 vols., Buenos Aires, México, Fondo de Cultura Económica, 1948.

[5] Deleuze, Gilles y Félix Guattari, *Kafka. Pour une littérature mineure,* Paris, Les Éditions de Minuit, 1975.

Zambulléndose en un proceso de apoderamiento del habla del gaucho, Hernández reproduce con éxito las modulaciones de su voz, proyecta su visión del mundo, exhibe su infortunio. La desarticulación de la familia es el efecto inmediato de la irrupción de la política en la vida del individuo. Dice Fierro:

Tuve en mi pago en un tiempo
Hijos, hacienda y mujer,
Pero empecé a padecer,
Me echaron a la frontera,
¡Y que iba a hallar al volver!
Tan solo hallé la tapera. (I, 289-294).[6]

Desde su lugar de enunciación, el escritor que ha creado un espacio para que el gaucho hable se lo niega al indio. No obstante, a lo largo del poema, se producirá una transformación a partir de una descripción de "clase" (entendida aquí como un grupo social que vive bajo condiciones de existencia que lo distinguen por su modo de vivir, sus intereses y su cultura de otros grupos y lo oponen a éstos de un modo hostil). La clase de los gauchos, que se opone a la que ejerce el poder –la de los "puebleros"–, se empeña en subalternizar a otras: a la de los inmigrantes y a la de los negros; a su vez, todos se unen contra "otro": el indio, que está fuera del sistema. En la voz de Fierro, la clase de los gauchos no considera al indio como "un semejante":

Naides le pida perdones
Al Indio, pues donde dentra
Roba y mata cuanto encuentra
Y quema las poblaciones.

No salvan de su juror
Ni los pobres angelitos;

---

6 Las citas corresponden al texto que establecí: Hernández, José, *Martín Fierro*, edición crítico-genética y "Estudio filológico preliminar" de Élida Lois, París-Madrid, Colección Archivos (CNRS/UNESCO), 2001.

Viejos, mozos y chiquitos
Los mata del mesmo modo:
El indio lo arregla todo
Con la lanza y con los gritos. (I, 477-486).

Las descripciones y los comentarios lo deshumanizan. Ataca dando alaridos que hacen temblar la tierra y "echando espuma" (I, 579). Sólo emite gritos y algún balbuceo. Y, cuando es posible, se lo mata como a una alimaña:

Ahi no más me tiré al suelo
Y lo pisé en las paletas,
Empezó a hacer morisquetas
Y a mezquinar la garganta...
Pero yo hice la obra santa
De hacerlo estirar la jeta. (I, 607-612).

Sin embargo, en una situación desesperada, Fierro y Cruz buscan una nueva identidad dentro de las diferencias, proyectan toda su energía en un objetivo imaginario y así logran convertir al otro en un semejante. La toma de conciencia de que existen formas alternativas de oposición a un sistema de dominación injusta desemboca en un intento de articular diferencias. Dos desplazados por el sistema encaran la viabilidad de unirse con los que ya estaban fuera de él.

El episodio del cerco de la partida y el final presentan a un sujeto que se niega a aceptar que hay un solo mundo y una sola posibilidad, aquel que en un gesto individual está expresando su libertad. El poder es siempre más fuerte, pero sus gestos son los de quien se da a sí mismo el derecho de rebelarse contra el mundo tal como es. Puede decirse, entonces, que *El gaucho Martín Fierro* concluye ante un horizonte de posibilidades, por más que éstas puedan ser vistas como una suerte de utopía al revés (aunque, por eso mismo, con más visos de factibilidad):

Allá habrá siguridá
Ya que aquí no la tenemos,
Menos males pasaremos
Y ha de haber grande alegría
El dia que nos descolguemos
En alguna toldería.

Fabricaremos un toldo
Como lo hacen tantos otros,
Con unos cueros de potro,
Que sea sala y sea cocina,
¡Tal vez no falte una china
Que se apiade de nosotros! (I, 2233-2244).

Y como en toda utopía que se precie, la eliminación de los rigores del trabajo instala un rudimentario paraíso en el Desierto:

Allá no hay que trabajar,
Vive uno como un señor–
De cuando en cuando un malón–
Y si de él sale con vida,
Lo pasa echao panza arriba
Mirando dar güelta el sol. (I, 2245-2250).

Así, relacionando esta interpretación de un cruce de frontera con el otro eje temático de este volumen, el final de *El gaucho Martín Fierro* marcaría un clímax en la construcción de un pensamiento heterodoxo.

Pero *La vuelta de Martín Fierro* confirmará que las utopías son irreales, y su devenir se encargará de confirmar una continuidad histórica:

Me acerqué a algunas Estancias
Por saber algo de cierto,
Creyendo que en tantos años
Esto se hubiera compuesto;

Pero cuanto saqué en limpio
Fue que *estábamos lo mesmo.* (II, 1563-1568).[7]

Una vez más, los oprimidos no han conseguido torcer el rumbo de la historia y se verifica la perdurabilidad del sistema toda vez que aflora la denuncia, con la cual se corrobora -de paso- que el pacto de lectura establecido en siete años de circulación de *El gaucho Martín Fierro* es demasiado fuerte; por eso el discurso domesticador de la *Vuelta* atenúa pero no llega a ocultar totalmente la veracidad referencial.

El lirismo filosófico de la payada y la didáctica de los consejos paternos completan los dispositivos retóricos que destruyen esa ilusión de inexistencia de mediador que había sido instaurada por *El gaucho Martín Fierro.* Por último, en un final tan emblemático como el de la *Ida,* una dinámica escritural inversa culmina con un paralelismo antitético. Hay también una partida conjunta y una pérdida de identidad, pero se da en términos de dispersión y de doble derrota. Fierro y los suyos han fracasado porque la política y la ley siguen condenándolos a la disgregación familiar y a la aceptación de reglas impuestas por otros.

Pero Hernández no estaba traicionando una causa revolucionaria ni era un arribista veleidoso; simplemente, en una etapa de su vida política su voz se mimetizó con la del gaucho. Desde la época de su militancia en el Partido Reformista de Buenos Aires -cuyo programa era la unión de todas las provincias-, pasando por la década del exilio en la Confederación, había adherido al mismo proyecto que los porteños deseaban para sí: un país moderno, burgués, democrático y civilizado. Estos "federales" eran partidarios del comercio con el exterior y de las escuelas, se llaman así porque proponían que los beneficios de ese plan se

---

7 El destacado es mío.

llevasen a cabo respetando la voluntad y la autonomía de las restantes provincias y pretendían una distribución más equitativa de la renta nacional.

De todas maneras, desde los primeros testimonios de escritura de Hernández se observa esa suerte de tensión fundamental entre la pulsión de rebelión y el deseo de armonizar posiciones enfrentadas que atravesará luego al conjunto textual denominado *Martín Fierro.* Había hecho su debut en el diarismo en 1860 cuando, ya emigrado a Paraná, colaboraba como corresponsal en el último período en que pudo seguir publicándose en Buenos Aires *La Reforma Pacífica* (el diario de Nicolás Calvo, que se esfuerza por argumentar acerca de la necesidad de integrar a la secesionista Buenos Aires al resto del país), firmando con el seudónimo "Vincha".[8] Hernández proclama allí su adhesión a la propuesta de conciliar diferencias entre las facciones enfrentadas; no obstante, la elección del seudónimo "Vincha" (denominación -de étimo originario- de un sujetador del pelo que se asocia al indio y al gaucho) opera como un símbolo evidente de la barbarie. Exhibe así un gesto escritural tan potente como ese vibrante comienzo de su alegato ante la muerte del Chacho en 1863: "Los salvajes unitarios están de fiesta" (justamente, ese anatema rosista era otro de los emblemas de la "barbarie" inventariados expresamente por Sarmiento en su *Campaña en el Ejército Grande).*

Todo el periodismo de la Confederación elegirá como mentor ideológico al Alberdi de las *Quillotanas,* y su caballito de batalla retórico consistirá en revertir la antinomia irreductible "Civilización versus Barbarie" contra su autor, en un efecto de *boomerang:* las imágenes alberdianas de

---

[8] Ortale, María Celina, "El nacimiento de la firma en el periodismo de José Hernández", en *Escritural. Écritures d'Amérique latine,* núm. 4, Poitiers, 2011.

"bárbaro de la pluma" y la "barbarie de frac" se reiterarán una y otra vez en *El Eco* de Corrientes y en *El Nacional Argentino* y *El Litoral* de Paraná, entre otros. Pero nadie lo hará con tanta virulencia como Hernández en 1863, cuando empiece a publicar por entregas en *El Argentino* de Paraná su biografía del Chacho inmediatamente después de recibir la noticia de su asesinato.[9] Allí acusará a Sarmiento de ser un "bárbaro de la política", pero sugestivamente, no lo hará con el enjundioso discurso del jurista que se esfuerza por mantener una apariencia de objetividad en sus *Cartas Quillotanas:* Hernández volcará en su prosa el mismo desenfreno panfletario del Sarmiento de *Las ciento y una.*

Pero su ruta periodística anterior al poema también retomará la conciliación y con ella también las idas y vueltas. En 1869, cuando funda en Buenos Aires *El Río de la Plata,* llama otra vez a superar el enfrentamiento de dos facciones ya desgastadas, proponiendo ahora la creación de un tercer partido de ideología ruralista. Pero todavía no había llegado la hora de resolver esa contradicción fundamental, y el periodista moderado que escribe los editoriales de *El Río de la Plata* cerrará un año después su diario para sumarse a las filas rebeldes de López Jordán, y la revolución termina con su cabeza puesta a precio y un exilio en Sant'Ana do Livramento.

Según una tradición oral, a comienzos de 1872 y por intercesión de Benito Magnasco (un alto dignatario de la Masonería), el presidente Sarmiento autoriza su regreso con una condición: no volver a ejercer el periodismo; Hernández no lo ejercerá, pero a fines de ese año se imprime la primera edición de *El gaucho Martín Fierro.* Sin embargo, esta respuesta literaria a una grave problemática social debe ser calibrada con mayor exactitud.

---

9 Hernández, José, *Rasgos biográficos del General Don Ángel V. Peñaloza,* Paraná, Colección de artículos publicados en *El Argentino,* 1863.

El poema no estaba dirigido de entrada ni al proletariado rural ni a los pequeños pastores y labradores que integraban la masa analfabeta (no puede olvidarse que el censo oficial de 1869 había revelado que sólo el 22,1% del total de la población argentina de ambos sexos mayor de seis años podía considerarse alfabetizado). Sus principales destinatarios no eran los paisanos de la campaña, sino los "puebleros"; el texto estaba dirigido a una clase dirigente (a los vencedores y a los vencidos, pero a una clase con vocación de poder). Delimitan, con absoluta claridad, un campo de interlocutores tanto tres epígrafes que remiten a una cultura letrada como la carta-prólogo, así como la *Memoria sobre el camino trasandino* -un texto programático anexado a la primera edición (que toca el tema de la necesidad de establecer comunicaciones ferroviarias fluidas con Chile).

Pero sobre todo, es muy revelador de los objetivos del autor que la carta-prólogo vaya dirigida al estanciero José Zoilo Miguens, no sólo porque como juez de paz y comisario del antiguo partido de Arenales había denunciado ante sus superiores en forma reiterada procedimientos arbitrarios en el reclutamiento de fuerzas de frontera,[10] sino también porque el diario *La Nación* de Buenos Aires había publicado el 17 de enero de ese año 1872 (coincidiendo con el retorno de Hernández) un telegrama donde el comisario Miguens informaba a sus superiores que después de batir los distritos a su cargo no había encontrado rastros de la presencia de los revoltosos denunciados, pero advertía:

> El estado de la frontera y la condición actual del hombre de la campaña, constituyen anomalías monstruosas, cuya subsistencia permanente, inconciliable con el orden so-

---

10 Zorraquín Becú, Horacio, *Tiempo y vida de José Hernández. 1834-1886*, Buenos Aires, Emecé, 1972.

> cial y constitucional, *producirá tarde o temprano funestos resultados.*[11]

Así, en una grave situación de injusticia social que permite suponer la posibilidad de revueltas populares o de amotinamientos en los fortines, el modelo de resistencia que propone el final de *El gaucho Martín Fierro* no es una posibilidad descabellada,[12] pero la delimitación del campo de interlocutores que revela el peritexto apunta a impedir que eso suceda, no a promoverlo. Sin embargo, sucedió algo que Hernández no podía prever: la obra estaba dotada del poder de cruzar fronteras y trascendería el circuito de la lectura.

El 18 de febrero de 1874, una carta del publicista uruguayo Juan María Torres reproducida en *La Patria* de Montevideo es el primer testimonio de un fenómeno plenamente atestiguado: en los almacenes y pulperías se reunía el gauchaje a la espera de que alguien capaz de hacerlo leyera el folleto ajado que nunca faltaba allí o para escuchar a algún memorioso que ya había aprendido pasajes enteros; así, pronto apareció el recitador-cantor profesional que recorría lugares de reunión para declamar el poema acompañándose con la guitarra. Por otra parte, ha sido esa aptitud del poema para circular sin la intervención de la escritura (proveniente de la matriz retórica de la poesía oral) una de las causas del fenómeno social de su repercusión popular; por añadidura, se ha podido atestiguar que Hernández practicaba la poesía de contrapunto, la poesía de improvisación verbal.[13]

---

11 El destacado es mío.

12 Fernández Latour de Botas, Olga, *Prehistoria del "Martín Fierro",* Buenos Aires, Platero, 1977; Chumbita, Hugo, *Jinetes rebeldes. Historia del bandolerismo social en la Argentina,* Buenos Aires, Javier Vergara Editor, 2000.

13 Fernández Saldaña, José María, "José Hernández emigrado en Brasil", en *La Prensa,* Buenos Aires, 6 de octubre de 1940.

Pero antes de referirme a una clave lingüística que obró como un pasaporte para cruzar fronteras culturales, para ejemplificar una vez más los lugares de tensiones me detengo en una reescritura que puede reconstruirse a partir de los manuscritos de *La vuelta de Martín Fierro*. En el dorso en blanco del pasaje en que Fierro describe costumbres bárbaras de las tolderías agravadas por la irrupción de una epidemia mortífera, Hernández anota dos octosílabos que operaran como disparador de una estrofa intercalada en otra etapa escritural:

> Un inglés ojos celestes
> Como potrillito zarco.

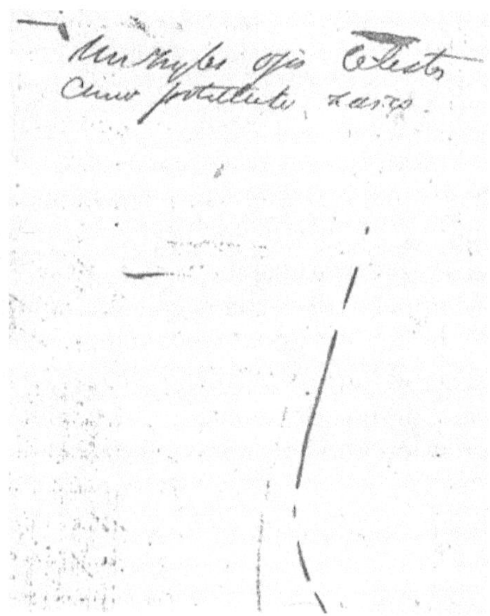

En una sextina famosa por su intensidad lírica, se hace contrabando a través de esa frontera ideológica por donde había operado el periodista de la Confederación, ya que instala la imagen de la antinomia "Civilización versus Barbarie" con una alusión a ese tipo de inmigración que había reclamado Alberdi en *Peregrinación de Luz del Día* y en otras obras, fundamentando sus preferencias en la potencial propagación de otros hábitos culturales; por otra parte, la ausencia de una inmigración sajona o germánica fue después objeto de lamentaciones por parte del Sarmiento de *Conflicto y armonías de las razas en América* (1884):

> Habia un gringuito cautivo
> Que siempre hablaba del barco-
> Y lo ahugaron en un charco
> Por causante de la peste-
> Tenia los ojos celestes
> Como potrillito zarco. (II, 853-858).

Pero también es posible hallar en los márgenes indicios de lo que late en el centro, y la sextina contrabandeada contiene dos ejemplos de un sociolecto estigmatizante que ya no era advertido por el lector a partir del siglo XX, porque la prosodia panhispánica culta en el siglo XIX era diferente de la actual: en el primer octosílabo y en el quinto, "Habia" y "Tenia" son bisílabos, un tipo de sinéresis que en ciertos contextos fónicos hoy está generalizada.[14] En cambio, en el siglo XIX la métrica de la poesía culta de España y de Hispanoamérica es una prueba irrefutable de la conservación en el habla urbana de hiatos como los de los verbos "había" y "tenía", que se pronunciaban como trisílabos en toda posición oracional. Por eso no se advierte que la gauchesca de Hernández había sacado los pies del plato por partida doble apartándose de la preceptiva instalada por el género, que se condensa en esta regla: "léxico

---

14 En versos citados anteriormente, se registra este tipo de sinéresis en pronunciaciones monosilábicas exigidas por la métrica: "*Ahi* no más me tiré al suelo" y "El *dia* que nos descolguemos" (los destacados son míos).

y morfofonética rurales pero prosodia culta". El *Fausto* de Estanislao del Campo, la primera obra gauchesca en la que parte de la sociedad letrada reconoció hallazgos estéticos, se ajusta estrictamente a esa norma lingüística.[15]

Una adolescencia pasada en los inhóspitos pagos del Sur había impreso esta y otras marcas en el habla de Hernández, que llegó a proyectarlas en sus olvidables poemas cultos: "Ese *déseo* de mirarme" ("Después del teatro"), "*tendria* pena de dejaros" ("Remitiéndote un libro").[16] Pero a la vez, la sociedad letrada las rechazaba hasta tal punto, que quienes no lo habían tratado personalmente y elogiaban su poema creían estar en presencia de versos mal medidos.

En la recopilación de reseñas y notas críticas que Hernández comenzó a publicar en las ediciones sucesivas de *El gaucho Martín Fierro* a partir de la octava edición, puede apreciarse cómo los comentaristas contemporáneos insisten en achacar al poema una superabundancia de versos mal medidos: "El versificador más incorrecto de todos", dice José Manuel Estrada después de elogiar la "altura filosófica" del poema" (citado en la "Advertencia editorial" de la décimo segunda edición); Santiago Estrada lo acusa de "herir el oído con las desafinaciones del verso incorrecto" en la nota publicada en *La América del Sur*, etc. Es decir, la resistencia interna a aceptar la intensidad de esa transgresión proyectaba la pronunciación urbana en el poema y alteraba en la lectura la medida de los versos de un autor que ni siquiera en sus borradores más apresurados transgredía la melodía de la métrica: todos los versos de Hernández que se leen en sus manuscritos, y también los éditos -salvo en el caso de erratas evidentes-, tienen una

---

15 Del Campo, Estanislao, *Fausto, impresiones del gaucho Anastasio el Pollo en la representación de esta ópera,* Buenos Aires, Imp. Buenos Aires, 1866.

16 Los destacados son míos.

inclaudicable medida octosilábica (las coplas que le brotaban "como agua del manantial" brotaban en octosílabos).[17]

A la vez, algunos de sus amigos lo instaron a erradicar lo que consideraban los lunares del poema, y en 1875, el año de su definitivo regreso a Buenos Aires, Hernández reformuló en más de un centenar de reescrituras la prosodia del sociolecto de *El gaucho Martín Fierro* cuando publicó la novena edición ("Que nunca péleo ni mato" -I, 105- se transformó en "Que no peleo ni mato"; "Aunque lo veán tiritando", en "Aunque se hallen tiritando" -I, 1084-, etc.). Pero al año siguiente cambió de opinión y la décima edición restituyó una conexión con los sectores populares de la que el autor no quiso abdicar. Las palabras preliminares que hizo que sus editores publicaran en esa edición de 1876 esgrimen sus razones; Hernández es consciente de que, en el código comunicativo que eligió, está el resorte que activó la repercusión popular (y el rasgo en el que me detuve es sólo un componente insignificante):

> Su autor, el señor Hernández, no ha querido hacer las mejoras que en su concepto reclama el plan orgánico de su producción. Él ha caído en cuenta que se expondría a desvirtuar una de sus principales condiciones de popularidad: la sencillez, la incorrección misma con que se aproxima muchas veces al sentimiento estético del gaucho. Él, como muchos amigos y críticos, opina que cuanto más se acerque literariamente su poema a las artesonadas academias tanto más se desviará de la senda que conduce al rancho; y sin hacer desaire a los lectores ilustrados, el Martín Fierro tiene su liceo en la Pampa.[18]

---

17 Los eneasílabos reiterados en II, 3036 y 3042 ("Artículos de Santa Fe", en lugar de "Artículos de la Fe"), disuenan a sabiendas para destacar la presunta confusión de Picardía atraído por una bella mulata santafesina.

18 "Advertencia" firmada por "Los editores de la 10ª edición" (José Hernández, *El gaucho Martín Fierro*, Buenos Aires, Editor Ángel da Ponte, 1876).

La veloz repercusión popular que ha tenido el poema determina que Hernández tome conciencia de que la modulación sociolectal que contiene le ha procurado receptores no previstos en 1872 (para ellos, ya había empezado a diseñar en el prólogo de la octava edición de *El gaucho Martín Fierro* un "proyecto pedagógico" que estallará en el universo del discurso de la *Vuelta).* El lenguaje es un escenario privilegiado para la inscripción de conflictos sociales e ideológicos y un espacio constitutivo de identidades, ya que los discursos están fuertemente condicionados por los modos en que los distintos grupos acentúan sus enunciados para que expresen sus experiencias y sus aspiraciones. La hegemonía lingüística que impone una cultura dominante nunca es absoluta, tiene resquicios por los que penetran -a través del mismo lenguaje- concepciones del mundo que entrañan ideas disímiles y contradictorias. Así, dialectos sociales, temas, acentos y géneros discursivos heterogéneos -en este caso, el híbrido de la literatura gauchesca pero transgrediendo las normas más allá de lo que impone el género- constituyen un soporte apropiado para la construcción de un discurso contrahegemónico.

Es tan desproporcionada la reacción urbana frente a un rasgo marginal de la prosodia hernandiana y resulta tan sorprendente que el autor haya consumido tanto esfuerzo en intensificarlo (primera edición), matizarlo (octava), erradicarlo (novena) y finalmente reponerlo, que sólo la presencia de un auténtico *schibboleth* puede explicar esas actitudes. Jacques Derrida, en el ensayo que dedicó a Paul Celan, toma de un episodio bíblico el vocablo *schibboleth:* después de una batalla en la que los vencidos de un pueblo vecino intentaban huir atravesando la frontera, la obligación de pronunciar la palabra *schibboleth* permitía individualizar su origen y capturarlos.[19] Derrida denomina

---

[19] Derrida, Jacques, *Schibboleth, pour Paul Celan,* París, Galilée, 1986.

así a "toda marca insignificante y arbitraria que se traduce en una discriminación decisiva y lacerante". Su origen está vinculado a la pertenencia a una comunidad cultural y lingüística, es la marca de una alianza y puede funcionar como un salvoconducto para atravesar fronteras.

Con la folclorización del poema, culmina una repercusión popular inusitada; estudiosos de la poesía oral han grabado a mediados del siglo XX estrofas entonadas por cantores ágrafos o semialfabetizados de zonas alejadas del Río de la Plata cuyos ejecutantes desconocían tanto a Hernández como a Fierro, incluso se las ha recopilado con ritmo de baguala. Y es la presencia de una matriz retórica que desencadena una operatoria comparable a la de los procesos creativos destinados a circular valiéndose del soporte de la memoria y de la transmisión verbal el artificio que funcionó como un pasaporte para que el *Martín Fierro* atravesase fronteras culturales. El lenguaje del poema cruzó fronteras entre la oralidad y la escritura, entre la cultura popular y la cultura letrada, y su autor, apropiándose de la voz del gaucho pero tomando distancia al mismo tiempo, caminó por los bordes de un campo de tensiones.

Según Chakravorti Spivak, el sujeto subalterno (el que no tiene acceso a ninguna resistencia viable) tampoco puede hablar,[20] pero la recepción popular del *Martín Fierro* demostró que sí puede aceptar tanto a quienes considera sus representantes como a las re-presentaciones que éstos pergeñan. El pueblo gaucho había elegido un apoderado-poeta y siguió entregándose a él, y así como se emocionó con las desgracias de Fierro y se encrespó con sus desplantes, rechazó el primitivismo del Desierto, celebró las trapacerías de Vizcacha y Picardía, escuchó los donaires

---

20 Chakravorti Spivak, Gayatri, "Can the Subaltern Speak?", en C. Nelson y L. Grossberg, *Marxism and the Interpretation of Culture,* Basinstoke, Macmillan Education, 1988.

de los payadores y sintió respeto por los consejos paternos: los procesos de folclorización que reelaboraron pasajes de los dos libros lo evidencian.[21] Pero esas mismas folclorizaciones no tardaron en entrecruzar, recontextualizar y asignar nuevos sentidos a las idas y vueltas de Hernández.[22]

3. Las recontextualizaciones

La naturaleza conflictiva que se advierte en el proceso de producción de sentido del poema se proyectó también en su recepción, y al igual que en las idas y vueltas de su itinerario textual, la prolongación de un "debate sobre *Martín Fierro*" ya bien entrado el siglo XX se articuló sobre el eje "atracción versus rechazo" (tal como había ocurrido, aunque por otras razones, en el momento histórico de su aparición).

Por más que las denuncias políticas del poema se relacionen con circunstancias "coyunturales", es innegable que la intensidad contestataria y reivindicativa de la que está dotado su lenguaje ha determinado que continuara siendo objeto de "recontextualización" en otros momentos político-culturales de la historia argentina. De allí que se lo haya recreado una y otra vez, ya como referencia testimonial (en obras teatrales, folletines, filmografía o en continuaciones ficcionales), ya como título de revista o diarios (en 1904, Alberto Ghiraldo denominó *Martín Fierro* al combativo periódico anarquista que dirigía), ya como símbolo (tal como ocurre en el film de Fernando Solanas *Los hijos de Fierro,* de 1975).

---

21 Carrizo, Juan Alfonso, *Cancionero popular de Salta,* Buenos Aires, Impr. Baiocco, 1936 (coplas núm. 1044, 2693, 2812, 2857, 2911, 3017, 3027, 3059, 3064).

22 Ludmer, Josefina, "Quién educa", en *Filología,* núm. 20, Buenos Aires, 1985.

En las últimas décadas del siglo XX, se fueron incrementando cuestionamientos debido a sus componentes de violencia intolerante y racista, y diversas encuestas realizadas entre docentes de todo el país revelaron un marcado retroceso del tratamiento del poema en el ámbito escolar (sobre todo, por voluntad de los maestros y los profesores más jóvenes). Sin embargo, hace once años pudimos presenciar cómo, en una etapa de crisis como la que atravesó el país a partir de 2001 (una etapa que al mismo tiempo que incentivó la autocrítica promovió modelos de resistencia), se registró un ejemplo de reactualización del libro-arma, tanto en la cita sentenciosa como en el gesto simbólico, con la maratón recitativa organizada el 24 de abril de 2002 en la Feria del Libro de Buenos Aires: un grupo de artistas, escritores y periodistas leyeron el poema durante una tarde entera ante un público enfervorizado que ovacionó los pasajes de denuncia y protesta.

Así, una obra literaria que iba a estar destinada a inscribir un mito de identidad nacional, al mismo tiempo que contrabandea una poderosa carga de amortiguación social, genera derivas, gérmenes y disparadores de nuevos procesos de significación: es decir, sigue incitando a *cruzar fronteras.*

Tradición, modernidad y frontera. Aricó y dos ideas sobre Córdoba

Diego García[1]

El breve ensayo "Tradición y modernidad en la cultura cordobesa", de José M. Aricó, publicado a fines de la década 1980 en un número de la revista *Plural* íntegramente dedicado a Córdoba, es quizás uno de los más citados en el área de preocupaciones que definen los todavía escasos intentos de aproximación al pasado cultural e intelectual de Córdoba.[2] Importante por el lugar que ocupa en la trayectoria intelectual de Aricó -no sólo por ser uno de sus últimos escritos, sino también porque revisa varias de las hipótesis que, desde la década de 1970, venía proponiendo para pensar la ciudad mediterránea-, se convirtió rápidamente en un texto comentado y utilizado; probablemente por la potencia de algunas de las hipótesis sugeridas (como la de pensar Córdoba como "ciudad de frontera") o por la actualización de otras de existencia previa (como la de presentar la antinomia modernidad/tradición como la tensión constitutiva de la especificidad cordobesa). En este breve escrito nos proponemos analizar esas hipótesis a la luz de los elementos contextuales presentes, directa o indirectamente, en el texto mencionado.

1. El ensayo, como señalamos, es uno de los más citados de Aricó, aunque no necesariamente uno de los más leídos, seguramente por la difícil localización del número de la revista *Plural* en donde se encuentra, y porque sus

---

1 Programa "Cultura Escrita, Mundo Impreso, Campo Intelectual", Museo de Antropología, Facultad de Filosofía y Humanidades, Universidad Nacional de Córdoba.

2 Aricó, José M., "Tradición y modernidad en la cultura cordobesa", en *Plural*, núm. 13, Buenos Aires, marzo de 1989.

reediciones fueron escasas.[3] Su conocimiento, entonces, es en general indirecto. César Tcach es quizás el primero en recuperar el escrito en la introducción de su tesis doctoral, publicada en 1991 bajo el título *Sabattinismo y peronismo. Partidos políticos en Córdoba, 1943-1955.*[4] Probablemente la mención sea un homenaje: ese mismo año, unos meses antes, Aricó -quien había asesorado a Tcach durante el proceso de investigación- había muerto. Como sea, le sirve para introducir el tema que desarrollará extensamente en el libro. ¿Qué uso hacía de un texto que proponía pensar la ciudad de Córdoba como una "ciudad de frontera"? Recordemos que, desde esa perspectiva, Aricó presentaba "tres momentos emblemáticos del modo en que se planteó históricamente" el vínculo entre "cultura y política, o más en general, entre intelectuales y sociedad": el de la Reforma Universitaria, la década de 1930 -en torno a la figura de Saúl Taborda- y los años sesenta y setenta.[5] Como podemos observar, ninguno de esos momentos coincide con la etapa estudiada por Tcach, la del peronismo clásico. Lo que recupera no es entonces una sugerencia o caracterización sobre alguno de esos momentos, sino la hipótesis anunciada por Aricó desde el título mismo del artículo: la tensión constitutiva de la identidad cultural cordobesa marcada

---

3 Fue publicado como anticipo del número de *Plural* en el suplemento de cultura del diario *Córdoba* del domingo 9 de abril de 1989, aunque con otro título: "Los intelectuales en una ciudad de frontera", y luego reeditado en la revista *Tramas, para leer la literatura argentina,* vol. III, núm. 7, Córdoba, 1998.

4 Tcach, César, *Sabattinismo y peronismo. Partidos políticos en Córdoba, 1943-1955,* Buenos Aires, Sudamericana, 1991.

5 Aricó, José, "Tradición y modernidad en la cultura cordobesa", en *Plural,* núm. 13, Buenos Aires, 1989, p. 10. Aricó también menciona, aunque sin desarrollar "por razones de espacio y tiempo", a la Revolución Libertadora: "Las consideraciones que se puedan hacer al respecto no se distancian ni contradicen las referidas a los tres momentos indicados", ibídem, p. 11.

por la oposición irreductible entre tradición y modernidad. Esa hipótesis le sirve a Tcach para señalar que Córdoba es la gran ausente en el esquema interpretativo elaborado por Gino Germani para explicar los orígenes del peronismo. Este modelo se sostiene, nos dice Tcach, en la distinción de un centro moderno e inmigrante constituido por Buenos Aires y el Litoral, y una periferia arcaica y criolla conformada por las provincias del interior. Córdoba, cruce de modernidad y de tradición, espacio fronterizo entre el centro atlántico y el interior americano, queda al margen del esquema. Esa ausencia no hacía más que revelar falencias centrales en las hipótesis clásicas sobre los orígenes del peronismo que -más cerca o más lejos de Germani- terminaban por identificar las variables independientes en el ámbito de lo social y lo económico, explicando de forma derivada una novedad política: ¿cómo explicar la emergencia del fenómeno peronista en un espacio que no había sufrido la modernización económica o social? Dice Tcach: "Ciudad de frontera, en la feliz expresión de Aricó, su incidencia en la realidad nacional derivaría de ese conflicto inmanente a su constitución política".[6]

Si Tcach fue quizás el primero en remitir el texto que nos ocupa, quien más lo ha referido y discutido, sin lugar a dudas, es Horacio Crespo, quien en varios escritos ha recuperado sus ideas y ampliado el alcance de las sugerencias allí presentes.[7] No nos detendremos en la lectura propuesta por Crespo; sólo señalaremos que ubica al texto en la serie de reflexiones que, intuitivamente, Aricó

---

6 Tcach, César, *Sabattinismo y peronismo. Partidos políticos en Córdoba 1043-1955,* Buenos Aires, Sudamericana, 1991, p. 11.

7 Crespo, Horacio, "Córdoba, *Pasado y presente* y la obra de José Aricó", en *Prismas,* núm. 1, Bernal, 1997; "Identidades/diferencias/divergencias: Córdoba como *ciudad de frontera*. Ensayo acerca de una singularidad histórica", en Altamirano, Carlos (dir.), *La Argentina en el siglo XX,* Buenos Aires, Ariel, 1999, y *José Aricó*, Córdoba, Agencia Córdoba Cultura, 2001.

le dedica a la ciudad de Córdoba. En esa serie el escrito señalaría, siempre según la lectura Crespo, un viraje: de una primigenia imagen de Córdoba en los años sesenta como la *Turín argentina* -donde lo que se rescata es la fábrica y el obrero fabril como sujeto político desde una perspectiva gramsciana- a otra donde se convierte en la *Trieste latinoamericana* por su posición de frontera; imagen que habría sido elaborada a partir de las lecturas de Aricó a fines de los años ochenta (Walter Benjamin, Claudio Magris, Carl Schorske).[8] Esa posición de frontera es la que le permite a Córdoba "equilibrar una país demasiado inclinado a Europa en el litoral, demasiado centrado en las raíces latinoamericanas en el Norte".[9]

En ambas lecturas -importantes porque le otorgan al ensayo de Aricó un lugar central en la comprensión histórica de la cultura de Córdoba- aparecen unidas y condensadas una serie de ideas que, en el texto, a pesar de que están vinculadas, tienen diverso peso y una relación no necesaria: por un lado, la de la especificidad cordobesa como esa tensión siempre renovada entre dos fuerzas (una progresista y otra conservadora); por otro, la de Córdoba como ciudad de frontera. Por último, y derivada de las dos anteriores, el papel que la ciudad cumple en la cultura y la realidad política nacional. Sin embrago, y como lo muestran las convincentes interpretaciones de Tcach o de Crespo, las recepciones del texto sellaron un nudo destinado a perdurar.

2. Recuperemos la perspectiva propuesta al comienzo de nuestro escrito: analizar esas ideas considerando los elementos contextuales presentes, directa o indirectamente, en el ensayo de Aricó. El primer marco o contexto

8 La primera imagen en Aricó, José M., *La cola del diablo. Itinerario de Gramsci en América Latina,* Buenos Aires, Siglo XXI, 2005; la segunda, en "Tradición y modernidad...", *op. cit.*

9 Crespo, Horacio, "Córdoba, *Pasado y presente* y la obra de José Aricó", *op. cit.,* p. 145.

es la revista: la serie de artículos que componen el decimotercer y último número de *Plural,* publicada en marzo de 1989. Se trata, como vimos, de un número que bajo el título *¿Existe el "fenómeno Córdoba"?* organiza una serie de participaciones que intentan acercar una respuesta. En un breve prefacio -que se titula con otro interrogante, *¿Por qué Córdoba?*- se intenta justificar la decisión editorial como una forma de evitar el centralismo automático e inconsciente de analizar el país desde Buenos Aires.[10] El autor de esas pocas líneas -casi con seguridad, Hernán López Echagüe, editor responsable del número- señala a su vez que en varias de las participaciones solicitadas se hace "evidente que en Córdoba se da muy agudizadamente la tensión entre tradición e innovación, entre tradición y vanguardia, entre tradición y modernidad". Tensión que se reproduce a lo largo de su historia y "repercute, como tensión conflictiva, en el resto del país".[11] Vemos entonces aparecer esas ideas en la presentación misma del número y en varios de los artículos además del de Aricó, incluso en la entrevista que cierra la revista, realizada al entonces gobernador de la provincia de Córdoba: Eduardo César Angeloz.

La convivencia en la revista de intelectuales, académicos y escritores, por un lado, y políticos y funcionarios del gobierno provincial, por el otro, no debe sorprendernos.[12]

---

10 No deja de señalarse en el prefacio el vínculo entre este número y uno anterior, dedicado íntegramente a la provincia de Tucumán y preparado por el mismo editor. Vínculo que se convierte en distancia difícil de ocultar, aun bajo el pretexto del federalismo, si tomamos en cuenta el título de aquel número: *Tucumán: el caso Bussi.*

11 "Por qué Córdoba", en *Plural, op. cit.,* p. 3.

12 Entre los primeros, además de Aricó podemos mencionar la participación de Héctor N. Schmucler, Antonio Marimón, Ofelia Pianetto o Alejandro Nicotra; entre los segundos, Jorge Caminotti, Jorge de la Rúa o Juan Giai. Participan, también, varios periodistas como Norma Morandini o Julio César Moreno.

No sólo porque están allí para intentar, desde su posición, esclarecer la posible singularidad cordobesa desde su conocimiento directo de esa realidad, sino especialmente por el tipo de proyecto que encarnaba la revista. Publicada por la *Fundación Plural para la participación democrática* y dirigida por Daniel Divinsky (director de Ediciones de la Flor), comenzó a salir en 1986 como un apoyo al margen de los partidos a la presidencia de Alfonsín. Cada número de la revista se organizaba en torno a un eje temático: el autoritarismo, la participación democrática, la modernización, los medios de comunicación, la justicia o los partidos políticos; en definitiva, los tópicos propios de la transición democrática. Transición que la revista pretendía consolidar entendiendo la publicación como una forma de intervención que se ajustaba a nuevas formas de participación política, fundadas en el diálogo y el debate. Si bien la cantidad de colaboradores es profusa (alrededor de veinte por número), el grupo en general parece en gran parte estar compuesto por los intelectuales, académicos y políticos o funcionarios que acompañaban -con diversos grados de compromiso- al gobierno de Alfonsín; aunque también se percibe cierta apertura a otros grupos, como el del peronismo renovador o ciertos sectores de la UCeDé alejados de los Alsogaray.

El proyecto que la revista representaba nos permite entonces comprender la coexistencia de intelectuales y funcionarios en sus páginas; sin embargo, nada nos dice sobre la cercanía de sus opiniones para el caso que nos interesa.

3. ¿De dónde procedía la noción de que la identidad de Córdoba se jugaba "en la compleja dialéctica de tradición y modernidad", como afirmaba Aricó, y no sólo él, en las páginas de *Plural?* Genéricamente se puede remontar esta idea al reformismo: Aricó parece registrarla, aunque no en su forma más acabada, en Saúl Taborda; Horacio Crespo,

en cambio, propone la conexión con un texto de Raúl Orgaz que sostiene la "bifacialidad" cordobesa atenta desde temprano tanto hacia el norte como hacia el Plata. Sin embargo, ambos llegan a los reformistas indirectamente, a través de otros textos. En el caso de Aricó, a través de la figura de uno de los discípulos de Taborda, Santiago Monserrat, quien en 1972 publica un folleto titulado *Córdoba: tradición y modernidad* donde, entre otras cosas, afirma:

> Mirada desde el presente [...] Córdoba traduce, con una claridad singular y única, dos momentos de la vida argentina: el momento "colonial", o efectivamente *tradicional*, que procedente de la Colonia tiende a persistir, a prolongarse después de Mayo en sustanciales dimensiones [...] de esta vida histórica denominada Córdoba; y el momento de la modernidad, que tiende, cada vez más, a ensancharse y a imponerse.[13]

En el caso de Crespo, la mediación la constituye un texto de Alfredo Terzaga de 1973, que muy probablemente Aricó también conocía. En efecto, es Terzaga quien refiere la definición de Raúl Orgaz, aunque sin detallar o indicar con precisión la fuente. El texto, titulado "Clericalismo y liberalismo: las dos caras de la medalla cordobesa", remonta esa tensión -que no sólo se resuelve en oposiciones siempre renovadas y por eso distintas, sino también en no escasos consensos- a un pasado colonial y decimonónico con el objetivo de desmarcarla de aquellos que la identifican sólo con el momento de su expresión más acabada: 1918.[14] Más allá de la diferencias en sus aproximaciones al fenómeno o en sus preferencias ideológicas -un modernismo algo anacrónico que puntualiza el liberalismo provincial de

[13] Monserrat, Santiago, *Córdoba: tradición y modernidad,* Córdoba, Departamento de Publicaciones de la UNC, 1972, pp. 8 y 9.

[14] Terzaga, Alfredo, "Clericalismo y liberalismo: las dos caras de la medalla cordobesa", en *Todo es historia,* núm. 75, Buenos Aires, julio de 1973.

Monserrat, una mirada historiográficamente informada y entrenada por las preocupaciones de la izquierda nacional de Terzaga–, sus hipótesis no se alejan demasiado. A pesar, como advertimos, de una perspectiva atenta a los vaivenes de la historia –y por lo tanto renuente al reconocimiento de identidades primarias– de Terzaga. La coincidencia en la fecha de publicación de ambos textos no nos parece azarosa: ambos responden de un modo mediado a la centralidad ganada por Córdoba en el proceso que marca la crisis de la dictadura, abierto por el Cordobazo unos años antes. Ahora bien, ¿son esas también las referencias de Angeloz? El por entonces gobernador vuelve, del mismo modo, sobre la oposición modernidad/tradición, pero la identifica con un momento histórico preciso y alejado de los momentos político-culturales señalados por Monserrat y Terzaga (y por Aricó y Crespo): son los años de la modernización económica promovida por el peronismo de la década de 1950. Según su particular retórica, en esa época

> el cambio fue notable, otro idioma reemplazaba al latín, a veces de cocina, de los abogados; en los cafés se hablaba de compresión, de cilindrada, de consumo por kilómetro. La tonada cambiaba de cadencia. El horizonte ya no era recortado sólo por los campanarios: empezaron a florecer las chimeneas.[15]

Sin embargo, lo que más le interesa al mandatario provincial es remarcar la singularidad de Córdoba, su diferencia en el espacio nacional. En ese momento, recordemos, Angeloz se encuentra en plena campaña presidencial: es el candidato elegido por la Unión Cívica Radical para competir con Carlos S. Menem en las próximas elecciones. La metáfora de Córdoba como una isla, que usaba desde 1987 para distinguir la situación de la provincia de la

---

15 Angeloz, Eduardo César, "La opción es: modernizarse o perecer (entrevista)", en *Plural, op. cit.*, p. 119.

crisis generalizada que vivía el país en la última etapa del gobierno de Alfonsín, conectaba así con la recuperación como modelo político de la figura de Amadeo Sabattini y de la singularidad que supuso su gobernación a mediados de los años treinta.

Ese número de la revista, en definitiva, intenta sin mucho éxito alcanzar cierto equilibrio entre, por un lado, las intervenciones de perfil intelectual, ensayístico o literario y, por otro, las estrictamente políticas que desenfadadamente se convierten en mero proselitismo, en apoyo apenas velado a la candidatura presidencial de Angeloz. Ese clima invade finalmente la revista, y probablemente sea el que le da un tono general más allá de las marcadas diferencias entre las diversas participaciones, unidas sin embargo por la cuestión de la singularidad o especificidad cordobesa.

4. Entre los escritos presentes en la revista, el texto de Aricó dialoga directamente con el que firma Antonio Marimón, el cual se abría con el siguiente problema: ¿es posible identificar en la Córdoba de la década de 1970, que vivió una profunda y acelerada transformación económico-social y un período de convulsión política, una intensidad homóloga en la cultura? En la base de este interrogante se identifica un tema clásico, el del vínculo entre cultura y sociedad o, como dice Aricó, entre intelectuales (como principales productores de cultura) y sociedad. Si Marimón propone una perspectiva sincrónica para encarar ese problema, seleccionando una serie de experiencias de los años sesenta -las improvisaciones de Jorge Bonino, las revistas *Pasado y presente* y *Hortensia,* la vanguardia literaria representada por los nombres de Oscar del Barco y Antonio Oviedo-, que indicarían que efectivamente la cultura vivió una intensidad que dialogaba con la presente en el universo político y social, Aricó, como ya vimos, privilegia una mirada diacrónica, aunque escasamente procesual y algo esquemática, seleccionando momentos significativos de

la historia local -la reforma, los años treinta, los sesenta- que le permiten iluminar esa relación. ¿Qué conecta a esos momentos? "Hay un hilo rojo -dice Aricó- que recorre todas estas experiencias permitiendo establecer entre todas ellas una suerte de *continuidad* por encima de las distintas realidades históricas". Una continuidad marcada por la lucha "contra lo imposible desde firmes posiciones de ruptura".[16] En esa expresión se revela, creemos, la ambigüedad de la postura de Aricó: en ocasiones anclada históricamente, en otras, no tanto. Esta última tendencia se refuerza si consideramos la metáfora del "hilo rojo" que utiliza. La metáfora es conocida: pertenece a la novela *Las afinidades electivas* de Goethe. Allí aparece sólo en dos ocasiones, ambas relacionadas con la transcripción del diario de Otilia que se le presenta al lector:

> Hemos oído hablar de una costumbre particular de la marina inglesa. Todas las cuerdas de la flota real, de la más fuerte a la más delgada, están trenzadas de tal manera que un hilo rojo las atraviesa todas; no es posible desatar este hilo sin que se deshaga el conjunto y eso permite reconocer hasta el más pequeño fragmento de cuerda que pertenece a la corona. Del mismo modo, todo el diario de Otilia está recorrido por un hilo de afecto y ternura que todo lo une y que caracteriza al conjunto. Efectivamente, todas las observaciones, reflexiones, sentencias prestadas y lo que allí pueda aparecer, son especialmente propias de quien las escribe y de gran importancia para ella. Se puede decir que cualquiera de los pasajes sueltos que hemos elegido y que damos a conocer nos ofrece un claro testimonio de ello.[17]

El otro pasaje, un poco más adelante, vuelve sobre la cuestión del diario, pero enfatizando uno de los elementos antes señalados al pasar:

---

16 Aricó, José M., "Tradición y modernidad...", *op. cit*, pp. 11 y 14.

17 Goethe, J. W., *Las afinidades electivas*, Madrid, Alianza, 1995, p. 109.

> De aquella época raras veces se encuentran anotados acontecimientos en el diario de Otilia, pero a cambio aparecen más a menudo máximas y sentencias relativas a la vida y extraídas de ella. Pero como la mayor parte de las frases no parecen sacadas de su propia reflexión es muy probable que alguien le comunicase la existencia de algún cuaderno del que ella iba tomando lo que más le conmovía. Algunas reflexiones personales y de contenido más íntimo se pueden reconocer por el hilo rojo.[18]

En el primer párrafo citado, la metáfora nos indica que cualquiera sea la parte que leamos del diario revelará inevitablemente la personalidad de quien lo escribe: la personalidad de Otilia que habita todas las palabras allí presentes. En el segundo, el uso de la misma metáfora refuerza esa idea, ahora indicando que esa sensibilidad personalísima que se expresa en la escritura permite distinguir sin dificultad las frases propias de las ajenas. En todo caso, lo que nos interesa remarcar es que la metáfora sugiere una aproximación esencialista: el hilo rojo permite identificar en una serie heterogénea los elementos que conforman un conjunto ya que expresan aquello más profundo que les otorga unidad. En el caso de Aricó, esos momentos constituyen testimonios de la fuerza que, en lucha siempre renovada, se opone a la quietismo de la tradición.

5. La caracterización de Córdoba como ciudad de frontera y la de su identidad como la tensión siempre renovada entre innovación y tradición no van, según intentamos mostrar, necesariamente juntas. Si bien la imagen de "bifacialidad" que supuestamente habría diseñado Raúl Orgaz las vincula, su conexión depende especialmente de la perspectiva que se adopte para articular esas dos ideas. La utilización de la metáfora del "hilo rojo", sugerimos, promueve una aproximación no histórica, entendiendo la

---

18 Ibídem, p. 115.

oposición tradición/modernidad como una oposición entre fuerzas trascendentes que encarnan momentáneamente en diversos sujetos. Sin embargo, esa misma idea puede ser pensada de otro modo, tal como en otros momentos parece hacerlo Aricó o como lo propone Terzaga. Algo semejante podemos sostener sobre la propuesta de pensar Córdoba como "ciudad de frontera": creemos que puede ser altamente productiva siempre que esa sugerencia nos alerte sobre los diversos circuitos en los que Córdoba participó y el espacio que en ellos ocupó. Circuitos diversos -económicos, políticos, culturales-, aunque en ocasiones yuxtapuestos, históricamente configurados, relativamente estables, desigualmente organizados.[19] Diversa potencia observamos si esa sugerencia se considera rasgo distintivo e inmodificado: así el mismo Aricó cuando presenta a Taborda como un "típico intelectual de frontera, [...] fusionaba en su discurso no sólo las vertientes del comunalismo hispánico. Sino también sus lecturas del ideario anarquista, de la filosofía alemana y de la experiencia soviética que seguía con profundo interés".[20] Si se piensa al intelectual como expresión de una identidad previa que caracterizaría el espacio que habita y representa, volvemos a caer en la perspectiva esencialista y derivativa; si, en cambio, lo que se propone es una ampliación semántica de la metáfora para indicar el encuentro de tradiciones intelectuales heterodoxas en Taborda, corremos el riesgo de que al significar algo diferente cada vez, termine por anular su valor analítico. Como sea, en ambos casos, se pierde lo decisivo para pensar una figura como la de Saúl Taborda: sus viajes, sus contactos y sus lecturas en

---

19 Se intentó avanzar en este sentido en Agüero, Ana Clarisa y Diego García, "Introducción", en *Culturas interiores. Córdoba en la geografía nacional e internacional de la cultura,* Córdoba/La Plata, Al Margen, 2010.

20 Aricó, José M., "Tradición...", *op. cit.,* p. 14.

un momento histórico, al menos hasta el estallido de la Guerra Civil Española, de extrema porosidad ideológica e intelectual. La fórmula "típico intelectual de frontera" es un forma rápida que Aricó utilizó probablemente para señalar las complejidades de uno de sus últimos objetos de interés. Sus anteriores investigaciones históricas, centradas también en figuras de múltiples y difíciles dimensiones -como J. C. Mariátegui o A. Gramsci-, nos indican que, de haber contado con el tiempo necesario, su aproximación a Taborda hubiese sugerido una imagen sutil e inteligente de una figura y un momento político-cultural decisivo para la historia y la cultura local y nacional, a la vez que una serie de claves para iluminar su propio presente: el de la crisis de la democracia -en especial, de las a veces muy ambiciosas expectativas que su reciente recuperación había alimentado- que acompañaba el derrumbe del alfonsinismo.

Heterodoxia en el pensamiento latinoamericano: tres momentos de un despliegue

Bernal Herrera Montero[1]

Referirse a manifestaciones de heterodoxia en cualquier tradición intelectual implica aludir como trasfondo a alguna ortodoxia con la que ellas se relacionan pero de la cual, a su vez, divergen. De las varias formas de heterodoxia actuantes en el pensamiento latinoamericano, exploraré aquí la definida como tal en relación con su contraparte occidental hegemónica. Un pensamiento latinoamericano que mezcla elementos de diversa procedencia, pero que forma parte de un campo cultural con relaciones de fuerza marcadas, primero, por la expansión y el colonialismo occidental y, luego, por una colonialidad epistémica todavía actuante. Entenderé por heterodoxo, entonces, un producto intelectual que exhibe alguna divergencia significativa frente a las concepciones occidentales dominantes que, en cada caso y momento, actuaron como una de sus matrices y como contraparte hegemónica.

La presencia en el pensamiento latinoamericano de vertientes heterodoxas es casi inevitable, dado que él nace en sociedades cuya fuerte multiculturalidad, y a veces plurinacionalidad, fue una realidad siglos antes de que aparecieran estos conceptos. Una realidad que, desde un inicio, fue observada por una institucionalidad oficial que intentó controlarla, caso de la normativa jurídica colonial que estableció la coexistencia de una República de Españoles y una República de Indios, cada una poseedora, en teoría, de derechos y deberes diferenciados, posible antecedente de las ideas recientes sobre el estado plurinacional. Otra manifestación del intento de controlar la heterodoxa realidad

1 Universidad de Costa Rica.

latinoamericana lo constituyen las pinturas novohispanas de castas, que imponen una rejilla taxonómica moderno-ilustrada a la mescolanza étnica del virreinato.

Recordar, reivindicar, las zonas heterodoxas de nuestra realidad y pensamiento no implica romantizar, menos aun idealizar, una historia a menudo trágica, unas sociedades marcadas, al día de hoy, por violencias e injusticias de toda índole. Sí implica, en cambio, afirmar que lo que hoy llamamos América Latina, sitio de tantas tragedias, también lo ha sido de una producción intelectual que, según intentaré mostrar, ha afirmado crecientes márgenes de maniobra frente al pensamiento hegemónico occidental, cuyas matrices comparte, para bien y para mal, en mayor grado que los otros mundos reconfigurados por el colonialismo occidental.

Las abundantes reflexiones ya dedicadas a temas que, bajo diversas formulaciones, examinan la presencia y función de facetas heterodoxas en el pensamiento latinoamericano, se han movido, históricamente, entre dos polos definidores de un amplio espectro de posibilidades. Un polo lo constituye la idea de que el pensamiento latinoamericano, aunque estructurado a lo largo de su historia por la imitación de modelos occidentales, habría generado una producción heterodoxa que, por diversas razones, no siguió con fidelidad sus modelos. Un fenómeno que ha merecido, entre quienes aplican esta óptica, dos distintas valoraciones. Una, más optimista y atenta a las particularidades locales, afirma que las divergencias surgen para aclimatar el modelo al nuevo contexto, o por afán de diferenciación. Una segunda valoración, más pesimista y hoy día infrecuente, consideraba que las diferencias surgían, simple y llanamente, por la incapacidad local de reproducir con fidelidad el modelo. Ambas valoraciones se han dado, por ejemplo, del romanticismo latinoamericano del XIX.

El otro polo lo marca la idea de que la producción cultural de América Latina ha sido intrínsecamente heterodoxa, lo que suele atribuirse a su carácter sincrético e híbrido, a las diferencias entre la realidad de origen y la latinoamericana. Ello originaría, por ejemplo, el tratamiento dado en el romanticismo latinoamericano a temas como la naturaleza, muy distinto al del modelo europeo. También esta posición permite variantes optimistas y pesimistas, según se valoren los modelos occidentales y la conveniencia o no de seguirlos, algo que cambia, por ejemplo, de una disciplina a otra. Así, mientras en la crítica literaria se suele valorar la originalidad local, en filosofía se suele, o se solía, asumir que Occidente es el único ideal a seguir, y en ciencias sociales se presentan ambos tipos de valoración.

Frente a un panorama tan abigarrado, tres precisiones, aunque evidentes, serán útiles:

1. Lejos de ser unitario, el pensamiento latinoamericano es variado y polimorfo, y contiene por igual facetas ortodoxas y heterodoxas. Ello incluso en el interior de una misma corriente, caso de las vanguardias literarias, al que volveré más adelante.
2. El calificativo de "heterodoxo" empleado para caracterizar una determinada manifestación es relativo. No sólo se define frente a una ortodoxia que la enmarca, sino que la heterodoxia de hoy suele ser la ortodoxia de mañana, y viceversa. Las vertientes heterodoxas del pensamiento latinoamericano no articulan un conjunto de líneas fijas, sino unos posicionamientos móviles, históricamente variables. Tal es el caso del pensamiento sobre el mestizaje, que lo mismo se ha articulado como reivindicación de una heterodoxia demográfica y cultural, como condena de ésta, o como ortodoxia impulsada por diversos discursos nacionalistas.

3. En tanto relacional y contextual, el calificativo de "heterodoxo" no representa, per se, un juicio de valor. Quienes cuestionamos muchas de las ortodoxias hegemónicas solemos simpatizar con posiciones heterodoxas. Pero es fácil pensar ejemplos contrarios. Defender la limpieza étnica es, en la América Latina de hoy día, una posición muy heterodoxa, y más aun lo sería defender la mutilación genital femenina, pero ello no le genera ningún valor positivo a tales posiciones. Lo que no elimina que el tipo de heterodoxia que comentaré aquí cuente con toda mi simpatía.

Veamos, entonces, algunas manifestaciones heterodoxas ocurridas en tres momentos de la historia cultural latinoamericana: principios del siglo XVII, primera parte del XX, y hoy día. Todas ellas han representado, a la luz de las fuerzas sociales y marcos intelectuales que delimitaban las relaciones culturales entre el pensamiento local y el occidental hegemónico en sus respectivas épocas, posiciones epistémicas propias, agendas y respuestas intelectuales heterodoxas, que cuestionaron e intervinieron algunas ortodoxias de su época. La valoración conjunta de estos productos intelectuales, a los que podrían sumarse muchos otros, como la Teoría de la Dependencia o las propuestas sobre el Buen Vivir discutidas en la actual Bolivia, permite visualizar mejor tanto las relaciones de poder operantes en nuestro campo intelectual como los crecientes márgenes de maniobra que en su interior han ido alcanzando las vertientes heterodoxas.

Producto de trágicos choques y espléndidos encuentros, nuestra cultura colonial fue igualmente modulada por tendencias ortodoxas y heterodoxas. América Latina nació en medio de procesos de conquista y colonización realizados en nombre de dos baluartes de la ortodoxia: la Iglesia católica y la monarquía española, cuyos designios globales proponían la creación de un mundo regido por una única ortodoxia. Un proyecto que sonaría cómicamente anacrónico si no fuera porque, en otra clave, resucitó ante nuestros ojos con el llamado Consenso de Washington. Pero no menos fuerza mostraron también, desde un inicio, las vertientes heterodoxas. Más allá de la obvia imposibilidad práctica de prescindir de los indígenas, el mismo proyecto ortodoxo pactado por la corona y la Iglesia -la legitimación del monopolio ibérico a cambio de la evangelización de los indígenas- impedía la (¿ortodoxa?) solución empleada por la corona en España contra sus otredades internas: expulsión de judíos y musulmanes y persecución de heterodoxos mediante la Inquisición, a cuyos brazos americanos no se les dio jurisdicción sobre los indígenas. Sumemos la creciente traída de africanos y el goteo asiático producto de los vínculos con Filipinas, y vemos cómo el colonialismo ibérico, nucleado en torno a una ortodoxia militante, acabó fomentando la creación de una sociedad bastante heterodoxa. Este rasgo fue más fuerte, sin duda, en la cultura popular, pero la dominante tampoco escapaba a ella, caso de los estatutos de limpieza de sangre, cuyo carácter heterodoxo, e incluso herético, no pasó desapercibido en Roma.

Es en este medio donde surge, a fines del siglo XVI y principios del XVII, el pensamiento historiográfico de diversos intelectuales mestizos, entre cuyos exponentes más conocidos estarían Fernando de Alva Ixtlilxóchitl y el Inca Garcilaso de la Vega, cuyo carácter de producto local no puede ser puesto en duda. La obra de este grupo de historiadores acaso contenga el primer pensamiento colectivo y sistemático latinoamericano: producido por autores americanos, construido con una variable mezcla de elementos europeos y americanos, y centrado en temáticas locales pero inserto en debates y agendas globales. Un pensamiento cuyas posiciones, con los matices propios de cada caso, considero heterodoxo. Veamos por qué.

Durante la primera mitad del siglo XVI, los principales debates abiertos por el colonialismo se libran en lenguaje teológico. Incluso autores influidos por el humanismo renacentista, como Ginés de Sepúlveda, no pueden ignorar del todo la clave teológica. Pero ya a fines del XVI el formato teológico estaba siendo substituido por uno nuevo: el historiográfico. No bajo la forma de la crónica, propia del descubrimiento y conquista, sino como historiografía humanista, la cual será clave en la legitimación de la expansión europea, para lo cual crea la idea de una "historia universal". Esta idea, central en el surgimiento del eurocentrismo, será utilizada por historiadores mestizos como Alva y Garcilaso para cuestionar, o al menos limitar, la nueva visión eurocéntrica. Ambos se apropian de este innovador formato intelectual, pero no para reproducir su función metropolitana: hacer de Europa el ente civilizador de un mundo dominado por la barbarie, sino para (re)presentar diversas culturas americanas como agentes igualmente civilizadores.

No se trata de una defensa en bulto del mundo indígena, sino de aquellas culturas concretas con las cuales se identifican -Alva la tetzcocana y Garcilaso la incaica-, lo cual puede ser leído, entre otras formas, como un rechazo a la racista homogenización que Europa estaba efectuando con las culturas indígenas, y que luego repetiría con las africanas. Los historiadores mestizos adoptan dos elementos básicos del eurocentrismo: la idea de una "historia universal" y la decidida afirmación de la superioridad del cristianismo sobre toda otra forma de práctica religiosa. Pero en ellos la idea de "historia universal" es utilizada para insertar en su seno, en igualdad de condiciones con la historia romana y europea, las culturas americanas; incluso, a veces utilizan el cristianismo para insinuar, implícita o explícitamente, la igualdad, e incluso superioridad, de los indígenas sobre sus conquistadores. Tal es el caso, por ejemplo, del providencialismo cristiano, el cual será, con particular fuerza en Garcilaso, uno de los argumentos utilizados para afirmar la simpatía divina por unas culturas precolombinas que los historiadores europeos de la época consideraban condenadas por sus pecados e idolatrías. Los historiadores mestizos aceptan, entonces, los formatos europeos, pero los ponen a trabajar, en temas básicos, a contramano. Y si bien su principal público meta fueron otros letrados tan hispanizados como ellos mismos, en el caso mexicano también escribieron en náhuatl para una *intelligentsia* local altamente hispanizada pero nahuahablante, producida por proyectos, en especial franciscanos, que todavía no habían sido reducidos al mínimo o erradicados por el sistema colonial. Si diversas autoridades y grupos de presión de la sociedad colonial obstaculizaron, y a veces liquidaron, los diversos programas de formación de intelectuales indígenas y mestizos, no fue por su fracaso, sino porque su éxito había mostrado ser un arma de dos filos en una sociedad colonial cuyas estructuras de poder todavía eran frágiles.

Esta producción historiográfica ejemplifica la dificultad de definir qué es, o no, heterodoxo. Leída desde posiciones historiográficas actuales, las tomadas por los historiadores mestizos pueden ser consideradas ortodoxas. Pero también pueden ser vistas de otra forma, no sólo al ubicarlas en su contexto, sino incluso al apreciarlas desde el nuestro. En un nivel puntual, maniobras actuales como la deconstrucción desde dentro de los discursos dominantes, o la puesta entre paréntesis de las polaridades y valoraciones oficiales, o más en general, la apropiación y resemantización de conceptos y discursos, ya están allí, y a propósito de temas cruciales para la época, como el religioso. Los europeos habían establecido una típica oposición binaria entre españoles-cristianos e indígenas-idólatras; los historiadores mestizos, siguiendo a Las Casas, la disuelven, haciendo del cristianismo un parámetro para juzgar y condenar, en sus propios términos, el accionar español. Pero donde el dominico solía defender a un otro edénico y a menudo infantilizado, los mestizos reivindican un nosotros adulto, poseedor de una historia tan larga, fastuosa e imperial como la europea. Un tipo de historia que, siguiendo modelos clásicos, habría resurgido en el renacimiento, y cuya versión más reducida sea, tal vez, la articulada por Maquiavelo en el prólogo a la segunda parte de sus *Comentarios sobre Tito Livio*.

En un nivel más general, los historiadores mestizos del siglo XVII articulan una posición que el pensamiento latinoamericano posterior ha tenido muchas dificultades en retomar y actualizar: la de asumirse herederos por igual de una doble tradición cultural igualmente reivindicada: la occidental y la nativa. Una autoafirmación de y desde lo local que le permitirá a Guamán Poma, desde otro tipo de posicionamiento epistémico y político, radicalizar posiciones y proponer la rearticulación de la sociedad y las autoridades nativas, que permanecerían como tributarias de la corona, pero con un régimen de autonomía en el cual, por ejemplo, la caridad cristiana sería desplazada por la noción incaica del *sapci,* aquello que se tiene y hace en común.

Leer el pensamiento historiográfico mestizo en clave ortodoxa o heterodoxa no es una decisión neutra. Ambas lecturas son posibles, pero mientras una enfatiza los aspectos miméticos de esas obras, y acaso del pensamiento latinoamericano en general, la otra enfatiza sus aspectos heterodoxos, las maniobras y nociones que amplían, cuestionan o quiebran las matrices de las cuales parten y con las cuales trabajan. Superar el carácter eurocéntrico de grandes zonas de nuestra cultura requiere construir una tradición en la cual asentarse, capaz de reciclar y de resemantizar, en función de una agenda local pero inserta en agendas globales, las matrices occidentales que definen nuestro principal horizonte mental. Vistos desde esta perspectiva, los historiadores mestizos representan, en conjunto, la emergencia de un agente intelectual capaz de mantener un diálogo tan equilibrado como conflictivo con sus contrapartes occidentales, desde la posición de quien, actuando dentro de la cultura occidental, la rearticula desde una cultura local no sólo asumida, sino además convertida en posición epistémica, una posición que permite plantearse preguntas y buscar respuestas disímiles a las hegemónicas. Un tipo de agente y de producción tal vez minoritarios en nuestra historia intelectual, pero con suficiente progenie como para constituir una tradición, la cual incluye parte de las vanguardias literarias de principios del siglo XX, otro ejemplo de las dificultades de emitir juicios unívocos acerca de la posible heterodoxia de cierta producción intelectual.

Las vanguardias latinoamericanas tienen fuertes relaciones con las europeas, que han sido bastante estudiadas y que no están en discusión. Pero a veces se ha hecho de ellas un filtro conceptual, y sólo se han considerado vanguardistas las obras ajustadas a los formatos vanguardistas europeos. Esta práctica invisibiliza la producción vanguardista local que difiere de tales moldes, y ejemplifica distorsiones usuales en algunos estudios comparativos de nuestras producciones culturales: el automatismo de verlas como dependientes de las occidentales hegemónicas; la dificultad de imaginar que puedan ser coetáneas o anteriores a éstas; la escasez de marcos conceptuales e historiográficos propios que permitan estudiar la producción local en sus propios términos.

Entender las vanguardias latinoamericanas en función de las europeas es una maniobra crítica reduccionista, y que confunde más de lo que aclara. Inserto en un horizonte mental internacional del cual se alimenta, el vanguardismo latinoamericano también delinea procesos propios, que a veces difieren de los europeos. La principal diferencia radica en su carácter menos programático y teórico, todo lo cual permite una más amplia legibilidad, visible, por ejemplo, en la creación de mundos donde la experimentación narrativa permite contar, en otros registros, historias análogas a las del realismo, caso de la dictadura en *El señor presidente.* Este tipo de producción no calza bien en las prácticas y nociones de las principales vanguardias europeas, lo que nos obliga a elegir entre tres opciones: mantener el concepto usual de vanguardia, desecharlo o reformularlo. Mantenerlo implica seguir atados a una noción concebida para otros procesos y productos; desecharlo implica prescindir de un concepto útil, para el que de momento no tenemos un reemplazo adecuado. Considero, entonces, que la mejor solución es reformularlo. La reformulación que he propuesto distingue dos vertientes vanguardistas: la ortodoxa y la heterodoxa.[2] En la vertiente ortodoxa agrupo la producción que adopta los rasgos y conductas típicos de las vanguardias europeas: producción de manifiestos y proclamas, rechazo frontal a la tradición realista, lenguajes y estructuras rupturistas y experimentales, tendencia al hermetismo, actitud polémica frente al público y frente a otras escuelas. Aquí entrarían movimientos como el ultraísmo, el creacionismo y el estridentismo, y obras individuales como las de Macedonio Fernández y el cubano Enrique Labrador Ruiz. En la vertiente heterodoxa agrupo la producción que, siendo parte de las tendencias renovadoras y rupturistas propias del vanguardismo de la época, no sigue fielmente los gestos y modelos específicos del vanguardismo ortodoxo: obras

---

2 Véase, por ejemplo: Herrera Montero, Bernal, *Arlt, Borges y Cía. Narrativa rioplatense de vanguardia,* San José, Editorial de la Universidad de Costa Rica, 1997; y "Asturias y las vanguardias hispanoamericanas: ortodoxos y heterodoxos", en *Revista de la Universidad de San Carlos,* 2, 1998, pp. 10-18.

como las de Asturias, Borges y Roberto Arlt. No soy ni pretendo ser, desde luego, el primero ni el único que ha observado esto. La obra de Borges, por ejemplo, dio lugar a la idea de una "vanguardia criolla", propuesta explorada en su momento por críticas como Beatriz Sarlo[3] y Graciela Montaldo.[4] Lo que propongo es que no se trata de casos aislados, sino de una tendencia presente en muchos otros sitios y autores, tanto en América Latina (casos del costarricense Max Jiménez y el ecuatoriano Pablo Palacio) como y fuera de ella (casos de los españoles García Lorca y el último Valle-Inclán). En esa medida, constituye una vertiente general, a menudo más interesante que la ortodoxa, y que requiere su propia teorización.

Postular la existencia de una "vanguardia heterodoxa" no sólo amplía y reacomoda el canon vanguardista. Reformula la noción misma de vanguardia, y pasa del uso de un concepto eurocéntrico a la construcción de otro construido para explicar procesos locales. No dudo de que el concepto ortodoxo y eurocéntrico de vanguardia sea útil, e incluso indispensable, para explicar parte de la producción latinoamericana, pero también considero que el concepto de vanguardia heterodoxa ayudaría a explicar parte de la producción europea. Imposible exponer aquí con más detalle las características de las vanguardias heterodoxas, ni discutir las posibles razones para que sea en regiones como América Latina o en países como España y, dentro de ésta, en regiones como Galicia y Andalucía, ello es, en zonas construidas como periferias de determinadas metrópolis culturales, donde más fuerza muestra

---

3 Sarlo, Beatriz, "Sobre la vanguardia, Borges y el criollismo", en VV.AA., *La crítica literaria contemporánea*, Buenos Aires, Centro Editor de América Latina, vol. 1, pp. 73-85.

4 Montaldo, Graciela, "Borges: una vanguardia criolla", en David Viñas (dir.), *Historia social de la literatura argentina. Tomo VII: Yrigoyen, entre Borges y Arlt (1916-1930)*, Buenos Aires, Contrapunto, 1989.

la vertiente heterodoxa. Lo que aquí me interesa recalcar es que en el caso del vanguardismo, la producción más heterodoxa proviene de sitios como América Latina, y no de unas metrópolis donde la misma heterodoxia acabó por codificarse en nuevas ortodoxias, en virtud de impulsos propios y de la estructura misma de su campo cultural. El caso de Asturias y el surrealismo es un buen ejemplo. Como casi todas las vanguardias ortodoxas, el surrealismo creó reglas escriturales que acabaron constituyendo una receta. La obra de Asturias rompe estas reglas al utilizar, por ejemplo, todo tipo de registros lingüísticos: vanguardistas, sí, pero también realistas, populares, oficiales, humorísticos, religiosos y otros, creando así un collage estilístico ajeno a la monoglosia propia de las vanguardias ortodoxas. Asturias utilizó, sin duda, recursos surrealistas, pero no fue un mero receptor-transmisor de recursos y formatos ajenos. Definió sus opciones escriturales desde una agenda propia y fue, en el interior del vanguardismo internacional, un actor tan creativo y heterodoxo como el que más.

Casos como el vanguardismo, cuya crítica no siempre muestra la creatividad y heterodoxia de la producción literaria, parecen validar la idea de que el pensamiento teórico y conceptual ha tenido, en América Latina, más dificultades que la creación artística y literaria para producir obras que, vinculadas a matrices eurocéntricas, se articulen desde agendas y procesos locales. No lo creo así. Ejemplos como la mencionada historiografía mestizo-colonial y la Teoría de la Dependencia evidencian lo equivocado de tales generalizaciones. Lo mismo sucede con el pensamiento actual nucleado en la tendencia modernidad/colonialidad, el tercer momento que exploraré a continuación.

Las grandes líneas de la versión hegemónica del nacimiento de la modernidad son bien conocidas: nace en Europa, sociopolíticamente asociada al capitalismo y los estados nacionales, y filosóficamente a la revolución epistémica del siglo XVII, cuyas variantes empiristas y racionalistas se conjugan en la ciencia moderna. Las capacidades críticas desatadas por esta primera etapa, unidas a la descomposición del viejo orden, producirán en el siglo XVIII drásticos cambios sociopolíticos, cuyo arquetipo es la Revolución francesa. Esta versión admite, claro está, numerosas variantes, pero todas ellas comparten rasgos rara vez cuestionados: unas raíces puramente europeas, un impulso laico, racionalista y antitradicional, y un carácter eminentemente liberador, que derribó las viejas autoridades epistémicas y sociopolíticas.

El mundo no occidental aparece en esta versión como receptor o importador de la modernidad, con resultados a menudo parciales y frágiles. Los procesos y mundos coloniales no habrían hecho aportes conceptuales, ni generado prácticas y discursos modernos, aunque sí habrían provisto estímulos y apoyos para la modernidad europea, tan variados como oro, plata, mercados, café, té, chocolate, tabaco y esclavos. Este tipo de visión tiene su expresión más radical en disciplinas como la filosofía, cuyas historias excluyen casi por completo el tema del colonialismo, aun cuando éste aparece en la obra de varios filósofos canónicos del período, como Maquiavelo, Moro, Bacon y Montaigne. Otras disciplinas tienen posiciones más matizadas, caso de la historia, que no sólo afirma la importancia de América en el ya mencionado rol de estímulo para la modernidad europea, sino que generó la noción de "modernidad temprana", la cual corre hacia atrás las fechas de su aparición y permite adjudicar un rol más activo a mundos y actores no europeos, como los comerciantes del Sudeste asiático, pero sin alterar la configuración conceptual básica asignada a la modernidad por su versión hegemónica. En cuanto a la nutrida tradición de pensadores occidentales, modernos y posmodernos, que han criticado la modernidad, casi ninguno de ellos cuestionó dos ejes básicos de la versión hegemónica de su nacimiento: el monopolio conceptual europeo y la exclusión del colonialismo del relato. En esa medida son, desde la perspectiva que aquí me interesa, críticas occidentocéntricas y ortodoxas.

Cuestionar ambos ejes, en cambio, suele ser uno de los propósitos de las diversas reformulaciones del concepto, nacimiento y desarrollo de la modernidad, que han venido desarrollando pensadores de las antiguas colonias, agrupados en tendencias como los Estudios Subalternos, surgidos en la India, y la de modernidad/colonialidad, abierta por pensadores latinoamericanos como Aníbal Quijano, Enrique Dussel y Walter Mignolo. Valorar estos esfuerzos requiere recordar el impacto que tienen las formas de concebir y valorar la modernidad, sea en nuestras labores intelectuales, lo que ya sería bastante, sea en la casi totalidad de los proyectos políticos echados a andar en nuestras sociedades. Modernizarse, ser modernos, ha sido un eje crucial del pensamiento y el accionar latinoamericano, presente por igual en proyectos tan disímiles como el porfiriato mexicano, el peronismo argentino, la revolución cubana y los neoliberales tratados de libre comercio, todos los cuales se articularon a partir de variantes de la versión hegemónica de la modernidad. Cuestionar ésta bien puede ser, entonces, una de nuestras labores intelectuales más urgentes, heterodoxas y de frontera. En lo que sigue ejemplificaré el tipo de cuestionamiento estimulado por la tendencia modernidad/colonialidad, presentando brevemente algunos puntos de la versión que sobre el surgimiento de la modernidad actualmente trabajo, todos los cuales cuestionan la versión hegemónica:

1. La modernidad incorpora y recicla diversas prácticas y nociones de la previa tradición occidental, usualmente vistas como no modernas, e incluso como antimodernas. Tal es el caso, por ejemplo, de las prácticas

y nociones clásicas y medievales referentes a la esclavitud, utilizadas como repositorio inicial para las creadas a raíz de los procesos de expansión, conquista y colonización efectuados durante la modernidad temprana.

2. La modernidad nace con una faceta colonialista, que lejos de ser encapsulable, o un mero apoyo o disparador, incide en las teorizaciones y prácticas de la modernidad en su conjunto. Esta faceta empieza a perfilarse en el siglo XV con las empresas portuguesas en África occidental, se extiende en el siglo XVI a Asia y América, y su principal creación es el mundo colonial americano.
3. Las primeras teorizaciones de la modernidad colonial son del siglo XVI, y proponen nuevas formas de concebir y practicar el dominio sociopolítico. Estudiarlas requiere analizar, de forma no disciplinaria, tradiciones discursivas algo ajenas al canon moderno tradicional, como las discusiones jurídico-teológicas y las crónicas generadas por los procesos de conquista y colonización. También requiere estudiar, desde nuevas perspectivas, el canon moderno clásico.
4. Algunos de los principales procesos de la modernidad temprana ocurrieron fuera de Europa, y algunos de sus principales actores, así sea en roles subordinados, fueron no europeos. El carácter eurocentrado del proceso se debe a que fue concebido y dirigido por actores europeos, no a la ausencia de actores no europeos.
5. La modernidad contiene, desde su inicio, proyectos de dominio sociopolítico, manifiestos tanto en su principal resultado histórico -un mundo dividido en metrópolis y periferias- como en muchas de sus teorizaciones, canónicas o no. Esto obliga a reformular la matriz conceptual de la modernidad. La versión hegemónica propone tres ejes: conocimiento, dominio

y emancipación. El conocimiento permitiría dominar las fuerzas naturales, psíquicas y sociales, lo que a su vez permitiría la emancipación humana. La versión que defiendo mantiene el eje del conocimiento, pone entre paréntesis el de la emancipación; y desdobla el del dominio en dos vertientes: autodominio y heterodominio.

6. El heterodominio es el ejercido sobre ciertos sujetos, individuales o colectivos, por otros sujetos, mediante relaciones de poder justificadas desde diversas líneas de fractura. Algunas venían de muy atrás, como las de clase o estamento, y la de género. Otras eran más recientes, como las religiosas. Otras fueron creadas por la modernidad, como las raciales, o las establecidas por las nociones eurocéntricas de desarrollo e historia universal.
7. El autodominio es el que ciertos sujetos, individuales y colectivos, ejercen o dicen ejercer sobre sí mismos. La posibilidad de este autodominio por tales sujetos se supone fundamentado en la posesión de un entrenamiento específico, o en la asignación de ciertas características consideradas intrínsecas a tales sujetos, o en una mezcla de ambas cualidades.
8. Ambos tipos de dominio no son mutuamente excluyentes ni contradictorios entre sí. Son polos, teóricos y prácticos, que permiten un amplio espectro de gradaciones, despliegues, mezclas e interacciones. También los sujetos heterodominados son entrenados para autodominarse, y los sujetos autodominados son susceptibles de disciplinamientos externos. Pero ambos tipos de dominio están regidos por normas diferenciadas, en especial en lo referente a las interacciones entre ambos tipos de sujeto. Así, mientras las infracciones al heterodominio eran castigadas por instancias disciplinarias muy concretas, el castigo de las infracciones al autodominio solían quedar a

cargo de instancias morales, o ultramundanas. Un esclavo atrasado en sus labores era azotado; las faltas del amo contra la moral cristiana eran remitidas al juicio divino. Algo que puede sonar anacrónico hoy día, pero no lo es. Basta considerar las muy distintas valoraciones o sanciones acarreadas por la posible o real posesión de armas atómicas por naciones consideradas "autodominadas" frente a las que se juzga deben ser "heterodominadas". Una dualidad que se repite en todo tipo de ámbitos, como el económico, donde el "precio" que pagan los "heterodominados" deudores insolventes de un banco es muy distinto al que pagan los "autodominados" bancos cuando se vuelven insolventes, aun si en ambos casos la situación se debe a malas decisiones económicas.

9. La faceta colonialista de la modernidad enfatiza el heterodominio, y carece de prácticas emancipadoras reales para la población colonizada. La faceta metropolitana enfatiza el autodominio, visualizado como principal vía a la emancipación. Ambas facetas coexisten, en mezclas diferenciadas, en todas las sociedades tocadas por la modernidad.

Más que el posible grado de coherencia interna o fundamentación histórica de esta posición, interesa aquí su grado de heterodoxia. Creo que este tipo de pensamiento, en tanto cuestiona directa, y a veces radicalmente, postulados básicos de la visión hegemónica, representa una posición heterodoxa y de frontera, que no sólo reformula el surgimiento de la modernidad, sino su concepto mismo, posibilitando otras formas de pensar el pasado, de actuar en el presente y de construir futuros.

Los tres momentos mencionados permiten visualizar un cierto despliegue heterodoxo del pensamiento latinoamericano. Empezamos en los siglos XVI y XVII, con la apropiación de un formato occidental entonces innovador, la historiografía humanista, utilizado para insertar historias locales en una "historia universal" que las excluía. La apropiación respetaba el formato y aceptaba su valoración de las historias imperiales. Procesos culturales que la historiografía humanista europea narraba en clave de idolatría y salvajismo, se narran como una historia tan dinástica, civilizatoria e imperial como la europea. Más que cuestionar las eurocéntricas reglas civilizatorias del formato, se demostraba que también aquí se habían cumplido, y se exigía el ingreso, siempre selectivo, al club de los civilizados. El carácter heterodoxo y de frontera de esta autoafirmación intelectual puede ser juzgado recordando que, al día hoy, su reclamo sólo ha sido parcialmente atendido.

Luego pasamos a las vanguardias de principios del XX, donde la estrategia de apropiación de formatos occidentales se transforma y adquiere un nuevo signo por la libertad con que los intelectuales locales los transforman y resemantizan. Si antes la autoafirmación pasaba por la fiel aplicación de un formato a nuevos contenidos, ahora se extiende a la reformulación de los formatos mismos. Ser vanguardista representó, para numerosos creadores latinoamericanos, utilizar selectiva y juguetonamente los formatos de las vanguardias clásicas europeas, alterar sus juicios y valoraciones, todo ello en función de agendas propias divergentes de las de sus contrapartes europeas. Una actitud que no sólo permitió la creación de obras más heterodoxas que las del vanguardismo ortodoxo, sino que amplió considerablemente los márgenes de maniobra en el interior del ámbito intelectual, cuyas relaciones de poder cuestionó y cambió.

El tercer momento, las actuales investigaciones y propuestas de la línea modernidad/colonialidad, radicaliza todo esto. Ya no basta con apropiarse y alterar formatos europeos como los que rigen la versión hegemónica del surgimiento y despliegue de la modernidad, sino que se cuestionan a fondo muchos de sus elementos centrales. A diferencia de los historiadores mestizos y de numerosos vanguardistas, el propósito ya no es demostrar que la historia y la producción intelectual de América Latina están a la altura de la occidental, o en camino de estarlo, sino que es proponer una nueva versión de la historia, darle otro sentido, entenderla desde otras categorías. También cambian, aunque de forma menos clara, los alcances previstos de la producción local. Ya no se generan estrategias o categorías ceñidas a la realidad local, que sólo de manera indirecta, por su posible circulación y apropiación en otras latitudes, podían tener un alcance más global. Las historias locales narradas por los historiadores mestizos ampliaban el macrorrelato en el cual se insertaban, pero no parecen haber aspirado a alterar la forma en que se contaban otras historias locales. Los vanguardistas heterodoxos rearticularon, desde una agenda propia, las formas y propósitos con que se podía ejercer el vanguardismo, pero tampoco parecen haber aspirado a reformular los modos en que éste se entendía y ejercía en otras latitudes. La antropofagia brasileña, tal vez la teorización vanguardista latinoamericana de mayor alcance cultural, se concibió para el Brasil, aun si sus ideas son bastante aplicables en otras realidades, y Borges, quien desde antes de lograr su enorme impacto internacional articuló una visión literaria que rechazaba explícitamente toda limitación localista, parece haber sido un caso atípico. La línea modernidad/colonialidad va un paso más allá, en tanto asume que sus teorizaciones, articuladas en función del caso latinoamericano, podrían constituir un formato básico aplicable, con los ajustes del caso, a otras coordenadas espacio-temporales de la modernidad como un todo. No por ninguna pretensión, y esto hay que subrayarlo, a alcanzar un conocimiento o teorización de tipo universal, noción que es rechazada de plano. Lo que se afirma, junto al carácter local de todo conocimiento, es su posible utilidad, siempre de tipo local, en otras realidades locales. De alguna forma, el objetivo a mediano y largo plazo de esta tendencia sería el de ayudar a realizar, desde nociones étnico-raciales, el tipo de reescritura de la historia, de rearticulación epistémica y de accionar sociopolítico y cultural que el feminismo ha estado llevando a cabo en función de nociones de género.

No creo que los momentos mencionados constituyan una progresión lineal. Con ellos pueden generarse otros relatos muy distintos. El aquí propuesto tiene un propósito muy concreto: delinear el creciente margen de maniobra que ciertas vertientes del pensamiento latinoamericano han ido afirmando frente a las matrices occidentocéntricas de las que parte, y que han marcado nuestra vida intelectual. Este margen empieza a alterar las relaciones de poder intelectual establecidas por tales matrices, pero no está, de ningún modo, inexorablemente llamado a profundizarse. Sus fronteras, nuestras fronteras, sólo pueden mantenerse y ampliarse por un sostenido esfuerzo colectivo al cual, estoy convencido, bien haríamos en sumarnos.

Mixtura y traducción: invariantes de la cultura latinoamericana

Martín Cortés[1]

> Acentuar y generalizar, a las demás manifestaciones intelectuales, el movimiento de independencia iniciado, en el idioma, por Rubén Darío, no significa, empero, finjamos desconocer que todas las mañanas nos servimos de un dentífrico sueco, de unas tohallas de Francia y de un jabón inglés.
>
> "Manifiesto", revista *Martín Fierro*, 1924

Alejo Carpentier inscribió los sucesos del 59 cubano dentro de la historia barroca latinoamericana, considerándolos "un hecho insólito en la historia contemporánea": ellos demostrarían la recurrente dificultad para encorsetar en rígidos armazones conceptuales la complejidad de la realidad de la región.[2] Sin embargo, ello no debiera significar el abandono de la aspiración de comprender, mucho menos de una perspectiva universalista desde la cual hacerlo. Podría, de hecho, pretenderse construir una historia del pensamiento latinoamericano articulada a partir de la tensión entre una volición universalista de conocimiento y un cuidado de las particularidades del continente, de modo que no se anulen mutuamente.

Pensando en las condiciones de producción de un marxismo latinoamericano, José Aricó abordó este problema en términos de *traducción*, esto es, como un ejercicio que supone ante todo un *trabajo* sobre los conceptos, vale decir, como un proceso de *producción* de algo nuevo a

---

1 Becario doctoral del CONICET. Instituto de Estudios de América Latina y el Caribe, Universidad de Buenos Aires.

2 Carpentier, Alejo, "Lo barroco y lo real maravilloso", en *Los pasos recobrados. Ensayos de teoría y crítica literaria*, Caracas, Biblioteca Ayacucho, 2003 [1975].

partir de herramientas teóricas que se ponen en juego en realidades que, en principio, le son excéntricas. Ese habría sido el mérito del marxismo "peruanizado" de Mariátegui, así como del esfuerzo por inscribir la cuestión de la emancipación en la historia nacional italiana que llevó adelante Antonio Gramsci. Afirmaba Aricó:

> [...] cuando hablamos de América Latina, evocamos una realidad preconstituida que no es tal, que en los hechos es un "agujero negro", un problema abierto, una construcción inacabada o, como señalara Mariátegui para su nación, pero que es extensible al continente: un proyecto a realizar.[3]

Esa inconclusión, lejos de ser una carencia, es la condición de posibilidad de una cultura atravesada por una lógica de permanente *mixtura* y *traducción*. Precisamente Gramsci planteó la idea de la "traducibilidad" de los lenguajes, para dar cuenta de la existencia de experiencias históricas, políticas y sociales que pueden ser pensadas en otras realidades, atendiendo tanto a las similitudes estructurales como a la imposibilidad de traducción "literal" -Gramsci era bien consciente de esto en virtud de sus estudios en lingüística y filología-, por lo cual toda *traducción* es también un proceso de *producción*.[4]

El presente trabajo tiene por objeto recorrer los modos en que se manifestó la persistencia de esta problemática desde diferentes estrategias discursivas del pensamiento latinoamericano a lo largo de su prolífica historia. En este sentido, recorreremos distintos modos en que los debates en torno de la identidad latinoamericana se articulan con la imposibilidad de encontrar un *origen* claramente discernible -ya sea real o mítico-, a partir de lo cual los

---

3 Aricó, José, *La cola del diablo*, Buenos Aires, Siglo XXI, 2005 [1988], p. 42.

4 Gramsci, Antonio, "Traducibilidad de los lenguajes científicos y filosóficos", en *Cuadernos de la Cárcel*, tomo IV, México, Era, 1986 [1933].

interrogantes parecieran enfrentarse sistemáticamente con la necesidad de dar cuenta de una identidad que se entreteje a partir de una composición siempre múltiple.

1. El problema

El nombre "América Latina" trae consigo un problema y una serie de omisiones (lo indígena, lo africano). Aun así, no pareciera ser sólo un problema nominal, por cuanto no se resolvería encontrando el nombre "completo" de la región. Ya en 1913, Francisco García Calderón defendía la condición general americana, pues si se aspirara a designaciones que agoten los orígenes de cada nación, nos toparíamos absurdamente con que "debería llamarse la Argentina, la gran democracia *indoiberoangloitaliana,* Chile la república *indoiberofrancosajona,* el Perú pueblo *indoafrisinoibero,* y el Brasil la inmensa nación *afroindofrancoholandogerman olusitana".*[5] Por el contrario, la unidad pareciera subyacer al menos *negativamente,* vale decir, como un espacio que presenta una conflictividad propia respecto del universal. Todos los autores que elegiremos para nuestro recorrido tendrán en común la preservación de una idea de *conflicto* o *tensión* en la relación entre América Latina y el mundo, lo que implica tanto la reivindicación de una singularidad que no es aislamiento ni pura originalidad como la férrea defensa de la inscripción en el universal que no puede ser bajo la forma de la negación de lo específicamente propio. Eduardo Gruner plantea, en este sentido, que existe una especie de *vacío* originario en el pensamiento latinoamericano, el de la imposibilidad de la construcción de una identidad propia en un tiempo-espacio histórico propio.

[5] García Calderón, Francisco, *La creación de un continente,* Caracas, Ayacucho, 1987 [1913], p. 244.

Aunque toda identidad pueda definirse como "ficcional" o como una "invención", el caso latinoamericano se distingue porque los siglos de colonialismo (en sus diversas formas) han arrebatado permanentemente la condición de esa posibilidad, dejando en su lugar una ausencia que hace de todo pensamiento una *alegoría* que intenta llenarlo de manera metafórica.[6]

De este modo, es en torno de un *vacío* que la cultura latinoamericana se constituye como traductora, entendido esto como el permanente procesamiento de los más variados insumos en la producción de lo propio como novedad respecto de aquellas partes que lo componen. La ensayística latinoamericana presenta una preocupación invariante y fundante en múltiples sentidos por la relación con la cultura europea, pero veremos también que las inquietudes avanzan más aun, no sólo al vínculo con otras razas y culturas, sino a la humanidad tomada en su conjunto, y el espacio que allí se le puede asignar a la región. Asimismo, aparece reiteradamente una hipótesis de fondo que no siempre es visible y toma además diversas formas: la idea de que la condición "atrasada" o "periférica" de América Latina puede resultar una ventaja en términos teórico-filosóficos, esto es, que permite construir un punto de vista privilegiado para observar críticamente elementos de la cultura universal. El problema del "atraso" es sustituido por una idea más cercana a la de *síntoma:* la realidad periférica funciona a la manera de un negativo que revela la necesaria inconsistencia del discurso del progreso que se esconde tras toda pretensión de universalidad armónica. Esto es posible cuando la encrucijada latinoamericana no es pensada como un problema transitorio dado por el rezago respecto a Europa en una misma línea imaginaria, sino que se atiende a la complejidad que supone, en tanto

---

6 Gruner, Eduardo, *La oscuridad y las luces,* Buenos Aires, Edhasa, 2010.

elemento singular, su forma de articulación específica con el universal. Es así como no sólo se impugna una filosofía positiva de la historia que subalterniza la realidad latinoamericana, sino que se postula la posibilidad de que su riqueza singular no ataña únicamente a sus problemas, sino que ilumine aspectos globales de la cultura en su conjunto.

Ahora bien, no debe ser absolutizada cierta *oportunidad* crítica que su condición de subalterna parece otorgarle a la cultura latinoamericana. Nos interesa rescatar, en cambio, un modo de encarar esta cuestión que escape a la mera celebración de la diferencia, vale decir, que no desplace el problema de la dominación y sus efectos culturales y simbólicos. En este sentido, no se trata de reivindicar un origen puro e incontaminado que, aun aplastado por la opresión, persistiría como fondo *esencial* del ser latinoamericano. Por el contrario, la oportunidad está más ligada a lo que Silviano Santiago llamaba "el entrelugar del discurso latinoamericano", para señalar ese espacio aparentemente vacío donde se sitúa un modo de enunciación que no sólo no es original ni copia, sino que es la ruptura misma de esa escala de caracterización de los discursos culturales. Es, por el contrario, la posibilidad de un desplazamiento hacia la descomposición de la escisión entre texto original y texto segundo (o copia). Más aun, el *entrelugar* supone una crítica radical del problema del *origen:* "La mayor contribución de América Latina a la cultura occidental viene de la destrucción sistemática de los conceptos de *unidad* y de *pureza*".[7] Así, la idea de *fuentes* o *influencias* de una cultura sobre otra es sustituida por el movimiento de *agresión* del lector periférico sobre el texto primero -modelo–, a la manera del Menard de Borges. Para Santiago, entonces,

---

7 Santiago, Silviano, "El entrelugar del discurso latinoamericano", en Adriana Amante y Florencia Garramuño (comps.), *Absurdo Brasil. Polémicas en la cultura brasileña,* Buenos Aires, Biblos, 2000, p. 67.

la traducción es *transformación,* recuperando la tradición antropofágica de Oswald de Andrade, de deglución del enemigo cultural.

Sin origen ni preeminencia del original, existe en cambio una idea de que el texto europeo es "reescribible", que es posible su apropiación crítica y que no existiría una preeminencia ontológica de lo primero sobre lo segundo. Con el discurso europeo -esto es, incluyendo expresa y mayoritariamente las diversas formas de dominación colonial y neocolonial- como insumo, y sin *esencia* pura a la que aferrarse, el discurso latinoamericano se sitúa *entre*

> el sacrificio y el juego, entre la prisión y la trasgresión, entre la sumisión al código y la agresión, entre la obediencia y la rebelión, entre la asimilación y la expresión, allí, en ese lugar aparentemente vacío, su templo y su lugar de clandestinidad, allí se realiza el ritual antropófago de la literatura latinoamericana.[8]

Será Roberto Schwarz quien prevenga sobre la necesidad de subrayar el problema político que subyace a estos dilemas y que precisa despejar pretensiones románticas de purezas que el ser latinoamericano podría resguardar: "Queda por ver si la ruptura conceptual con la primacía del origen permite ecuacionar o combatir relaciones de subordinación efectiva".[9] Vale decir, es preciso señalar permanentemente que aquel *vacío* constitutivo de la cultura latinoamericana integra la condición subalterna de la región, y no constituye por sí solo una ventaja para romper con los mitos occidentales del *origen.* Schwarz nos recuerda que el problema de la sensación de copia que subyacería a la cultura latinoamericana no puede ser resuelto "con renunciar al préstamo para pensar y vivir de un modo más

---

8 Ibídem, p. 77.

9 Schwarz, Roberto, "Nacional por substracción", en *Punto de Vista,* núm. 28, Buenos Aires, 1986, p. 17.

auténtico".[10] Si, tal como el autor lo enuncia jocosamente, "Papá Noel enfrentando el verano en ropa de esquimal es un ejemplo de *inadecuación*", ello no implica que sea sencilla la búsqueda de la *adecuación:* ¿vestir a Papá Noel de verano? ¿No festejar Navidad? ¿O que un mulato con vestimenta típica baje por chimeneas que, por cierto, no abundan en Brasil? La fantasía de fondo es, para Schwarz, la de hallar "lo nacional por substracción", vale decir, como reserva que se encuentra por debajo de las opresivas capas de imitación de lo foráneo. Además del carácter mitológico de esta pretensión -su participación plena, aunque bajo una forma invertida, del esquema original/copia-, estos autores nos señalan algo aun más importante: este razonamiento oculta el componente clasista del problema, por cuanto no es la cultura "brasileña" en su conjunto (o "latinoamericana") la que copia a Europa, sino sus élites dominantes las que realizan esa operación sustentada en la imposibilidad de conciliar su progreso con las condiciones de expoliación económica y cultural a la que se veían sometidas las grandes poblaciones de la región, y de la que aquellas se beneficiaban. De este modo, en lo que sigue, intentaremos recorrer un camino que se caracteriza por no desanudar el problema de la *traducción* de los dilemas políticos latinoamericanos.

2. Los años veinte

La década 1920 constituye, sin lugar a dudas, uno de los momentos de mayor productividad en materia de reflexiones sobre la identidad latinoamericana. Entre otros autores, Patricia Funes ha señalado los efectos que tuvo sobre los pensadores de la región el clima de catástrofe

---

10 Ibídem, p. 19.

que se cernía sobre la cultura europea luego de la Primera Guerra Mundial, expresado sobre todo en *La decadencia de Occidente,* el influyente libro de Oswald Spengler que anunciaba el fin del ciclo vital de la cultura occidental. En ese marco, la pregunta por el *ser* latinoamericano asumía necesariamente la forma de una pregunta por la relación con Europa y el mundo, ya que se asistía a una conmoción de las referencias que permitían ubicar lo propio en relación con lo ajeno.[11] De diferentes modos, tejida alrededor de distintas tramas históricas y estéticas, aparecerá una fuerte reivindicación de autonomía cultural para América Latina, la cual en muchos casos supone desde un principio -esto es lo más interesante para este trabajo- no un aislamiento ni una reivindicación esencialista o localista, sino una licencia para trabajar sobre la cultura universal desde suelo latinoamericano.

Así, los años veinte podrían pensarse como un momento clave de una parábola de reivindicación de la universalidad de la cultura latinoamericana que comienza con el modernismo de fines del siglo XIX, tanto en el preciosismo de Rubén Darío como en el "nuestroamericanismo" de Martí, y concluye en la valoración positiva del mestizaje como signo distintivo de la región, en virtud del cual América Latina reclamaría un destino que en algunos autores -como José Vasconcelos y su *raza cósmica*- asume un carácter mesiánico, y que podríamos coronar simbólicamente con las palabras que Alfonso Reyes enunciara en una conferencia en Buenos Aires en 1936:

> Hace tiempo que entre España y nosotros existe un sentimiento de nivelación y de igualdad. Y ahora yo digo ante el tribunal de pensadores internacionales que me escucha: reconocemos el derecho a la ciudadanía universal que ya

---

11 Funes, Patricia, *Salvar la Nación. Intelectuales, cultura y política en los años veinte latinoamericanos,* Buenos Aires, Prometeo, 2006.

hemos conquistado. Hemos alcanzado la mayoría de edad. Muy pronto os habituaréis a contar con nosotros.[12]

Las célebres "Notas sobre la inteligencia americana" son planteadas por Reyes en el marco de la VII Conversación del Instituto Internacional de Cooperación Intelectual que se lleva a cabo en Buenos Aires bajo el sugerente título de "Relaciones actuales entre las culturas de Europa y la América Latina". La contribución del mexicano será publicada rápidamente en la revista argentina *Sur,* que contaba entre sus colaboradores a Jorge Luis Borges, una de las más salientes figuras "universalistas" de la literatura latinoamericana. El interés de Borges por enunciados como el de Reyes puede comprenderse con la lectura de sus ensayos de aquellos mismos años. En 1932, en "El escritor argentino y la tradición", afirmaba, en una fórmula que sintetiza de manera muy potente la crítica a las imágenes trilladas del folclore como signo de distinción de una cultura singular, "en el *Alcorán* no hay camellos". Si la cultura árabe no necesita acudir a desiertos y camellos para decir algo acerca de sí misma, tampoco los latinoamericanos precisan hacer referencias a las imágenes arquetípicas construidas acerca de la región: "Los nacionalistas simulan venerar las capacidades de la mente argentina pero quieren limitar el ejercicio poético de esa mente a algunos pobres temas locales, como si los argentinos sólo pudiéramos hablar de orillas y estancias y no del universo".[13] De este modo, el autor de *El Aleph* denuncia cierta división del trabajo filosófico que constituye el fondo sobre el que opera la cultura eurocéntrica (el centro produce conceptos universales, la periferia provee materia prima empírica y

12 Reyes, Alfonso, "Notas sobre la inteligencia americana", en *Obras Completas,* vol. XI, México, Fondo de Cultura Económica, 1990 [1936], p. 90.

13 Borges, Jorge Luis, "El escritor argentino y la tradición", en *Obras Completas,* vol. I, Buenos Aires, Losada, 2007 [1932], p. 321.

singular). Pero sería demasiado sencillo fundamentar esa crítica discutiendo sólo con las narraciones de filosofía de la historia que al menos desde Hegel expulsan a América del devenir del "Espíritu", y que en lo sucesivo se reiteran de infinitos modos. Borges elige como blanco a aquellas formas de la cultura latinoamericana que, creyendo reivindicar lo *autóctono* como señal de resistencia, no hacen sino reificar el discurso dominante que les asigna la *gracia* de describir símbolos absolutamente propios, desdibujando toda pretensión universal. Contra esta "subalternización" del pensamiento latinoamericano, afirma Borges: "Creo que los argentinos, los sudamericanos en general [...] podemos manejar todos los temas europeos, manejarlos sin supersticiones, con una irreverencia que puede tener, y ya tiene, consecuencias afortunadas".[14]

En la última frase citada de Borges se cifra otra *invariante* del pensamiento latinoamericano. En una operación que -dicho coloquialmente- hace de la necesidad virtud, la expresión "sin supersticiones", así como la mentada "irreverencia", suponen un punto de vista *privilegiado*. La subalternización de la cultura latinoamericana podría no sólo subvertirse para alcanzar un estatuto universal, sino que lo haría superando incluso las "taras" propias de los modos europeos de enunciación. Ellas estarían ligadas a una forma de discurso universalista que es en realidad un discurso singular hegemónico que expulsa a los demás de la capacidad de enunciar temas universales. La filosofía de la historia eurocéntrica es, nuevamente, el mejor ejemplo de esta cuestión. Así, según Borges, los grandes temas de la humanidad podrían ser pensados ahora -por los sudamericanos, pero también por todos, una vez hecho el *descentramiento* de lo universal respecto de lo europeo- de

---

14 Ibídem, p. 323.

esas supersticiones que hacen coincidir a Europa con el "Espíritu objetivo".

Como mencionábamos, sobre el fondo de la crisis de la cultura occidental en la primera posguerra, en América Latina surgen múltiples discursos intelectuales que no sólo interrogan la identidad latinoamericana, sino que lo hacen animados por un espíritu profundamente optimista, bajo la idea de que la región podía encarnar una especie de resolución positiva de las encrucijadas de la cultura moderna. Apoyados sobre hipótesis de diversas índoles (raciales, estéticas, políticas), aparecen textos que colocan en América Latina la clave para la producción de una cultura universal renovada. Fundamentalmente, podremos ver aquí que el problema de la mixtura, sobre todo cuando es visto desde la perspectiva del mestizaje racial, parece cobrar más peso en términos de *oportunidad* para la cultura latinoamericana. Tanto para el hallazgo de un camino propio, subrayando la singularidad de la *traducción* específica de esa mixtura, como para la cultura universal, a la cual podría relanzar en términos democráticos, sobre la base, precisamente, de la mixtura como elemento de desarticulación de prejuicios.

Quizás uno de los textos más representativos en este sentido sea la conferencia dictada por el dominicano Pedro Henríquez Ureña en la Universidad de La Plata en 1922, bajo el título de "Utopía de América". En ella se articula una reivindicación de la cultura mexicana en su mixtura entre lo indígena y lo hispano -que el autor extiende a toda América Latina- con el rol que la región debiera cumplir en el marco de la "crisis de civilización" que se atraviesa en aquel entonces. La riqueza "espiritual", su enorme legado cultural, es el que permitiría a América Latina encarnar, en tiempos de decadentismo universal, la posibilidad de recuperar la vieja idea de utopía heredada de la Grecia antigua. Siempre bajo la condición de la unidad ("la unidad de su historia, la unidad de propósito en la vida política y en la intelectual, hacen de nuestra América una entidad, una *magna patria*, una agrupación de pueblos destinados a unirse cada día más y más"[15]), América Latina tendría por delante el privilegiado papel de renovar la *utopía* "en medio del formidable desconcierto en que se agita la humanidad". Esto consistiría en "devolverle a la utopía sus caracteres plenamente humanos y espirituales, esforzarnos porque el intento de reforma social y justicia económica no sea el límite de las aspiraciones".[16]

Al mismo tiempo, una de las figuras más interesantes de ese clima intelectual, quizá por lo excéntrico que resultan a los ojos de nuestra época sus argumentos, es el mexicano José Vasconcelos. Quien fuera rector de la Universidad Nacional Autónoma de México y Secretario de Instrucción Pública de dicho país en los años que siguieron a la primera revolución latinoamericana del siglo XX, se preguntaba en su conocida obra de 1925, *La Raza Cósmica,* tanto por el "origen" como por el "objeto" de América, aspirando a hacerlo lejos de la "fantasía de novelista" y apoyándose en "datos de la historia y de la ciencia". En primer lugar, contra la idea de que la cultura europea "descubre" América, lo que supondría una especie de recipiente vacío a la espera de la llegada del progreso, Vasconcelos reivindica las tradiciones precolombinas. Pero combina esto con una valorización "geológica" de América, por cuanto podría demostrarse que es anterior o, cuanto mucho, contemporánea al continente europeo. Así, afirma Vasconcelos: "Si, pues, somos antiguos geológicamente y también en lo que respecta a la tradición, ¿cómo podremos seguir aceptando esta ficción inventada por nuestros padres europeos, de la novedad de un continente, que existía desde antes de que

---

15 Henríquez Ureña, Pedro, *La Utopía de América,* Caracas, Ayacucho, 1978 [1922], p. 5.

16 Ibídem, p. 7.

apareciese la tierra de donde procedían descubridores y reconquistadores?".[17]

Este *principio* de igualdad entre las culturas se enriquece en Vasconcelos con el análisis de las etapas de la historia en términos de "troncos" o razas. El negro, el indio, el mongol y el blanco dan cuenta de sucesivos predominios en la historia, aunque, aclara el mexicano:

> Es claro que el predominio del blanco será también temporal, pero su misión es diferente de la de sus predecesores; su misión es servir de puente. El blanco ha puesto al mundo en situación de que todos los tipos y todas las culturas puedan fundirse. La civilización conquistada por los blancos, organizada por nuestra época, ha puesto las bases materiales y morales para la unión de todos los hombres en una quinta raza universal, fruto de las anteriores y superación de todo lo pasado.[18]

En este párrafo, donde resuena, aunque revestida de razonamientos bien diferentes, la hipótesis marxiana acerca del capitalismo como forma de producción que sienta las bases para la universalización de la sociedad global, aparece el propósito de la reflexión de Vasconcelos: la quinta raza, raza universal o "raza cósmica".

Ahora bien, ¿cuál es el privilegio latinoamericano para el advenimiento de esta "unión de todos los hombres"? Aparece aquí la disposición de la América ibérica para el mestizaje. La operación de Vasconcelos en este punto consiste en revelar que aun en un estado de derrota y dispersión, la América ibérica tiene la potencia para producir en su seno la resolución no sólo de sus propios males, sino también de los grandes problemas de la humanidad. La derrota es contra el mundo sajón, y no es sólo militar, sino

---

17 Vasconcelos, José, *La raza cósmica*, Buenos Aires, Espasa-Calpe, 1948 [1925], p. 6.

18 Ibídem, p. 7.

también ideológica, por cuanto la persistencia de nacionalismos fragmentados en las repúblicas latinoamericanas implica desatender "los intereses comunes de la raza". El problema aquí es precisamente que el mundo sajón encarna sólo a la raza blanca, que devasta a las otras a su paso, contra toda posibilidad de mestizaje. De allí que la gravedad de la derrota pone en peligro a la humanidad en su conjunto. La raza blanca abre las posibilidades de un período de fusión y mezcla, pero está incapacitada para llevarlo adelante, ya que su afán conquistador destruye las razas que se le interponen. Por el contrario, la colonización española estuvo desde el principio bajo el signo del mestizaje, y esa cultura de la asimilación "nos da derechos nuevos y esperanzas de una misión sin precedente en la Historia". El designio para la constitución de la raza cósmica anida en América Latina porque ella se ha construido como el escenario de la mezcla por excelencia: "La ventaja de nuestra tradición es que posee mayor facilidad de simpatía con los extraños. Esto implica que nuestra civilización, con todos sus defectos, puede ser la elegida para asimilar y convertir a un nuevo tipo a todos los hombres".[19] De modo que la derrota y la "balcanización" latinoamericanas pueden invertir su signo y servir de terreno propicio para la "fusión sincera y cordial de todas las razas". Según Vasconcelos, y en esto podemos encontrar un rápido vínculo con esa sensación de crisis terminal de la cultura occidental que recorría los años veinte, "nos hallamos entonces en una de esas épocas de palingenesia, y en el centro del maelstreón universal", figuras con las cuales intenta dar cuenta de una encrucijada para una renovación radical del universo humano, en la cual América Latina, en virtud de su hospitalidad para la mezcla, juega el papel protagónico.

---

19 Ibídem, p. 15.

3. Orden y exceso: el barroco como contraataque

Si en 1936 Alfonso Reyes proclamó la ciudadanía universal de la cultura latinoamericana, a partir de la condición "naturalmente internacionalista" de su "inteligencia" llamada a la función de producir síntesis culturales a partir de lo diverso,[20] la riqueza de la mixtura como signo distintivo de la región podría darse por consagrada con la gran obra de Fernando Ortiz en 1940. El *Contrapunteo cubano del tabaco y el azúcar* desarrolla, a través de la entrañable narración de las tensiones que produce la existencia de ambos cultivos como signos distintivos de la vida social cubana, el concepto de *transculturación* como clave de lectura de la cultura latinoamericana. El término, con el cual el autor pretende sustituir figuras como *aculturación, desculturación, exculturación e inculturación,* que neutralizan la actividad de alguna de las partes que componen la mezcla cultural, apunta a subrayar el proceso de intercambios recíprocos que se da en toda transición cultural: "En todo abrazo de culturas sucede lo que en la cópula genética de los individuos: la criatura siempre tiene algo de ambos progenitores pero también siempre es distinta de cada una de las dos".[21] La *transculturación* supone, entonces, que un proceso cultural es adquisición (de nuevos caracteres), pero también pérdida de una cultura precedente tal como ésta existía. En su conjunto, supone la *producción de una novedad.*

Unos años después, Ortiz brinda una conferencia acerca de "los factores humanos de la cubanidad". Allí postula una interesante analogía entre Cuba y el *ajiaco,* un guiso típico que mezcla diversas especies, legumbres, carnes y

---

20 Reyes, Alfonso, *op. cit.,* 1990 [1936].

21 Ortiz, Fernando, *Contrapunteo cubano del tabaco y el azúcar,* Barcelona, Ariel, 1973 [1940], p. 135.

verduras en un fondo de cocción permanente; esta última característica es la que sirve de metáfora al "proceso en virtud del cual los elementos nativos y los foráneos se van conjugando en un dado ambiente por sus linajes, necesidades, aspiraciones, medios, ideas, trabajos y peripecias, formando ese amestizamiento creador que es indispensable para caracterizar un nuevo pueblo con distintiva cultura".[22]

Si la clave del *ajiaco* es para Ortiz el fondo de "constante cocedura" que se va acrecentando día a día sin detener la cocción y sirviendo de base a la renovación constante del proceso, es porque ella excluye la existencia de componentes *originarios* o esenciales. Con ello avanza con hipótesis culturalistas sobre la mística de las razas que propugnaban figuras como Vasconcelos: Cuba sería una muestra "augural" de "una paz universal de las sangres; no de una llamada 'raza cósmica' que es pura paradoja, sino de una posible, deseable y futura desracialización de la humanidad".[23] El mestizaje de culturas, sustituyendo al destino manifiesto de las razas mixturadas en América Latina, no implica dejar de reivindicar cierta singularidad positiva del modo en que se da el proceso -esta vez cultural- en términos de la riqueza que pueda producir para la humanidad en su conjunto.

De algún modo, todas las reflexiones que recorrimos en los apartados anteriores se encuentran forzosamente atrapadas en los dilemas de concebir lo latinoamericano como subsidiario de lo europeo, aunque sea bajo la forma de la resistencia, la negación y el ensalzamiento de lo propio. A partir de operaciones como las de Ortiz y algunas otras que consignaremos a continuación, podemos pensar en

---

22 Ortiz, Fernando, "Los factores humanos de la cubanidad" [1949], p. 6. Disponible en línea: http://www.perfiles.cult.cu/articulos/factores_cubanidad.pdf (última consulta: 10 de marzo de 2012).

23 Ibídem, p. 5.

un salto que, metáfora deportiva de por medio, discurre de la defensa al contraataque. Aparecen aquí, fundamentalmente, los trabajos acerca del barroco latinoamericano, expresión que excede de manera amplia la dimensión estética, para significar una forma de producción cultural que envuelve, satura y ridiculiza los insumos europeos, revelando su excentricidad e insuficiencia para acoplarse al sentido de la vida latinoamericana.

Desde el punto de vista europeo, la historia de América Latina es también la historia de lo inadecuado. Desde los inicios de la Conquista, América ha servido como una especie de laboratorio de aplicación de las diversas formas del idealismo. Lejos de comprender en su riqueza la complejidad de la vida en la región (en todas sus manifestaciones), se procedió a llevar adelante una forma de colonización que consistió en la brutal adecuación del Nuevo Mundo a las pretensiones de los "descubridores". No nos referimos simplemente a cuestiones económicas, sino a la sistemática instrumentación de formas de negación de la cultura -en el sentido más amplio posible de la palabra- recién "descubierta". Bajo el ropaje ideológico de la inferioridad de la población nativa, aparece en realidad una forma de colonización basada en la imposición de esquemas civilizatorios que presentan una elaboración absolutamente previa a su despliegue en la realidad.

Una de las formas más interesantes en que esta cuestión se manifiesta es en el diseño de las ciudades. En el clásico trabajo de Ángel Rama sobre la ciudad latinoamericana, encontramos que la lógica que fundó los centros urbanos desde sus inicios es la *razón ordenadora*. Frente a la inmensa e incierta extensión americana, por primera vez la ciudad es pensada antes de su realización, detrás de lo cual subyace una necesidad de racionalizar y simbolizar una naturaleza que aparecía como caótica: "Más que una fabulosa conquista, quedó certificado el triunfo de las ciudades sobre un inmenso y desconocido territorio, reiterando la concepción griega que oponía la polis urbanizada a la barbarie de los no urbanizados".[24] Así, "abstracción, racionalización, sistematización" se oponen a "particularidad, imaginación, invención local" en lo que será el modelo de operación cultural europea en América Latina. La ciudad en damero sobre un territorio indomable es una metáfora perfecta del efecto civilizatorio que habría de tener la cultura europea. Sin embargo, Rama recuerda las crónicas de Euclides da Cunha sobre la masacre de *Canudos* para mostrar que en la razón ordenadora se cifra una voluntad de dominio sobre lo diverso que lleva siempre consigo la crueldad y la catástrofe como posibilidad.[25]

El barroco latinoamericano aparece frente a este escenario, en términos de José Lezama Lima, como una "contraconquista". El filósofo ecuatoriano Bolívar Echeverría se detiene particularmente en el modo en que esta forma del arte devino en América Latina un *ethos* social común, una forma de vida. Si el barroco es una forma de representación estético-cognitiva que pone en crisis la idea misma de representación, por cuanto la intensidad de sus imágenes y su estética tensan al límite las funciones del entendimiento, estamos frente a lo que podría considerarse una "teatralidad absoluta", que permite cuestionar la legalidad misma del mundo real y descubrir la contingencia de toda

---

24 Rama, Ángel, *La ciudad letrada,* Santiago de Chile, Tajamar, 2004 [1984], p. 49.

25 En 1897, se realizó la última de las cuatro expediciones militares que fueron necesarias para derrotar la extraña experiencia de Canudos, un pueblo de más de veinte mil personas reunidas alrededor de un predicador del nordeste brasilero. El poblado asentado precaria y caóticamente fue destruido por el Ejército brasilero. Euclides da Cunha, periodista que acompañó la campaña, narra los sucesos en su libro *O Sertão,* escrito con cierta perplejidad ante la salvaje masacre que llevan adelante quienes llegaban para acabar con la barbarie e imponer la civilización.

escenificación.[26] En este punto, Bolívar Echeverría detecta una afinidad entre las sociedades americanas y el principio barroco, en la cual interviene fuertemente la invariante del mestizaje propia de la cultura latinoamericana. El origen de este encuentro estaría en el comportamiento que la población india se vio obligada a llevar adelante en los primeros siglos posteriores a la Conquista, donde confluye el ocaso de su cultura originaria con el crepúsculo de las grandes promesas que el "Descubrimiento" había supuesto para los europeos, razón por la cual la atención de España a sus colonias tiende a ser decreciente. En este marco, las poblaciones de las nuevas ciudades deben usar lenguas y técnicas que no son las propias para entenderse con el nuevo mundo, ante la paradoja de que éste sólo se sostiene como tal por efecto inercial. El proceso identitario que resulta de todo eso consiste "en imprimir y cultivar una manera propia de llevar a cabo la empresa que recae sobre sus hombros, la de revitalizar las formas civilizatorias europeas".[27] Como en el arte barroco, lo representado se ha vuelto más real que el mundo real, que parece haberse desvanecido, y el mestizaje cultural supone que "las formas vencedoras son reconfiguradas mediante la incorporación de las formas derrotadas".[28] Tal como lo vimos visitando las *invariantes* en torno del mestizaje, Bolívar Echeverría sostiene que esa disposición a la mixtura como *forma de vida* y "estrategia predominante de la reproducción de la identidad social, es lo que permite pensar como una unidad, aún en su diversidad, a américa Latina". Así, como *contraataque* al código identitario europeo que aspira a devorar al americano, éste "obliga al europeo a *transformarse,* en la medida en que,

---

26 Echeverría, Bolívar, "El barroquismo en América Latina", en *Vuelta de Siglo,* Caracas, El perro y la rana, 2008.

27 Ibídem, p. 161.

28 Ibídem, p. 163.

desde *adentro,* desde la reconstrucción del mismo en su uso cotidiano, reivindica su propia singularidad".[29]

Ahora bien, es necesario destacar firmemente la singularidad del barroco latinoamericano, como respuesta a la abstracción violenta de la conquista y la colonización, y como diferencia radical respecto del barroco europeo. El novelista cubano Alejo Carpentier acuñó la célebre noción de *Real Maravilloso* para aludir a la realidad latinoamericana, en la cual lo insólito es cotidiano antes que excepcional. La Ciudadela La Ferriére, construida para la defensa del monarca Henri Cristophe, insumiendo absurdas cantidades de trabajo y con detalles como la incorporación de sangre de toro en sus paredes, que Carpentier describe magistralmente en *El reino de este mundo,* hacen de Cristophe una figura "mucho más sorprendente que todos los reyes crueles inventados por los surrealistas, muy afectos a tiranías imaginarias, aunque no padecidas".[30] En Europa lo maravilloso es obra del esfuerzo, de modo que aquello que el taumaturgo debe suscitar a todo trance (a punto tal que, para Carpentier, deviene poco menos que un burócrata que produce maravillas tan seriadas como cualquier otro producto de la cultura europea), en América Latina constituye en elemento prácticamente *inmediato* y en permanente expansión ("América está muy lejos de haber agotado su caudal de mitologías").

En 1975, Carpentier dicta una conferencia sobre "Lo barroco y lo real maravilloso", donde profundiza la distinción que venimos señalando, colocando lo real maravilloso bajo el signo del barroco latinoamericano. Para ello, el autor de *El Siglo de las luces* exige desterrar la noción generalizada

---

29 Echeverría, Bolívar, "Modernidad en América Latina", en *Vuelta de Siglo, op. cit.,* p. 212.

30 Carpentier, Alejo, "Prólogo", *El reino de este mundo,* Santiago de Chile, Andrés Bello, 1993 [1948], p. 15.

de que el barroco es una creación artística del siglo XVII que consistiría en un arte muy ornamentado. El barroco es una "constante del espíritu que se caracteriza por el horror al vacío, a la superficie desnuda, a la armonía lineal geométrica",[31] frente a lo cual emergen "núcleos proliferantes" que no sólo llenan el espacio, sino que lo exceden proyectándose hacia afuera, dando por resultado un arte en movimiento que va rompiendo sus propios márgenes (o, como decíamos con Bolívar Echeverría, que termina por impugnar la posibilidad misma de representar). Si "América, continente de simbiosis, de vibraciones, de mestizajes, fue barroca desde siempre",[32] bien puede pensarse el barroco latinoamericano como una respuesta o un contraataque a la pretensión racionalizante expresada en las ciudades que describe Ángel Rama.

A la América Latina barroca le corresponderán, entonces, formas culturales también barrocas. Carpentier sostiene que si el arte latinoamericano debe revelar e interpretar las "cosas nuestras", la descripción de un mundo barroco ha de ser ineludiblemente barroca, y no podrá ser "clásica o académica". Interesante paralelo entre el referente y el modo de expresarlo, ya que es también una constante a lo largo de los autores que venimos trabajando. El *contrapunteo* de Ortiz es una descripción que detenta una evidente forma musical, mientras el nordeste colorido y alegre de Freyre está fuertemente evocado en sus estrategias de escritura (del mismo modo que el *sertão* de Da Cunha es tan árido como las impresiones que producen la lectura de su obra). Más al sur, lo mismo parece suceder con la "amargura" de la prosa de Martínez Estrada y esa pampa melancólica, y

---

31 Carpentier, Alejo, "Lo barroco y lo real maravilloso", en *Los pasos recobrados. Ensayos de teoría y crítica literaria*, Caracas, Biblioteca Ayacucho, 2003, [1975], p. 72.

32 Ibídem, p. 77.

la lista bien podría ser interminable. Y una escritura definitivamente barroca, que aspira a capturar en su forma la complejidad de la cultura latinoamericana es la del también cubano José Lezama Lima, figura que plantea concretamente la idea del barroco como "contraconquista".[33] Este autor dedica una serie de conferencias del año 1957, que fueron publicadas luego como *La expresión americana,* a abordar la "dificultad americana", como una entidad que se resiste al conocimiento, al menos del modo en que las filosofías europeas de la historia se lo proponen (Hegel es el gran antagonista de Lezama Lima). Es por eso que antes que un relato unívoco de la cultura latinoamericana, el autor de *Paradiso* elige construir una *poética* de la historia americana, esto es, un intento de capturar una "forma en devenir" que no puede ser inscripta en una historia lineal, sino como proliferación permanente de imágenes que dan cuenta de lo americano como punto de entrecruzamiento de distintos mundos culturales. En este sentido, afirma Lezama Lima, la era imaginaria americana es la "suma crítica" de los "corpúsculos generatrices" de otras culturas, europeas y de más allá (y locales). Ese devenir americano es graficado por el cubano con distintos personajes que lo encarnan. Entre ellos sobresale el llamado "señor barroco", figura expresiva del barroco latinoamericano: apropiación y superación del barroco europeo, acaso sea la auténtica realización de esa forma de arte. Si en Europa el arte barroco supone "acumulación sin tensión y asimetría sin plutonismo", en América es más bien una forma de la sensibilidad que remite al modo en que la cultura se sitúa en ese "entre": un espacio de interrogaciones suscitadas por la necesidad de encontrar una identidad propia que no sea copia de la europea, pero que tampoco aspire a

---

33 Lezama Lima, José, *La expresión americana,* México, Fondo de Cultura Económica, 2001 [1957], p. 80.

una originalidad esencial que escaparía a los avatares de los procesos de conquista y colonización.

Tensión y plutonismo son modos de designar la producción de una novedad que está supuesta en el barroco latinoamericano. Si su versión europea implica una yuxtaposición (excesivamente ornamentada) de elementos, aquí estamos frente a una tensión que se combina buscando una "forma unitiva". En el plutonismo (que refiere a Plutón, señor de los infiernos: el acto de contraconquista es un "acto diabólico") se metaforiza la fusión incandescente de los elementos en una especie de magma originario que produce una nueva forma cultural. El indio Kondori, arquitecto de origen incaico que expresa la culminación de la mixtura hispanoamericana colonial en la construcción de las "indiátides" (cariátides en figuras indias), y el Alejaidinho, escultor y arquitecto brasileño que funde lo hispánico con las culturas africanas, darían inicio, de algún modo, a la cultura barroca, que sería el nombre de lo propiamente latinoamericano: "Vemos así que el señor barroco americano, a quien hemos llamado auténtico primer instalado en lo nuestro participa, vigila y cuida, las dos grandes síntesis que están en la raíz del barroco americano, la hispano incaica y la hispano negroide".[34] Sobre esta base, Lezama Lima postula la voracidad americana, aquel "protoplasma incorporativo" que da cuenta de la "potencia recipiendaria de lo nuestro".[35] Aparece aquí la figura de América como "espacio gnóstico", insaciable en cuanto a su apertura para la recepción y fusión de influencias, lugar de y para el conocimiento. Como acontecía con la "pulsión optimista" latinoamericana, el barroco americano es la expresión de una renovación que implica un salto a nivel universal: "Mientras el barroco europeo se conver-

---

34 Ibídem, p. 106.
35 Ibídem, p. 177.

tía en un inerte juego de formas, entre nosotros el señor barroco domina su paisaje y regala otra solución cuando la escenografía occidental, tendía a trasudar escayolada".[36]

La reivindicación del barroco latinoamericano aparece, así, a partir de la necesidad de responder con una celebración de la complejidad a los intentos por capturar la riqueza propia con esquemas simplificadores. Lo interesante es que esta operación no merodea en la búsqueda de orígenes u originalidades irreductibles, sino que asume abiertamente la fusión y la mixtura como estrategias de producción de novedades radicales. En ese sentido, es también un modo de pensar la *traducción.*

4. Ser universales: la traducción como estrategia de subversión

La riqueza de la cultura latinoamericana permite pensar en interminables referencias de las cuales sólo hemos seleccionado algunos modos de presentar una voluntad de resistencia frente a las fórmulas que nominan a nuestra región de manera subalterna, presagiándole un destino de subordinación. En virtud de ese destino, tiende a desdibujarse la singular constitución cultural de la región. Cuando nos referimos a la riqueza de esta singularidad, no necesariamente lo hacemos en un sentido de valoración positiva. Vale decir, ya sea que ella se celebre como clave para la resolución de los grandes problemas de la humanidad -como lo hace, entre otros, Vasconcelos-, o que se valoren sus aportes a la cultura universal -tal es el caso de Borges-, lo central aquí es el reconocimiento de un *locus* que debe ser atendido como tal.

---

[36] Ibídem, p. 182.

Colocados en el lugar de la *traducción*, privilegiamos aquellas reflexiones que no abandonan una aspiración universal, es decir, que no parten de una mitología del origen a ser redescubierto. De allí que una primera cuestión central se teje en torno de un vacío constitutivo: sin recursos *esenciales* a los que acudir, los interrogantes apuntan a los componentes con que ese vacío aspira, si no a completarse, al menos a producir condiciones para la elaboración de un discurso propio. Esto presupone no sólo la ruptura con la búsqueda de una *esencia latinoamericana*, sino también con el esquema original-copia. Aun si la cultura europea es históricamente precedente, ello no supone que sus textos tengan preeminencia lógica, filosófica o normativa. Por el contrario, a la manera de la antropofagia de Oswald de Andrade, es precisa una lectura *agresiva* del texto europeo, desde la cual el lector es también un *productor* de sentido.

Desde esta perspectiva, la *traducción* podría ser pensada como una *producción sin origen*, para lo cual interviene la cuestión de la *mixtura*. Aun en la versión metafísica de la quinta raza y su destino emancipador que aparece en la obra de Vasconcelos, en todos los trazos del pensamiento latinoamericano que han sido recuperados en este texto, el problema del mestizaje aparece a la manera de una singularidad que da sustento a la hipótesis de que la cultura latinoamericana podría constituir una *novedad* crítica respecto de los fundamentos filosóficos que acompañaron a la cultura europea en su ascensión a la hegemonía del mundo moderno.

Por cierto, el vacío constitutivo que articula el *locus* del discurso latinoamericano presenta también un origen mitológico. Por caso, José Carlos Mariátegui denunciaba que la "peruanidad auténtica" había quedado trunca por la irrupción española, cuestión que bien podría ser sometida a una crítica histórica: ¿existió realmente? ¿Existiría una identidad esencial si se hubieran dejado desarrollar "endógenamente" las culturas de la región? En la hipótesis lacaniana acerca de la inscripción del sujeto en el orden simbólico, poco importa el carácter mítico de la fantasía de la completud que se produce retrospectivamente cuando el sujeto se divide por obra de su acceso al lenguaje. Antes que eso, lo importante son los efectos que aquella produce, en tanto estructura la propia constitución de ese sujeto, atado por siempre a la *falta* de aquella fantasía perdida. Algo similar podemos pensar respecto de la identidad latinoamericana. Aunque ese vacío se monte sobre una ficción, en sus efectos encontramos la permanente necesidad de *producir* identidad sin un *origen*. O, mejor aún, con la certeza de que no existe un *origen*, vale decir, bajo el signo de la *imposibilidad* de reconstruir ese mito, recurso que otras culturas sí poseen: aun cuando su origen sea mitológico como cualquier otro, es un *mito eficaz*.

En este marco, el mestizaje opera como una *evidencia* de ese vacío. La postulación de América Latina como territorio de mixtura refuerza la ruptura con la posibilidad de pensar esencia. No sólo mixtura racial, sino fundamentalmente un orden cultural que se produce a partir de la permanente articulación entre diversos elementos, a la manera del *ajiaco* de Ortiz. Desde este punto, la *universalidad* de la cultura latinoamericana es prácticamente un dato emergente de la diversidad de afluencias que la componen. Sin embargo, la singularidad persiste por cuanto su característica principal no es tanto esa multiplicidad que en ella desemboca, como el proceso de *producción* de *algo nuevo* que se realiza permanentemente. De este modo, América Latina es ante todo una *cultura traductora,* siempre y cuando entendamos que ello no supone la traducción literal de un original inmutable, sino la recurrente producción de signos específicos a partir de los más diversos problemas universales.

La ilustración de Calibán: el pensamiento crítico de Equiano y Cugoano

Juan Francisco Martínez Peria[1]

1. Introducción

Según la interpretación tradicional, tan arraigada en el ámbito académico y en el imaginario colectivo, el ideario emancipatorio moderno nació en los siglos XVII y XVIII en el mundo noroccidental y luego se fue difundiendo globalmente gracias a la acción civilizadora de Europa. Para quienes sostienen dicha lectura, fueron los pensadores ilustrados occidentales los responsables de rebatir los dogmas escolásticos y de alumbrar un nuevo camino de creciente liberación. Y en concreto, fueron la Revolución Gloriosa, la Independencia de Estados Unidos y la Revolución francesa los procesos que significaron el comienzo de la materialización de aquellas ideas. A pesar de su legitimidad académica, este relato puede ser definido como un discurso mítico y eurocéntrico, ya que ocluye dos cuestiones: por un lado, los estrechos límites de aquellos pensadores y de esas revoluciones, y por el otro, la existencia de otros intelectuales y movimientos -no occidentales- que promovieron una concepción más radical y universal del ideario de la igualdad y la libertad.

Los límites a los que nos referimos son muy precisos: racistas, coloniales, clasistas y sexistas. Los pensadores occidentales reivindicaron un ideario emancipatorio que no incluía a toda la humanidad, sino a un hombre muy

[1] Centro de Estudios Latinoamericanos, Escuela de Humanidades, Universidad Nacional de San Martín. Departamento de Historia, Centro Cultural de la Cooperación Floreal Gorini.

particular: el varón, blanco y propietario, legitimando a la vez, de forma explícita o más solapada, la dominación de los pueblos no europeos a través de la esclavitud, el racismo y el colonialismo. Por ello, las revoluciones de Inglaterra, Estados Unidos y Francia significaron un proceso doble: de emancipación para los sectores dominantes y de rearticulación de la sumisión para los grupos subalternos y los pueblos no occidentales.[2] La lectura tradicional no se centra en los límites; los soslaya y, en el mejor de los casos, busca exculpar a aquellos autores y acontecimientos apelando al argumento de que éstos no deben ser juzgados a partir de los ideales democráticos del siglo XXI.

Empero, lo que resulta más criticable es que este discurso invisibiliza a otros autores y movimientos no europeos contemporáneos a ellos, que sí se atrevieron a plantear un proyecto más radical. Justamente, en este breve trabajo nos proponemos estudiar el pensamiento político y social de Olaudah Equiano y Ottobah Cugoano, dos intelectuales afrocaribeños, ex esclavos del siglo XVIII, que se inscriben en esta línea radical y que han sido olvidados o banalizados por las historiografías tradicionales. En particular abordaremos las obras *The Intereresting Narrative of the Life of Olaudah Equiano* y *Thoughts and Sentiments on the Evil of Slavery and Commerce of the Human Species,* analizando cómo rebatieron los argumentos justificadores de la esclavitud, el racismo y el colonialismo y de qué manera propusieron una nueva conceptualización en torno a la libertad, la igualdad, la humanidad y de los derechos del hombre, que trascendía la esbozada por la intelectualidad ilustrada de su época.

---

2 Mignolo, Walter, *Desobediencia epistémica,* Buenos Aires, Ediciones del Signo, pp. 56-60.

2. Sistema mundo moderno/colonial, siglos XV-XVIII

El año 1492 significó el comienzo de un nuevo mundo. La conquista de América y la circunnavegación de África dieron inicio a la expansión ultramarina de los reinos europeos, proceso que cambiaría la faz de la Tierra y que llevaría a la construcción del sistema mundo moderno/colonial.[3] Dicho sistema puede ser interpretado como un nuevo orden internacional, en el cual los amerindios, africanos y orientales quedaron entrelazados por la colonialidad del poder -un patrón global de poder que fijó lógicas de dominación política, militar, económica, racial y cultural- bajo la égida de los imperios europeos.[4] Desde el inicio, el colonialismo, el trabajo forzado de los indígenas y la esclavitud de los africanos fueron los principales pilares de dicho sistema. Empero, estas formas de dominación se basaron en el racismo, que operó como el discurso legitimador del nuevo orden. Siguiendo a autores como Quijano y Frederickson, podemos decir que el racismo es un fenómeno que surge en el siglo XV a partir del proceso de expansión europea. En la modernidad temprana, este racismo tenía una base teológica, pero no estaba exento de elementos biologicistas, y establecía una gradación entre los diferentes pueblos del globo según su religión y sus rasgos antropomórficos.[5] Así, por ejemplo, según el discurso de la pureza de sangre del mundo imperial hispano, los blancos y los cristianos viejos se encontraban en la cima de la pirámide social y

---

3 Castro-Gómez, Santiago y Ramón Grosfoguel (eds.), *El giro decolonial*, Bogotá, Instituto Pensar, Universidad Javeriana, Universidad Central y El Siglo del Hombre Editores, 2007, pp. 16-21.

4 Quijano, Aníbal, "Colonialidad del poder y clasificación social", en Castro-Gómez, Santiago y Ramón Grosfoguel (eds.), *El giro decolonial*, *op. cit.*, p. 96.

5 Fredrickson, *Racism. A Short History*, Princeton, Nueva Jersey, Princeton University Press, 2002, p. 6.

tenían derecho a mandar en la península y en América, mientras que los indígenas y africanos eran vistos como seres inferiores, por ser infieles, irracionales e incapaces de autogobernarse.[6]

No casualmente, en la época del Renacimiento resurgió con fuerza el discurso aristotélico de la barbarie, según el cual aquellos pueblos que eran catalogados como bárbaros e irracionales podían ser esclavizados y colonizados, por ser esclavos por naturaleza. Aquel argumento fue esbozado por Juan Ginés de Sepúlveda para justificar la conquista de los indígenas y, a pesar de que no fue del todo aceptado por la Corona, sí fue asumido por los colonos hispanos en América.[7] Particularmente, la Corona defendió la noción de que los indígenas eran hombres libres, pero inferiores por ser infieles y por su irracionalidad. Por ello, era legítimo imponerles la dominación colonial y la encomienda, como dos formas de evangelizarlos. Este discurso, a pesar de ser menos violento que el de Sepúlveda, era igualmente racista, ya que inferiorizaba a los indios, los cuales, aun cristianizados, seguían siendo considerados subhombres frente a los blancos cristianos. Peores consecuencias tuvo el racismo dirigido a los africanos subsaharianos. Al igual que en el caso anterior, estas comunidades fueron catalogadas como infieles e irracionales; empero, se las deshumanizó absolutamente apelando al mito bíblico de la maldición de Cam. Según este relato, Cam, hijo de Noé, se burló de su padre al verlo borracho y desnudo; en reprimenda, Dios lo castigó con una maldición por la cual sus descendientes, los cananitas, habrían sido condenados a ser siervos de los hijos de sus hermanos Jafet y Sem. Luego del diluvio, Jafet se dedicó a repoblar Europa; Sem, Asia, y Cam, África; de ahí

---

6 Ibídem.

7 De Sepúlveda, Juan Ginés, *Tratado sobre las justas causas de la guerra contra los indios*, México, Fondo de Cultura Económica, 1996, p. 75.

que según la lectura que los imperios hicieron de la Biblia, los africanos podían ser tomados legítimamente como esclavos, por estar malditos: con base en esta interpretación, el color negro fue tomado como signo recordatorio de la maldición divina.[8] Además de este argumento, se utilizaron otros para justificar y estructurar la esclavitud. En particular, los imperios europeos apelaron, por un lado, al argumento aristotélico de los bárbaros esclavos por naturaleza, y por el otro, al derecho romano, que reglamentaba la institución. Según el derecho romano, la esclavitud era legal en los siguientes casos: a) haber sido tomado prisionero en una guerra justa; b) haber sido vendido como esclavo por el padre; c) haberse autoenajenado; d) haber nacido de madre esclava; e) como pena por algún delito. Invocando el derecho romano, los imperios justificaban la trata, ya que consideraban tanto que sus incursiones en África eran una guerra justa como que las guerras intestinas lo eran. Por ello, los prisioneros tomados por los propios europeos o los comprados a los reinos locales eran legítimamente esclavos. Asimismo, en América y el Caribe el sistema se mantenía en pie gracias a la norma que establecía que los hijos seguían la condición de la madre. Además de estos argumentos, los imperios europeos también apelaron a la idea de que la esclavización era beneficiosa para los africanos, ya que al ser importados a América conseguían evangelizarse y escapar a la barbarie y la pobreza de sus comunidades.[9]

A fines del siglo XVII y durante el siglo XVIII, al calor de la secularización, de la Ilustración y del surgimiento del liberalismo, emergieron nuevas formas de entender y

---

8 Fredrickson, *op. cit.*, pp. 43-47.

9 García Añoveros, Jesús María, *El pensamiento y los argumentos sobre la esclavitud en Europa en el siglo XVI y su aplicación a los indios americanos y a los negros africanos*, Madrid, CSIC, 2000, pp. 100-130.

legitimar el colonialismo, la esclavitud y el racismo, que sin suprimir totalmente a las anteriores, vinieron a complejizar el discurso imperial. En particular, el racismo empezó a sufrir un proceso de transmutación, perdiendo lentamente su contenido teológico y adquiriendo un carácter más secular-científico. Así, la jerarquización entre los diferentes grupos humanos dejó de estar tan centrada en la dicotomía cristiano/infiel y pasó a definirse en términos de civilizado/bárbaro, entendiéndose la civilización como la posesión de una cultura ilustrada y racional y la barbarie como la carencia de ella.

Asimismo, en esa época la gradación empezó a asumir una definición histórico-temporal. En esta época, surgió una interpretación de la historia universal -cristalizada en las obras de Condorcet y Turgot- según la cual el recorrido histórico de la humanidad debía leerse en términos de un progreso permanente que iba desde una etapa primitiva hacia un estadio de creciente civilización. Progreso motorizado gracias a los incesantes avances científicos que permitían a los hombres construir una sociedad más racional. En principio, según este discurso, toda la humanidad estaba potencialmente destinada al progreso, sin embargo, sólo algunas comunidades habían logrado avanzar, mientras que otras se habían rezagado en estadios primitivos. Particularmente, los europeos noroccidentales habían demostrado ser la locomotora del desarrollo histórico, mientras que los orientales, los indígenas americanos y los africanos se habían quedado congelados en el tiempo debido a su limitada racionalidad. Así, se construyó una nueva jerarquización temporal entre los pueblos progresistas y civilizados y los pueblos primitivos en la cual, como dice Castro-Gómez, se negaba la contemporaneidad histórica de las comunidades extraeuropeas.[10] Aunque todos habitaban la misma tierra, sólo los noroccientales vivían en el presente. Las otras comunidades vivían en el pasado. Y por supuesto, en ese relato los africanos eran considerados los más atrasados de todos.

Los imperios apelaron a un último recurso, el geocultural, para redefinir el racismo. Según este argumento, los diversos climas influían en la constitución física, en la racionalidad y en la cultura de los pueblos. El clima frío y el templado operaban positivamente permitiendo el desarrollo de la civilización, mientras que el clima tropical condenaba a sus habitantes al letargo, a la irracionalidad y a la barbarie. Así, los europeos, por habitar climas fríos y templados, eran considerados hombres plenos, mientras que los africanos, indígenas y orientales, por vivir en geografías supuestamente tropicales, eran definidos como subhombres.[11] Esta progresiva redefinición del racismo llevó a una lenta pero sostenida reformulación de las justificaciones del colonialismo y la esclavitud. Estas dos prácticas dejaron de legitimarse en términos de evangelización y comenzaron a reivindicarse como estrategias altruistas que fomentaban la civilización y el progreso de los pueblos bárbaros y primitivos. Una empresa paradójica, ya que los propios imperios, a la misma vez que la llevaban a cabo, reconocían la imposibilidad última de realizarla acabadamente con éxito. Como antes, por su propia esencia biológica-cultural, un indígena o un africano, aun luego de aculturizarse, nunca dejaba de ser inferior.

---

10 Castro-Gómez, Santiago, "El lado oscuro de la época clásica: filosofía, Ilustración y colonialidad en el siglo XVIII", en VV.AA., *El color de la razón: racismo epistemológico y razón imperial,* Buenos Aires, Ediciones del Signo, 2008, pp. 135-142; Dussel, Enrique, *El encubrimiento del otro,* La Paz, Plural Editores, 1994, pp. 175-176.

11 Sala-Molins, Louis, *Le code noir, ou le calvaire de Canaan,* París, Presses Universitaires de France, 1987, pp. 221-237.

Este conjunto de redefiniciones llevó a que los procesos revolucionarios del siglo XVII y XVIII -la Revolución Gloriosa, la Independencia de Estados Unidos y la Revolución francesa- tuvieran consecuencias ambiguas: de creciente emancipación para los hombres considerados plenos, entendidos como portadores de derechos del hombre -los varones, propietarios, blancos- y de rearticulación de la dominación racial, colonial y esclavista para los considerados primitivos.[12]

Sin embargo, en aquella época emergió en el mundo metropolitano noroccidental una pléyade de intelectuales ilustrados y liberales que, alejándose del discurso hegemónico, comenzaron a criticar dichas instituciones. Figuras de peso como Montesquieu, Condorcet, Voltaire, Raynal, Wilberforce, Clarkson, Sharp, etc., llevaron adelante una deconstrucción de los argumentos esclavistas; los más radicales de ellos propusieron incluso la abolición de la esclavitud. Empero, y más allá de sus filantrópicas intenciones, la mayoría de estas figuras cayó presa de las concepciones racistas y eurocéntricas de su tiempo -de hecho, algunas de ellas participaron en su reformulación-, así como de la noción liberal de la libertad y la igualdad; en virtud de ello, postularon formas sumamente graduales y paternalistas de emancipación: algunos, como los británicos Clarkson y Willbeforce, proponiendo el fin de la trata y la desaparición "natural" de la esclavitud, y otros, como Condorcet, planteando un sistema progresivo de abolición que debía

12 Bogues, Anthony, *Black Heretics, Black Prophets,* Nueva York, Routledge, 2003, p. 29; Blackburn, Robin, *The Making of New World Slavery,* Londres, Verso, 2010, pp. 261-271. El caso de la Revolución francesa es particular: en 1794, ésta sí declaró abolidos la esclavitud y el racismo, aunque no el colonialismo. Sin embargo, dicha medida se tomó sobre todo debido a la presión ejercida por la revolución de esclavos de Haití. Asimismo, cuando la Revolución francesa giró a la derecha con la llegada de Napoleón, se reimpusieron la esclavitud y el racismo en las colonias (1802).

terminar con la misma, en setenta años. Esto se debe a que, en el fondo, ellos también consideraban a los africanos como incivilizados y primitivos, a quienes no se les podía reconocer como portadores de los derechos del hombre.[13] Por ello, incluso a pesar de apostar por cambios en el sistema esclavista, siguieron promoviendo y defendiendo el colonialismo como una empresa civilizadora, como un colonialismo que debía racionalizarse, pero que seguía siendo colonialismo al fin. Luego de haber reconstruido, mínimamente, el contexto en el cual Equiano y Cugoano actuaron y pensaron, pasemos, ahora sí, a analizar sus trayectorias y sus ideas.

3. Equiano, narrador del horror

Olaudah Equiano nació en 1745 en el pueblo Igbo de Essaka, del reino de Benin, actual Nigeria. A los 11 años fue apresado y enviado como esclavo a Barbados. Allí fue comprado por amos sucesivos, dedicándose a labores de marinero y, en Virginia, de plantación. En 1757, fue adquirido por el capitán Pascal, oficial de la marina británica, quien lo (re)bautizó con el nombre Gustavus Vassa. Con él, trabajó como marino, viajando por el Caribe, Inglaterra, el Mediterráneo y Turquía y participando como auxiliar en la guerra de los siete años. Durante ese período, se cristianizó y se alfabetizó, asumiendo como propia la cultura occidental. En 1763, Pascal se negó a emanciparlo y lo vendió en el mercado caribeño, donde fue adquirido por el comerciante cuáquero Robert King. En 1766, luego de

---

13 Brion Davis, David, *The Problem of Slavery in Western Thought*, Nueva York, Oxford University Press, 1988, pp. 391-422; Sala Molins, Louis, *Dark Side of the Light*, Minneapolis, University of Minnesotta Press, 2006, pp. 11-55.

tres años de trabajo -en los que participó en el tráfico negrero- Equiano compró su libertad y comenzó una nueva vida como marinero, que lo llevó a viajar por el Caribe, Europa, Oriente Medio e incluso al Ártico. A fines de la década de 1770, Equiano se convirtió al metodismo y se radicó en Inglaterra. Allí empezó, junto con los abolicionistas blancos y con la comunidad de color, a reclamar por el fin de la esclavitud. Particularmente, con su compañero Cugoano conformó la agrupación conocida como *Sons of Africa,* desde la cual intentó realizar aquella empresa. Asimismo, en 1786, fue designado por el gobierno como comisario oficial para fiscalizar la emigración de negros a Sierra Leona. Empero, rápidamente se desvinculó de aquella empresa por estar en desacuerdo con la forma en que se quería realizar. En 1789, publicó su autobiografía intitulada *The Interesting Narrative of the Life of Olaudah Equiano,* que tuvo un importante éxito editorial y que le sirvió de plataforma para su prédica abolicionista. Equiano murió en 1797, sin ver cumplidos sus sueños de libertad en la Tierra.[14]

Por ser una autobiografía, la obra de Equiano carece del desarrollo y la profundidad conceptual que tiene el ensayo explícitamente teórico político de Cugoano. Sin embargo, está claro que su libro no pretende ser una mera historia de vida, sino que se propone como un testimonio crítico, escrito desde la perspectiva de las víctimas, de las aristas más crudas del sistema mundo moderno/colonial. Asimismo, trasciende el mero testimonio al plantear entre líneas nuevas formas repensar la libertad, la igualdad y la humanidad y al postular la necesidad de abolir la trata y la esclavitud. Interpretarlo simplemente como una biografía,

---

14 Adi, Hakim y Marika Sherwood, *Pan African History: Political Figures from Africa and the Diaspora since 1787,* Nueva York, Routledge, 2003, pp. 53-55.

nos hace correr el riesgo de banalizarlo, quitándole toda su relevancia intelectual y su ímpetu crítico y transformador.

Equiano comienza relatando su vida en África antes de ser apresado como esclavo. Retrata las costumbres y la organización política y social de su pueblo, con la clara intención de deconstruir la imagen negativa que existía de África y de los africanos en el ámbito cultural atlántico. Presenta un mundo racional, donde, lejos de imponerse la barbarie, existía una sociedad con leyes racionales, regida por un gobierno justo, con una economía agraria relativamente próspera, en la cual predominaba el sentido comunitario y donde la mayoría de los habitantes vivía libremente. Más allá de esto, reconoce la existencia de la esclavitud como una institución autóctona; sin embargo, se encarga de diferenciarla de la esclavitud americana, planteando que en África la institución tenía rasgos más "humanitarios", ya que el esclavo no era tratado como una bestia de carga, sino que se le otorgaban ciertos derechos y que incluso podía ascender socialmente. Asimismo, plantea que la esclavitud africana no estaba mediada por el racismo y que, por ende, no implicaba una forma de dominación asociada a un grupo humano en particular. Empero, evitando caer en una mirada romántica de la sociedad africana, reconoce que la misma tenía sus problemas, siendo los más acuciantes los relacionados con las luchas intestinas y con la cacería de esclavos que llevaban adelante algunos reinos locales. A pesar de ello, sin dejar de responsabilizar a aquellas tribus, considera que éstas eran, en última instancia, cómplices de un responsable mayor: los imperios europeos y los comerciantes esclavistas que, con su accionar y su presión, habían introducido la semilla de la discordia en la región.[15]

---

15 Equiano, Olaudah, *Narración de la vida de Olaudah Equiano, el Africano*, Madrid, Miraguano, 1999, pp. 37-51.

Como vemos, en este primer apartado, Equiano, asumiendo una posición *de frontera* -africano aculturado en la tradición occidental-, presenta una imagen de África y de su relación con los imperios europeos que trastoca las dicotomías racistas y eurocéntricas hegemónicas de su tiempo, difuminando las fronteras entre la Europa civilizada/racional/progresista y el África irracional/bárbara/primitiva, y poniendo a ambos espacios neoculturales en cierto pie de igualdad. Asimismo, rompe con la noción según la cual el colonialismo y las factorías esclavistas tuvieran fines altruistas y efectos positivos y civilizatorios, planteando, por el contrario, que generaban consecuencias negativas y disruptivas en las comunidades africanas. Además, al mostrar que en África la mayoría de la población vivía libremente, impugna dos ejes centrales de la cosmovisión eurocéntrica: el primero, que los pueblos extraeuropeos vivían bajo el despotismo; el segundo, que la libertad era una práctica y una construcción jurídico-política exclusivamente occidental (interpretaciones que podemos encontrar en filósofos de la talla de Kant y Hegel).

Luego de esta primera descripción de la sociedad africana, Equiano relata de qué manera él y su hermana fueron raptados y vendidos como esclavos. Con patetismo, cuenta lo dramático que fue para él ser tomado prisionero y lo terrible que significó ser vendido a los europeos. Asimismo, describe el pánico que tenía al no saber quiénes eran estos hombres, los cuales aparecían caracterizados, siguiendo a ciertas mitologías africanas -que elípticamente hacían referencia al horror de la esclavitud-, como una suerte de caníbales. Empero, la experiencia más dramática resultó el viaje trasatlántico. Sin saber hacia dónde se dirigía y viviendo en las peores condiciones, se mantuvo paralizado y angustiado durante toda la travesía. Más allá de poder leer un testimonio en primera persona que da cuenta de lo que significaba sufrir aquella tremenda experiencia, uno de los elementos más interesantes de este apartado es la descripción que hace del barco negrero: maquinaria de dominación, cosificación y mercantilización de los cautivos. El olor pestilente, la insalubridad, el ruido de los grilletes y la brutalidad de los negreros aparecen como las notas definitorias de estos buques que cruzaban sistemáticamente el océano, conectando con un rastro de sangre el triángulo comercial entre América, África y Europa. Sin embargo, Equiano nos presenta al buque no sólo como una maquinaria de dominación, sino también como un espacio de incesante lucha, al retratar cómo los africanos se resistían a ser esclavizados, oponiéndose a las órdenes de los mercaderes e incluso arrojándose al mar con tal de evitar el trágico destino de perder la libertad.[16]

Al arribar al Caribe, Equiano sufrió la tremenda experiencia de ser vendido como esclavo a un amo blanco. Sin embargo, tuvo un poco de suerte: dada su juventud, no fue enviado a las plantaciones, sino a trabajar como esclavo marinero, situación ventajosa comparada con las de los más desdichados destinados a las haciendas, y que le permitió contar con cierta autonomía relativa y viajar por el Caribe, América, Europa y Oriente, siendo no sólo testigo de la esclavitud en el Nuevo Mundo, sino también de diversas formas de vida. Toda esta experiencia redundó en su autoformación vital e intelectual y lo llevó a convertirse en un militante y pensador abolicionista.

En numerosos apartados, Equiano se refiere a la esclavitud y al racismo en América y el Caribe, dando una imagen durísima y certera de lo que estas instituciones significaban. Una primera cuestión que merece destacarse es que comprende que ambas están absolutamente entrelazadas y que tienen un carácter sistémico. En su opinión, es este carácter sistémico el que corrompe a los hombres

---

16 Equiano, Olaudah, *op. cit.*, pp. 63-66.

que participan de él, tanto a los amos y a los negreros como a los cautivos:

> ¡Tal es la tendencia del comercio de esclavos a corromper los espíritus de los hombres y endurecerlos ante todo sentimiento de humanidad! Porque no voy a suponer que todos los traficantes de esclavos hayan nacido peores que otros hombres. No es la fatalidad de su maliciosa avaricia, lo que corrompe la leche de la bondad humana y la convierte en hiel.[17]

A partir de esta perspectiva, describe a las plantaciones como una organización socioeconómica carcelaria, caracterizada por la superexplotación laboral, la cosificación y el sufrimiento, y donde los cautivos recibían la violencia cotidiana de los amos y capataces. Nos dice:

> En varias islas [...] era habitual marcar a hierro a los esclavos con las iniciales del nombre de su amo y colgarles del cuello una pesada carga de ganchos de hierro. De hecho se los cargaba con cadenas a la más mínima ocasión, añadiéndose a menudo otros instrumentos de tortura. El bozal de hierro, las empulgueras, [...] se les imponían por las faltas más nimias. He visto cómo se golpeaba un negro hasta romperle varios huesos tan sólo por dejar que un puchero hirviera más de la cuenta.[18]

A los capataces los presenta como torturadores, responsables de imponer el disciplinamiento y la deshumanización en las plantaciones. En sus palabras:

> Carniceros humanos que cortan y destrozan a los esclavos de la manera más espantosa con la excusa más trivial, por lo general tratándolos a todos respectos como bestias. No tienen en cuenta el estado de las mujeres embarazadas, ni prestan la menor atención al alojamiento de los negros.[19]

---

17 Ibídem, p. 118.
18 Ibídem, p. 114.
19 Ibídem, pp. 112-113.

Asimismo, Equiano describe las pésimas condiciones de vida de los esclavos y su bajísima expectativa de vida:

> [...] los esclavos debido a la mala alimentación, la mala vestimenta, el exceso de trabajo y los azotes, se degradan hasta niveles tan bajos que quedan incapacitados para trabajar y se los abandona para que perezcan[20] [y] allí el plazo total de la vida de un negro es de ¡tan sólo 16 años![21]

Abordando el tema del racismo, Equiano describe cómo la violencia y la superexplotación se legitimaban apelando a la imagen negativa del africano y el afrodescendiente. Asimismo, resalta que el racismo no era sufrido sólo por los esclavos sino también por los hombres libres de color y los negros mulatos. En línea con lo que posteriormente serían los análisis de autores como Fanon, Equiano plantea que el orden social caribeño y americano era un mundo dicotómico, maniqueo y violento, donde la blanquitud estaba asociada con la racionalidad, la libertad, la riqueza y el poder, mientras que el color oscuro lo estaba con la irracionalidad, la esclavitud y la pobreza. En la misma dirección, muestra con varios ejemplos como todo hombre libre de color era agredido, inferiorizado y en muchas oportunidades atacado con la intención de ser reesclavizado (situación que sufrió en carne propia y que lo traumatizó enormemente).[22] Además de utilizar estos ejemplos para criticar el racismo, Equiano apela a sus experiencias personales en diversas partes del mundo para mostrar que este no era un fenómeno universal ni transhistórico, sino propio de una cultura muy particular. De esta manera, plantea que ni en África ni en Oriente existía el racismo como forma de división entre los pueblos. Incluso, relata que en sus varios viajes a Turquía fue tratado con

---

20 Ibídem, p. 111.

21 Ibídem, p. 114.

22 Ibídem, p. 128.

respeto, dando cuenta que allí ser negro no significaba una maldición ni era, tampoco, sinónimo de esclavitud. Más allá de su agudeza, estos argumentos resultan sumamente interesantes en virtud de que nos revelan un razonamiento enraizado en una pluralidad de fuentes culturales, lo cual posibilita una mirada más universalista sobre el orden social de su tiempo.

Otro tema que aparece de forma recurrente es la violencia de género. En numerosos pasajes, Equiano destaca cómo las mujeres afrodescendientes, ya fuesen libres o esclavas, son agredidas de múltiples formas por los colonos. Según su testimonio: "Era casi un práctica constante entre nuestros supervisores y otros blancos depredar con violencia la castidad de las esclavas".[23] Esta particular preocupación nos muestra la profunda clarividencia de Equiano, quien es consciente de que el mundo colonial no estaba únicamente trazado por el racismo y la esclavitud, sino también por el patriarcalismo, siendo sus principales víctimas las mujeres de color. Asimismo, nos revela el carácter intercultural de su pensamiento, ya que su crítica al patriarcalismo se sustenta en la concepción Igbo del estatus de la mujer en la sociedad, una concepción ciertamente más igualitarista, en la cual lo masculino y lo femenino eran complementarios, y donde la mujer jugaba un rol activo en la comunidad.[24]

Más allá de estos aciertos, merece destacarse una limitación importante en el pensamiento de Equiano. Poco y nada dice sobre el colonialismo. A pesar de que de su obra no se desprende un apoyo -abierto o tácito- a dicha práctica, ciertamente no desarrolla un análisis de la problemática, crucial para comprender el funcionamiento del sistema mundo moderno/colonial.

---

23 Ibídem, p. 112.

24 M'Baye, Babacar, *The Trickster Comes West,* Jackson University Press of Mississippi, 2009, p. 137.

Como conclusión de su obra, Equiano postula la necesidad de abolir la trata, la esclavitud y el racismo. Partiendo de su cultura africana y de sus experiencias como esclavo y como liberto, Equiano calibanizó el ideario cristiano y el pensamiento ilustrado de su época, planteando una definición universalista y calidoscópica de la humanidad, según la cual no existen desigualdades radicales y naturales entre los hombres, sino meras diferencias culturales e históricas no absolutamente jerárquicas, que de ninguna manera justifican la esclavitud. En su opinión, todos los hombres del mundo son creados por Dios, con la misma dignidad, como seres racionales y libres y son, por ende, portadores de los mismos derechos.[25] Son el tráfico y la esclavitud, como estructuras de poder, las que han trastocado esta radical igualdad estableciendo jerarquías entre hombres superiores y subhumanos:

> ¡Sin duda este tráfico no puede ser bondadoso, ya que se extiende como una peste y corrompe todo lo que toca! Que viola el primer derecho de la humanidad, el de la igualdad y la libertad y le da a un hombre la dominación sobre otro que Dios nunca otorgó. Porque eleva al amo a un estado de superioridad al del hombre y deprime al esclavo por debajo de la humanidad y con toda la presuntuosidad del orgullo de la humanidad, establece una distinción inmensurable en grado e infinita en su duración.[26]

Esta redefinición heterodoxa de la humanidad y la reapropiación crítica de las teorías ilustradas y del cristianismo le permiten postular la universalización de los derechos del hombre y trascender la postura de los abolicionistas europeos.

---

25 Equiano, Olaudah, *op. cit.*, pp. 50-51. Chike, Chigor, *Voices from Slavery*, Authorhouse, Bloomington, 2007, pp. 122-130.

26 Equiano, Olaudah, *op. cit.*, pp. 118-119.

4. Cugoano y la deconstrucción del sistema mundo moderno/colonial

Quobna Ottobah Cugoano nació en 1757, en el pueblo Fanti de Adjumako, actual Ghana. A los 13 años fue apresado y vendido como esclavo. Luego de sufrir la travesía transatlántica, trabajó por dos años en las plantaciones de Granada y otras islas del Caribe. Posteriormente, en 1772, su amo Alexander Campbell lo llevó a Inglaterra y en 1773 lo bautizó con el nombre de John Stuart. No se sabe exactamente de qué manera, pero en el transcurso de aquella década Cugoano consiguió su libertad, se convirtió al cristianismo y se alfabetizó. En 1780, comenzó a trabajar como criado en la casa de Richard y Maria Cosway, una renombrada pareja de artistas londinenses. En 1786, participó en su primera actividad pública en contra de la esclavitud al auxiliar, junto con William Green, a Harry Demaine, un compatriota que estaba por ser enviado al Caribe para trabajar como esclavo en las plantaciones. Ambos lograron la intervención de Granville Sharp, quien puso un freno legal a aquel atropello. A partir de ese año, Cugoano comenzó a participar activamente en la militancia antiesclavista, conformando con Equiano y otros afrocaribeños británicos la ya referida agrupación *Sons of Africa*. En 1787, publicó su obra *Thoughts and Sentiments on the Evil of Slavery and Commerce of the Human Species,* la cual tuvo una nueva y más breve versión en 1791, dirigida directamente a los esclavos. En ese último texto, declaró su intención de construir una iglesia para alfabetizar y cristianizar a los africanos esclavos y ex esclavos, un proyecto que, sin embargo, parece no haber podido realizar. A partir de 1791, se pierde el rastro documental sobre Cugoano y no se sabe a ciencia cierta qué fue del resto de su vida ni, tampoco, cuándo falleció.[27]

Como ya adelantamos, *Thoughts and Sentiments* constituye una obra fundamentalmente teórica. Sin embargo, en los apartados iniciales el autor hace una breve reseña de su vida, contando sus orígenes en África, así como también la experiencia del cautiverio y la trata transatlántica. Al igual que Equiano, Cugoano describe, buscando deconstruir la imagen negativa forjada por el racismo europeo, a la sociedad africana como un mundo social ordenado, dotado de un gobierno justo, de leyes civilizadas, de un fuerte sentido comunitario y de una arraigada libertad individual y colectiva. A pesar de ello, admite la existencia de la esclavitud como una institución vernácula. Sin embargo, se empeña en demostrar las diferencias cualitativas que existían entre dicha institución y la esclavitud tal como existía en América. Mientras que ésta se basaba en el racismo, en la superexplotación y en la deshumanización del esclavo, la primera tenía rasgos más "humanitarios", no se fundaba en el racismo, ni tenía un efecto cosificante, no era masiva, ni implicaba una excesiva carga laboral. Afirma:

> Algunos de los africanos en mi país mantenían esclavos, que tomaban en guerras o por deudas; pero a estos los tenían bien alimentados y bien tratados [...]. Pero puedo decir con seguridad, que a pesar de la pobreza y miseria que pueden sufrir los africanos, es muy inferior a la miseria que viven en las regiones inhóspitas del Caribe, donde los capataces duros de corazón no tienen en cuenta ni las leyes de Dios, ni la vida de los hombres.[28]

---

27 Adi y Sherwood, *op. cit.,* pp. 26-28.

28 Cugoano, Ottobah Quobna, *Thoughts and Sentiments on the Evil of Slavery and Commerce of the Human Species,* Londres, Penguin, 1999, pp. 26-27.

Cugoano también reconoce la participación de los nativos en el tráfico, pero denuncia a los imperios europeos como los responsables principales de aquel crimen. Hablando de su propio cautiverio afirma:

> Debo reconocer con vergüenza por mis compatriotas, que fui raptado y traicionado por primera vez por gente de propia complexión, que fuera la causa eficiente de exilio y esclavitud; pero si no existiesen compradores no habría vendedores.[29]

Seguidamente, Cugoano relata su experiencia como prisionero en el buque negrero, detallando la violencia y el terror sufrido por los esclavos durante los meses de viaje. Afirma: "Era la escena más horrorosa, no se escuchaba otra cosa que el rechinar de las cadenas, el crujir de los latigazos y los gritos y llantos de mis compatriotas".[30] Asimismo, describe las diversas formas de microrresistencia de los africanos frente al cautiverio, e incluso confiesa que junto a unos compañeros habían urdido un plan para hacer explotar el buque y terminar de una vez por todas con semejante calvario, conspiración que fracasó debido a la traición de una de las esclavas.[31] Narra la experiencia de la esclavitud en las plantaciones del Caribe, describiéndola con caracteres muy similares a las de Equiano: una organización socioeconómica marcada por la superexplotación, la violencia sistémica, la deshumanización y el racismo.

Luego de esta brevísima autobiografía, la obra de Cugoano se torna más teórica. Cabe apreciar la preocupación del autor por deconstruir los cimientos del sistema mundo moderno/colonial. Al igual que Equiano, Cugoano parte de su propia tradición Fanti, de sus experiencias como esclavo y liberto, y de una apropiación calibánica del cristianismo y de la Ilustración para construir una nueva

---

29 Ibídem, p. 16.

30 Ibídem, p. 15.

31 Ibídem.

concepción heterodoxa, sincrética, intercultural y de frontera de la humanidad, la libertad y la igualdad, todo lo cual le permite rebatir los duros argumentos a favor del racismo, de la esclavitud e, incluso, del colonialismo.[32] Cugoano deconstruye el racismo, planteando que la humanidad fue creada por Dios a su imagen y semejanza, otorgándoseles a todos los pueblos del mundo la misma dignidad e iguales derechos.[33] Reconoce la existencia de diferencias antropomórficas y culturales, pero aduce que éstas no se deben a una esencia biológica, ni a una maldición bíblica, sino a los diversos climas en los cuales los hijos de Noé se establecieron. Afirma: "Como todos los actuales habitantes de la tierra surgieron de la familia de Noé, en su momento todos tenían la misma complexión [...], pero las diferencias que ahora vemos, surgieron rápidamente a partir del momento en que estos se establecieron en diferentes partes del globo".[34] Sin embargo, merece destacarse que Cugoano, al contrario de Montesquieu, Buffon o De Paw, no considera que estos diversos climas hayan tenido un profundo efecto en la constitución física-mental de aquellos pueblos, sino que meramente influyeron en el color de sus cuerpos y en el surgimiento de ciertas costumbres. No hay por lo tanto, en este caso, una gradación basada en una teoría geocultural, sino todo lo contrario. De esta manera, Cugoano plantea una lectura radicalmente igualitarista de la humanidad, que no interpreta las diferencias en clave de desigualdades jerárquicas, sino que las celebra como formas diversas que asume lo humano en la tierra. En definitiva, todos los pueblos son hermanos e hijos de Dios y de Dios reciben los mismos derechos y el mismo amor. En sus palabras: "Debido a que las diferencias de color entre

---

32 M'Baye, *op. cit.*, pp. 86-104; Bogues, *op. cit.*, pp. 33-46.

33 Cugoano, Ottobah, *op. cit.*, pp. 29 y 50.

34 Ibídem, p. 30.

los hombres son meramente incidentales e igualmente naturales a todos, [...] y que surgen de su hábitat [...] todos tienen igual derecho a recibir la misma misericordia y la misma bendición de Dios".[35]

Más allá de esto, Cugoano busca fortalecer la posición de los africanos frente al racismo, a través de una revisión heterodoxa de la historia de la humanidad relatada en la Biblia. Según su interpretación, son los propios esclavistas del Caribe quienes verdaderamente descienden de los Cananitas y la marca que los distingue no es el color negro, sino su propia maldad. Afirma: "Si la maldición alguna vez se posó sobre ellos, o en algún otro pueblo, la única marca visible se dio siempre en aquellos que cometieron los actos más escandalosos de violencia y opresión. Pero el color y la complexión no tienen nada que ver con la marca, todo hombre malvado [...] lleva la estampa de su inequidad y es la marca que fue puesta sobre Caín".

Siguiendo a Bogues y a M'Baye, podemos decir que, al realizar esta operación revisionista, Cugoano hace estallar la identidad estigmatizante entre negro/maldad/irracionalidad, tan fuerte en su tiempo, vaciando de contenido negativo al color negro, y afirmándolo como un color más entre otros.[36] Asimismo, también fortalece la humanidad de los africanos, planteando, en su relectura heterodoxa de la Biblia, que éstos no eran descendientes de Canaán, sino de Cush[37] y que se volvieron negros debido a los efectos del clima tropical y no a causa de la supuesta maldición.[38] Reivindicando el color negro y el carácter caleidoscopico de la humanidad Cugoano plantea:

---

35 Ibídem.

36 M'Baye, *op. cit.*, p. 82; Bogues, *op. cit.*, p. 45.

37 Otro de los hijos de Cam.

38 Cugoano, Ottobah, *op. cit.*, pp. 31-40.

> La negritud de los Etiopes, es tan inocente y natural como las manchas de los leopardos y las diferencias de color y de complexión que han sido creadas por Dios para su placer, no son más impropias a cualquiera de ellos que los diferentes tonos del arco iris [...] No altera para nada la naturaleza y la cualidad del hombre, que tenga la piel negra o blanca [...] sigue siendo un hombre. Asimismo, cuando un hombre muere, no hay diferencia si fue negro o blanco, hombre o mujer, [...] ninguna de estas diferencias altera su esencia humana.[39]

La libertad obsesiona a Cugoano. Sin embargo, su noción de libertad no es la burguesa y eurocéntrica, sino una muy distinta. A partir de su experiencia personal y su formación cultural de frontera, construye su propia concepción alternativa, que trasciende a la de la mayoría de los pensadores liberales e ilustrados de su época. En su particular interpretación, la libertad no debe entenderse únicamente como autonomía individual frente al poder del Estado, ni como posibilidad actuar con independencia dentro de los márgenes establecidos por un orden legal legítimamente constituido. La libertad tampoco es una prerrogativa que atañe sólo a aquellos individuos que son propietarios y que han recibido un cierto nivel de educación. Mucho menos tiene un contenido racial o sexista. En su concepción, la libertad es un derecho natural y absolutamente universal que tienen todos los hombres y mujeres, de todos los pueblos y de todos los sectores sociales, propietarios o no propietarios, cultos e incultos. Afirma: "Puede decirse que la libertad [...] arde con celo y con fervor en el pecho de los Etíopes y en el pecho de cualquier habitante del globo".[40]

Asimismo, y aunque no deja de entender a la libertad como autonomía frente al poder estatal, le interesa

---

39 Ibídem, p. 41.

40 Ibídem, p. 28.

mayormente reivindicarla como independencia individual y colectiva, ante la dominación de otros hombres y de otros Estados. En este sentido, su definición de la libertad trasciende la mera libertad política-civil negativa e implica una interpretación antiesclavista y anticolonialista de ella.[41] A partir de esta perspectiva, Cugoano aborda el problema de la esclavitud, definiéndola como un robo de la libertad absolutamente ilegítima, irracional e ilegal: "Quitar las libertades naturales de los hombres y obligarlos a la esclavitud [...] es una injuria y un robo contrario a toda ley, civilización, razón, justicia, equidad y humanidad".

Asimismo desacredita uno por uno los argumentos de los esclavistas del sistema mundo moderno/colonial. Como ya vimos, el primero que rebate es el de la maldición de Cam. El segundo que impugna es el que se refiere a la barbarie de los africanos: tal cosa no existe, los pueblos africanos no son incultos ni primitivos y aun si lo fueran ello no daría derecho a que fuesen esclavizados. En esa misma línea, plantea que es absolutamente falaz afirmar que los propios padres africanos vendían a sus hijos y que la esclavitud en el Caribe significaba una mejora en las condiciones de vida de los negros y una buena manera de llevar adelante su evangelización y educación. Nada de ello es cierto y de ninguna manera justifica la trata negrera y el sistema socioeconómico carcelario que oprime a miles de humanos en América y el Caribe.[42] Asumiendo una posición sumamente radical, Cugoano acusa al Rey y a todo el pueblo británico de ser responsables del negocio de la esclavitud, por haberse enriquecido con ella y por haberla aceptado tácita o explícitamente.[43] Asimismo, plantea la necesidad de que la Corona declare el fin de la trata y la emancipación universal de los esclavos. Empero,

---

41 Bogues, *op. cit.*, pp. 41-44.
42 Cugoano, Ottobah, *op. cit.*, pp. 25-31.
43 Ibídem, pp. 79-80.

sin quedarse en una propuesta paternalista, reivindica la lucha y la rebelión de los cautivos como una forma legítima de afirmar su humanidad y conquistar su libertad e igualdad.

Por último, Cugoano, yendo en esto más lejos que Equiano, impugna el colonialismo. Rompiendo con la hegemonía de la leyenda negra antiespañola, plantea una línea de continuidad entre el colonialismo español, portugués, francés e inglés, desnudándolo como una práctica asesina y expoliadora, que significó el genocidio de pueblos enteros, la encomienda de los indígenas y la esclavización de los africanos.[44] Afirma:

> Los españoles comenzaron con sus colonias en América y el Caribe, mediante depredaciones de rapiña, injusticias, traiciones y asesinatos y han sido continuadas en las prácticas bárbaras de devastación [...] y en la las máximas de colonización que han sido adoptadas en alguna medida por las otras naciones de Europa. [...] El tráfico fue empezado por Portugal [...]. Los españoles siguieron su infame ejemplo [...]. Los franceses y los ingleses, en la medida que fundaron colonias [...] siguieron el mismo camino [...] y se unieron a los portugueses y españoles para robar y saquear África, a si como a asesinar y desolar a los habitantes del continente occidental.[45]

Negando cualquier tipo de justificación, Cugoano postula la necesidad de ponerle fin a la dominación colonial y de inaugurar una etapa de relaciones pacificas entre los diversos pueblos. Así, se conjugan en su pensamiento, el antirracismo, el anticolonialismo y el antiesclavismo, singularidad que lo convierte en uno de los intelectuales que con mayor clarividencia deconstruyó, desde la perspectiva de las víctimas, los pilares del sistema mundo moderno/colonial.

---

44 Mignolo, Walter, "El pensamiento decolonial: desprendimiento y apertura", en Castro-Gómez y Grosfoguel, *op. cit.*, pp. 40-41; Woodard, Helena, *African-British Writings in the eighteen Century*, Londres, Greenwood, 1999, pp. 53-60.

45 Cugoano, Ottobah, *op. cit.*, p. 72.

5. Conclusiones

En 1788, Condorcet publicó el libro *Reflexiones sobre la esclavitud de los negros,* bajo el seudónimo de Monsieur Schwartz, que en alemán quiere decir negro. Lejos de un mero recurso estilístico, la intención de Condorcet era ponerse una máscara negra, asumir la perspectiva de las víctimas y dar así mayor fuerza a sus críticas contra la esclavitud y el racismo. Sin embargo, al no romper con el eurocentrismo y al ser incapaz de asumir la experiencia de los esclavos, el resultado de la tentativa fue contraproducente: al plantear la abolición gradual, el texto de Condorcet/ Monsieur Schwartz acabó representando la legitimación de la continuación de la esclavitud durante setenta años más, por una de sus supuestas "victimas". Condorcet/Monsieur Schwartz justifica la esclavitud y la suspensión temporal de los derechos del hombre con las siguientes palabras:

> Toda ley contraria al derecho de un ciudadano o extranjero es una ley injusta [...] No obstante, cuando existe [...] certidumbre de que un hombre no se encuentra capacitado para ejercer sus derechos y que si se le confía el ejercicio abusará contra los demás [...] entonces la sociedad podrá considerar que ha perdido sus derechos [...]. Es así como existen algunos derechos naturales de los que son privados los niños de corta edad y [...] los imbéciles y los locos. De igual manera si por causa de la educación, por la corrupción de las costumbres [...] los esclavos de las colonias europeas se han tornado incapaces de cumplir las funciones de hombres libres, se podrá tratarlos [al menos hasta el momento en que el uso de la libertad les habrá devuelto lo que la esclavitud le hizo perder] como a esos hombres a quienes desgraciadamente la enfermedad ha privado de partes de sus facultades, a quien no se les puede confiar el ejercicio pleno de sus derechos...[46]

---

[46] Condorcet, Marie Jean Antoine, *Bosquejo de un cuadro histórico del espíritu humano y otros textos,* México, Fondo de Cultura Económica, 1997, pp. 307-356.

En el caso de Equiano y Cugoano sucede justamente lo contrario. Ambos autores firman sus libros y cartas con sus nombres nativos y occidentales: Olaudah Equiano/Gustavus Vassa y Ottobah Cugoano/John Stuart. Esta doble nominación nos habla de una doble identidad y de lo que el pensador afronorteamericano W. E. B. Du Bois ha definido como doble conciencia: la de saberse negro y al mismo tiempo partícipe de la cultura occidental.[47] Tan particular y compleja situación generó numerosas ambivalencias en la vida y en el pensamiento de dichos autores, especialmente su deseo de ser reconocidos por la comunidad de los blancos, su admiración por la cultura occidental, su conversión al cristianismo y su vocación evangelizadora. Sin embargo, lejos de caer en la mimesis cultural absoluta y en la complicidad con el racismo, éstos supieron aprovechar su experiencia como esclavos en el Caribe y como libertos en Inglaterra y su inserción en dos mundos culturales para crear, desde la perspectiva de las víctimas, un nuevo pensamiento sincrético, fronterizo[48] que, calibanizando el cristianismo y la Ilustración, postuló la universalización de los derechos del hombre, de la libertad y la igualdad. Un ideario radical, que se entronca con la resistencia de los cimarrones en el Caribe y que luego se materializaría con la Revolución de Haití. Una tradición crítica que en su momento fue censurada, y que aún hoy se mantiene, oculta y maldita.

---

47 Du Bois, W. E. B., *Souls of Black Folks,* Nueva York, Fawcett, 1969, pp. 15-20; Lewis, Gordon, *An Introduction to Africana Philosophy,* Nueva York, Cambridge University Press, 2008, pp. 73-80.

48 Mignolo, Walter, *op. cit.,* pp. 40-44.

Francisco Bilbao y el proyecto latinoamericano

Álvaro García San Martín[1]

Se conoce desde hace algún tiempo la importancia de una carta de Lamennais, fechada en París el 5 de diciembre de 1853, sobre el pensamiento y la obra de Francisco Bilbao (1823-1865). Ella puede servir de hito para distinguir dos grandes épocas en la carrera intelectual de Bilbao. La primera comprendería el período que va desde su regreso a Santiago, en marzo de 1839, hasta su partida de Lima, en mayo de 1855. La segunda comprendería el período que va desde su llegada a París, en julio de 1855, hasta el último momento de su producción, en Buenos Aires, a fines de 1864. La carta sería un hito para esta diferenciación si en ella aparece propuesta la idea de *una América Latina,* y si esa proposición es la que da lugar a la instancia de empleo del nombre *"la América Latina"* acontecida en la *Iniciativa de la América,* conferencia leída por Bilbao en París el 22 de junio de 1856, publicada dos días después, y que es, hasta donde se sabe, el documento de la primera ocurrencia de su utilización. El propósito de este artículo es volver a este aserto y discutir la cuestión del empleo de la expresión en Bilbao desde nueva documentación.

Edmundo O'Gorman propuso en 1958, en lugar de la idea del *descubrimiento* de América, la idea de la *invención* de América por Europa.[2] John Phelan, en 1968, toma la hebra de la distinción entre las dos Américas, la latina y la sajona, y sigue la pista a la idea de América Latina, concluyendo que ella "fue concebida en Francia durante la década

---

[1] Universidad Metropolitana de Ciencias de la Educación, Santiago de Chile. Este artículo es parte del Proyecto de Investigación Fondecyt núm. 1.111.041: *Francisco Bilbao y el proyecto latinoamericano.*

[2] O'Gorman, Edmundo, *La invención de América,* 3ª ed., México, Fondo de Cultura Económica, 2006.

de 1860, como un programa de acción para incorporar el papel y las aspiraciones de Francia hacia la población hispánica del nuevo mundo".[3] El "papel" es el pretendido rol de protectorado de Francia sobre los pueblos de "raza latina" y las "aspiraciones" son los intereses económicos de Francia sobre América del Sur, que darían contenido en conjunto al panlatinismo francés liderado ideológicamente por Michel Chevalier, y que Phelan concibe como un "programa de acción". Se ha llamado a la tesis de Phelan, por lo mismo y con razón, la tesis imperialista. Concretamente, para Phelan el nombre habría surgido en enero de 1861:

> [...] antes de 1860, *l'Amérique latine,* hasta donde llegan mis conocimientos, no se había usado nunca en la prensa francesa, ni en la literatura de folletín. La primera aparición del término ocurrió en 1861 [...] No es fortuito que la palabra apareciera por primera vez en una revista dedicada a la causa del panlatinismo, la *Revue des Races Latines.* L. M. Tisserand, que escribió una columna de los acontecimientos recientes en el mundo latino, realizó la ceremonia de "cristianización".[4]

Añade Phelan que con posterioridad habría sido implementada por "dos autores hispanoamericanos que residían desde hacía mucho tiempo en Francia".[5] Esos dos hispanoamericanos son, seguramente, el colombiano José María Torres Caicedo y el argentino Carlos Calvo. Ninguna alusión existe en el artículo de Phelan, hasta donde advertimos, al papel jugado por Bilbao en el mencionado bautismo.

---

3 Phelan, John Leddy, "El origen de la idea de Latinoamérica", en Zea, Leopoldo, *Fuentes de la cultura latinoamericana,* vol. 1, México, Fondo de Cultura Económica, 1993, pp. 461-475. Para la cita, véase p. 463.

4 Ibídem.

5 Ibídem, p. 473.

En 1965, sin embargo, Arturo Ardao había indicado fechas anteriores y empleos más complejos del nombre.[6] Este trabajo inicial de Ardao fue el comienzo de una investigación mayor sobre el origen de la idea y el nombre "América Latina", publicada en 1980, y en la que se concluye que la idea es francesa en cierto sentido, pero que el primer empleo del nombre es anterior a su uso francés. En contraste con la tesis de Phelan, Ardao sostiene que el nombre es "obra de hispanoamericanos, no de europeos".[7] De inspiración francesa, el nombre sería anterior a su uso francés y sería, concretamente, localizable en el poema *Las dos Américas*, de José María Torres Caicedo, fechado en Venecia el 26 de septiembre de 1856 y publicado en *El Correo de Ultramar* el 15 de febrero de 1857. Ardao advierte el empleo de la expresión por Bilbao, pero no le asigna a ello más relevancia que la de "un paso", al que califica como "vacilante", "ocasional" y "esporádico": Bilbao no insistiría en ella con posterioridad y no daría lugar, entonces, esa instancia de empleo, a su uso y consolidación.[8] La consolidación del uso pertenecería más bien a Torres Caicedo quien, frente a la amenaza de la presencia yanqui en América Central en ese mismo momento, habría creído encontrar "en las tradiciones de la latinidad un nuevo horizonte histórico de inspiración y de cohesión para nuestra América".[9]

El mismo año de 1980, Frank Spindler[10] siguió de cerca la relación de Bilbao con Lamennais y, pese a que

---

6 Ardao, Arturo, ""La idea de Latinoamérica"", en *Semanario Marcha*, Montevideo, 1965.

7 Ardao, Arturo, *El origen de la idea y el nombre de América Latina*, Caracas, Centro de Estudios Latinoamericanos Rómulo Gallegos, 1980, p. 60.

8 Ibídem, pp. 81-82.

9 Ardao, Arturo, "Panamericanismo y Latinoamericanismo", en Zea, Leopoldo (coord.), *América Latina en sus ideas*, México, UNESCO/Siglo XXI, 1986, pp. 157-171. Para la cita, véase p. 159.

10 MacDonald Spindler, Frank, "Francisco Bilbao, Chilean Disciple of Lamennais", en *Journal of the History of Ideas*, vol. 41, núm. 3, julio-septiembre de 1980, pp. 487-496.

en ocasiones desacierta, llamó la atención sobre la carta de Lamennais publicada por el propio Bilbao,[11] sobre la referencia en la carta al manifiesto del Comité Latino de París,[12] sobre la proposición de unificación de las naciones latinas que contiene, y sobre la respuesta del mismo Bilbao.[13] En 1982, Louis Miard insistió con más amplitud y nueva información epistolar en las influencias sobre Bilbao de Lamennais, Quinet y Michelet. Esas relaciones discipulares las tiene en cuenta Miguel Rojas Mix en un trabajo suyo de 1986,[14] pero no les asigna una relevancia gravitacional o decisiva en el empleo de la expresión. En medio del tráfico de las significaciones de la latinidad de entonces, la expresión "la América Latina" encontraría en Bilbao un alcance de sentido singular, y significativamente se encontraría en él tanto su primer empleo como el abandono posterior. Bilbao instala el nombre con motivo de la intervención norteamericana en Nicaragua en 1856 y, después, deja de emplearlo con motivo de la intervención francesa en México en 1861. Rojas Mix sugiere en ello una influencia de *La expedición de México* (1862) de

---

11 *Lamennais como representante del dualismo de la civilización moderna*, Imprenta de D'Aubusson y Kugelmann, París, 1856, pp. 55-56. En esta primera edición, la carta aparece citada en francés en el cuerpo del texto y en nota a pie de página una traducción de Francisco Bilbao.

12 *Comité démocratique français-espagnol-italien*, París, Garnier, 1851.

13 En la edición de las *Obras Completas* realizada por Manuel Bilbao, se omite el original francés y aparece en su lugar la traducción en el cuerpo del texto, y en nota a pie de página el editor inserta la contestación de Bilbao (*Obras Completas de Francisco Bilbao*, edición hecha por Manuel Bilbao, Buenos Aires, Imprenta de Buenos Aires, 1866, t. I, pp. 122-123), cuyo original se encuentra en la Biblioteca Municipal de Dinan, Francia.

14 Rojas Mix, Miguel, "Bilbao y el hallazgo de América Latina: unión continental, socialista y libertaria...", en *Caravelle*, Cahiers du Monde Hispanique et Luso-Brésilien, núm. 46, Toulouse, 1986. Reeditado en *Los cien nombres de América*, Barcelona, Lumen, 1991, pp. 343-56 (hay otras dos ediciones de este libro en la Editorial de la Universidad de Costa Rica, 1997, y en la Editorial de la Universidad Nacional de Córdoba, 2004).

Edgar Quinet. Pero, contra la tesis de Ardao, para Rojas Mix no se trató de un uso simplemente esporádico ni meramente ocasional. El desembarco de las tropas francesas en Acapulco y la crítica al panlatinismo por Quinet opera, sin duda alguna, un efecto en la decisión de abandonar la expresión: "Cuando lo abandona es porque ve que sirve para legitimar el colonialismo francés", dice Rojas Mix. En Bilbao, el nombre tendría una significación propia, y sería la misma que perduraría hasta hoy, a saber, una significación decisivamente antiimperialista, y por eso a Bilbao se debería "el hallazgo de América Latina" y "la fundación del término en que hoy reconocemos nuestra identidad".[15]

El Post-Dictum de la *Iniciativa de la América* aparece fechado el 24 de junio. La conferencia había sido leída "el día 22 de junio de 1856, en París, en presencia de treinta y tantos ciudadanos pertenecientes a casi todas las Repúblicas del Sur".[16] Rojas Mix especula sobre la asistencia, ciertamente probable, de Torres Caicedo a la conferencia de Bilbao, y sobre una posible influencia ejercida por las palabras de Bilbao sobre el poema de Torres Caicedo, tres meses posterior. "Hasta donde he podido seguir su pista, el primero en emplear el apelativo fue el chileno Bilbao", concluye Rojas Mix, y "le siguió el colombiano Torres Caicedo".[17]

Más recientemente, Mónica Quijada ha abordado la cuestión por el lado del éxito y de la difusión del nombre "América Latina", con el propósito, dice, de "devolver el papel protagónico a los principales actores de ese proceso", oponiéndose así a la tesis imperialista de Phelan.[18] Desde esta perspectiva, la instalación y la consolidación

---

15 Ibídem. En *Los cien nombres de América, op. cit.*, p. 346.

16 *Iniciativa de la América. Idea de un Congreso federal de las Repúblicas*, París, Imprenta de D'Aubusson y Kugelmann, 1856, p. 3.

17 Rojas Mix, Miguel, *op. cit.*, pp. 343 y 344.

18 Quijada, Mónica, "Sobre el origen y difusión del nombre América Latina", en *Revista de Indias*, vol. LVIII, núm. 214, 1998, pp. 595-615.

del nombre respondería, en parte, a los intereses de los propios latinoamericanos de inscribirse en el proceso de modernización occidental decimonónico; y respondería, en parte, y sobre todo, al interés de constituirse como un conglomerado geopolítico suficiente para hacer frente a los expansionismos norteamericano y europeo sobre América del Sur. Con esta clave de lectura, Quijada resitúa la figuración de Torres Caicedo en la línea de Ardao y pasa casi por alto el rol de Bilbao que había destacado Rojas Mix.

Desde otra perspectiva, tendiente a debilitar las tesis de Ardao y de Rojas Mix, Vicente Romero reconsideró la influencia de Lamennais sobre Bilbao, postulando que el primero habría hecho gravitar sobre el segundo la latinidad entendida en un sentido específico, el puesto en circulación el Comité Latino de París, fundado y liderado por el propio Lamennais. Dicho sentido puede encontrarse en dos cartas de Lamennais, una de las cuales es la que dirigió a Bilbao el 5 de diciembre de 1853. En esta carta y en el Manifiesto del Comité Latino, aparecía un sentido espiritual de la latinidad, en oposición al materialismo del mundo anglosajón. Sería éste el sentido que actuaría en la obra de Bilbao. "Es en ese molde latino de Lamennais que el chileno Francisco Bilbao formulará, rápidamente, la 'latinidad' de su continente", dice Vicente Romero. Frente a la tesis de fondo que compartirían Ardao y Rojas Mix, tesis que a juicio de Romero es "demasiado optimista, pues ella afirma la existencia de una 'identidad' y de una 'conciencia' latinoamericanas"; "nos situamos -dice-, como francotiradores escépticos".[19] Sin embargo, Romero

---

[19] Romero, Vicente, "Du nominal 'latin' pour l' Autre Amerique. Notes sur le naissance et le sens du nom 'L'Amerique latine' autour des années 1850", en *HSAL*, núm. 7, premier semestre, 1998, pp. 57-86. (Hay traducción de Alejandro Madrid en *Archivos de Filosofía*, núm. 4-5, 2009-2010).

enfrenta la tesis optimista acantonándose en información insuficiente. Escribe:

> Es Lamennais el que pretende hacer de esta oposición [latino/sajón] el principio que oriente la obra y la acción de Bilbao en América, como también es él quien, por intermedio de una carta fechada en los primeros días de diciembre de 1853, propondrá a su discípulo, junto al "catolicismo social", su nueva visión, y le insta a actuar para levantar "un contrapeso" latino en ese continente: "Tenga por seguro que no hay nada que esperar de la América española mientras ésta siga sometida a un clero imbuido de las más detestables doctrinas, de una ignorancia sin límites, corrompido y corruptor. La Providencia la ha destinado a formar el contrapeso de la raza anglosajona, que representa y representará siempre a las fuerzas ciegas de la materia en el Nuevo Mundo. Esta bella misión, sólo la podrá cumplir desprendiéndose de los lazos de la teocracia, uniéndose y confundiéndose con las otras dos naciones latinas, la nación italiana y la nación francesa [...]. Usted puede apreciar, en el pequeño folleto que acompaña a esta carta, cómo ha comenzado a realizarse esta unión. Ella responde a la naturaleza, a la necesidad, por ello se realizará. Trabaje en esta obra, y que Dios bendiga vuestros esfuerzos". Antes de la recepción de esta carta, no se encuentra en Bilbao la oposición sajón/latino como principio de acción. Era "igualitario", espiritualista y un puente lo unía a la civilización sajona: su espíritu casi puritano de libertad. Es después de la recepción de esta carta que encontramos en sus escritos algunas referencias al problema de las diferencias y oposiciones entre las civilizaciones sajona y latina. En especial en su *Mensaje del proscrito a la nación chilena* (1854). Dos años más tarde, Bilbao vuelve sobre este problema en su conferencia en París *Iniciativa de la América. Idea de un Congreso Federal de las Repúblicas* empleando entonces las fórmulas hoy día consagradas.[20]

La, al parecer, evidencia que propone esta lectura puede disolverse si la confrontamos con la siguiente

---

20 Ibídem.

observación. Vicente Romero consulta las *Obras Completas de Francisco Bilbao* en la edición de Manuel Bilbao, que no incluyen, y esta ausencia es decisiva, *La revolución en Chile y los mensajes del proscrito* (Lima, 1853), un volumen de 300 páginas que reúne los escritos de Bilbao entre mediados de 1851 y fines de 1853. Vicente Romero no puede advertir, en consecuencia, que la oposición latino/sajón en Bilbao es algo anterior a la carta de Lammenais recién aludida. Mirando esta obra, advertimos que la presencia de la oposición remonta al primero de sus artículos tras su huida de Chile, titulado "La definición", originalmente publicado en el diario *El Comercio* de Lima el 17 de septiembre de 1851, y se encuentra con posterioridad en "Necesidad de una nación", originalmente publicado en la *Revista Independiente* de Lima a fines de diciembre de 1853. Es seguramente a estos escritos a los que se refiere el propio Bilbao en su carta de respuesta a Lamennais cuando dice: "El pensamiento de vuestra carta ha venido a imprimir la autoridad de vuestra palabra a la obra que he ejecutado en este país. Sucedía que yo había escrito en el mismo sentido... ".[21] Antes de la carta, pues, Bilbao había escrito en la misma dirección, "en el mismo sentido", dice. Lo que hay todavía que comprender es precisamente ese sentido, anterior a la carta y el mismo de la carta. También para nosotros la carta de Lamennais es gravitante, le otorgamos el carácter de hito; sin embargo, es insegura, para nosotros, la tesis de un rol funcionario en el empleo de la expresión.

Más recientemente, Walter Mignolo sostuvo que "América" es invención europea de la primera modernidad, como "América Latina" lo es de la segunda modernidad. La primera corresponde a la etapa colonial, como la segunda a una segunda forma de colonialidad. Dice Mignolo: "La

---

21 Carta de Bilbao a Lamennais, 30 de abril de 1854.

'idea' de América Latina es la triste celebración por parte de las elites criollas de su inclusión en la modernidad, cuando en realidad se hundieron cada vez más en la lógica de la colonialidad".[22] En el nuevo escenario global, después del declive de España como potencia imperial, determinado por el conflicto entre Inglaterra y Francia como imperialismos rivales, y Rusia insinuándose en esa rivalidad, la intelectualidad criolla hispanoamericana emancipada habría buscado un amparo ante la avanzada de Estados Unidos sobre América del Sur y la habría encontrado, creído encontrarla, en la ideología francesa de la latinidad. Para Mignolo, entonces, América Latina no es simplemente un nombre que designe una entidad ni expresa la conciencia de una identidad. Para Mignolo, América Latina constituye un "proyecto político". Y es, justamente, en relación con ese proyecto que resulta interesante, a diferencia de Torres Caicedo, la posición crítica de Bilbao. Dice Mignolo:

> Ubicado en la encrucijada de una nueva subjetividad disidente y una reconfiguración del orden mundial, Bilbao fue crítico de las ambiciones imperiales de Europa, Estados Unidos y Rusia, y en especial de las de Francia, que incursionaba en territorio mexicano y pretendía controlar a "América Latina" luego de la salida de España y la focalización de Inglaterra en Asia y África... Así, la discontinuidad de Bilbao inaugura una perspectiva crítica que tiene el potencial de dejar al descubierto la omnipresente rearticulación de la colonialidad del poder durante el siglo XIX por medio del concepto de latinidad.[23]

El proyecto en cuestión remonta a las *Cartas sobre la América del Norte* de Michel Chevalier, publicadas en 1836, y que ya circulaban en Chile desde 1842. Para Chevalier, "la civilización a la que pertenecen los pueblos de Europa

---

22 Mignolo, Walter, *La idea de América Latina*, Barcelona, Gedisa, 2005, p. 81.

23 Ibídem, p. 93.

marcha sobre el globo terráqueo de Oriente a Occidente". No describe esa marcha una línea recta y avanza, más bien, sinuosa y alternativamente entre "las dos grandes razas de la Biblia, la de Sem y la de Jafet", y entre las razas benditas entonces. Pues son tres los hijos de Noé y tres las razas bíblicas. La tercera raza, la maldita, es la de Cam. Para Chevalier, América es el último paradero de la civilización europea, compuesta de tres "familias": la latina, la germana y la eslava, cada una encabezada por una distinta nación: Francia, Inglaterra y Rusia. Y éstas, las tres naciones, también las "tres cabezas" de Europa, son las que disputan el predominio en la escena mundial. Dejando a un lado a Rusia, que es "una recién llegada", dice Chevalier, Europa aparece dividida en consecuencia entre una "Europa latina" y una "Europa teutónica". La primera está constituida por los pueblos meridionales cuyas lenguas proceden del latín y cuya religión es la romana. La segunda es la septentrional, que en cambio es protestante y habla lenguas germanas. En América, añade Chevalier, se ha reproducido esta diferencia, que es, insistamos, una diferencia de lengua y de religión: "Ambas ramas, latina y germana, se han reproducido en el Nuevo Mundo. América del Sur es, como la Europa meridional, católica y latina. La América del Norte pertenece a una población protestante y anglosajona". Así, pues, del mismo modo que existe una "Europa latina", ha llegado a haber también, como una extensión suya, una América "latina". De todo este "grupo latino", el liderazgo -continúa Chevalier- le debe corresponder a Francia. Hallándose en "la cumbre" del grupo latino, Francia

> es responsable de los destinos de todas las naciones del grupo latino en los dos continentes. Solo ella puede impedir que esta familia entera de pueblos sea absorbida por el doble despliegue de germanos, sajones o eslavos. A ella le corresponde despertarlos del letargo en que se encuentran

en ambos hemisferios, elevarlos a la altura de otras naciones, y prepararlos para figurar en el mundo.

Le corresponde a Francia una función tutelar y patronal y es ella la que debe proteger el destino de los pueblos latino-americanos, porque, dice, "no se encuentran aún en condiciones de bastarse a sí mismos". El imperativo del liderazgo es, en Chevalier, ciertamente reactivo. De lo que se trata es de apurarse ante el despliegue y avance de los ingleses y de los rusos en Europa, como de los yanquis en América. De apurarse, y de conformar, pues de esto también y principalmente se trata, una unidad racial panlatina capaz de equilibrar las fuerzas y de distribuir en consecuencia el mundo según un modelo geopolítico cuyo punto de vista es el francés, según un horizonte recortado por lo latino como punto de vista francés.

Con posterioridad a los acontecimientos de 1848 y 1849 en París, se había constituido el Comité Democrático Francés-Español-Italiano, fundado en 1851 por la iniciativa y bajo el liderazgo de Lamennais. En Londres, paralelamente, liderado por Mazzini, se había constituido el Comité Central Democrático Europeo. Mazzini pensaba en la realización de la "república universal", mientras que Lamennais, desde el Comité Latino de París, en lugar de la idea de una confederación que juzgaba irrealizable por el momento, pensaba más bien en la reconstrucción de la república a partir de un "núcleo central" de pueblos latinos: "Por su posición geográfica y sus afinidades de origen, cultura, ideas, lengua e intereses, las naciones latinas, Francia, Italia, España, parecen ser los elementos naturales de este núcleo central en torno al que lleguen a agruparse elementos nuevos". El citado es un pasaje del Manifiesto del Comité Latino, disuelto poco después con el golpe de Estado del 2 de diciembre de 1851. Es entonces cuando Lamennais, comprendiendo la significación del golpe y decepcionado, vuelve la mirada hacia América, y hacia Bilbao en particular, y es entonces cuando fomenta, en contra del bloque sajón, la formación de un bloque latino, republicano y espiritual en "la América española". Si "la América española" -decía Lamennais a Bilbao en su carta de 1853- entrara en alianza con las naciones francesa, italiana y española, y si inscribiera su posición en relación con "las naciones latinas", definiéndose a sí misma en tanto "latina", tendría entonces la posibilidad de cumplir el destino de ser "el contrapeso de la raza anglo-sajona, que representa y representará siempre las fuerzas ciegas de la materia en el Nuevo Mundo". Lamennais opone, en efecto, las dos razas, la latina y la sajona, en términos de la espiritualidad de la primera y el materialismo de la segunda, retomando así por su cuenta, y a distancia de Chevalier, el sentido de la latinidad. La composición de un bloque latino-americano, sostenía, es una urgencia histórica en los momentos en que Estados Unidos amenaza con la realización de lo que llama su Destino Manifiesto y que, de cumplirse, le otorgaría una hegemonía tal que "rebajaría el mundo entero a su nivel y haría del género humano una especie de gran molusco".[24]

La oposición, que en el texto de Michel Chevalier de 1836 se refería a América, da lugar, bajo la mediación de la carta de Lamennais, y a partir de un sentido amparado por la oposición entre la civilización espiritual de los pueblos latinos y la materialista de los anglosajones, a la denominación de "la América Latina" por parte de Bilbao. Con todo, antes de la carta de Lamennais, había habido en Bilbao el uso, en boga por lo demás en la época, de la oposición latino-sajón. Hasta donde hemos podido pesquisarla, según decíamos, se remonta a "La definición", de septiembre de 1851, donde América aparece como un campo de disputa entre lo latino y lo sajón. Hacia el Sur, América es la matriz

---

[24] Cf. Romero, Vicente, op. cit.

de un encuentro y la ocasión para un ensayo, la matriz del encuentro latino-indígena y la oportunidad para el tanteo de la República. América del Sur sería, podría ser, en este sentido, un nuevo mundo político y moral. La novedad posible de este mundo, sin embargo, está indecisa. A la oposición entre Europa y América, propia del tiempo de las independencias, se ha unido una distinta ahora, una oposición interior al continente, que es distinta de la oposición bolivariana entre las Américas Septentrional y Meridional, la del Norte y la del Sur, y es esta una oposición entre una América "sajona" y una América "latina". Su indecisión se funda en la amenaza que representa "la raza anglo-sajona" sobre el "mundo latino-católico" del sur, si este no es capaz de replantear por sí mismo su condición de cristiandad, y si no es capaz de replantearse en tanto *injerta* en los pueblos indígenas; si no es capaz de producir, en sentido ético y político, un mundo nuevo desde la singularidad de su condición, desde su condición, pues, latino-americana. Y habrá que pensar esa condición conjuntiva, desde ahora, como *injerto,* y pensarla a diferencia de otras metáforas, como la del *trasplante* o de la *importación* en Sarmiento y Alberdi. Después, la oposición reaparece en "Necesidad de una Nación", de diciembre de 1853, donde el "mundo latino" en América aparece -en la línea de los textos sobre la sociabilidad chilena- como un mundo despotizado por el catolicismo y puesto en contraste con el protestantismo liberal del mundo anglosajón. La sociabilidad latina de América, en este texto de Bilbao, aparece exigida de un proceso de descatolización y de una nación que lidere esa labor.

Esos dos textos son en cierto modo preparatorios del tercer "Mensaje del proscrito", fechado en julio de 1854, que es, según los comentaristas, singularmente relevante para la cuestión de la latinidad, pero lo es, para nosotros, no porque encontremos en él una recepción de Lamennais y de la carta suya que acababa de recibir, sino porque más bien encontramos referidos el cuadro geopolítico delineado por Chevalier y su diferencia fundamental con respecto a Chevalier. En la agenda teológico-política de Bilbao, América del Sur debe descatolizarse, decíamos, y recuperar "la bella tradición latina de la sociabilidad". Una tradición de sociabilidad, sin embargo, que no es estrictamente francesa, o que no es francesa sin más. El Segundo Imperio de Bonaparte *el chico* ya representaba para Bilbao una traición a Francia, al ideario republicano de las revoluciones de 1789, 1830 y 1848, y sin la República -pensaba- Francia no podía presumir el liderazgo de los pueblos latinos y pretender asumir la comandancia de Occidente: "La Francia no puede hacerse centro del espíritu y capitanear al Occidente sin proclamar a la República".[25]

El texto posterior, escrito y publicado en Bruselas a fines de 1855, titulado "Movimiento social de los pueblos de la América Meridional",[26] representa, se puede decir, el momento de *visibilidad* de América. Los pueblos meridionales de América, dice Bilbao, "aspiran igualmente y marchan a la vez, cada uno de su lado, a la realización de la República". Ello es visible desde lejos y el texto importa entonces una distancia, la distancia que Europa propor-

---

[25] Esta perspectiva remonta a 1849, y es visible en la carta a Andrés Bello del 31 de julio de 1849 remitida desde París y, más significativamente, en el texto de colaboración a *La Tribune des peuples* contra la expedición francesa en Roma. Sobre este último, véase la admirable investigación que lleva a cabo Rafael Mondragón: ""Anticolonialismo y socialismo de las periferias. Francisco Bilbao, la tormenta de 1849 y la fundación de *La Tribune des Peuples*"".

[26] *Mouvement social des peuples de l'Amérique Méridionale, son caractère et sa portée. La Libre Recherche,* año I, t. 1, Bruselas, Bureau de La Libre Recherche, 1855, pp. 246-256 (una traducción de este texto fue publicada por Manuel Bilbao en su edición de las *Obras Completas,* t. 1, pp. 169-180. Hay también una traducción reciente de próxima aparición realizada por Alejandro Madrid Zan, como parte del Proyecto de Investigación Fondecyt núm. 1.111.041).

ciona: "Para apreciarlo convenientemente es necesario contemplarlo desde las playas de Europa". Esa distancia no es sólo la de la lejanía, implica además un puesto, un lugar de mira y un modo de ver. Vuelta hacia América y de espaldas a Europa, Europa misma es la conquista de una perspectiva a la que se le vuelve la espalda: "Nosotros podemos hoy dar la espalda a la Europa. En esas regiones sombrías, no vuelve a levantarse el sol jamás". Mirando hacia América, los pueblos meridionales, o latinos en su relevo inmediatamente posterior, se ven avanzar hacia la realización de la República: "En el norte sajón como en el sur latino e indígeno, todo marcha hacia la República, a pesar de la diferencia de razas y de la diversidad de espíritus"; hacia la realización de la república que sin embargo aparece también amenazada desde tres frentes, y por los mismos que antes fueran sus tres influencias: por España y la moral del catolicismo; por Francia y la política del indiferentismo que ha seguido al fracaso de la revolución; por Inglaterra y el individualismo empresarial, redoblado desde ese nuevo frente interno que es ahora Estados Unidos. A diferencia de los dos primeros, que son peligros de "contagio", de influencias pues contrarrestables, el anglosajón es peligro de "invasión", amenaza de "dominación". Muy distinto al carácter de Grecia y de Roma, el "coloso yanqui", dice Bilbao, "es una especie de estoicismo eléctrico que aspira a *la dominación del mundo;* es el movimiento perpetuo, es un Saturno rejuvenecido que devora a la vez el tiempo y el espacio". No es nueva esta concepción colosal de Estados Unidos. Está en otros autores de la época y en Bilbao ya estaba, en cierto modo, en "La definición" y en "Necesidad de una Nación", y está también en el "Mensaje" de 1854. La capacidad de respuesta, sin embargo, todavía no pasa por la confederación; pasa para Bilbao por situar a América del Sur bajo el liderazgo de *una nación,* y Bilbao cifraba en Chile esa esperanza. La idea de la *confederación* es posterior y se produce en relevo de esa esperanza nacional.

En "Iniciativa de América", la confederación es la estrategia de lo que se llama "la segunda campaña". La primera fue la de las independencias americanas y estuvo dirigida contra España. La segunda lo estará contra Estados Unidos. Durante la primera, Bolívar pensó la Confederación fundamentalmente contra Europa. En los tiempos de la segunda, Bilbao la piensa desde un contexto mundial que ha desplazado la cuestión. La estructura de las relaciones geopolíticas mundiales, en efecto, se ha vuelto más nítida en algún sentido y más difusa en otro. Más nítida la emergencia de las nuevas potencias mundiales. Más confusa, puestos en ese mismo contexto, y más urgida que nunca en esa posición, la situación de América del Sur; especialmente si la iniciativa *latina* que le urge tomar tiene que ser antiimperialista y serlo en tres direcciones: en dirección al panamericanismo anglosajón, al paneslavismo ruso y al panlatinismo francés. Es en estas nociones donde se acoda y contra ellas como se piensa, en Bilbao, el proyecto de confederación, y es también éste el contexto de tráfico de la noción de latinidad. Frente a los imperialismos emergentes del momento, frente a las "civilizaciones" que representan, y a las "razas" y "pueblos" que los protagonizan, América del Sur tiene que buscar una posición en la escena mundial, y con los elementos de un discurso racial Bilbao cree encontrarla en la noción forjada por él mismo de "la raza Latina-Americana", de "nuestra raza Americana y Latina". Ese soporte racial, más político-cultural que biologicista, y en un contexto geopolítico preciso, es la condición para que en Bilbao pueda aparecer, y aparezca por primera vez en el texto de la *Iniciativa,* la expresión "la América Latina".[27]

[27] Gabilondo, Joseba, ""Genealogía de la raza latina. Para una teoría atlántica de las estructuras raciales hispanas"", en *Revista Iberoamericana,* vol. LXXV, núm. 228, julio-septiembre de 2009, pp. 795-818.

Ardao sostuvo que ese empleo había sido una ocurrencia efímera y ocasional. Rojas Mix vio en él una decisión. El empleo sistemático de la expresión en los textos que Bilbao publica posteriormente en Argentina, concretamente, en *La Revista del Nuevo Mundo* (1857), en los diarios *El Orden* (1858) y *El Nacional Argentino* (1859), en la línea de la pista seguida por Alberto Varona,[28] y en parte por Clara Jalif,[29] y que por nuestra parte retomaremos en una próxima ocasión, hasta su empleo en *La América en Peligro* (1862), en *La Tribuna* (1862) y en *El Nacional* (1862), y su ausencia en los textos posteriores a su traducción de *L'expédition du Mexique* de Quinet (W. Jefes, Londres, 1862), cuyo prólogo aparece fechado en Buenos Aires el 20 de octubre de 1862, indican que Bilbao tomó la decisión de su retirada.[30] La crítica al imperialismo y a la ideología de la latinidad contenida en *Emancipación del espíritu en América* (1863) exhiben crucialmente su distancia respecto de lo latinoamericano como proyecto geopolítico francés.

---

28 Varona, Alberto J., *Francisco Bilbao, revolucionario de América. Vida y pensamiento. Estudio de sus ensayos y trabajos periodísticos,* Buenos Aires, Excelsior, 1973.

29 Jalif de Bertranou, Clara Alicia, *Francisco Bilbao y la experiencia libertaria de América. La propuesta de una filosofía americana,* Mendoza, EDIUNC, 2003.

30 *La expedición de México,* traducción y prefacio de Francisco Bilbao, Buenos Aires, Imprenta y litografía a vapor de Bernheim y Boneo, 1862.

Tradición/interior/caudillismo. Una propuesta para el análisis del pensamiento de Saúl Alejandro Taborda

Mina Alejandra Navarro[1]

A partir de la noción de *frontera,* el presente artículo busca reflexionar acerca del pensamiento heterodoxo en América Latina, con especial énfasis en el caso de Saúl A. Taborda. Establece para ello una conversación entre tres de sus obras, centrando la atención en la construcción tradición/interior/caudillismo: *Julián Vargas* (novela, 1918), *Reflexiones sobre el ideal político de América* (ensayo, 1918), y *Facundo. Crítica y polémica* (revista, 1935-1937).

Desde la perspectiva de la historia intelectual, visualizar situaciones de *frontera* posibilita diversificar y matizar horizontes historiográficos impermeables, al hacer evidentes las grietas, rupturas y fracturas que dieron cabida al florecimiento de pensamientos incomprendidos y marginales, que han pasado a la historia a contrapelo de lo dominante o de lo generalmente admitido. En este sentido, se recurre a la cláusula *de frontera* como condensadora de un determinado tipo de experiencia intelectual -heterodoxa- que hace referencia a aspectos relacionados con los nombres, itinerarios y/o elaboraciones textuales de figuras como Domingo Faustino Sarmiento, Lucio V. Mansilla, Euclides da Cunha, Carlos Pereyra, Lisandro de la Torre, Saúl Taborda, Natalicio González, Ezequiel Martínez Estrada, José Vasconcelos, José María Arguedas, José Revueltas, Rodolfo Kusch, José Aricó, Alberto Flores Galindo, entre otros.

---

[1] Facultad de Ciencias Políticas y Sociales, Universidad Nacional Autónoma de México.

En el caso particular de Taborda, la cláusula habilita a pensar las relaciones, siempre problemáticas, entre tradición y modernidad, entre Europa y América, entre la representación política partidaria y el sufragio y el comunalismo, todo ello en la particular articulación de pedagogía, política y comunidad. La tipificación de Taborda como *típico intelectual de frontera* fue acuñada por José Aricó en un texto clave, publicado en 1989, dedicado a la singularidad histórica de Córdoba y a su autonomía intelectual: "[Taborda] fusionaba en su discurso no sólo las vertientes del comunalismo hispánico, sino también sus lecturas del ideario anarquista, de la filosofía alemana y de la experiencia soviética que seguía con profundo interés",[2] dificultándose así su identificación en escuelas, tendencias o corrientes.[3]

A Saúl Taborda no se le puede ubicar en los moldes del típico intelectual de su época: prefirió la síntesis a la erudición; el ensayo a la monografía; la compañía a la biblioteca. Sin embargo, cabe concebirlo como un hombre de un vigoroso poder intelectual, dotado de un raro don para entender una amplia variedad de motivos humanos, esperanzas y temores. Alumbró problemas, elevándolo casi todo a preguntas y explorando continuamente, sin dogmatismos. Sus propuestas resultaron a menudo nada reafirmantes porque pareciera que una honda lo impulsaba y una búsqueda apasionada de la verdad imparcial y la desconfianza en la posesión de conocimientos infalibles, enriqueciendo así progresivamente sus ideas. Taborda volvió una y otra vez sobre los temas clave. Y aceptó sugerencias útiles de donde pudieran venir. Pareciera que

---

2 Aricó, José, "Tradición y modernidad de la cultura cordobesa", *Plural* (Revista de la Fundación Plural para la participación democrática), año I, núm. 13, Buenos Aires, marzo de 1989, p. 13.

3 Aricó, José, "Saúl Taborda. De la reforma universitaria a la revolución nacional de Roberto Ferrero" (reseña), *La Ciudad Futura,* s/d, p. 28.

averiguaba lo débil y lo erróneo de sus ideas para poder enmendarlas o abandonarlas. De este modo se pueden comprender sus lecturas o conversaciones con aquellos que pudieran poner a prueba la solidez de sus defensas.

En el pensamiento político cultural y filosófico argentino, la figura de Taborda aparece como ambigua, enigmática y diversa, como lo son también su propio recorrido personal y la multiplicidad de referencias sobre su pensamiento. A pesar de que su nombre es familiar por su participación protagónica en la Reforma Universitaria de Córdoba en 1918 y por sus conocidas *Investigaciones pedagógicas,* su obra política y filosófica, aunque visitada, dista de ser considerada entre las manifestaciones medulares de la intelectualidad argentina ante las repercusiones de dos de los grandes hitos de la historia contemporánea como fueron la gran guerra europea de 1914-1918 (que conmovió al mundo entero) y la crisis mundial de 1919-1932 (que, en Argentina, marcó el inicio de una década conservadora en términos políticos y sociales, inaugurándose ésta con el golpe de Estado militar que derrocó al presidente Hipólito Yrigoyen en 1930). Estas coyunturas históricas fueron decisivas en la vida de Taborda, en su concepción del mundo, viéndose reflejadas a lo largo de su obra.

Taborda escribió sobre todo acerca de un problema filosófico perenne: el ideal formativo de la argentinidad, que gira en torno a tres ideas-fuerza centrales: democracia americana, concepción facúndica y comunalismo. Para ello, estudió a autores fundamentalmente alemanes: el cosmopolitismo pacifista de Kant, el historicismo humanista de Georg Herder, el socialismo económico de Karl Marx, el vitalismo historicista de Whilem Dilthey, la fenomenología gnoseológica de Edmund Husserl y la fenomenología ética de Max Scheler. En sus últimos escritos, se refiere también al nacionalismo integrista de Johann Fichte, a la sociología formalista de Georg Simmel y a la pedagogía formativa de Edward Spranger. Taborda asimiló estas propuestas en perspectivas originales, como el idealismo, el humanismo hispanoamericano, la antropología política argentina e hispanoamericana -de inspiración libertaria y autonomista- y la pedagogía social.

Tradición/interior/caudillismo

De esta construcción tripartita de análisis, delineada para los fines de este artículo, el primero de los textos a revisar -*Julián Vargas,* una novela cuya historia se desarrolla en los comienzos del siglo XX- es muestra de la relación entre sus dos primeros componentes: tradición e interior. Frente a la inexistente cultura nacional argentina hacia 1910, los temas de "cultura y nacionalismo" e "historia y nacionalismo" pululaban en las conferencias, los debates y los textos de diversos círculos intelectuales. Hacia finales de la década de 1970, Carlos Payá y Eduardo Cárdenas destacaron las figuras de Ricardo Rojas y Manuel Gálvez como las fundadoras del primer nacionalismo argentino en razón de sus obras: *La restauración nacionalista* (1909) y *El diario de Gabriel Quiroga. Opiniones sobre la vida argentina* (1910), respectivamente.[4] No obstante, al margen de estos escritores, pertenecientes a la generación del 900, también se puede incluir en esta demarcación nacionalista las conferencias de Leopoldo Lugones, "El Payador", escenificadas en 1913 y publicadas en 1916.

En este tenor de ideas, se resalta el sutil tradicionalismo de Taborda en su novela *Julián Vargas,* escrita en 1916 y publicada en 1918. Dentro de un estilo literario naturalista, el autor problematiza la relación entre el intelectual

---

4 Payá, Carlos y Eduardo Cárdenas, *El primer nacionalismo argentino en Manuel Gálvez y Ricardo Rojas,* Buenos Aires, Peña Lillo, 1978, p. 18.

y la sociedad porteña en las vísperas de los festejos del Centenario. Una defensa férrea del tradicionalismo e hispanismo, además de la resistencia a la modernización, es lo que se puede percibir en *Julián Vargas*. Novela de carácter antioligárquico, en la que Taborda advierte que las formas tradicionales de vida y los códigos de su personaje principal, Julián Vargas, despliegan una radical ineptitud para afrontar las nuevas prácticas y desafíos del mundo moderno. Cabe hacer aquí una aclaración: los textos mencionados, incluido el de Taborda, no hubieran sido escritos en la forma en que lo fueron sin el conocimiento previo de las obras del político e intelectual riojano Joaquín V. González: *La tradición nacional* (1891) y *Mis montañas* (1893). Las obras de González se cuentan entre las primeras referencias de una tradición nacional elaborada desde las provincias, la cual puede ser enteramente analizada desde la construcción tradición/interior/caudillismo, dando pie -según Horacio Crespo- a un desplazamiento geográfico y semántico de Buenos Aires a los Andes como lugar coagulador.[5]

La novela *Julián Vargas* escenifica la contraposición tradicionalismo/cosmopolitismo en el Buenos Aires de esos tiempos. A lo largo de sus páginas, Taborda muestra los valores sobre los cuales debería sustentarse la argentinidad: la procedencia social del joven protagonista y su familia -la tradicional aristocracia cordobesa- contrasta con

---

5 El primer texto de González es evocación legendaria en la que vinculó el paisaje, el folclore, la sociología y la historia del país. El segundo, en una narración que no llega a ser precisamente una autobiografía, describe La Rioja; especialmente los lugares más ligados a la vida del autor, como Chilecito, Nonogasta, Huaco y la capital, ubicando en estos espacios a personajes contemporáneos a él y a personajes del pasado. Encontramos aquí algunos capítulos que pueden ser de "memorias", pero también los hay de tradiciones, de enfoques históricos, de folclore, de cuadros costumbristas. Véase González, Joaquín V., *La tradición nacional,* Buenos Aires, La Facultad, 1912; *Mis montañas,* Buenos Aires, Tor, [s.d.].

la de la joven Ernestina, a quien Julián conoce en el barco y a quien continúa viendo durante su estancia en Buenos Aires (Ernestina proviene de una familia oligarca inserta en el nuevo proceso de riqueza y cosmopolitismo porteños).

Julián Vargas era un joven amable y de "educación fina" (p. 13), que renunció al seminario ante la "curiosidad por la vida independiente y libre de las trabas de ritos y de cánones" (p. 25), realizando el bachillerato en el Colegio de Santo Tomás de la capital cordobesa. A través de las lecturas allí realizadas se formó la idea de Buenos Aires como la gran ciudad con el esplendor propio de las ciudades antiguas. En este texto, la aristocracia cordobesa es definida a través de la ubicación geográfica del pueblo del que es oriundo Vargas: San Andrés, situado al noroeste de la ciudad de Córdoba, en la zona "traslasierra", donde se asentaron las primeras familias aristócratas de raigambre hispánica. En el caso de Vargas, era descendiente del fundador de la estirpe en tierras americanas, casi tres siglos atrás, el capitán de campo don Borja Vargas de Luján.

El paralelismo que se suscita en las ideas, reflexiones y posiciones ideológicas entre el personaje principal y su autor transita en la disyuntiva modernidad vs. tradición, enhebrando un relato que discurre sobre cornisas singulares. El desarrollo de la historia es previo a los festejos del Centenario. Cuando la mayoría alababa las bonanzas derivadas del modelo de modernización al estilo europeo, Taborda exhibió la vacuidad de la modernización, quedando así desvanecida en su texto la dimensión deslumbrante del horizonte civilizatorio. Taborda acudió en su lugar al hispanismo, visto como tradición que podía pervivir a través de los descendientes de los colonizadores, con la cual se identificaba desde su presente y que le permitía visualizar un porvenir.

Observemos la preocupación de carácter histórico en Taborda al esforzarse en señalar los malestares de una sociedad jactándose de vivir en el progreso y el enriquecimiento: para Taborda, estos factores no eran suficientes para mantener los ideales vivos, las tradiciones. El progreso y el enriquecimiento, procesos aún no tan evidentes en el interior, constituían una relación de fractura con el pasado. Este análisis conllevó cuestionar a la generación del ochenta, los constructores de la historia oficial, y por ende, mostrarse oponente al pensamiento liberal y positivista, marco ideológico a partir del cual entretejió su andamiaje el nacionalismo cultural, como se sabe, en el período comprendido de 1880 a 1910. Aunado a esto, Taborda optó por el campo de la historia como el terreno de batalla idóneo para la época: sin ensalzar lo que la mayoría entronizaba -el cosmopolitismo-, ennoblecía la tierra nativa y sus tradiciones.[6] Es en este punto donde ubicamos la importancia de la novela de Taborda, *Julián Vargas,* como un anticipado heraldo del revisionismo histórico y de la renovación cultural hispanista que sería una característica notable de las corrientes adversativas al liberalismo dominante en los círculos hegemónicos.

En su novela, Taborda alude nítidamente a la tradición a través de la distinción de su raigambre española y evidencia su formación intelectual, que provenía de autores clásicos españoles. Con respecto a este último señalamiento, no es sino hasta su ingreso a la Universidad en Buenos Aires que Vargas comienza a revisar a otros autores, tal es el caso de Nietzsche. Todo este escenario es perfilado con el afán de mostrar la tradición intelectual trasmitida en la ciudad mediterránea, distinta a la del puerto.

---

6 Roitenburd, Silvia, "Saúl Taborda: la tradición entre la memoria y el cambio", *Estudios Revista del Centro de Estudios Avanzados,* Córdoba, Universidad Nacional de Córdoba, núm. 9, julio de 1997-junio de 1998, p. 170.

Este resulta un primer rasgo de *heterodoxia* en Taborda, el que se suscita entre su antipositivismo *vs.* la tradición originaria. Cabe resaltar que, en su novela *Julián Vargas,* el carácter hispanista de Taborda proviene de sus antecedentes de familia; veremos que, casi veinte años después, a la salida de su revista *Facundo* (1935), este impulso será proyectado en el intento de construir una tradición originaria histórica argentina.

El panorama que vemos en *Julián Vargas,* propio de la *Belle Époque,* se recrudece ante el estallido de la guerra europea. La tradición originaria de Taborda se desplaza hacia el americanismo, en tanto compromiso político frente a la guerra europea. Este hecho histórico significó la definición de las bases políticas en su mirada americana. Del tradicionalismo e hispanismo que asumió frente al precario sentimiento nacionalista argentino, Taborda se desplazó, con la guerra europea, del género de la novela al del ensayo, y en primera persona continuó expresando sus ideas políticas y filosóficas. Se sumó a la batalla entre el materialismo y el idealismo a partir de la reinterpretación de la alegoría Ariel/Calibán.

Su ensayo *Reflexiones sobre el ideal político de América,* publicado poco después de su novela, en el mismo año, es un documento político y filosófico de gran envergadura, que expresó el malestar de su época y representó la configuración de nuevos horizontes para los tiempos americanos que estaban anunciando. Se inscribió en la prosa modernista de Darío y Rodó, en el legado propugnado por el *Ariel* en 1900. Pero extrañamente, y a diferencia de lo que había intentado en *Julián Vargas,* Taborda no acudió esta vez al rescate de la tradición hispánica. En 1918, con un antirrosismo de por medio, Taborda identificó a Rosas con España y, con ello, conceptuó a la reacción hispanocolonial como la responsable de haber acabado con el proyecto rivadaviano, iniciativa que según Taborda era la más conveniente para Argentina en cuanto al tema de la tierra. Preservó su exaltación idealista, antiplutocrática y antiimperialista, con la impronta de la prosa modernista y embate del anticalibanismo de Darío y del ideal de Rodó.

Hasta aquí, los dos textos dan cuenta de dos características fundamentales: una actitud beligerante y una actitud racional, de reflexión. Su actitud genuinamente crítica no retrocedió ante las más diversas circunstancias. Mientras se conmemoraba el Centenario de la Revolución de Mayo, Taborda no sólo criticaba el cosmopolitismo y en su lugar destacaba la importancia de los valores en aras del tradicionalismo; desarraigaba las ventajas de la Ley Sáenz Peña por las de la democracia funcional; frente a la caída del modelo de civilización occidental, irradiaba la noción de la democracia americana. Taborda fue un crítico sagaz de la política de inmigración y poblacional alberdiana y del proyecto educativo sarmientino. Sus perspectivas fueron criticadas desde la derecha y la izquierda. Observamos aquí la persistencia de una defensa por la tradición, dilatada al plano del americanismo, y la férrea actitud de conservarse en la condición de un *francotirador* desde su trinchera del interior. En sus *Reflexiones,* su fórmula política se basó en la noción de la democracia americana, con la cual superó la fórmula arielista.

Para 1933, en medio de la irregularidad institucional, la censura y pérdida de confianza en la democracia, Taborda promovió la instauración de la democracia funcional. Enfatizó entonces lo facúndico, es decir, lo propio del genio nativo, lo argentino. Es en ese momento de su trayectoria intelectual cuando se advierte el constructo tripartito tradición/interior/caudillismo en todo su esplendor y en plena consolidación. Con el objeto de entender de modo más integral la significación del rescate del tradicionalismo e hispanismo de Taborda, en el marco de la génesis de un nacionalismo cultural complejo y de frontera, veamos cómo se suma la tercera variante, el caudillismo, en la última de las obras que aquí resta por analizar.

En 1935, año del centenario de la tragedia de Barranco Yaco -el asesinato del caudillo riojano-, Taborda creó la revista *Facundo. Crítica y polémica,*[7] que constituyó el tamiz antropológico a su compromiso político, derivando así en el denominado *mito facúndico,* con reminiscencias de la tradición castellana. A mi parecer, la tentativa bien puede ser leída como una contribución, si se emprendiera dicha empresa, a un revisionismo histórico facúndico.

Se puede inferir que, a través de esta publicación periódica, Taborda entabló públicamente una discusión política e intelectual con Sarmiento acerca de los referentes nacionales y culturales de la historia nacional argentina para promover el esclarecimiento de nudos fundamentales en la acción política conducente a la renovación de caducas estructuras argentinas. En las primeras líneas del número inaugural, cuestionó: ¿qué significación tiene hoy, al cabo de un siglo, la tragedia de Barraco Yaco? Una pregunta compleja que cien años después seguía vigente: "Que encierra un secreto que importa develar y de que el tesonero silencio que lo rodea es un silencio grávido de problemas que afectan a los destinos comunes".[8] "¿Fue la Voluntad de Mayo la que dispuso y ejecutó la represión del caudillismo reclamada por la cultura urbana bajo la sugestión de las

---

7 Facundo Quiroga es el caudillo riojano -figura central del federalismo de las provincias del "interior" argentino, más ancladas en el pasado indígena/hispánico, diferenciadas de las del "litoral", más proclives a la apertura hacia el exterior- que fue asesinado el 16 de febrero de 1835 en Barranca Yaco, al norte de la provincia de Córdoba. Su figura tomó fuerza cuando diez años después, en 1845, Sarmiento publicó *Civilización y barbarie* y delineó su concepción acerca de la barbarie, personificándola en la figura del riojano Juan Facundo Quiroga. La revista de Taborda se mantuvo siete números, de febrero de 1935 a diciembre de 1939.

8 Taborda, Saúl, "Meditación de Barranca Yaco", *Facundo,* vol. I, núm. 1, febrero de 1935, p. 1.

corrientes civilizatorias de Europa?".[9] Taborda, antagonizando con Sarmiento, urdió que el tema capital en Quiroga no estaba en la vida del caudillo, significante de la barbarie para el sanjuanino, sino en su muerte. Que la voluntad de Mayo, como significante de la fundación de Argentina, no estaba representada en el liberalismo cosmopolita sino en el comunalismo, personificado simbólicamente en la figura de Facundo, en el caudillo ibérico, en el Cabildo como núcleo de la representación popular y en la tradición hispanista, que a todo lo anterior significa y encarna.

Vale la pena destacar que la redacción y la administración de la revista se llevaron a cabo desde la casa de Taborda, en Unquillo, poblado minúsculo ubicado al oeste de la ciudad de Córdoba, y que sólo aparecieron tres colaboraciones distintas a las de su director a lo largo de los siete significativos números, publicados entre febrero de 1935 y diciembre de 1939. Se trató pues de una obra eminentemente personal, ajena a las instituciones oficiales, recoleta; de un mensaje de búsqueda para la regeneración intelectual y moral, eco de las jornadas reformistas de 1918, llenas de nuevos contenidos y significaciones.[10] Taborda criticó severamente el profesionalismo, a propósito del carácter erróneo de la ciencia en su preferencia por la técnica simple puesta al servicio de la pura ganancia, que sólo abarata el arte y el pensamiento. Taborda hizo responsable

---

9 Ibídem, p. 4.

10 Acerca de la compleja relación de la generación cordobesa, fundadora de la Reforma Universitaria, con la generación romántica de 1837, especialmente a través de la obra de Arturo Orgaz, sobre Esteban Echeverría, véase Navarro, Mina Alejandra, *Los jóvenes de la "Córdoba libre!",* México, NOSTROMO/Posgrado en Estudios Latinoamericanos UNAM, 2009, pp. 45 y ss. y Anexo. Esto es importante para comprender la distancia establecida por Taborda con esta concepción proclive al socialismo saintsimoniano en su obra madura, posiblemente acompañado por Deodoro Roca.

al intelectual de autentificar el falso escenario en que se había estado viviendo desde hacía un siglo.

Un tema polémico merodeó persistentemente en los siete números de la revista: el comunalismo y el federalismo. Fundamentando el federalismo en la concepción soviética,[11] accedió a decir que el comunalismo representaba la auténtica voluntad de Mayo. El caudillo era la figura ausente en el escenario político de la civilización occidental después del episodio de la guerra europea de 1914, y era precisamente este modelo el que había imperado en la organización nacional, invalidando a los triunfantes ojos del liberalismo cosmopolita la comunidad local y el caudillismo. Con su recuperación de la figura de Facundo, Taborda propuso un significante a través del cual podrían reconstruirse los pilares históricos capaces de proyectar un destino en común.

Expuesto lo anterior, ubiquemos en relieve la complejidad que caracteriza el pensamiento de Taborda que, sin ser reaccionario, apela al hispanismo, buscando hacer entendible la relación entre su tradicionalismo y nacionalismo; visualicemos a un escritor y abogado que, sin ser historiador, se adentra en el campo de la historia como lugar privilegiado del debate político nacional para discutir acerca de la argentinidad. Nacido en 1885, Taborda es estrictamente contemporáneo tanto de Manuel Gálvez como de Ricardo Rojas, ambos nacidos en 1882. La trinchera política de Taborda fue el anticlericalismo, el antiimperialismo y el antiliberalismo. Su pensamiento caminó por el idealismo, el espiritualismo, el comunalismo y federalismo, la etnopolítica, la pedagogía. Se comenta que, antes de morir, entre sus intereses se contaba también el tema de la religión. Aricó, al caracterizarlo como *intelectual de frontera,*

[11] Taborda, Saúl, "Meditación de Barranca Yaco", *Facundo,* vol. I, núm. 1, febrero de 1935, pp. 4-5.

lo entendía como alguien difícilmente comprendido en su tiempo, por sus contemporáneos, pero con una proyección que sigue siendo una propuesta decisiva para el futuro.[12] Un intelectual que caminó sobre cornisas, algunas propias de su tiempo, otras no; que cruzó fronteras, con la actitud política de quien vivió con criticidad extrema los tiempos que le tocaron vivir.

Aun y con todas estas traslaciones intelectuales, buena parte de la obra de Taborda no ha pasado inadvertida ni ha dejado de interesar vivamente por esa ambigüedad que distinguimos en sus ideas. Su propuesta de *democracia funcional,* sus simpatías por el socialismo y su obsesión por el *comunalismo* nacional opuesto a la propuesta oligárquica liberal, sus desagravios al fascismo mussoliniano y alemán, le valieron sanciones de gran parte de la intelectualidad cordobesa y de la argentina en general.

Si se profundiza acerca de Sarmiento y de los efectos de su *Facundo,* cabe preguntar por qué Taborda elige a Quiroga: ¿por qué no a Rosas? Taborda finca en Quiroga su propuesta comunalista, reconociendo en él al genio nativo argentino. Del análisis comparativo que traza Nicanor Molinas entre Rosas y Quiroga, se desprende de Quiroga el carácter de inmortal, rasgo que ni siquiera se imaginó el mismo Sarmiento que su *Facundo* lograría al paso del tiempo. A la fecha, se sabe de la experiencia que los revisionistas argentinos realizaron en aras de reivindicar la figura de Rosas. Como bien lo señala Molinas, Rosas se llevó la peor parte: murió vulgarmente, permaneciendo bajo el velo característico de los dictadores.[13] Ése no fue el caso de Quiroga. La reivindicación, si de esto se tratara un revisionismo histórico en su caso, ha derivado precisa-

---

12 Aricó, José, "Tradición y modernidad de la cultura cordobesa", *op. cit.,* p. 13.

13 Molinas, Nicanor, "Facundo", *El Litoral,* Santa Fe, 16 de febrero de 1935.

mente del "Facundo" que construyó Sarmiento en 1845. La trayectoria política y militar de Juan Facundo Quiroga ha sido trabajada a partir del rigor de la investigación histórica. El mejor ejemplo que ilustra esta situación es el libro de Ramón J. Cárcano, *Juan Facundo Quiroga. Simulación, infidencia y tragedia* (1931). Así que el acceso a la trayectoria intelectual, política y militar de Quiroga no representa ningún misterio. El problema que instaló Taborda en la mesa de discusión es de índole político.

Esta propuesta remueve precisamente ese desequilibrio entre las fuentes naturales de riqueza y el consumo masivo en las urbes, que claramente describió Guillermo Lasserre, basando así el nacionalismo argentino en la negación de sus orígenes eminentemente rurales.[14] Pero si esos orígenes eminentemente rurales fueron satanizados -y si en ese razonamiento se inscribiera la empresa facúndica de Sarmiento, volcando todas las fealdades en su *Facundo*, animándolo de todos los instintos diabólicos de la anarquía y montonera, en favor de la fórmula civilización *vs.* barbarie- se puede razonar, tal vez, con Taborda: "Es la lección del 'caos' y de la 'anarquía', que resuena, a lo largo de un siglo, en el dolmen de Barranca Yaco. ¿La recogeremos alguna vez?".[15] Los razonamientos de Taborda toman sentido y se tornan históricamente pertinentes al preguntarse:

> ¿Es que el caudillo se opone a que la república se dé instituciones fundamentales para insertarse con dignidad de nación en la comunidad internacional? ¿Es que el caudillo se niega a aceptar la cultura de su tiempo que es, ciertamente, la cultura europea en todo cuanto guarda fidelidad a las grandes líneas del pensamiento de Occidente? ¿No será que el caudillo -el

---

[14] Laserre Mármol, Guillermo, "Páginas de Bronce en el centenario de Facundo Quiroga. Facundo 'El Sanguinario' y Rivadavia", *El Tábano*, Tucumán, 18 de marzo de 1935.

[15] Taborda, Saúl, "Meditación de Barranca Yaco", *Facundo*, vol. I, núm. 1, febrero de 1935, p. 5.

> caudillo de múltiples nombres- es el tipo representativo del espíritu comunal -precioso don castellano- síntesis lograda de la relación del individuo con su medio que, consciente, o intuitivamente, sólo admite una organización nacional que sea un acuerdo cierto y sincero de entidades libres, celosas de sus notas constitutivas originales?[16]

Taborda avanza un poco más: "¿Fue la voluntad de Mayo la que dispuso y ejecutó la represión del caudillismo reclamada por la cultura urbana bajo la sugestión de las corrientes civilizatorias de Europa?" De este modo, deriva en concebir a Facundo como "la expresión más alta de la vida comunal, la perfecta relación de la sociedad y del individuo concertada por el genio nativo para la eternidad de su nombre".[17]

Tenemos entonces un rasgo más de *heterodoxia* cuando Taborda nos enfrenta con Facundo Quiroga, en el centenario de su asesinato, como símbolo del caudillo, ese espíritu comunal de la República, ese genio nativo de lo argentino, y lo confronta con esa modalidad del europeo, acuñada desde Alberdi y Sarmiento. Taborda estaba vinculando -parafraseo a Halperin Donghi- el pasado y presente argentinos.

Hace treinta años el historiador William Svec se preguntó por qué los argentinos no mostramos interés por Joaquín V. González, cuyas ideas y ejemplo aún tienen mucho que decirnos. ¿Por qué seducen más los personajes violentos, autoritarios y sin apego a la ley? Tal vez porque los hombres rectos y de ideas nos colocan frente al desafío de ser más reflexivos, de asumir más responsabilidades y de ser más exigentes con el país y con nosotros mismos.[18] González escapa a la contraposición maniquea de *lo nacional* versus *lo liberal;*

---

16 Ibídem, p. 3.

17 Ibídem, p. 4.

18 Ref. en Caro Figueroa, Gregorio, "Joaquín V. González, tan nacional como liberal", *Todo es historia,* Buenos Aires, núm. 460, noviembre de 2005, p. 4.

de *lo regional* versus *lo nacional* y de esto versus *lo universal.* Tampoco se deja atrapar por esa red que ve en *lo liberal* a *lo conservador* adjudicándole sus rasgos al liberalismo.

¿Aplicaría esa misma operación escapista para Taborda? Retomando el concepto de frontera: cruzar fronteras sugiere ciertamente que quien lo hace debe reinventar tradiciones, no en el interior del discurso de la sumisión, la reverencia y la repetición, sino "como transformación y crítica". Taborda no fue escéptico ante unos tiempos de grandes cambios, ante la crisis que se anunciaba y ante los escenarios que a su paso emergían por doquier. Taborda hizo uso de la hermenéutica de la vida histórica argentina alrededor de la crisis. En el primer número de la revista escribió: "Nuestro apresuramiento, excitado por las influencias ultramarinas, no tiene tiempo para detenerse en estas cuestiones. El caudillo es la causa de nuestro atraso -atraso que no sabemos en relación a qué- porque se resiste a la absorción centralista de Buenos Aires". Taborda recurrió al discurso de la invención y construcción, antes que al discurso del reconocimiento, cuyo objeto sería el de revelar y trasmitir verdades universales.

Antes de finalizar, vale la pena recordar que, en una entrevista brindada a Mariana Canavase e Ivana Costa, Halperin Donghi sostuvo que "la sociedad argentina es escéptica en todo, salvo sobre ella misma: es siempre la víctima inocente de calamidades en las que nunca tuvo nada que ver. Y quien se atreve a dudar de ese dogma es siempre mal recibido".[19] La recepción de las ideas de Taborda ha tenido que ver fundamentalmente con un problema de incomprensión y de equívocos: como lo acotó Manuel Rodeiro, Saúl Taborda fue auténticamente un hombre de historia y de cultura.

---

19 Halperín Donghi, Tulio, "La serena lucidez que devuelve la distancia", entrevista realizada por Mariana Canavase e Ivana Costa, *Revista Ñ*, suplemento de *Clarín*, 28 de mayo de 2005.

Marcas de heterodoxia en los historicistas mexicanos

Andrés Kozel[1]

1. Propósito

Me gustaría aprovechar esta intervención para hacer converger tres líneas de exploración. Una, sobre las formas de la heterodoxia intelectual. Otra, acerca de los modos por los cuales ciertas formas de heterodoxia pueden articularse con replanteamientos de la naturaleza de los vínculos y las líneas divisorias entre distintos tipos de saberes: filosofía, pensamiento, ciencia, ideología. Otra más, relativa a un interés particular en el estudio de los itinerarios y textualizaciones de un conjunto particular de intelectuales: los historicistas mexicanos -José Gaos, Edmundo O'Gorman, Leopoldo Zea-, cuyos desarrollos, emparentados y a veces contrapuestos, constituyen un aporte significativo al pensamiento contemporáneo de lengua española, así como también al perfilamiento, robustecimiento y crítica del latinoamericanismo, entendido como tradición ideológico-cultural específica.[2]

Estrecha y evidentemente interconectadas, las dos primeras inquietudes referidas parecen admitir el despliegue de esfuerzos de conceptualización sistemática: la reflexión sobre las formas de la heterodoxia y sobre los modos por los cuales éstas pueden expresarse en redefiniciones de las

---

1 Centro de Estudios Latinoamericanos, Escuela de Humanidades, Universidad Nacional de San Martín. CONICET.

2 Kozel, Andrés, *La idea de América en el historicismo mexicano. José Gaos, Edmundo O'Gorman y Leopoldo Zea,* México, El Colegio de México, 2012.

relaciones entre los distintos tipos de saberes se inscriben en el debate relativo al lugar de los intelectuales en la cultura, a la vez que constituyen horizontes problemáticos difícilmente eludibles para quienes nos proponemos estudiar con propósitos sistemáticos la *biología*[3] del pensamiento latinoamericano: ¿qué clase de saber ha ido siendo, es, puede ser, el saber sobre América Latina...?

Sin ninguna pretensión de postular nada parecido a una teoría general de la cultura, propongo trabajar con base en un entramado hipotético que puede decirse así: (a) cabe pensar la *heterodoxia* como una estrategia o gesto orientado a la no aceptación, al no acatamiento, de algo convencionalmente aceptado; (b) es frecuente que dicha estrategia o gesto se acompañe de propuestas de redefinición del *locus* de enunciación, lo cual puede, y de hecho suele, involucrar propuestas de redefinición del estatuto de los saberes, de las líneas o bordes que hasta entonces los separan; (c) en este sentido especial, hablar de intelectuales *de frontera* no tendría que ver tanto ni sólo con mentar una determinada condición "territorial", sino que aludiría, más bien, a la tarea de escandir las disputas sobre los límites entre distintos tipos de saberes y discursos, prestando atención a cómo se proponen agrupamientos nuevos, donde lo que se pensaba como indiferenciado pasa a ser diseccionado en subconjuntos -cuya coexistencia puede visualizarse ahora como pugna-, y/o donde lo que aparecía separado se entrelaza ahora en asociaciones más o menos novedosas e inesperadas; (d) el hecho de que determinados intelectuales transiten la deriva abierta por semejante doble gesto -heterodoxia y redefinición de las fronteras-,

---

3 La metáfora proviene de Reszler, André, *Mitos políticos modernos*, México, Fondo de Cultura Económica, 1984. Concretamente, Reszler se refiere en su libro a ciertas disposiciones constantes que se amplifican o se estrechan en función de una poco conocida "biología de las culturas" (pp. 77 y ss.).

puede ser pensado como precondición, seguramente no suficiente, pero tal vez sí necesaria, de la creatividad cultural, en tanto portadora de implicaciones tanto parenéticas como crítico-revulsivas e, incluso, catárticas.[4]

La tercera inquietud -el interés en los desarrollos historicistas mexicanos- nos permitirá acceder a una suerte de laboratorio en el cual podremos apreciar distintas modalidades de articulación entre los horizontes problemáticos referidos. Hay, de hecho, más de un aspecto de las obras e itinerarios de los historicistas mexicanos que podrían dar lugar a aproximaciones emprendidas con base en las claves que nos proporcionan los horizontes problemáticos ligados a las nociones de heterodoxia y frontera. Por elementales razones de espacio, voy a examinar sólo algunos de dichos aspectos, esperando aportar algo a un debate que vaya unos pasos más allá de la casuística. En concreto, trataré de mostrar cómo, en estos casos, el triple movimiento de no acatar, redefinir y crear se articuló con sendas tomas de posición en un debate de más vastas proyecciones, cual es el debate que concierne a la naturaleza de la relación entre la experiencia histórica latinoamericana y la experiencia dominante de modernidad. No parece necesario aclarar que me veré obligado a esquematizar y a simplificar en exceso experiencias y procesos escriturales cuya complejidad es remarcable y que, como intenté mostrar pormenorizadamente en el libro antes mencionado, estuvieron atravesados por desgarramientos, sinuosidades y virajes,

---

4 Cf. Kozel, Andrés, "Leer historia, ¿para qué? Mito y tragedia en la cultura histórica latinoamericana", en *Casa del Tiempo*, vol. III, época 4, núm. 28, México, Universidad Autónoma de México, febrero de 2010. En dicho artículo planteo una articulación entre las nociones de cultura histórica como laboratorio moral, variaciones trágicas y catarsis. Disponible en línea: http://www.difusioncultural.uam.mx/casadeltiempo/28_iv_feb_2010/casa_del_tiempo_eIV_num28_71_80.pdf (última consulta: 1 de octubre de 2012).

algunos de ellos enigmáticos y hasta desconcertantes: no es posible dar cuenta aquí de todas las secuencias y de todos los matices expresivos implicados.

2. Hipótesis sobre José Gaos

Desde su arribo a México a fines de la década de 1930 y aproximadamente hasta mediados de los años cincuenta hay, sin duda, un Gaos que cultiva un fervor por Hispanoamérica que en una importante medida es un fervor por México amplificado.[5] En ese tiempo, que es en mi opinión el tiempo del mejor Gaos o, al menos, del más relevante desde el punto de vista hispanoamericanista o latinoamericanista, se registra una interesante marca de heterodoxia ligada a la recuperación de una antigua distinción diltheyana entre modos sistemáticos y asistemáticos de filosofar. Con base en esta distinción y en la equiparación de los dos modos de filosofar que le subyace, Gaos formula en el primer lustro de los años cuarenta su propuesta para el estudio del pensamiento en lengua española, propuesta de neto corte relativista que, aun si no carente de tensiones internas y de cierta enigmática irresolución si se la aprecia desde el mirador provisto por el análisis de sus obras postreras, es tan profunda e integral como probablemente no había otra entonces y como acaso no haya habido otra después.[6] Es de Dilthey

---

5 Para un análisis más completo del itinerario gaosiano, puede verse, además del capítulo I del libro citado en la nota 2, Kozel, Andrés, "Historicismo e hispanoamericanismo. En torno al itinerario intelectual de José Gaos". Disponible en línea: http://lanic.utexas.edu/project/etext/llilas/vrp/kozel.pdf (última consulta: 1 de octubre de 2012).

6 Plasmada fundamentalmente en Gaos, José, *Pensamiento de Lengua Española*, México, Stylo, 1945 (recogido en *Obras Completas*, vol. VI, México, UNAM, 1990); *El pensamiento hispanoamericano*, México, El Colegio de México, *c*1944, serie Jornadas, núm. 12 (recogido en *Obras*

de quien aquel Gaos temprano retoma la imagen de la historia de la filosofía como *alternancia* entre dos modalidades fundamentales del filosofar: una, predominantemente sistemática y metódica, que casi se confunde con la "Metafísica" y, también, con la "Ciencia"; la otra, de rasgos opuestos, más literaria, que viene a confundirse con el "Pensamiento" o la "Literatura de Ideas" en sentido amplio. Despojada de teleologías y de valoraciones, la distinción sería una simple propuesta taxonómica, derivada de una noción amplia de la actividad filosófica y, como ya vimos, portadora de un claro sesgo relativista. Hay, sin embargo, más. El primer Gaos superpone a esta distinción básica una imagen gigantomáquica de la historia de la filosofía que es cuasi teleológica, sin dejar tampoco de adentrarse en opciones valorativas. Estas dos disposiciones tienden a desestabilizar la distinción de raíz diltheyana, tensionando el entero dispositivo argumental. Porque Gaos piensa que la historia de la filosofía es esa alternancia referida por Dilthey, pero también piensa que es una marcha que va del "trascendentalismo" al "inmanentismo contemporáneo": alternancia y marcha difícilmente puedan considerarse como nociones sinónimas o compatibles. También, porque ese mismo Gaos liga el creciente inmanentismo contemporáneo al predominio de la modalidad del filosofar dedicada sobre todo a las cosas de este mundo, del hombre, de la moral -lo que denomina "pensamiento aplicado"-, que sería precisamente la modalidad asistemática, más libre y suelta, más literaria del filosofar: el "Pensamiento" o la "Literatura de Ideas". Hay varios elementos a destacar aquí. Por un lado, Gaos llama a la modalidad más sistemática "Filosofía" y a la más literaria "Pensamiento", erosionando

Completas, vol. V, México, UNAM, 1993), y la "Introducción" a *Antología del pensamiento de lengua española en la edad contemporánea,* México, Séneca, 1945 (recogida también en *Obras Completas,* vol. V).

en parte el sentido de haber introducido el dispositivo de raigambre diltheyana, en principio nivelador: ¿por qué reservar la expresión "Filosofía" para referirse únicamente a la modalidad sistemática...? Por el otro, Gaos postula una afinidad, si no una equivalencia, entre trascendentalismo y afán de sistema de un lado y entre inmanentismo y asistematicidad del otro, así como una imagen de desplazamiento de los primeros por los segundos: superado o en vías de superación el trascendentalismo y el afán de sistema -cuya máxima expresión serían la Metafísica y la Ciencia-, lo inmanentista-asistemático sería más adecuado y propio a los tiempos contemporáneos. Nuestro tiempo sería, así, el tiempo del "Pensamiento": ¿habrá muerto la Filosofía"...? Hay, todavía, más. Como ha señalado penetrantemente Elsa Cecilia Frost, Gaos piensa entonces -y también después-, que la lengua es un factor determinante del quehacer filosófico -pensamiento *de lengua española,* de eso está hablando-, y en ocasiones parece adherir incluso a la idea según la cual la lengua española sería más apta para el "Pensamiento" que para la "Filosofía".[7] Es natural que el lector se pregunte si se está frente a un problema de alternancia histórica entre dos modalidades del filosofar o ante un problema de configuraciones culturales asentadas sobre particularidades lingüísticas, trabajosamente articulado con una visión gigantomáquica y filoteleológica, de todo lo cual se deriva cierto actual relativo privilegio de la configuración cultural que habla español... En cuanto a la valoración, es evidente que no hay "un solo Gaos". Baste retener por el momento que en sus textos hispanoamericanistas -los correspondientes al primer tramo de los años cuarenta-, las formulaciones gaosianas tienden a gravitar -así lo ha

---

[7] Frost, Elsa Cecilia, "Prólogo" a José Gaos, *Obras Completas,* vol. V, *El pensamiento hispanoamericano, Antología del pensamiento de lengua española en la Edad Contemporánea,* México, UNAM, 1993.

resaltado, también con acierto, Elsa Cecilia Frost- hacia una *inversión* del juicio tradicional consistente en limitar la actividad filosófica a la elaboración de "sistemas"; en el Gaos postrero esa valoración se invertiría; en los años sesenta, encontramos a Gaos consagrado a labrar su *sistema* filosófico.

Pero los problemas y tensiones no se agotan en lo recién indicado. Hay, por fortuna, más. El Gaos del primer tramo de los años cuarenta recupera una distinción de raigambre diltheyana, la completa creativa pero algo arbitrariamente con lo que es su propia imagen gigantomáquica y filoteleológica de la historia de la filosofía en tanto pasaje del trascendentalismo al inmanentismo, homologa trascendentalismo a "Filosofía sistemática" e inmanentismo a "Pensamiento libre", esto es, concretamente, a la obra de Ortega y Gasset y, tal vez, a la que entonces esperaba sería la suya. Más acá, es decir, dentro del conjunto del pensamiento aplicado y por tanto inmanentista y asistemático, ubica a la mayor parte del pensamiento hispanoamericano, caracterizado como una pedagogía política y una empresa formativa, como un pensamiento ametafísico cuando no antimetafísico, irreligioso si no antirreligioso. Un pensamiento hispanoamericano, pues, que en principio se llevaría bien con el mundo contemporáneo, al cual se valora, al parecer, con signo positivo o neutro. Y sin embargo... Sin embargo, en esos mismos textos la imagen de la aproblemática contemporaneidad del pensamiento hispanoamericano es tensionada por afirmaciones que marchan en una dirección distinta: España, y con ella los pueblos hispanoamericanos -en su momento campeones de la cristiandad asediada, y a fin de cuentas derrotados y a la deriva-, son vistos como pueblos *reticentes* al inmanentismo irreligioso, pueblos constitutiva, es decir, históricamente, inclinados al *más allá* y a la trascendencia. En todo caso -y con esto parece resolverse provisional y magistralmente la honda tensión-, los pueblos hispanoamericanos aparecen como entidades vocadas para desempeñar, en nuestro tiempo, el papel de *extremo crítico* del inmanentismo contemporáneo, rasgo y mundo que aparecen ahora valorados con signo negativo. Pero entonces no se trataría tanto de un *llevarse bien* con el mundo actual, sino más bien de cumplir una misión cultural determinada con base en un cierto *desajuste histórico,* introductor de una singular tensión con respecto al mundo actual (como un *llevarse mal* con él, que alberga, a la vez, un hondo desgarramiento y un maravilloso racimo de promesas: la imagen de Hispanoamérica como extremo crítico del inmanentismo contemporáneo es tan profunda y eventualmente resplandeciente como abierta y difusa...). De manera que un lector empático de todas esas zonas de la obra gaosiana puede legítimamente enlazar asistematismo, vocación a la trascendencia, lengua española y distancia crítica ante la experiencia dominante de modernidad (una experiencia cuyo rostro/emblema era la masacre masiva, el monstruoso mundo del Dámaso Alonso de *Hijos de la ira).* Hay todavía más. Como adelanté, todo este complejo de ideas, basado como está en la referida apropiación de la distinción diltheyana, y con todo y su derivación parenética, se difumina en las elaboraciones del Gaos posterior a 1955. Sin embargo, el último Gaos de ninguna manera abandona su propensión a estimar críticamente la modernidad prevaleciente. Lo que tiende a dejar de lado es la noción según la cual la entidad cultural Hispanoamérica pudiera tener algún mensaje que ofrecer al mundo contemporáneo, creciente y eventualmente irreversiblemente inmanentista. El abandono de aquella conexión es indisociable del abandono de la distinción de raigambre diltheyana: desprovisto de esa heterodoxa clave la entidad, la dignidad y las promesas asociadas a la cultura hispanoamericana se evaporan sin remedio del pensamiento gaosiano. El último Gaos mantiene abierto el interrogante relativo a la eventual "muerte de la Filosofía", aunque modificando los términos de su diagnosis y prospectiva, para sostener que la Filosofía sería reemplazada, no por el Pensamiento -lo cual parecía auspicioso-, sino por la Ciencia -lo cual aparece ante sus postreros ojos como mucho más inquietante y turbador...[8]

3. Hipótesis sobre Edmundo O'Gorman

Desde el comienzo de su labor escritural, que tuvo lugar a mediados de los años treinta, O'Gorman manifestó una marcada propensión a establecer polémicas, tanto acerca de cuestiones específicas como acerca del oficio de escribir historia y, también, de la significación de los grandes procesos históricos mexicanos y americanos. Hay incluso estudios específicos que jalonan las peripecias de O'Gorman en su calidad de polemista.[9]

En los años cincuenta, en el marco de una de esas polémicas, el célebre historiador Marcel Bataillon caracterizó a O'Gorman, no sin cierto dejo de ironía, como el *historiador-filósofo*. Un jalón decisivo en la conformación de ese historiador polémico y filo-filósofo que fue O'Gorman fue la elaboración y publicación, a lo largo del año 1941, del extenso ensayo "Sobre la naturaleza bestial

---

8 Cf. Gaos, José, *Obras completas*, vol. XIV, *Historia de nuestra idea del mundo*, México, UNAM, 1994 [1ª ed. 1973, póstuma, basada en los cursos impartidos en El Colegio de México en 1966 y 1967].

9 Véanse Ramos, Carmen, "Edmundo O'Gorman como polemista", en Juan A. Ortega y Medina (ed.), *Conciencia y autenticidad históricas. Escritos de homenaje a Edmundo O'Gorman*, México, UNAM, 1968, y el más reciente de Hernández, Conrado, "Edmundo O'Gorman y la polémica de la historia" en *Edmundo O'Gorman. Idea de la historia, ética y política*, Zamora, El Colegio de Michoacán, 2006. También, Kozel, Andrés, "O'Gorman el heterodoxo", en Silvia Soriano y Hernán Taboada, *Visiones latinoamericanas de la nación*, México, CIALC-UNAM, 2009. También, la apostilla 5 al libro citado en la nota 2.

del indio americano". En ese texto singular, heterodoxo y eventualmente inclasificable, O'Gorman planteaba, desde un singular mirador neosepulvediano, que la salida a la barbarie generalizada podía residir en el cultivo del historicismo, entendido como neohumanismo aristocratizante: todo un gesto de heterodoxia. El planteamiento vertido por O'Gorman en su raro y personal "Sobre la naturaleza bestial..." se inspira en su no menos personal lectura del artículo "Sobre sociedad e historia", que su amigo y maestro José Gaos había dado a conocer el año anterior.[10] En aquel ensayo notable, Gaos había expuesto los distintos modos a través de los cuales era posible concebir la relación entre las nociones de humanidad e historia, planteando que uno de esos modos era adherir al razonamiento siguiente: si lo distintivo del hombre es ser histórico, y si no todo hombre ha sido ni es histórico, ha de concluirse que no todo hombre ha sido ni es plenamente hombre. De la lectura de los pasajes conclusivos de su texto se desprende que el Gaos de 1940 no necesariamente acordaba con la cercenadora antropología filosófica contenida en ese modo de plantear las cosas; por el contrario, el *pathos* del Gaos de ese tiempo se describe mucho mejor acudiendo a nociones como perplejidad y preocupación, sin que deba dejar de notarse cierta dosis de ironía hacia lo que cabría designar como la soberbia occidental ante el supuesto progreso que las sucesivas catástrofes en curso iban poniendo severamente en entredicho. Para decirlo brevemente, hay algunas zonas del "Sobre sociedad e historia" gaosiano que recuerdan el historicismo aristocratizante del O'Gorman de "Sobre la naturaleza bestial...", en tanto que otras re-

---

10 O'Gorman, Edmundo, "Sobre la naturaleza bestial del indio americano", en *Filosofía y Letras,* núms. 1 y 2, México, 1941; Gaos, José, "Sobre sociedad e historia", en *Revista Mexicana de Sociología,* núm. 1, vol. II, México, 1940.

cuerdan al historicismo relativista del Zea toybeeano de los años cincuenta, al que aludiremos enseguida. Con plena conciencia anticipada de lo que había en juego en todo esto, Gaos, antes de ponerle el punto final a su ensayo de 1940, no dejó de consignar, a guisa de sabia advertencia, que el adecuado planteamiento de los dilemas que su texto implicaba y dejaba pendientes exigiría encararse con complicadas cuestiones de antropología filosófica y de filosofía de la historia.

Otro jalón decisivo en la constitución de ese historiador polémico y filo-filósofo que fue Edmundo O'Gorman fue el seminario sobre Heidegger que Gaos impartió a mediados de la década de 1940. A partir del estudio profundo de la obra magna de Heidegger, cuya traducción al español había encarado Gaos, O'Gorman comenzó a formularse interrogaciones desafiantes acerca de la ciencia histórica "realmente existente" -a la que juzgaba como inauténtica- y a plantear la necesidad de perfilar una ciencia histórica que fuera en verdad auténtica. El planteamiento en pos de una ciencia histórica auténtica está en la base de la obra ulterior de O'Gorman que es, justamente, la más recordada: *Historia de la idea del descubrimiento de América* y *La invención de América.*[11] Está en la base, también, de su concepción del oficio historiador como un *recordar ontológico,* así como del largo trayecto que lo condujo a los planteos heterodoxos y en cierto sentido iconoclastas de *México, el trauma de su historia,* volumen que vio la luz en 1977. Dicho libro -tan incómodo como de magistral factura- contiene, entre otras cosas, la elaboración intelectual de una disposición nordófila consolidada, una puesta en

---

[11] O'Gorman, Edmundo, *La invención de América. El universalismo de la cultura de Occidente,* México, Fondo de Cultura Económica, 1958 y *La idea del descubrimiento de América. Historia de esa interpretación y crítica de sus fundamentos,* México, UNAM, 1951. También, *Crisis y porvenir de la ciencia histórica,* México, UNAM, 1947.

cuestión del sentido histórico de la revolución mexicana, una polémica abierta con el latinoamericanismo clásico de Rodó y Vasconcelos, y otra polémica tácita pero evidente con las aportaciones de Leopoldo Zea.[12] Late también en esas páginas una derivación parenética nítida: para O'Gorman, no pueden desearse los frutos de la modernidad sin querer la modernidad misma. En otras palabras, para ser auténticamente modernos, hay que asumir la necesidad de renunciar a "lo propio", al propio modo de ser, que es justamente lo que nos hace no ser modernos, o no serlo plenamente. Reconocerlo así -haciendo gala de una especie de honestidad brutal- y actuar con base en ello -asumiendo consecuencias difíciles de pensar, de decir y de poner en práctica-, sería para la América ibera el único modo de salir del "laberinto ontológico" en el que se encuentra, hace siglos, atrapada. No es necesario resaltar la coloración ontologizante de todo este planteamiento del O'Gorman maduro; tampoco es necesario subrayar todo lo que debe la ecuación O'Gorman al inicial gesto heterodoxo con respecto a la atmósfera pro lascasiana: pareciera que, para tornarse hombre en sentido pleno, el mexicano y el iberoamericano deben hacer lo que sea preciso para asemejarse a quienes ya han alcanzado aquella condición.

4. Hipótesis sobre Leopoldo Zea

Hay una marca de heterodoxia muy notable en el caso de Leopoldo Zea. Se la puede apreciar con claridad si se estudian con detenimiento los antecedentes de *América en la historia,* libro aparecido en 1957 y que contiene la

---

12 O'Gorman, Edmundo, *México, el trauma de su historia. Ducit amor patriae,* México, UNAM, 1977.

que es a mi juicio la primera formulación consistente y satisfactoria de lo que es dable designar la ecuación Zea.[13]

Zea llegó a la formulación *América en la historia* por varios cauces, entre los que se cuentan: (a) una embestida polémica contra una afirmación de O'Gorman referida a la naturaleza supuestamente aristocratizante del historicismo (1953);[14] (b) una apropiación peculiar de la distinción tönniesiana que contraponía comunidad y sociedad (1956);[15] (c) una apropiación decidida -aunque también peculiar y no exenta de un sesgo original- de la filosofía de la historia de Arnold Toynbee, la cual a su vez contenía o autorizaba una rectificación de las filosofías de la historia spengleriana y hegeliana, fundamentalmente con base en la introducción de la noción de *regateo de humanidad* -regateo que los pueblos dominadores ejercen sobre los dominados- (a partir de 1953);[16] (d) previo y subyacente a todo lo anterior, el cultivo de una noción de la filosofía entendida como sofística, en el doble sentido de empresa contraria a la tesis aristocrática del saber y de empresa que puede y debe ser, más que ciencia de *lo que es,* ciencia de *lo que se quiere*

---

13 Véanse Kozel, Andrés, "Ethos y desarrollo en Leopoldo Zea", en *Andamios. Revista de investigación social,* núm. 20, México, UACM, 2012, dossier *Pensamiento latinoamericano: tradición e innovación.* También, el capítulo 3 del libro citado en la nota 1. *América en la historia* fue publicado por el Fondo de Cultura Económica, en México, en 1957.

14 Zea, Leopoldo, *El Occidente y la conciencia de México,* México, Antigua Librería Robredo, 1953.

15 Zea, Leopoldo, "Formas de convivencia en América", recogido en *La esencia de lo americano,* Buenos Aires, Pleamar, 1971. Por razones que expuse en detalle en los estudios citados, dicho texto debe datarse en torno a 1956.

16 *El Occidente y la conciencia de México* está dedicado a Arnold Toynbee; cada una de sus tres partes se abre con un extenso epígrafe del sabio británico. Recibido por Zea, Toynbee visitó México en abril-mayo de 1953; de esa visita derivó su libro *México y el Occidente,* publicado también por la Antigua Librería Robredo en 1955, con palabras introductorias de Zea, director de la colección.

que sea y, en tanto tal, retórica o, directamente, *ideología* (a partir de 1939-1940, sistemática y crecientemente).[17]

Con base en dichos elementos, Zea consiguió perfilar en *América en la historia* una filosofía de la historia americana o iberoamericana, siguiendo la exhortación de consagrarse a dicha empresa que le formulara, años atrás, su maestro Gaos. La tentativa zeiana y su originalidad no deben naturalizarse ni infravalorarse; por el contrario, es preciso justipreciar el osado movimiento de bricolaje creador que supusieron. Muchas de las polémicas en las que se iría viendo envuelto Zea lo dejarían colocado en una suerte de constante a la vez que constantemente renovada sofística oposición a distintos tipos de "filósofos soberbios", exclusivistas y aristocratizantes. En sus intercambios con tales "filósofos soberbios" -desde O'Gorman hasta Huntington y Fukuyama- Zea insistiría sobre su idea según la cual la filosofía contiene necesariamente una faceta o dimensión ética o moral. Zea en ningún momento reniega de esa dimensión; por el contrario, la estima capital. Por supuesto, todo lo anterior está estrechamente vinculado al papel que Zea cumple o cree estar cumpliendo en la escena ideológico-intelectual: ser una especie de diagnosticador y terapeuta de los males culturales latinoamericanos, recomendando, con variaciones y matices que, pese a su interés, no es posible tratar aquí, plegarse a la consigna según la cual hay que perseguir la modernización sin renunciar a lo propio, o mejor dicho, de modernizarse con base en lo propio, con base en el propio modo de ser. La filosofía, *ciencia de lo que se quiere que sea...*, es decir, ciencia del universalismo genuino, al cual se accedería, entre otras

---

[17] Zea, Leopoldo, "Los sofistas y la polis griega", en *Ensayos sobre Filosofía en la Historia,* México, Editorial Stylo, 1948. El texto fue elaborado en 1939-1940.

vías, gracias al autoexamen de conciencia de los pueblos avanzados, que pondría fin al regateo de humanidad.

El contraste con la moraleja o'gormaniana es evidente; no podemos dejar de notarlo aun cuando durante la mayor parte del tiempo el entramado polémico que protagonizaron haya latido discreta, tácitamente, sin dejar todas las huellas textuales que nuestro actual mirador retrospectivo pudiera considerar deseables. Pensando en que ambos -O'Gorman y Zea- deseaban que América Latina accediera a una "modernidad genuina", alguien podría sugerir la conveniencia de apresar el fascinante vínculo que se estableció entre ellos acudiendo al argumento de "Los teólogos", la magistral fábula borgeana. Sin embargo, a diferencia de lo sucedido con Aureliano y Juan de Panonia, sería difícil concluir que O'Gorman y Zea militaran "en el mismo ejército": las divergencias entre sus respectivas antropologías filosóficas y filosofías de la historia parecen ser sustantivas, no accesorias. También sería difícil pensar que un Dios desinteresado confundiera *a estos* duelistas. Incluso, si más que en ese improbable Dios-juez, se pensara en la figura de Gaos para desempeñar ese papel -pero, ¿en cuál de todos los Gaos habría que pensar...?-, sería también difícil inferir que, desde el punto de vista de dicho juez, O'Gorman y Zea fueran finalmente una sola persona...[18]

5. Apreciación

Me interesa poner de relieve, ante todo, el hecho de que resultó posible identificar marcas de heterodoxia en casos de intelectuales que, al menos a priori, no suelen aparecer ante nuestra consideración como emblemáticamente

18 Borges, Jorge Luis, "Los teólogos", en *Obras Completas*, t. I, Buenos Aires, Emecé, 1989 [originalmente en *El Aleph*, 1949].

heterodoxos: normalmente, Gaos, O'Gorman y Zea no son vistos como figuras desgarradas, o torturadas, o marginales, o iconoclastas. Por el contrario, los tres tuvieron inserciones institucionales destacadas y gozaron en su tiempo de grados para nada despreciables de reconocimiento. Ninguno fue claramente lo que se diría un *outsider;* ninguno murió en el ostracismo, ni en el escarnio, ni en el olvido. Más bien, sucedió lo contrario. Y sin embargo... Sin embargo, un importante sin embargo se impone aquí.

Como vimos, también en estos casos en apariencia y en principio no heterodoxos resulta posible identificar marcas de heterodoxia vinculadas a posicionamientos en disputas relativas a las fronteras entre los saberes y discursos: nuestra (mi) filosofía es asistemática, mi escritura histórica dice relación con la ontología y es por lo tanto auténtica, mi filosofía es heredera de la sofística clásica y en tanto tal empresa próxima a la retórica y a la ideología...

Esta primera constatación puede llevarse un poco más lejos. No sólo cabe identificar las marcas de heterodoxia referidas. También puede apreciarse que los gestos que ellas involucran están inscriptos en instancias matriciales de las respectivas trayectorias, y ello a un punto tal que resulta difícil imaginar los aspectos más originales y distintivos de las ecuaciones simbólicas de las que los nombres propios de Gaos, O'Gorman y Zea son emblema sin remitirlos de alguna manera a esas instancias y a los gestos heterodoxos que les subyacen.

También puede notarse que dichas marcas de heterodoxia, que en los tres casos se vinculan estrechamente a posicionamientos que desafían los estatutos establecidos en torno al saber, a sus líneas divisorias, no están exentas de derivaciones parenéticas, estrechamente vinculadas al debate relativo a la naturaleza de las relaciones entre la experiencia histórica latinoamericana y la experiencia dominante de modernidad. Para decirlo en pocas palabras:

las respectivas apuestas por el asistematismo eventualmente amortiguador del inmanentismo contemporáneo (Gaos), por la autenticidad ontológica (O'Gorman) y por una suerte de renacer de la sofística clásica (Zea) remiten no sólo a gestos desafiantes de desmarque que eventualmente se agotan en sí mismos, sino además, y sobre todo, a tomas de posición que poseen múltiples y profundas implicaciones creadoras, de índole parenética, crítico-revulsiva, catártica...

Me gustaría, antes de concluir, poner de relieve dos cuestiones que se desprenden de lo señalado y que tal vez permitan aportar algo al debate que vertebra a este volumen. La primera cuestión consiste en poner de relieve la necesidad de elaborar dispositivos conceptuales que nos permitan pensar un arco más o menos amplio de situaciones y modalidades combinatorias. Es tan necesario eludir el casuismo pulverizador como el perfilamiento de esquemas abstractos aplanadores de todo matiz y de toda especificidad. Se trataría de avanzar hacia la construcción de tipologías, hacia la sistematización de formas y modalidades de heterodoxia, hacia una caracterización refinada de distintas clases de situaciones de frontera, es decir, de derivas intelectuales más o menos ideal-típicas.

La segunda cuestión tiene que ver con insistir una vez más sobre el vínculo apreciable entre gestos heterodoxos y situaciones de redefinición de las líneas divisorias de un lado y entre vitalidad creadora y potencial revulsivo/catártico del otro. Acaso fuera legítimo preguntarse si ciertas formas primordiales del ejercicio de la crítica no aparecen *si y sólo si* se labran con base a gestos/marcas de heterodoxia que de alguna manera acompañan experiencias de habitar alguna clase de situación de frontera simbólica, como puede serlo la zona de disputa entre disciplinas o saberes. En términos sociológicos, el gesto heterodoxo y la propuesta de redefinición del estatuto de los saberes y discursos pueden verse como una *apuesta,* como un cierto modo de *llamar la atención* de los demás jugadores que juegan el juego. Puede verse así, pero a condición de no olvidar que se trata de apuestas que suelen tener precios, a veces elevados, y que suelen tener consecuencias culturales, a veces saludables, por esa condición revulsivo/catártica a la que venimos haciendo referencia. Esto último resulta destacable más allá de la doctrina a la que uno específicamente adhiera. Quisiera mostrar esto último con un ejemplo. No siempre, por no decir casi nunca, estoy de acuerdo con las valoraciones últimas de Edmundo O'Gorman; sin embargo, nunca pude dejar de admirar y celebrar una de sus últimas declaraciones, cuando, desplegando un gesto de heterodoxia ejemplar, brindó una enorme lección de resolución crítica y vitalidad intelectual. Sucedió así: tras la caída del muro de Berlín y el colapso de la Unión Soviética, O'Gorman, historiador de enorme prestigio, casi nonagenario ya, liberal y nordófilo reconocido, muy lejos de sumarse a los coros que de viva voz celebraban ambos acontecimientos en nombre de la libertad y demás cosas por el estilo, sostuvo: "Con la caída de la Unión Soviética, un fenómeno histórico brutal, inmenso en nuestros días, nos quedamos sin nada, porque mientras había polémica, pleito, había una vitalidad. Ahora la única solución es la democracia. No se nos ha ocurrido otra cosa".[19] Liberal, nordófilo y absolutamente distante, antes y entonces, del credo comunista, O'Gorman, de quien podría haberse esperado entonces una opinión más o menos convencional y más o menos autocomplaciente sobre lo que estaba sucediendo, eligió insistir en el gesto heterodoxo, en el *desmarque*. El último O'Gorman seguramente sabía que en

---

19 Citado en Hernández, Conrado, *Edmundo O'Gorman..., op. cit.*, p. 167. La referencia original en "Edmundo O'Gorman: imaginar la historia", entrevista por Luis Franco Ramos en *El Nacional dominical*, núm. 125, año 3, México, 22 de octubre de 1992.

dicho gesto reside parte importante del sentido del quehacer intelectual. No acatar un consenso, desmarcarse de él incluso cuando apenas comienza a formarse, pugnar por redefinir los límites establecidos de lo pensable, parecen ser no solamente volutas decorativas o gestos con un mero sentido estratégico, sino además, como venimos diciendo, precondiciones para el despuntar de la creatividad y de la criticidad en el panorama cultural. El otro camino, menos saludable, es dejar que lo que alguna vez estuvo vivo y pudo tener efectos vivificantes se fosilice, degenerando en retórica, receta, mecanismo.[20]

[20] Refiriéndose a la significación y dinámica de las distintas "fórmulas de americanismo", Pedro Henríquez Ureña anotaba: "La fórmula, al repetirse, degenera en mecanismo y pierde su prístina eficacia; se vuelve receta y engendra una retórica". Véase "El descontento y la promesa", en *Ensayos,* antología coordinada por José Luis Abellán y Ana María Barrenechea, México, CONACULTA (Colección Archivos), 1998 [pronunciado como conferencia en 1926 y publicado en *Seis ensayos en busca de nuestra expresión,* 1928].

Entre el campo y la ciudad: paradojas del Uruguay "latinoamericano". Intelectuales uruguayos, relatos y análisis de viajes por América Latina a mediados de siglo XX

Ximena Espeche[1]

1. Introducción

En este trabajo quisiera desplegar una paradoja: los relatos de viaje de ciertos intelectuales uruguayos o los análisis que algunos intelectuales uruguayos hicieron de otras narraciones viajeras reafirman la supuesta "excepcionalidad" del país (económicamente estable, socialmente calmo, institucionalmente seguro; un país de clases medias cultas, un país "sin indios"), al mismo tiempo que la cuestionan (Uruguay como país "históricamente inviable" en todo sentido: histórico, político, económico, etc.).

Esta paradoja se vincula, además, con otra: la de que Uruguay debía volverse latinoamericano para no volverse latinoamericano. Debía mirar hacia América Latina para reconocerse como un país que, contra las ideas recibidas sobre sus supuestas excepcionalidades, estaba comprendido en las generales de la ley e inmerso en los mismos problemas que afectaban a los demás países de la región. Sólo a través de la integración, en especial regional, podía Uruguay conservar sus rasgos "modélicos", definidos por el

---

1 Universidad de Buenos Aires, CONICET. Este trabajo es parte de una investigación más vasta y en proceso, concerniente a las trayectorias de diferentes viajeros latinoamericanos -en un sentido amplio- por América Latina entre 1939 y 1959. Aproximaciones sobre este tema fueron publicadas en las revistas *Aedos,* núm. 1, 2008 (Río Grande do Sul) y *Anclajes,* núm. 14, 2010 (La Pampa) y, finalmente, en el capítulo II de mi tesis de doctorado, aún inédita.

gobernante al que se adjudicó el mérito de haber puesto al país en la lista de naciones civilizadas y modernas, en contraste con sus vecinos de la región: José Batlle y Ordóñez.

En este breve ensayo propongo seguir a dos de entre una serie finita pero insistente de escritores, críticos o periodistas que viajaron o que analizaron otros viajes por América Latina entre el fin de la Segunda Guerra y el comienzo de la Revolución cubana (entre otros, Carlos Martínez Moreno, Arturo Ardao, Eduardo J. Couture, Carlos María Domínguez, Hugo Alfaro). Me refiero a Julio Castro (1908-1977?) y Carlos Real de Azúa (1916-1977). En esa búsqueda, el clivaje ciudad-campo se vuelve central para pensar similitudes y diferencias con América Latina, así como las condiciones de excepcionalidad del país.

Pero adentrarse en el relato de esos viajes o de sus análisis permite también relevar lo que el viaje significa: lleva al extremo la lógica de construcción de un relato. En otras palabras, la lógica del relato como viaje está en estrecha relación con el relato como investigación.[2] Así, el viaje habilita una narración particular como esperanza de un enigma que puede develarse: Uruguay ¿latinoamericano?

2. La excepción en crisis

Una de las más repetidas configuraciones de los imaginarios nacionales es aquella que tiene a la excepcionalidad como centro. Esto es, que un país se cree excepcional por alguna razón y que este rasgo marca la distancia con los otros: como la frontera más clara, como abismo palpable,

---

[2] Nos referimos aquí a la sugerencia de Ricardo Piglia de pensar las dos matrices centrales a partir de las cuales que se construyen las narraciones. Piglia Ricardo, "La ficción paranoica". Disponible en línea: http://www.elinterpretador.net/35/movil/piglia/piglia.html (última consulta: 16 de septiembre de 2012).

como dimensión de un tiempo perdido o de un tiempo al que hay que recuperar.

Uruguay no sólo no quedó exento de estas imágenes; tuvo, como pocos otros casos, el apoyo de ciertas variables que no parecían desmentir su lugar excepcional, entronizando así el imaginario del batllismo como hegemónico. El lugar de Uruguay en América Latina era así el de un espécimen extraño en un continente que parecía dedicarse a ignorar; un país definido por una joven democracia social y política. Esos logros, que parecían sostenerse en el tiempo, se sustentaban en la égida de quien fuera presidente por dos períodos (1903-1905; 1911-1915), José Batlle y Ordóñez, líder de uno de los partidos tradicionales (el partido Colorado). El país "batllista" mostraba, para nacionales y extranjeros, la realidad de una unión fructífera entre liberalismo económico y político.[3] Pero, sobre todo, mostraba que Uruguay era, además de cosmopolita, un país mantenido por su vinculación íntima con el comercio inglés. Ligamen que se vería más tarde expuesto a cambios notorios una vez que los Estados Unidos asumieran el liderazgo en la región; especialmente luego del fin de la Segunda Guerra, cuando los productos uruguayos quedaron relegados en el marco de una competencia desigual.

Hasta los extranjeros podían afirmar, a comienzos de los años cincuenta, que Uruguay era un "Estado de bienestar" o un "país feliz" (así titularon George Pendle y Albert Gilles sus monografías de viaje),[4] casi un paraíso en la Tierra. Uno de sus gobernantes, Luis Batlle Berres -sobrino

---

3 Caetano Gerardo, "Identidad nacional e imaginario colectivo en Uruguay. La síntesis perdurable del Centenario", en Achugar, H. y G. Caetano (comps.), *Identidad uruguaya ¿mito, crisis o afirmación?*, Montevideo, Trilce, 1992.

4 Real de Azúa, Carlos, "Dos visiones extranjeras", en *Marcha*, núm. 640, Montevideo, septiembre de 1952. Disponible en línea: www.archivodeprensa.org.uy.

de Batlle y Ordóñez–, lo decía del siguiente modo en 1948 como parte de su propaganda política:

> Es el nuestro un pequeño gran país [...] Hoy se le puede calificar, con igual razón, de pequeño oasis de libertad, justicia en un mundo perturbado con trágicas realidades o comprometedoras perspectivas [...] Tengamos clara conciencia de que el Uruguay es un país de excepción.[5]

Batlle Berres proponía que su programa político era "el de ayer"; es decir, el de su tío. Pero, esta vez, el imaginario del Uruguay excepcional o "clásico" era una concepción dando sus últimos coletazos. Será precisamente durante el segundo mandato de Batlle Berres cuando varios intelectuales desplegarán sus análisis y diagnósticos sobre una crisis que pondría en duda los alcances de ese "país de excepción", y sobre todo, del legado batllista, del "programa de ayer".[6]

Al momento de los viajes en los que me ocupo, Julio Castro ya era un reputado pedagogo. Había tenido diversos cargos como inspector y subinspector de escuelas primarias, y como especialista en educación rural con proyecciones hacia el resto de América Latina. Era, además, un reconocido intelectual del semanario *Marcha* que luego analizaremos. En política, militó en la *Agrupación Nacionalista Demócrata Social* (una fracción minoritaria de izquierda dentro del partido Nacional, uno de los partidos tradicionales uruguayos). Participó en el levantamiento armado contra la dictadura de Gabriel Terra por lo que fue

---

5 Citado en Nahum, Benjamín *et al.*, *Crisis política y recuperación económica. 1930-1958*, Montevideo, EBO, 1998, 77-78. Batlle Berres gobernó el país durante los períodos 1947-1951 y 1955-1959. En el primero, tras la muerte del presidente; en el segundo, como presidente del Colegiado (Consejo de Gobierno compuesto por nueve miembros, seis por el partido mayoritario y tres para el que le siguiera en votos) hasta 1956.

6 Véase Rilla, José, *La actualidad del pasado. Usos de la historia en la política de partidos del Uruguay (1842-1972)*, Montevideo, Debate, 2008.

preso. Más adelante apoyó al *Frente Amplio* (un frente de izquierda que tuvo su bautismo en las elecciones de 1971). Por su parte, Carlos Real de Azúa era un ensayista y crítico considerado "heterodoxo" y/o "intragable" (considerando su participación en agrupaciones pro-franquistas a fines de los años 40).[7] Sin embargo, ya desde hace años viene siendo reconocido como pieza fundamental en la renovación y actualización de las incipientes sociología y ciencia política uruguayas, en los estudios historiográficos y en sus reflexiones sobre literatura y producción de conocimiento.

Castro y Real de Azúa participaron en el semanario *Marcha* que, desde sus comienzos en 1939, puede ser identificado como un espacio pionero de militancia antiimperialista y latinoamericanista en favor de una integración subcontinental casi "feroz". El semanario funcionó, además, como tribuna y escuela intelectual de la "generación crítica", definida en esos términos por Ángel Rama para explicar la condición que nucleaba a todos aquellos creadores que tuvieron algo que decir ante la crisis estructural de Uruguay.[8] Los dos sufrieron de distintos modos -como muchos otros- la dictadura militar que instauró el terror en el país desde 1973: Real de Azúa fue desplazado de varios de sus trabajos. Castro fue detenido-desaparecido en 1977 (sus restos fueron identificados durante 2011).

Estos dos autores, tanto en sus corresponsalías como en sus ensayos vinculados a los viajes, escribieron sobre

---

7 Rocca, Pablo, *El 45. Entrevistas/testimonio,* Montevideo, EBO, 2004, y "El caso Real: alternativas críticas americanas", en *Prismas. Revista de historia intelectual,* Quilmes, 2007.

8 Emir Rodríguez Monegal -el otro crítico "faro" del período- lo hizo bajo el nombre de "generación del 45". Esta discusión sobre el nombre lo fue también sobre los modos de analizar a su propia "generación". Cfr. Rocca, Pablo, *"35 años en Marcha", Nuevo texto crítico,* California, Stanford University, 1993; Gilman, Claudia, "Política y cultura: *Marcha* partir de los años 60", *Nuevo texto crítico,* California, Stanford University, 1993.

el trayecto y el paisaje; sobre el cruce de fronteras, tanto estatales como culturales, étnicas y temporales. Estos escritos pueden ser leídos como relatos para el presente y para el futuro que añoran el pasado. De alguna forma, ambos escribieron sobre lo que no conocían. Se basaron en lo que ellos mismos habían leído o imaginado, y en lo que otros les habían contado (el pasado del Río de la Plata y el espacio latinoamericano).

3. Campo, ciudad, tradición y modernidad

Los viajes de Castro devuelven las imágenes de una búsqueda común a muchos otros escritores, orientada en este caso hacia el Uruguay. En efecto, es posible pensar el relato de viaje como parte de ciertos protocolos de las narraciones que se proponen contar lo nuevo, lo diferente.[9] Las corresponsalías de Castro son transcripciones de sus viajes que buscan ilustrar y hasta traducir para los uruguayos -mejor aun, para los montevideanos- qué es lo que ven y con qué se encuentran. Es decir, son relatos sobre esa América Latina a la que *Marcha* piensa en clave de exigencia de integración. En otras palabras, se trata de una América Latina a la que Uruguay pertenece pero con la que, no obstante, no se reconoce como parte de su destino común. Son viajes que podrían comprenderse en el marco de una pedagogía mayor habilitada por el viaje mismo: transformar una ignorancia y comprobar un mundo; aquel en el que Uruguay debería insertarse definitivamente. Una pedagogía que tiene una lógica específica: la formación de la conciencia.

---

9 Cfr. Colombi, Beatriz, "El viaje y su relato", en *Latinoamérica,* núm. 43, México, 2006, pp. 11-35.

Carlos Real de Azúa, por su parte, se preguntaba si los relatos de viaje del siglo XIX no decían algo sobre el presente. Mejor dicho, si no recordaban algo de un Uruguay que se había perdido: una suerte de "tradición" que la "modernidad" y el ingreso del país en la órbita de occidente (vgr. del capitalismo) había echado por tierra. También en este caso, por lo tanto, estamos ante una suerte de "viaje en el tiempo".

El marco de referencia desde el que ambos escriben es la Montevideo de mediados de siglo XX. Una ciudad que alojaba a la mitad de la población total del país. Una ciudad que, para un abanico variado de intelectuales uruguayos, parecía "darle la espalda" al resto del país.[10] De hecho, al promediar los años cuarenta, la campaña era un vasto sector de Uruguay que carecía de aquellas obras de infraestructura capaces de invertir tal proceso de aislamiento, tanto entre sus habitantes cuanto entre éstos y Montevideo. El "éxodo rural" explica la migración a las ciudades, sobre todo a Montevideo, en un marco generalizado de migraciones internas en toda América Latina que data, por lo menos, de los años treinta. En el caso uruguayo, estos desplazamientos amplificaban un fenómeno iniciado en la segunda mitad del siglo XIX, cuando entre 1951 y 1966 el éxodo campo-ciudad dio como resultado la disminución del 28% de la población rural.[11]

---

10 Esta será también una prédica y una muletilla corporativa de una agrupación que nucleó a medianos y pequeños productores, la *Liga Federal de Acción Ruralista;* que, en alianza con el partido Blanco, asumió como gobierno en 1959.

11 Trochón, Yvette, *Escenas de la vida cotidiana. Uruguay 1950-1970. Sombras de un país modelo,* Montevideo, EBO, 2011, p. 85. Ciertos cambios tecnológicos del período en la explotación de las estancias permitieron la racionalización del trabajo agropecuario; lo que fomentó el despoblamiento del medio rural. La imagen de la campaña era la de una lenta e inexorable decadencia y sin contacto con la ciudad o en una relación entendida por muchos como "extractiva". También para

Desde la literatura, por el contrario, la ciudad que le daba la espalda al campo había sido una petición de principio según lo expusiera el narrador Juan Carlos Onetti, en una fórmula que dotaría al país de una verdadera literatura renovada y nacional.[12] De modo que este "dar la espalda" podía ser valorado de formas muy diferentes según fuera el enfoque. Podía ser una pauta para demostrar una excepcionalidad criticable y, quizá, falaz (la ciudad de espaldas al campo y el Uruguay de espaldas a América Latina). Pero podía, al mismo tiempo, servir para demostrar que en Uruguay la modernización literaria -que era a la vez el encuentro de una literatura nacional- necesitaba del "testimonio" de una ciudad; de la ciudad como tema primordial de las narraciones.

El motivo de "dar la espalda", por lo tanto, se repite y se actualiza. Así lo afirmaba en 1953 el abogado Eduardo J. Couture (1904-1956), cuando en su libro de viajes *La comarca y el mundo* decía que "El Uruguay se halla virtualmente de espaldas a esta América".[13] En este caso, se "le da la espalda" a la pobreza del subcontinente. Este motivo, según veremos, funcionó como una de las claves interpretativas de la inserción latinoamericana del país (con sus flexiones); casi como un acto de reconocimiento de la pobreza ignorada en el Uruguay -la del campo-, como una puesta de manifiesto de una historia común con los otros países de la región.

---

los años cuarenta se había hecho general el consenso de que "las clases modestas de las ciudades vivían mejor que las clases medias del campo". Lo que hacía falta, entonces, era integrar ese campo a la vida mejor de las ciudades. Véase Jacob, Raúl, *Benito Nardone. El Ruralismo hacia el poder (1945-1958),* Montevideo, Ediciones de la Banda Oriental, 1980.

12 Onetti fue el primer secretario de redacción de *Marcha* y uno de sus principales columnistas entre 1939 y 1940. Cfr. Rama Ángel, "Prólogo", en *El Pozo. Origen de un novelista y de una generación crítica,* Montevideo, Arca, 1969.

13 Citado por Rocca, Pablo, *op.cit.,* p. 28.

4. "Dar la espalda" y sus flexiones

Para Castro, este dato de la ciudad dándole la espalda a la campaña ya era fundamental a fines de los años cuarenta, y volvió sobre esta cuestión también en sus corresponsalías a *Marcha*. La pobreza del campo fue uno de los temas de una serie de artículos que publicó con motivo de las misiones pedagógicas llevadas a cabo por los alumnos de los *Institutos Normales* de Caraguatá, Tacuarembó, y Pueblo Fernández (Salto). Ambas "misiones Socio Pedagógicas" lo tuvieron como acompañante.

Aunque no me detengo en el análisis de las condiciones en las que se produjeron esas misiones, es imprescindible comprender el modo en que le devolvieron una suerte de evidencia, con la que tituló uno de sus artículos: "En el campo hay gente que se muere de hambre".[14] El tema de la pobreza derivó también hacia observaciones vinculadas con la falta de desarrollo del mundo rural que visitaba, sobre las que volvió con motivo de sus viajes por América Latina.

Esos viajes latinoamericanos estuvieron signados por su idoneidad como educador. Clave que se vuelve transparente si se observa el modo en que maneja la información, volviéndola siempre una pedagogía.[15] Los viajes que realizó en 1948 y entre 1952 y 1954 a México -y que derivaron en una serie de artículos publicados en muchos casos en *Marcha*- fueron en carácter de especialista. En 1948, como participante en el *Congreso Nacional de la Escuela Rural Mexicana* (siendo parte integrante de la comisión redactora del informe final). Y entre 1952 y 1954, como invitado por la UNESCO y el gobierno Mexicano para ocupar el cargo de

---

14 En *Marcha*, núm. 291, Montevideo, julio de 1945.

15 Para una descripción de algunos de sus viajes como pedagogo, en particular a Perú, México y Ecuador, véase Soler Roca, Miguel, "Julio Castro, educador latinoamericano", en *Revista Educarnos*, año I, núm 1, Montevideo, octubre de 2007, pp. 23-33.

Subdirector del *Centro Regional de Educación Fundamental para América Latina.*[16]

En los textos que publicó en 1948, se advierte, aunque no siempre de forma explícita, su interés por mostrar América Latina al Uruguay (clave para entender sus descripciones) y revelar en Montevideo el ámbito rural latinoamericano que -con todas sus diferencias- la ciudad capital estaba obligada a considerar. Era otro modo de acercar "el campo" a "la ciudad".

En este trabajo focalizo el análisis en las conferencias que dictó Castro, invitado por la *Asociación de Bancarios del Uruguay,* el 20 y 27 de octubre de 1948; en las que recuperó los envíos de correspondencia a *Marcha* con motivo de su viaje por Argentina, Bolivia, Perú, Ecuador, Colombia, Panamá, Honduras y Guatemala. El título elegido para las conferencias, y bajo el que se editaron, fue: "Cómo viven 'los de abajo'". Con ello, hacía referencia a la novela del mexicano Mariano Azuela *Los de abajo:* "Siguiendo la expresión que usó para designar las clases más pobres de su país [...]".

Ese título que cita a otro implicaba, al menos, dos cosas: la primera, la admiración que tenía Castro por lo que la Revolución mexicana había puesto de manifiesto, justamente la existencia de "los de abajo" silenciados en el México prerrevolucionario. La segunda, lo que la propia novela también develaba: los límites de esa misma revolución para con esos "de abajo".

Las imágenes de América Latina que esas conferencias devuelven tienen que ver con el reconocimiento de la pobreza, pero también de la revolución (en México); de la población indígena, y de esa diferencia, que considera abismal, entre Uruguay y el resto de los países latinoamericanos:

---

[16] Por razones de espacio me detengo en el viaje de 1948 y en las conferencias.

la "inexistencia", en el presente, de las poblaciones originarias (la creencia de un Uruguay "sin indios", como ya ha mostrado Gustavo Verdesio, tiene otros alcances que no despliego aquí, pero que valdría la pena tener en cuenta al considerar los modos en que se organizan los imaginarios nacionales).[17] La mirada panorámica de Castro se hallaba también sostenida por el vaivén entre la diferencia y la similitud, haciendo eje/centro en Uruguay, explícita o implícitamente:

> Voy a anticipar esto: atravesé, en Bolivia, en época de cosecha, alrededor de mil kilómetros; en Perú anduve algo más de dos mil quinientos y a Ecuador lo atravesé todo, desde Guayaquil hasta salir por la frontera colombiana. En toda esa extensión, salvo el último tramo ecuatoriano no vi en época de cosecha, un solo arado de hierro, una sola segadora, una sola trilladora; ni siquiera una carreta o un carro. Inclusive en los lugares donde pasa la carreta y hay camino transitable. Tal es la primitividad de los métodos de trabajo agrícola que, por lo menos en el Altiplano, se usan corrientemente.[18]

Lo primitivo que se observaba no tenía comparación, al menos con lo del país de origen. En textos donde las comparaciones son tan recurrentes, se estaría indicando que "eso primitivo" no se daba así en el campo uruguayo. "Uruguay" operaba así en dos sentidos: para hacerse entender ante el auditorio al que se dirigía y, paradojalmente, como una muestra -ambigua, teniendo en cuenta sus artículos de 1945 y 1947- del estado de excepción del país.

---

17 Verdesio, Gustavo, "La mudable suerte del amerindio en el imaginario uruguayo: su lugar en las narrativas de la nación de los siglos XIX y XX y su relación con los saberes expertos", en *Araucaria,* año 8, núm. 14, segundo semestre de 2006. Disponible en línea: http://institucional.us.es/araucaria/nro14/monogr14_5.htm (última consulta: 17 de septiembre de 2012).

18 Castro, Julio, *Cómo viven los de abajo en los países de América Latina,* Montevideo, Asociación de Bancarios del Uruguay, 1949, p. 9.

En Bolivia, se refería a la finca como "el equivalente de nuestras estancias" (p. 7), o podía decir que los cholos eran la "clase media" pero "no en el sentido que le damos nosotros a la expresión sino en la de diferenciación por razas" (p. 6). En su paso por Colombia, calificó a su democracia como perteneciente a una "elite blanca", y que "no es una democracia en el sentido en que la entendemos aquí" (p. 16). O, también, que los indios bolivianos querían escuelas como forma de "redención". En estas dos últimas referencias aparece trasladado aquello que era una distinción que también había hecho de Uruguay algo particular en el Cono Sur: una joven democracia y una población tempranamente escolarizada.[19]

La entrada a Perú había sido por "la puerta del fondo", y "fue una visión del Perú que atemperó mi entusiasmo por las orgullosas tradiciones limeñas. Porque Perú no es sólo Lima; también es todo aquello" (p. 11). Esta última afirmación implicaba lo que "los de abajo" venían a mostrar en relación con ese "aquello" que parecía no tenerse en cuenta si sólo se veían las capitales. Tópico este último también común, el de relativizar la imagen que se tenía de una ciudad capital como si esa fuera la totalidad del país.[20]

Castro dotó a su experiencia de viajero por América Latina de un sentido concientizador; pocos años después ese sentido sufrió una variación fundamental -propia ya del leitmotiv de *Marcha*-: lo que pasa a primer plano es la necesidad de formar una "conciencia antiimperialista" (en especial, respecto de los Estados Unidos); deudora, en parte, de la serie latinoamericana que armase entre

---

[19] Lo que, sin embargo, era matizado por esa misma generación crítica, poniendo la diferencia "campo-ciudad" en primerísimo plano. Cfr. Rodríguez Monegal, *op. cit.*

[20] Cfr. por ejemplo, la mención a los estudios y análisis que desde 1930 incorporaban el tópico del atraso de la campaña en pos de la ciudad en Jacob, *op.cit.*

1948 y 1949. Es decir, cómo y en qué medida definir la "excepcionalidad" del país ya no podía recortarse sobre la idea de que el imperialismo norteamericano no tocaría a sus puertas. Era un país que ya no podía argüir más que el "imperialismo" era una "mentira" para un territorio alejado de sus zonas de influencia.[21] Del mismo modo que ya no era posible negar que en el país "hay parte de la población que se muere de hambre".

5. Tiempo y espacio. Tradición y modernidad

Como dije, los textos de Real de Azúa plantean sobre todo un viaje por el tiempo y un reencuentro de algo que en el presente parece haberse perdido. En el texto *Dos visiones extranjeras,* reseña que el autor hizo de las monografías de viaje de George Pendle y Arthur Gilles, se preguntaba si Uruguay (también Argentina) podía ser objeto de una descripción reducida a sus elementos más importantes, en orden a dar cuenta de su "identidad". En este sentido, se imponía la pregunta sobre hasta qué punto la ficción (como por ejemplo la *Tierra purpúrea* de W. H. Hudson) podía desentumecer la mirada mucho más que aquellas monografías que deseaban, en algún sentido, abarcarlo todo.

Y también encontraba que en esas interpretaciones "actuales" de esos "viajeros" contemporáneos, había una clave que permitía leer de otro modo las *visiones extranjeras*. O mejor, que el análisis de esas visiones permitían captar una falta en Uruguay:

> Pocas ausencias son tan perceptibles entre nosotros (pocas, en esa opulenta ausencia que es la literatura nacional) como la de una "literatura de lo nacional". A juzgar por nuestras

---

21 Cfr. Castro, Julio, "El imperialismo es una mentira", en *Marcha,* núm. 639, septiembre de 1952, contratapa.

> meditaciones (o, a lo menos, por sus resultados) esa entidad colectiva que es Uruguay, esa estructura -entre otras- de nuestro existir como seres sociales, la de ser uruguayos, parecen privadas de cualquier elemento especificador, de cualquier influencia determinante sobre nuestros particulares, irremisibles destinos. Toda una época -medio siglo bien contado- de un vivir nacional sobre modo de ser puramente racionalistas, doctrinarios y universales nos ha ocultado debajo de los pies esa incanjeable formalidad que se porta en la historia por ministerio de cualquier valor, de cualquier otra fuerza, llamémosla tierra, cielo, instinto o sangre, que escape a lo inteligible o a lo mecánico.[22]

Esta lectura habilitaba, al mismo tiempo, un análisis de lo que el autor suponía -al igual que muchos otros- era un condicionante central de la sociedad uruguaya: el anudado cosmopolitismo de su ciudad capital, Montevideo. Real de Azúa cuestionaba tal cosmopolitismo por sus efectos de mecanización. Lejos de ser, junto con la hiperintegración, una marca de lo "verdaderamente uruguayo", era un obstáculo que impedía ver otras realidades, el *ethos* particular del país.

En el artículo que publicó en *Marcha* sobre las "visiones extranjeras", aparece otra paradoja con la que jugaba Real de Azúa. Cómo encontrar lo específico en aquella extranjería contemporánea que observaba en Uruguay y que, a pesar de crasos errores, permitía enfocar un problema que había demostrado ser constante: hasta qué punto Uruguay era ese *Welfare State* ("Estado Benefactor", tal lo afirmaba George Pendle) o ese país *hereux* ("feliz", según Albert Gilles). En otras palabras, hasta qué punto esas visiones extranjeras tomaban, además de las observaciones en las que estaban inmersas para hacer sus recorridos descriptivos, una bibliografía y unos análisis del país que terminaban por

---

22 Real de Azúa, Carlos, "Dos visiones extranjeras", en *Marcha,* núm. 640, septiembre de 1952, p. 21.

reafirmar aquello que se había vuelto "sentido común" y que Real de Azúa se ocuparía, cada vez más, de revisar, es decir, las condiciones concretas de ese "estado benefactor". O, en sus palabras, "la mentira optimista".[23]

En este sentido, las preguntas que organizaron la reflexión de Real de Azúa sobre las "visiones" de Uruguay permiten una reflexión sobre cómo tales interrogantes volvieron a estar en el centro cuando el autor, años después, se ocupara del batllismo en su libro *El impulso y su freno. Tres décadas de batllismo y el origen de la crisis actual*, publicado en 1964. Allí daba cuenta de cómo la "virtud" batllista de la modernidad se había transformado en el perjuicio de la "crisis actual". Esto es, haber creído que esa virtud duraría por siempre, y además, haber ocultado con ella los verdaderos problemas de un país periférico.[24] Como si hubiera, a la vez, un peso excesivo de una "doctrina" y de un "ideal" por sobre los hechos mismos.

Este problema, diagnosticado en esos términos, había aparecido ya en otro de sus trabajos sobre viajeros de 1956. Allí, refiriéndose al texto de Hinchliff *Viaje al Plata en 1861* (editado en Buenos Aires en 1955), afirmaba:

> Todos los juicios parciales del inglés son coherentes con su enfoque total y delinean un programa político cuya importancia vale la pena subrayar. Este programa es un programa "conservador", pero conservador a la europea y sobre todo "conservador" a la británica [...] Ese programa, en 1860, importaba una viva simpatía a nuestras estructuras y modo de vida tradicionales (en todo cuando no estorbaran al "pro-

---

23 Rocca sigue de cerca la respuesta de Pendle a la crítica de Real de Azúa en: "Real de Azúa: un viajero y su brújula", en *Cuadernos de Marcha. Tercera época*, año IV, núm. 33, julio de 1988, pp. 43-45.

24 Carlos Demasi analizó de una forma más que interesante este trabajo y su impacto en las ciencias sociales. Cfr. Demasi, Carlos, "Real de Azúa y su freno: el problema del batllismo" (Inédito), para el VI Corredor de las Ideas en el Cono Sur: "Sociedad civil, democracia e integración", Montevideo, 11 al 13 de marzo de 2004.

greso"). Hacía justicia a las formas sociales del caudillismo. Sentía una viva admiración -no una nostalgia estética- por el hombre nativo. Pero lo que más apasionadamente hacía era erguirse ante ese divorcio de la doctrina y el hecho, del paramento y la sustancia que (desde las Instrucciones del año XIII y aún desde las leyes de Indias hasta el C. de Precios y el Estatuto del Funcionario), parece el rasgo proteico e inabandonable de nuestra historia hispanoamericana. Hinchliff frecuentemente señala con ironía los colapsos de la libertad entre las teorías de la libertad, las retóricas de la libertad, y la realidad republicano-despótica de nuestra sociedad tradicional.[25]

La cita es larga, pero permite advertir cuestiones fundamentales. Ante todo, es posible detectar cómo Real de Azúa dotó a la mirada extranjera de una capacidad particular: la perspectiva concreta del observador, específicamente su procedencia, Inglaterra, y lo que esto importaba en términos de una cultura específica. Además, con el modo en que esa perspectiva permitía cierta "distancia" para evaluar con algún tipo de equilibrio a las "formas sociales del caudillismo", esto es, sin nostalgia estética, y sin abjurar de esa entidad como sí -parece afirmar Real de Azúa- habían hecho ciertos representantes de la elite terrateniente a principios de siglo XX.

En función de ello, también, estaba la "viva simpatía a nuestras estructuras y modo de vida tradicionales". Simpatía

---

25 Real de Azúa, Carlos, "El último de los viajeros ingleses", *Marcha,* núm. 809, Montevideo, abril de 1956, p. 23. El uso de "aluvial" debe remitirse a los trabajos del argentino José Luis Romero. Real de Azúa conocía la producción de Romero (y había realizado una reseña del libro *Las ideas políticas en Argentina,* en la revista *Escritura,* núm. 2, noviembre de 1947). De hecho, además, Romero estuvo estrechamente vinculado con la Universidad de la República a partir de 1948, dictando seminarios y conferencias durante veinticinco años. Cfr. Zubillaga, Carlos, "La significación de José Luis Romero en el desarrollo de la historiografía uruguaya", en Devoto, Fernando (comp.), *La historiografía argentina en el siglo XX (II),* Buenos Aires, CEAL, 1994, pp. 132-157.

que, de nuevo manteniendo distancia, podía valorar esas estructuras y modos de vida siempre y cuando "no estorbaran al progreso". Pero a "progreso" Real de Azúa le adjuntó unas comillas, desplegando el entrecomillado hacia otras relaciones. Esto es, cuando afirmaba de qué forma el viajero inglés se paraba respecto de lo que evaluaba como divorcio entre sustancia y hecho.

Lo que se puede apreciar en esta cita es que el uso de "tradicional" se refiere, al mismo tiempo, a la manera en que los viajeros evaluaban positivamente una forma de vida y a una "sociedad". En el primer sentido, hay algo de lo tradicional que merece entrar en una valoración desde el presente. En el segundo, "tradicional" apunta directamente a la utilización de otro término propio de la sociología que, en esos momentos no tenía aún en Uruguay sus especificidades normativas, pero que parecía asegurar una distancia objetiva por medio del uso de un término "científico". En ambos usos se puede advertir un cierto desliz entre la valoración de lo tradicional en cuanto algo que los estudios historiográficos deberían reponer (esas "formas sociales"), y lo tradicional como parte de un compuesto de origen disciplinar.[26]

Los relatos del viajero inglés eran un testimonio, sí, pero sobre todo, leído desde el ángulo que Real de Azúa elegía;

---

26 Cfr. Blanco, Alejandro, "Ciencias Sociales en el cono Sur y la génesis de una nueva élite intelectual", en Altamirano, Carlos (dir.), *Historia de los intelectuales en América Latina*, Buenos Aires, Katz, 2010, pp. 606-629; Sierra, Gerónimo, "La sociología moderna en el Uruguay y su profesionalización (con referencia a otras ciencias sociales)", en Mazzei, E. (comp.), *El Uruguay desde la Sociología*, vol. III, Montevideo, FSC, 2004, pp. 7-32; Reali, Laura, "La ley del monumento a Manuel Oribe de 1961: ¿una victoria revisionista?", en Devoto, Fernando-Nora Pagano (eds.), *La historiografía académica y la historiografía militante en Argentina y Uruguay*, Buenos Aires, Biblos, pp. 39-57; Zubillaga, Carlos, *Historia e Historiadores en el Uruguay del Siglo XX*, Montevideo, Librería de la Facultad de Humanidades y Ciencias de la Educación.

eran también punteos clave que originaban preguntas al presente. Por ejemplo, ¿a qué se llamaba "progreso" en el Uruguay de los años cincuenta? ¿Qué había sido efectivamente "progreso" en Uruguay a principios de siglo? Eran también testimonio de un pasado que parecía mirar mejor el presente que el presente mismo. Era la búsqueda, en las "visiones extranjeras", de una nostalgia por un mundo perdido que, al mismo tiempo, se volvía imperioso recuperar. Un mundo perdido como brillo de excepción, pero no tanto en términos de una comparación con otros espacios -como en el caso de Castro- cuanto en la confrontación con otro tiempo específico del Uruguay.

6. Reflexiones finales

Para Castro y Real de Azúa, el viaje funcionó estableciendo un modo de narrar, paradojalmente, la excepcionalidad del país. Sea en las comparaciones, sea en las referencias de origen que verificaban un Uruguay desarrollado a pesar de sus zonas de pobreza. Y, a la vez, la promesa de que con esas experiencias había un enigma a resolver, porque "siempre" había estado frente a los ojos. El enigma del parentesco con América Latina estaba ligado a la relación campaña/ciudad: en la pobreza de la campaña (en el presente de Castro es la pobreza que denunciaba en 1945), o en una tradición que remitía a una suerte de *ethos* que debería entenderse tal como fuera concebido por esos viajeros ingleses del siglo XIX, cuando admiraban con cierto estupor a la figura del caudillo. Esta figura fundamental del Río de la Plata se hace aun más decisiva teniendo en cuenta la relevancia del líder rural José Gervasio Artigas, héroe revolucionario de Banda Oriental. En este sentido Castro y Real de Azúa recuperaban una visión muy presente en *Marcha,* que ubicaba a Artigas en el marco de una genealogía latinoamericanista fundamental.

Los escritos de ambos autores postulan un vínculo particular en la construcción de las narrativas de la historia del país: el clivaje "ciudad-campo" y sus modulaciones en clave de "caudillos-doctores".[27] Esta dupla será vista como una clave de lectura para componer y recomponer una imagen renovada de la relación entre el país y América Latina, desde la crítica a un "estar de espaldas".

Aquí no afirmo que "campaña, pobreza, latinoamericano" podrían oponerse a "ciudad, riqueza, cosmopolita, Uruguay". Esos tópicos, lejos de armar grupos siempre iguales a sí mismos y en oposición permanente, ayudan a relevar los sentidos superpuestos y en disputa que estos autores -entre otros- otorgaron al lugar de Uruguay en América Latina y a visualizar cómo los entroncaron con discusiones sobre el presente y sobre los usos del pasado: la paradoja de ser o no ser latinoamericano recortada, en una de sus posibles flexiones, en la tensión entre la ciudad y la campaña.

---

27 Cfr. Pivel Devoto, Juan, *Historia de los partidos políticos en el Uruguay,* Montevideo, Claudio García, 1942.

Fausto Reinaga, el indianista escritor en la frontera de lo "occidental" y de lo "indio"

Gustavo Roberto Cruz[1]

Fausto Reinaga (Chayanta/Potosí, 1906-La Paz, 1994) es el ideólogo-filósofo-amauta más importante del indianismo, una ideología de la liberación del indio producida en la región andina boliviana desde la década de 1960. En su larga vida política e intelectual, atravesó diversas posiciones ideológico-filosóficas. Su inicio se dio en los cruces de los senderos marxista-leninista, nacionalista-revolucionario e indigenista. Luego, Reinaga valoró que todas esas ideologías eran "occidentales" y -según su interpretación-, en algún nivel, enemigas del indio. Por ello, abandonó las sendas occidentales para abrir una nueva, que él mismo denominó "indianismo". Pero el inconforme intelectual se distanció de su propia creación -sobre todo de las organizaciones indianistas que surgieron en los años setenta y ochenta- para avanzar por otro sendero al que denominó "amáutico".

Sin embargo, existió una constante en su pensamiento: la cuestión del indio. Así, llegó a interpretar que el indio de Indoamérica se enfrenta en batalla mortal con el Occidente europeo y, sobre todo, con su remedo: la América occidentalizada. Reinaga se situó en el "mundo indio". Mas la frontera divisora de "lo indio" y "lo occidental" -manifiesta, por ejemplo, en el mestizo- es ambigua, quizá tan insalvable como difusa. Mostraré algunos rasgos de su posición heterodoxa y de frontera.

---

[1] Facultad de Filosofía y Humanidades, Universidad Católica de Córdoba.

1. Occidente e Indoamérica: dos mundos, ¿una frontera?

El tema "heterodoxia y frontera" en el pensamiento latinoamericano desafía a reflexionar sobre esa doble situacionalidad epistemológica -pues se trata de pensamiento- que indudablemente tiene una correlación política, cultural y económica. Escogí el término "frontera" para presentar a Fausto Reinaga. A partir de allí, ¿se puede afirmar que fue heterodoxo? Algún crítico dirá que más bien fue ecléctico, en el sentido peyorativo, es decir, refiriendo una posición intelectual que toma sin ton ni son elementos de diversas teorías y doctrinas para confusos fines. Veamos, a modo de ejemplo, el juicio que emite Javo Ferreira:

> La primera dificultad que uno debe salvar al leer los textos de Reynaga [sic], es la ausencia de un método coherente para estudiar la historia y la realidad, aunque el hilo conductor de sus elaboraciones es la permanente denuncia descriptiva de cómo se atropelló a los pueblos indígenas, acompañado de una exaltación mística de estos pueblos [...] Sus construcciones retóricas y su eclecticismo carece de coherencia lógica hasta el extremo de hacer difícil la comprensión del texto [parece que se refiere a la obra *La revolución india*].[2]

Ferreira habla desde la certeza de su ortodoxia, desde su "método", que supone coherente. Pero no advierte que escritores de frontera como Reinaga, justamente por no atenerse a un "método coherente", logran algo difícil en el campo del conocimiento: crearlo. Reinaga lo hace con la ambigüedad propia que supone innovar, sobre todo en el ámbito de la ideología. ¿El eclecticismo es una heterodoxia? Ferreira se contenta con impugnar a Reinaga como un

---

2 Ferreria, Javo, "Fausto Reynaga: ¿pensamiento indio o ideología burguesa 'occidental'?", en *Comunidad, indigenismo y marxismo*, El Alto-Bolivia, Ed. Palabra Obrera, 2010, p. 101.

"burgués", pero poco se ocupa de comprender la compleja obra de nuestro autor.

Quizá sea necesario indagar sobre si todo ser "de frontera" es a la vez un heterodoxo y viceversa.[3] ¿Existen intelectuales de frontera pero a su vez ortodoxos? Entiendo que existe proximidad entre una posición intelectual de frontera y la heterodoxia. Si se me permite una metáfora, la ortodoxia refiere a un "espacio doctrinal", que tiene su núcleo duro. Cuánto más lejos de ese núcleo parece que llegamos a los límites de ese "espacio doctrinal". Ahí estaríamos en la frontera, que -por deducción- si es lejana al núcleo ortodoxo y si traspone la frontera hacia otros "espacios doctrinales", nos ubicaría ante una posición heterodoxa. Reconozco que esta reflexión es rudimentaria. Pero es útil para situar el tema que pretendo exponer: la frontera entre los "mundos" -el "occidental" y el "indio"- en el pensamiento de un escritor indio (no indígena) como Reinaga. Por ahora, no me pronunciaré sobre si son mundos realmente existentes (en tanto que articulan lo socio-histórico-cultural-político-económico) o bien, si son mundos imaginarios.

Aquí es necesaria una primera aclaración: con indio me refiero -siguiendo los argumentos de Reinaga- a los diversos pueblos preamericanos que, desde la Conquista, fueron subsumidos bajo el equívoco término de "indios". La noción "indio" tiene un origen colonial -tanto como las nociones "criollo" y "mestizo"- y desde la voz del dominador significó: ser subhumano o humano menor de edad, no blanco europeo, no moderno o bárbaro. Reinaga tuvo clara conciencia del sentido peyorativo, racista, deshumanizante

---

3 El escritor jujeño Héctor Tizón reflexiona con agudeza acerca de su condición "de frontera" en *Tierras de frontera*, Buenos Aires, Alfaguara, 2000. Asumiendo en algún sentido la reflexión de Tizón, hago mía la condición "de frontera" respecto de mi propia persona.

que tuvo y tiene el término indio. Pero desde los años sesenta lo reivindicó en un sentido político, al considerar que el indio es el esclavo en América. ¿Qué reivindicó? La potencia política liberadora de la "condición india". Entendió que afirmar positivamente el "ser indio" posibilitaría a una diversidad de pueblos indoamericanos sojuzgados liberarse de toda dominación, a través de una "revolución india". Dice Reinaga:

> La obra de la ignorancia [de Colón] tendrá vigencia hasta el día en que triunfe nuestra Revolución, y alumbre el Sol de la Libertad para el indio; entonces, sólo entonces podremos y tendremos que dejar y para siempre nuestro infamado nombre de indios; sólo entonces volveremos orgullosamente a nuestro genuino, auténtico y propio nombre de INKAS: hombre inkas.[4]

El Reinaga indianista -pues existe un Reinaga pre/indianista y otro pos/indianista- concibió que el indio se enfrentó y enfrenta, a lo largo de la historia de América, a una totalidad dominadora que designó como Occidente. Dicho de otro modo: Occidente es el dominador y el indio es el dominado.

Ahora bien, para "definir" qué es el indio, Reinaga también recurrió a diversos conceptos de origen occidental; algunos más problemáticos que otros. Entendió a lo indio como un "pueblo-cultura-raza-Nación". También habló de una "civilización india". Un problema que se derivó de sus planteos -que hoy está vigente entre los sectores indianistas- es el rechazo a la categoría marxista de "clase social" para explicar el "problema indio". Veamos esta afirmación polémica, realizada en el *Manifiesto del Partido Indio de Bolivia* (1970), uno de los textos emblemáticos del indianismo, cuyo autor es Reinaga:

---

4 Reinaga, Fausto, *La revolución india,* La Paz-Bolivia, Edición Partido Indio de Bolivia, 2001, p. 399. [1° ed., La Paz, PIB, 1970].

> El Manifiesto del Partido Indio de Bolivia (PIB), no tiene por qué sujetarse a un modelo, regla o lógica formal e intelectual de los partidos políticos del cholaje blanco-mestizo de Bolivia y de Indoamérica. No es un Manifiesto de una clase social. Es un Manifiesto de una raza, de un pueblo, de una Nación; de una cultura oprimida y silenciada. No se puede establecer parangón ni con el Manifiesto Comunista de Marx. Porque el genial "moro" no se enfrentó a Occidente. Enfrentó la clase proletaria con la clase burguesa; y propuso, como solución de la lucha de clases, dentro de la "civilización occidental" intangida, la Revolución comunista. En tanto que el Manifiesto del PIB, plantea la Revolución India contra la "civilización" occidental.[5]

A lo largo de la obra indianista, Reinaga delineó un conflicto central entre lo que se puede sintetizar como el *mundo indio* -que posee un pasado milenario- enfrentado al *mundo occidental,* que desde la Conquista continuó en su versión subdesarrollada y colonial durante los siglos XIX y XX y se expresa -según Reinaga- en los proyectos comunistas, nacionalistas mestizos y liberales.

Por el contrario, el *indianismo* fue propuesto como la ideología-filosofía política *del indio.* El *Manifiesto* parte de una convicción: "El indio para ser sujeto de la historia tiene que saber, por sobre todo, su historia. Porque en América gracias a la revelación de esta historia se desatará una fuerza desconocida...".[6] El indianismo de Reinaga brindó esa interpretación de la historia para liberar la potencia india. Y acudió a una metáfora decidora: se propuso desatar "la tempestad en los Andes".[7]

Para el *Manifiesto* indianista, todas las ideologías que no provengan del *mundo indio* expresan, en última

---

5 Reinaga, Fausto, *La revolución india, op. cit.,* p. 382.

6 Ibídem, p. 383.

7 La misma está tomada de la obra *Tempestad en los Andes* (1927), del indigenista peruano Luis Eduardo Valcárcel, quien fue influyente en su pensamiento.

instancia, al *mundo occidental*. Ese mundo -dice Reinaga- es europeo-norteamericano, pero tiene su versión latinoamericana: es el mundo de los blancos/mestizos, también llamado el "cholaje" boliviano, que tiene como horizonte imitar a Occidente. El indianista entendió que "lo latinoamericano" es la versión decadente, la copia borrosa de Occidente. Por ello criticó a Simón Bolívar y a todos los "héroes" de la historia de las repúblicas "latinoamericanas". Todas ellas -generalizará Reinaga- no liberaron al indio, sino que continuaron, bajo otras modalidades, la dominación iniciada en la Conquista. Por ello Occidente es una totalidad que se extiende desde la Conquista y la Colonia española, pero que sigue en las Repúblicas americanas hasta mediados del siglo XX. Incluso, opina Reinaga que la Revolución nacional boliviana de 1952 -que lo tuvo como protagonista activo- pudo ser una revolución india, pero fracasó por su contenido occidental blanco/mestizo.

Estamos ante una filosofía de la historia india. De ahí que concluya que existen dos mundos enfrentados. Esto tomará forma en una de las tesis más influyentes de Reinaga sobre "las dos Bolivias": la Bolivia blanca/mestiza, que constituye la minoría dominante -remedo de Occidente-, y la Bolivia india, que es la mayoría dominada.[8] Se trata de una de las tesis centrales del indianismo:

> En Bolivia hay dos Bolivias: la Bolivia del cholaje y la Bolivia del indio. En Bolivia hay dos sociedades: la del cholo blanco y la del indio. El indio es un pueblo. El indio es una raza y una cultura. El indio es una Nación. Y con relación al "puñadito de blancos-mestizos", con relación a ese 5% de la población de la República, con relación a esa minimísima minoría étnica,

8 El antecedente histórico de dicha tesis sería la idea de la "dos repúblicas" (la república de indios y la república de españoles), que surgen de las Leyes de Indias codificadas y publicadas en 1680. Ver Favre, Henri, *El indigenismo*, México, Fondo de Cultura Económica, 1998 [1996], pp. 19-21.

> minoría lingüística, minoría religiosa, minoría cultural, el indio constituye el 95% de la población del país.[9]

En síntesis: para el indianista existe una dialéctica entre la "civilización india" y la llamada "civilización occidental". Una lectura infecunda de dicha dialéctica es la maniquea: el indio es el bien, Occidente es el mal. No niego que existan en sus libros afirmaciones que se deslizan peligrosamente hacia el maniqueísmo. Pero el pensamiento de Reinaga no se agota en el simplismo estéril de la oposición del bien y el mal.

La complejidad de la cuestión se evidencia a partir de algunos interrogantes: ¿existen dos mundos, tales como el llamado "Occidente" y el llamado "indio"? Para Reinaga, sí. Entonces, ¿existen fronteras entre ambos mundos? ¿Cuáles son? ¿Desde cuál mundo habla Reinaga? ¿Desde el occidental o desde el indio? ¿O se trata de dos totalidades ideológicas sólo presentes en una obra heterodoxa respecto a las ortodoxias occidentales, pero -quizá- constituida como una nueva ortodoxia, ahora india? Y, por fin la pregunta que emerge inevitablemente: ¿Reinaga fue indio o uno de los tantos mestizos occidentalizados de América?

---

9 Reinaga, Fausto, *La revolución india,* La Paz-Bolivia, Edición Partido Indio de Bolivia, 2001, p. 433. La tesis de las dos Bolivias continúa diciendo: "La Bolivia blanca-mestiza está oprimida por Estados Unidos, es una colonia suya. Pero, a su vez, la Bolivia blanca-mestiza oprime al indio. Por ello, el indianismo buscar liberar a la Bolivia india, pero ello incluye también a la Bolivia del cholaje blanco-mestizo. Ésta no puede por sí sola librarse de las "garras del imperialismo yanqui". Por tanto, el enemigo es doble: el imperialismo yanqui, como ayer fue el imperialismo español, y la Bolivia blanca-mestiza, que oprime al indio" (p. 433).

2. Autopercepción de la frontera: los nombres reinaguianos

Mucha de la discusión que generó y genera su obra parece concluir en la propia condición india de Reinaga. Los críticos le impugnan que no fue indio, con lo cual pretenden desbaratar los planteos críticos de Reinaga recurriendo al trillado argumento *ad hominem*. Los adeptos, por el contrario, lo elogian por ser un indio cabal. La cuestión parece menor, pero no lo es a pesar del estéril argumento *ad hominem*. Se llega incluso a discusiones estéticas sobre las fotos que se conservan de Reinaga: ¿tiene rostro indio o no? El rostro, la corporalidad -tanto o más que el idioma- deja ver/oír/oler lo indio o no indio de un sujeto. Se me dirá que eso forma parte de la inextricable sensibilidad y percepción social. Pues sí; pero arriesgo la opinión de que todos entendemos algo semejante cuando opinamos -generalmente acompañado de un juicio racista- que alguien tiene "cara de indio". Pues Reinaga no sólo la tuvo sino que afirmó radicalmente su condición india, hasta elevarla a una noción de "superhombre indio" superior al hombre occidental.

Reinaga atravesó un complejo proceso de autoconcepción como *indio quechuaymara*. Esto es importante de destacar: el proceso de auto/definición como indio -según lo revelan los diversos testimonios escritos que nos legó- fue duro, complejo, atravesado por negaciones y afirmaciones apasionadas. Por ello, creo no equivocarme al afirmar que Reinaga tuvo lucidez autocrítica para exponer su autopercepción de estar inserto en una frontera, que no sólo estaba en el mundo "objetivo" occidental (que habla los idiomas de Europa, es individualista y se afirma en la propiedad privada) e indio (que habla las lenguas vernáculas, es comunitario y produce con lógica colectiva o comunal), sino en la propia constitución subjetiva: lo occidental y lo indio confluyen dialécticamente en el sujeto Reinaga. Esto lo podemos esbozar sucintamente atendiendo a los nombres del sujeto Reinaga.

La "cuestión india" fue el eje vital y reflexivo a lo largo de toda su vida y obra. Su *ser carnal* lo concibió *indio,* aunque su *posición ideológica* fuera marxista/leninista o nacionalista/revolucionaria o indianista o amáutica. En su libro preindianista *Tierra y libertad* (1953), dice Reinaga:

> La causa del indio es sagrada para mí, porque ella es mi propia causa. Por mi ascendencia y cuna: Tomás Catari y Macha, por mi carne y alma, por mi sangre y espíritu, por la sal de mis huesos y lo rojo de mis sueños: *soy tan indio, me siento tan indio, a tal punto que, para mí, no hay otro tan hondamente indio...* en esta tierra y en este pueblo de contorno y fondo, de consistencia y substancia indias: BOLIVIA.[10]

La cuestión fue variando en cuanto a los enfoques, pero no cambió su eje problemático. Su obra escrita expresa una constante simple y no por ello simplista: su pasión por el indio del Qollasuyu y de América india -en el horizonte de los explotados del Tercer Mundo- y por su condición particular de varón indio. Reinaga manifestó sus dudas, sus crisis, sus contradicciones. En ese sentido, la honestidad intelectual que evidencia a la hora de criticarse a sí mismo es notable. Como ejemplo cabal de ello, invito a conocer su libro *El sentimiento mesiánico del pueblo ruso* (1960), donde expone sin retaceos su crisis de conciencia revolucionaria socialista, luego del fracaso de la Revolución nacional de 1952.

---

10 Reinaga, Fausto, *Tierra y libertad. La revolución nacional y el indio,* La Paz-Bolivia, Ediciones Rumbo Sindical, 1953, p. 13. Cursivas nuestras, mayúsculas del autor.

Desde su primer libro, *Mitayos y yanaconas* (1940), se confiesa de "sangre india". Pero también narró su pasaje de mentalidades: de una conciencia india (de habla *keswa)* hacia una mentalidad mestiza (dice que primero "cristiana" y, luego, marxista), para, posteriormente, retomar la conciencia india pero como indianista. Pasado los años, cuando se desencantó del indianismo, llegó a considerar que "la conciencia india" es bestial y que el indianismo también es parte de Occidente. Por ello, el amautismo sería la auténtica conciencia liberada de Occidente. Entonces, Reinaga se concibió como Amauta.

El ideólogo expuso en diversos textos sus "crisis de conciencia". Indagar en ellas permite ver en Reinaga como en un espejo, sobre todo, a los *varones nacidos* en el mundo indio que pasamos por procesos de "amestizamiento"; generalmente por vía de las instituciones educativas, eclesiales y castrenses.[11] Considero que en la obra de Reinaga se encuentran altos niveles de autorreflexión sobre los procesos de la conciencia, entre ellos la función de la ideologización bajo la dialéctica irresuelta entre "lo indio" y lo occidental "blanco-mestizo".

Lo dicho se puede visibilizar en la cuestión de los nombres que rechazó y asumió Reinaga, quien tuvo tres nombres claramente distinguidos. El hecho de que *José Félix* Reinaga fuera también *Fausto* Reinaga y, a la vez, *Rupaj Katari* es una muestra de esa complejidad. ¿Cuál fue su verdadero nombre? ¿Todos expresan alguna verdad del sujeto indio? ¿O más bien se trata del típico uso de pseudónimos al estilo occidental?

---

11 Tomo la noción de espejo con la que A. Kilibarda reflexiona en: "Fausto Reinaga: un espejo donde mirarnos", en *Opinión*, Cochabamba, 1992.

En *La revolución india* (1970), afirma que su nombre auténtico es "Rupaj Katari",[12] que le fue dado por Santos Tola en un ritual realizado en un cabildo en Quillacas, cuando era joven.[13] En cambio, "José Félix" fue el nombre puesto por un cura católico cuando lo bautizaron en Colquechaca (norte de Potosí). Tenemos allí dos polos en el mismo sujeto: el mestizo/cristiano, que no eligió Reinaga, lleva por nombre José Félix. El otro polo es el indio: Rupaj Katari, que tampoco él decidió, pues fueron las autoridades comunales las que le dieron su "verdadera identidad". Es importante señalar que firmó como Rupaj Katari el *Manifiesto del Partido Indio de Bolivia* (1970). En *La revolución india* nos dice que cuando se logre la liberación del indio:

> Arrojaré, como oprobio europeo mi nombre Fausto Reinaga, y en su lugar me pondré Rupaj Katari, el propio y genuino patronímico mío; el que he heredado del grande y glorioso Tomás Katari, mi padre...[14]

Más adelante, se nombra a sí mismo como "Amauta Ruphaj"[15] e "Inka Ruphaj".[16] Reinaga argumenta que su ascendencia hunde raíz, por vía materna, en Tomás Katari. Su madre, Alejandra Chavarría o Aleja Katari, lo parió en Chayanta, que fue la cuna de los Katari; siendo Tomás Katari

---

[12] Reinaga escribe primero "Rupaj Katari" (cfr. Reinaga, Fausto, *La revolución india, op.cit.).* Pero luego dice que es "Inka Ruphaj" (cfr. Reinaga, Fausto, *La razón y el indio,* La Paz-Bolivia, Impreso Litografías e Imprentas Unidas S.A., 1978).

[13] Cfr. Reinaga, Fausto, *El pensamiento amáutico,* La Paz-Bolivia, Ediciones Partido Indio de Bolivia, pp. 63-64, donde ofrece la explicación del origen de su nombre Rupaj Katari.

[14] Reinaga, Fausto, *La revolución india, op.cit,* p. 45.

[15] Cfr. Reinaga, Fausto, *América india y Occidente,* La Paz, Ediciones Partido Indio de Bolivia, 1974, pp. 71-246.

[16] Aparece en los siguientes libros de Reinaga: *América india y Occidente, op.cit,* pp. 13-85; *La razón y el indio, op.cit.,* pp.7 y 8-10); *El pensamiento amáutico, op.cit.,* pp. 9-46; *Indianidad,* La Paz-Bolivia, Impresores: Litografías e Imprentas Unidas, 1978, pp. 34-38; *¿Qué hacer?,* La Paz-Bolivia, Ediciones Comunidad Amáutica Mundial, 1980, pp. 78 y 79.

uno de los líderes fundamentales del levantamiento indio contra la dominación española entre los años 1780-1781. En Reinaga se encuentra la construcción de una tradición genealógica katarista de Chayanta, diferente pero no contradictoria con la tradición katarista referida a Julián Apaza o Tupak Katari, quien fuera el líder aymara de la región paceña (de La Paz). Para ello, utilizó argumentos regionales (Chayanta), lingüísticos (el apellido Chavarría –nos dice– sería una derivado castellanizado de Catari o Katari), histórico-políticos (el primer grito libertario contra España fue el de Tomás Katari, seguido por Tupak Amaru y Tupak Katari) y rituales (el cacique Santos Tola lo nombra). En ese sentido, Fausto Reinaga fue un katarista de primera hora, katarista de Tomás Katari. Dejó constancia de que escribió un libro titulado *Tomás Catari,* pero que lamentablemente no se publicó y tampoco se encuentran rastros del manuscrito.

Entre los nombres mestizo "José Félix" e indio "Rupaj Katari", Reinaga confiesa que eligió el de Fausto, nombre simbólico si lo hay. Su origen fue la admiración del joven universitario, en su etapa sucreña, por el *Fausto* de Goethe. Eligió un nombre mítico de Occidente para negar su nombre mestizo/cristiano (José Félix). Fausto se transformó en su nombre de escritor, de pensador. Pero, como se lee en *La revolución india,* luego lo consideró un oprobio europeo. No obstante, siguió firmando el resto de sus libros como Fausto, el mismo que consta en su tumba. Hoy, casi todos lo conocen con ese nombre mítico de Occidente.

Encuentro aquí, más que una contradicción, la complejidad de *ser y autoconcebirse* en un mundo conflictivamente dual: el mundo indio y el mundo occidental; mundos que no sólo están ahí, afuera, sino que son parte de nuestra psiquis y entrañas.

Entonces, los nombres *José Félix-Fausto-Rupaj Katari* (también se denominó *Inka Rupaj)* revelan lo que fue por *destino rechazado* (José Félix, es decir, su nombre mestizo-cristiano), por *primera elección* (Fausto, es decir, su nombre occidental) y por *destino asumido* (Rupaj Katari, al que considera su verdadero nombre indio). Aquí existe una veta muy rica para comprender nuestras complejidades. Reinaga tuvo la lucidez de no elegir el mestizaje, tan propugnado por los sectores no indios, sobre todo desde el Estado nacionalista, para resolver sus conflictos y los del pueblo indio. Negó su nombre mestizo/cristiano (José Félix) con nombre moderno (Fausto). A éste lo rechazó luego por ser europeo, pero no lo abandonó. Eligió la *indianización* a partir de un nombre occidental. Recordemos que Fausto puede ser interpretado como el símbolo de la "tragedia del desarrollo moderno", tal como lo hace Marshall Berman.[17]

Con lo dicho intento desplazar la discusión sobre "qué fue" Reinaga desde un simple maniqueísmo *indio* versus *blanco mestizo,* para ubicarla, a partir de sus propios aportes autobiográficos, en otro horizonte. Él fue consciente de la complejidad del nombre, de *ser-en-sí* y, sobre todo,

---

[17] El Dr. Mauricio Gil llamó mi atención sobre el significado del Fausto de Goethe como símbolo de la "tragedia del desarrollo moderno", que expone Marshall Berman, quien dice: "Desde que existe una cultura moderna, la figura de Fausto ha sido uno de sus héroes culturales [...] Aunque la figura de Fausto ha tomado muchas formas, prácticamente siempre es un 'muchacho de pelo largo', un intelectual inconformista, un personaje marginal y sospechoso. En todas las versiones, también, la tragedia o la comedia se produce cuando Fausto 'pierde el control' de las energías de su mente, que entonces pasan a adquirir una vida propia, dinámica y altamente explosiva" (*Todo lo sólido se desvanece en el aire. La experiencia de la modernidad,* México, Siglo XXI, 2011, p. 28 [1982]). Más adelante, afirma: "Los hombres y mujeres modernos que tratan de conocerse a sí mismos bien podrían comenzar por Goethe que, con Fausto, nos proporcionó nuestra primera tragedia del desarrollo. Es una tragedia a la que nadie quiere enfrentarse -ya se trate de países avanzados o atrasados, de ideólogos capitalistas o socialistas- pero que todos continúan poniendo una y otra vez en escena" (p. 80).

de *ser-para-sí* (uso estas ideas del patrimonio filosófico occidental pues Reinaga recurrió con insistencia a ellas).

Entonces, la discusión sobre si Reinaga fue indio o mestizo es una constante que surge con diversas intenciones. Creo que es fecunda, pero más que referida al sujeto particular Reinaga, lo es para revelar lo compleja que es la situacionalidad del "sujeto indio" en sociedades moderno/capitalistas periférico/coloniales. Lo relevante de Reinaga es que nos brinda un pensamiento y una voz desde el propio sujeto indio y no desde ciertas atalayas antropológicas o "científicas", que se arrogan para sí la supuesta autoridad para decidir quién *es* y quien *no es* indio. Además -como lo dije- no se trata de defender acríticamente una romántica "identidad india". Reinaga es muy consciente de que "indio" es un nombre que viene de la voz equivocada occidental y colonial. No obstante, le es útil políticamente para indicar el conflicto histórico común de los pueblos de América y para proponer un horizonte de liberación de todos los pueblos de América conquistados por "Europa" desde el siglo XVI. Por ello, creo que es importante pensar el nombre *indio* como un concepto político más que como uno racial, étnico o cultural. De ahí que adquiera sentido una consigna indianista que dice: "Como indios nos dominaron, como indios nos liberaremos".

Sostengo, entonces, que el caso de Reinaga es paradigmático: él mismo nos dejó valiosos testimonios sobre su paso del mundo indio y minero norpotosino hacia el mundo mestizo urbano, considerando a la educación escolarizada como factor central de amestizamiento u occidentalización. Aquí vale recordar que el joven potosino estudió en la universidad de la década de 1930, que distaba mucho de ser una universidad abierta al mundo campesino indio. Estudió en una universidad gamonal, como él mismo se encargó de criticar. Como abogado y perteneciente a una clase media pobre y urbana pudo haber afirmado para sí la condición de "mestizo", pero no fue el caso. Concibió a la "indianización" como una urgencia histórica para Bolivia y para América. Así, pudo generar el indianismo, aunque luego se transformó en su crítico para dar un giro hacia "lo amáutico".

Todo eso deber ser estudiado y reflexionado, pero no acudiendo a la fácil estrategia de impugnar al sujeto Reinaga, como pretenden aquellos que creen que al acusarlo de "mestizo" o "pequeño burgués" le quitan autoridad intelectual y moral. Para empezar, tales opiniones desconocen que el mismo Reinaga expuso autocríticamente sus diversas "identidades". No tengo dudas de que se trata del problema "identitario" por el que atraviesa *todo sujeto* (desde el indio al blanco/mestizo, la mujer o el varón) en sociedades capitalista/periféricas/moderno/coloniales. Quizá se trate del problema que algunos conceptualizan como el "trauma colonial".

En síntesis, a lo largo de la obra de Reinaga se puede comprender cómo se creó a sí mismo y qué hizo de él la historia india en el Qollasuyu. Desde su cuna, la misma de Tomás Katari (Chayanta, Potosí), hasta su lugar de vida y su tumba deseada, el cerro Killi-killi (en Villa Pabón, La Paz), lugar donde los asesinos del indio clavaron la cabeza de Tupaj Katari. Es decir: Reinaga atravesó las fronteras del mundo indio al mundo occidental (o moderno/colonial) y viceversa. Quizá, más que atravesarlas vivió y pensó desde la frontera misma, entre dos mundos, que no son totalidades cerradas, sino que son complejos mundos aun vigentes y en relación dialéctica, como lo muestra la realidad andina sudamericana (no sólo la boliviana). No son mundos puros, ninguno. Incluso, y ahí la paradoja irresuelta de la condición de frontera entre lo Occidental y lo Indio, quizá Reinaga fue un indio moderno/colonial -lo cual, no equivale a decir que fue mestizo- en lucha contra la dominación moderno/colonial. En suma, sostengo que, si hubo heterodoxia en

Reinaga -por ejemplo, en la fusión de marxismo-leninismo (para no decir estalinismo), nacionalismo-revolucionario e indigenismo que caracterizó las posiciones ideológicas de la primera etapa de su itinerario–, ésta estuvo vinculada a la condición de frontera del Fausto indio.

Rodolfo Kusch: la presión de América

Marcelo Juan González[1]

1. Introducción

Heterodoxia y *frontera* son dos claves interpretativas que la obra de Rodolfo Kusch (1922-1979) admite siempre que se den dos condiciones. La primera es que ambas sufran la *presión de América*. La segunda es que la heterodoxia -o la herejía, como el autor gusta autodenominar sus posturas- sea vista como condición de posibilidad para atravesar la frontera que América es para el pensamiento del Occidente hegemónico y de las clases medias urbanas sudamericanas. Aunando ambas perspectivas, presento algunos de los cauces reflexivos kuscheanos más relevantes.[2]

2. América como "presión" sobre la vida: las fronteras en las trayectorias del pensar

Nacido de madre y padre alemanes recién instalados en Buenos Aires y crecido en el seno de la colectividad germana protestante local, Rodolfo Kusch deja de lado la ingeniería de herencia paterna y se orienta hacia el Profesorado de Filosofía de la Universidad Buenos Aires.[3] Egresado, se le

---

1 Centro de Estudios Latinoamericanos, Escuela de Humanidades, Universidad Nacional de San Martín.

2 Todos las citas se recogen de Kusch, Rodolfo, *Obras Completas, 4 vols.*, Rosario, Fundación Ross, 2007-2011 (en adelante, *OC*).

3 Para un panorama bio-bibliográfico, "Datos biográficos de Rodolfo Kusch", en *OC, I*, pp. V-XII; también, Pagano Fernández, C. M., *Un modelo de filosofía intercultural: Rodolfo Kusch (1922-1979). Aproximación a la obra del pensador argentino,* Mainz, Wissenschaftsverlag, 1999.

abre el campo de la enseñanza media, el de traductor de alemán y el de experto en el Ministerio de Educación de la Provincia de Buenos Aires. Es entonces donde experimenta una primera "presión" de América que descentra su trayectoria vital e intelectual. Kusch no emprenderá el prestigioso y previsible trayecto consagratorio a tierras germanas, ni andará la vía de la estabilización en el funcionariado técnico gubernamental. Elige viajar hacia América, hacia lo popular. Primero desde la misma ciudad porteña. Luego con sus frecuentes estancias en el Noroeste argentino, Bolivia y Perú. Finalmente domiciliándose con su familia en Maimará (Jujuy), donde sería recibido por el suelo de América luego de su muerte en Buenos Aires.

La travesía por esta frontera conllevará para Kusch una decidida opción por la heterodoxia intelectual. El filósofo versado en Kant, Hegel, Scheler, Jung y Heidegger se sumerge en fuentes a las que da tanto peso como a éstos: Guaman Poma y sus crónicas. El indio Santa Cruz Pachacuti y sus dibujos. Los yatiris Apaza Rumachi y Ceferino Choque y sus rituales. El abuelo del caserío de Kollana y sus silencios. La campesina salteña Sebastiana y sus relatos. La cultura popular con sus creaciones. Aymará, quechua, castellano y alemán conversarán en una audaz interlocución. Los nombres reconocidos por Kusch como senderos abiertos por los que su búsqueda pudo echar a andar refuerzan el desplazamiento: José Imbelloni, Luis Valcárcel, José María Arguedas, Bernardo Canal Feijóo, Ezequiel Martínez Estada, Carlos Astrada y Félix Schwartzman.

Su propuesta filosófica se desplaza al ritmo de este giro americano. Ante todo, optando por una "textualidad" heterogénea. Kusch "lee" hallazgos arqueológicos -llegando a proponer una psicología aplicada a la arqueología-,[4]

---

[4] Kusch, R., "La psicología aplicada a la arqueología", en *OC, IV*, pp. 243-251.

poemas, relatos de informantes grabados y trascritos, participaciones en rituales, fiestas y paisajes. Y también libros, claro. Pero no hará de la filosofía consagrada el criterio interpretativo de América, sino a ésta la exigente decisora de su viabilidad. La penetración del subcontinente será posible sólo a condición de exponerse a crear presionado por América y sus pueblos:

> El pensamiento como pura intuición, implica, aquí en Sudamérica, una libertad que no estamos dispuestos a asumir. Cuidamos excesivamente la pulcritud de nuestro atuendo universitario y nos da vergüenza llevar a cabo una actividad que requiere forzosamente una verdad interior y una constante confesión.[5] (AP, 4).

Tres vetas completan el giro. La íntima conexión que establece entre pensamiento indígena y pensamiento popular.[6] Su liberacionismo cultural anclado decididamente en el peronismo, férreamente antiliberal y ásperamente antimarxista, que será objeto de tensos rechazos desde ambos lados del espectro. Su propuesta estética a través de su producción teatral[7] y de su cátedra de Estética Americana en la Escuela de Bellas Artes.[8]

---

5 Kusch, R., *América profunda,* en *OC, II,* pp. 3-254.

6 Kusch, R., "El pensamiento indígena y popular en América", en *OC, III,* pp. 257-546.

7 El elenco incluye *Tango Misho* (1959); *Credo Rante. Misa Parda* (1959); *La leyenda de Juan Moreira* (1960); *La muerte del Chacho* (1960); *Cafetín. Homenaje a Discépolo* (1960). Con prólogos de Kusch a cada una, han sido recopiladas en *OC, IV,* pp. 479-773.

8 Parte de esta enseñanza se puede ver en Kusch, R., *OC, IV,* pp. 775-824.

3. América como "presión" sobre el filosofar: la frontera del demonismo vegetal

América es una frontera exigente para el filosofar occidental. Kusch emprende su traspaso en un trabajo inaugural en el que la constelación de temas y motivos que caracterizarán su pensar maduro inician su germinación: *La seducción de la barbarie: análisis herético de un continente mestizo* (1953).[9] Asumiendo temas ya clásicos del ensayo argentino como el paisaje, la inmensidad, la desazón, la barbarie y la inautenticidad nacionales, los saca de sus quicios "obligándolos" a enfrentarse con el "reverso" de América; con esa otra densa realidad del continente ante la cual los abordajes habituales sólo tienen estrategias de indiferencia, negación o denigración.

Para Kusch, enfrentarse al exuberante e ilimitado paisaje de América no es sólo cuestión de desentrañamiento de desenfoques o males de toda laya como fruto de un vacío incolmable. La exposición al paisaje americano constituye una experiencia desestructuradora que resume torsionando críticamente la célebre introducción de Heidegger a *Ser y tiempo:* "El paisaje subvierte así el sentido del ser". La arquitectura metafísica occidental no es capaz de atravesar la frontera que aquel le impone. La palabra busca definirlo, fijarlo, estabilizarlo en un orden, pero el caos americano sigue su curso impensado e impensable. Una actitud intelectual anclada en lo claro y distinto pretende que los ríos y lo árboles de América sean objetos visibles, cuantificables, como en todos lados, pero el continente se empecina en impregnarlos de un algo invisible que elude las pretensiones aprehensoras del logos. La luminosidad y estabilidad de las formas, que relegan al fondo como un telón, se encuentran con que éste se impone sobre aquéllas.

---

9 Kusch, R., *La seducción de la barbarie,* en *OC, I,* pp. 17-131.

Los objetos de América vienen cargados con un dinamismo al que sus formas no alcanzan a encauzar, quedando superados por él; como si en cada cosa alentara un poder genesíaco de primeros días que hace que ser tal o cual entidad sea apenas una de las posibilidades de existencia que siguen vigentes aunque se detengan momentáneamente: "El árbol lleva como un nimbo de magia demoníaca el poder haber sido alga".[10]

El filosofar no podrá cruzar la frontera americana si no se expone a este "reverso" y a las exigencias heterodoxas que conlleva su contacto. En este trabajo inicial, Kusch ensaya un adentramiento bajo las nociones de *demonismo y vegetalidad.* El paisaje de América está impregnado por un dinamismo *demoníaco,* indefinible, invisible, inobjetivable. Es el poder de fondo del continente al que ninguna forma detiene y ante el que pensares y acciones intentan una y otra vez dominar hasta quedar, también ellos, superados. Pero el demonismo americano es, según Kusch, *vegetal.* Dedica más fuerza y tiempo a gestar plantas que seres humanos:

> El predominio de la vegetalidad en las selvas, los ríos torrentosos, la pampa inmensa crea un paisaje en que el hombre aún no existe, aunque éste participe y sea llevado como posibilidad en su seno... El demonismo del paisaje, que se explicita en la negrura de toneladas de humus, en vez de contribuir al hombre, se pierde en la creación incesante de un continente estático y vegetal que genera formas y mentalidades según la génesis del árbol.[11]

El poder de este demonismo vegetal es temible y tiene lógicas peculiares. Se fija, pero nunca rotundamente; crece, pero signado por la estaticidad. De allí que cuando el ser humano quiera intervenir en el paisaje americano para "detenerlo" o para transformarlo desde sus criterios, recibirá

---

10 Ibídem, p. 26.

11 Ibídem, pp. 27 y 28.

un dramático contragolpe y terminará siendo vencido por la vegetalidad; mejor aun, concluirá pensando y actuando más vegetal que antropológicamente.

Aquí radica, para Kusch, la explicación más plausible de dos elementos que han sido habitualmente atribuidos a América: la *frustración* de sus moradores y el *mestizaje*. Los habitantes del subcontinente son mestizos no por causa de su proveniencia o de su sangre, sino como fruto de no haber podido superar al demonismo vegetal. Indios, conquistadores, mestizos "carnales", inmigrantes y habitantes actuales de las grandes ciudades; cada uno a su manera ha querido ordenarlo, fijarlo, pero ha sucumbido ante él, también de modos diversos: "Esta incapacidad torna al americano metafísicamente ambivalente. Su existencia oscila entre su destino vegetal y la sospecha de superar ese destino...."[12]

Esta ambivalencia está ligada a la tensión irresuelta entre el demonismo vegetal -presente en la emoción, en el fondo, en el inconsciente, en el interior, en lo precolombino vigente, en la barbarie- y las exigencias de definición y acción (que se activan en la inteligencia, la forma, la conciencia, la ciudad, Europa, la civilización). La prepotencia de unas y los reclamos de las otras no encuentran una conciliación vía síntesis superadora: "Lo mestizo, más que referirse a un tipo de hombre es, entonces, una conciliación de opuestos, un recurso de la vida para conciliar desniveles, un medio apresurado de alcanzar la integridad con la que vida intenta lograr alguna forma de fijación".[13]

El mestizaje es, pues, una respuesta apurada que no resuelve la tensión sino que adopta la actitud de la alternancia entre los dos polos. Épocas históricas, instituciones, ideas, proyectos de orden, lucidez y civilización son

---

12 Ibídem, p. 37.

13 Ibídem, p. 40.

asediadas por estallidos de "barbarie" seductora encauzada por caudillos o en revueltas anónimas. Bifurcación que llega hasta el habitante de una gran ciudad como Buenos Aires para sorprenderlo:

> La tela racional e inteligente de la ciudad se perturba a cada instante. La borrachera furtiva de un empleado de banco, el grito destemplado de una patota nocturna o un tango expresan todo aquello que había quedado atrás. En el reverso de nuestra vida ciudadana hay una verdad más intensa que esta urdimbre racional que traemos de afuera. La razón que debe guardar el empleado honorable y la corrección de la patota, delatan su ficción precisamente en que dejan puntos de escapa que rasgan toda urdimbre racional que se pretenda poner sobre las cosas.[14]

Algo que le viene desde muy hondo lo presiona, lo emociona, lo atrae; sin embargo, es incapaz de pensarlo y llevarlo a la conciencia, ya que todas sus capacidades de interpretación se las ha dado la ciudad con su lógica de lo útil, lo racional, lo inmediato. Mientras que lo que importa vivir circula por otros cauces como la emoción, la libertad y una intuida riqueza del vivir. Lo vivido y lo pensado no coinciden, lo intelectual y lo emocional no convergen. Lo primero se anuncia densamente real y de fondo, lo segundo asoma ficticio y formal.

La superación de esta frontera del filosofar tendrá que apelar, por tanto a la heterodoxia de ir desde la luz a la "oscuridad", del orden al "caos":

> En América se plantea ante todo un problema de integridad mental y la solución consiste en retomar el antiguo mundo para ganar la salud. Si no se hace así, el antiguo mundo continuará siendo autónomo y, por lo tanto, será una fuente de traumas para nuestra vida síquica y social.[15]

---

14 Ibídem, pp. 19-20.

15 Kusch, R., *América profunda, op. cit.*, p. 4.

4. La presión de introducirse en América: las fronteras del hedor y del miedo

El ensamblaje interpretativo anterior será reelaborado por Kusch en 1962 en uno de sus trabajos medulares, madurado al calor de sus viajes al altiplano y de sus estudios sobre religión precolombina: *América Profunda.*[16] La vibrante "Introducción a América", que abre el ensayo, condensa los nuevos lindes que habrá que atravesar y las heterodoxias que conllevan:

> Cuando se sube a la iglesia de Santa Ana del Cuzco -cerca de donde en otros tiempos había un adoratorio dedicado a Ticci Viracocha- se experimenta la fatiga de un largo peregrinaje. Es como si se remontaran varios siglos a lo largo de esa calle Melo, bordeada de antiguas chicherías. Ahí se suceden las calles malolientes con todo ese viejo compromiso con verdades desconocidas, que se pegotean a las caras duras y pardas con sus inveterados chancros y sus largos silencios... mientras todos atisban, impasibles, la fugacidad de nuestro penoso andar hacia la cumbre.[17]

Este ascenso/descenso implican, para Kusch, dos nuevas fronteras: el olor y el miedo.

> El hedor es un signo que no logramos entender, pero que expresa, de nuestra parte, un sentimiento especial, un estado emocional de aversión irremediable, que, en vano, tratamos de disimular. Más aun, se trata de una emoción que sentimos no sólo en el Cuzco, sino frente a América, hasta el punto de que nos atrevemos a hablar de un hedor de América. Y el hedor de América es lo que se da más allá de nuestra populosa y cómoda ciudad natal.[18]

---

16 Kusch, R., *América profunda, op. cit.*

17 Ibídem, p. 9.

18 Ibídem, p. 12.

América hiede y asusta exponiendo al que intenta a entrar en ella a una experiencia de no coincidencia y desplazamiento. La mayoría de las veces, el linde se vuelve infranqueable, porque el habitante de la ciudad, medroso, activa lo que Kusch denomina *mito de la pulcritud.* A modo de coraza protectora, reacciona trazando un mapa dual. De un lado pone lo que se considera propio, lo que está limpio, lo que está claro, lo que está ordenado. Del otro va a parar lo hediento, lo caótico, lo inseguro. Esta respuesta defensiva condensa una actitud general que ha atravesado la historia del continente: la solución para los problemas de América es remediar la suciedad con la pulcritud. Pero de lo que se trata, para el filósofo, es de emprender nuevamente la heterodoxia para cruzar tal frontera, afrontando el camino inverso. Esto es, la rehabilitación del hedor y del miedo como única posibilidad para acceder al continente. Este nuevo desmontaje será especialmente arduo porque habrá que exponerse al universo de realidades para el cual occidente carece de captación, interpretación y creencia; como si se hiciera necesario dejar salir desde fondos muy recónditos parentescos inconfesables con el indio:

> En el Cuzco nos sentimos desenmascarados, no sólo porque advertimos ese miedo en el mismo indio, sino porque llevamos adentro, muy escondido, eso mismo que lleva el indio. El miedo que está antes de la división entre pulcritud y hedor, en ese punto donde se da el hedor original o sea la condición de estar sumergidos en el mundo y tener miedo de perder las pocas cosas que tenemos, ya se llamen ciudad, policía o próceres.[19]

Ir más allá de esta barrera es, para Kusch, aceptar la posibilidad de ser "contaminados", de que las cosas pulcras de Occidente sean fagocitadas por las cosas de América. El movimiento heterodoxo consiste, en este caso, en detenerse

---

19 Ibídem, p. 16.

a aprender de la sabiduría americana milenaria. Kusch lo hará a partir de las nociones de *"ira de dios", conjuro y seminalidad.*

El mundo del Altiplano -y con él toda América- se apoya en una experiencia raigal a la que Kusch denomina "ira de dios". Las comunidades humanas del subcontinente están expuestas a potencias que las exceden: divinidades y demonios. Una naturaleza que se descarga con violencia. La amenaza constante que hace que, hasta la más segura situación, se pueda transformar disruptivamente en su contrario en un devenir impredecible. Lo humano en América está "arrojado" entre las fuerzas del orden (divinidad) y del desorden (mundo), ambas ineliminables y agonistas, provocando una atmósfera de asedio, acoso, inevitabilidad e indeterminación. El desafío, ante tal escenario, consiste en una conciliación de las fuerzas en disputa para que el mundo sea un gran organismo que ampare, proteja y dé alimento, y no una fuerza arrasadora de la vida.

Ante ello, la cultura americana ha adoptado una actitud *mesiánico/mística.* Semejantes fuerzas no pueden ser objeto de control, ni de objetivación ni de supresión. Sólo pueden *conjurarse.* Para ello, de nada vale "salir" al exterior para disputar poder por medio de creaciones técnicas. Por el contrario, la clave actitudinal consiste en la "entrancia", en un repliegue hacia las zonas más hondas de psique para, desde allí, entramar un tejido ritual con capacidad de conjuro. Se trata de un itinerario en tres momentos. Distanciarse del mundo antagonista en un movimiento ascético de abstinencia/ayuno a modo de resistencia a su pesadez. Disponerse a una revelación/iluminación. Adquirir la sabiduría para dominar el cosmos y poder cambiar su rumbo.

Esta dinámica sapiencial no se mueve en una lógica del tipo causa/efecto, para la cual la obtención de A implica la puesta en acto de B. Su marcha es, por el contrario *seminal/*

germinativa. Para que algo suceda debe ser sembrado en una tierra adecuada:

> Se diría que la realidad es interpretada según el criterio de fecundación o depósito de la semilla en un ámbito propicio, para que produzca la germinación y, por consiguiente, la obtención del fruto... Todo el obrar y sentir indígena parece seguir esta inmersión de lo seminal en una totalidad antagónica. De ahí las conjuraciones mágicas o la magia en general, que apunta a que lo seminal se convierta en fruto. En torno a estos tres elementos gira el mecanismo intelectual del indígena.[20]

Toda acción que se intenta hacia afuera ha de estar, por lo tanto, precedida por una concentración en un centro/ombligo donde se deposita una semilla que, en su vitalidad germinativa, irá provocando la real respuesta contemplativa-comunitaria que luego se expandirá. El complejo analítico ira de dios/conjuro/seminalidad despliega lo que, para Kusch, constituye la peculiaridad americana basal: la primacía del *estar* sobre el *ser,* y la fagocitación de éste por aquél.

> La intuición que bosquejo aquí oscila entre dos polos. Uno es el que llamo *ser,* o ser alguien, y que descubro en la actividad burguesa de la Europa del siglo XVI, y el otro, el *estar,* o estar aquí, que considero una modalidad profunda de la cultura precolombina... Ambas son dos raíces profundas de nuestra mente mestiza -de la que participamos blancos y pardos- y que se da en la cultura, en la política, en la sociedad y en la psique de nuestro ámbito.[21]

El (mero) *estar* (aquí) es un nido de significación que acoge una cadena simbólica rica y compleja que atraviesa toda la obra de Kusch en contraposición a la secuencia, no menos densa, del *ser* (alguien). Actitud básica de estaticidad

---

20 Ibídem, pp. 98-99.

21 Ibídem, pp. 5-6.

en la que el sujeto es afectado por el mundo antes que afectarlo dinámicamente. "Entrancia" como camino previo a cualquier acción y como espacio de hallazgo de verdades estables, en lugar de la primacía de la "saliencia" con su cosecha de certezas inestables. Refugio, concentración, contemplación y apuesta seminal/germinativa ante un mundo adverso, conjurable pero no eliminable, en contraposición a un abordaje en el que el ser humano irrumpe en el mundo, lo invade, lo modifica y crea uno nuevo por la invención de objetos, máquinas y, sobre todo, de ciudades. En éstas se construye un espacio amurallado para expulsar la fuerza de la "ira de dios" y reemplazarla por la "ira del hombre", vallándose contra el caos y la hostilidad del mundo a fuerza de teorías y técnicas. Firme arraigo en el *"aquí"* del ámbito en que se vive (machos y hembras persiguiendo el fruto y asegurando el ciclo del pan) y en el *"así"* del mundo que se *da; versus* la translabilidad y el desplazamiento del *"en cualquier lugar"* y el *hacer de otro modo* que lo que está dado (afianzando el ciclo del mercader). Ritmo de la especie en su *gran historia* en lugar de la *pequeña* secuencia de un Occidente advenedizo que ocupa apenas unos pocos años...

Roque Dalton: política y poética

Lucrecia Molinari[1]

1. El bautizo de fuego

Roque Dalton García nació en San Salvador en 1935. Es justamente por esos años que el pequeño país centroamericano está viviendo las consecuencias de un hecho clave y fundacional de El Salvador moderno: la "matanza" de 1932, nombre con el cual se conoce al genocidio perpetrado durante la presidencia del general Maximiliano Hernández Martínez (1932-1944) contra la comunidad indígena salvadoreña.

Diferentes versiones circulan sobre la insurrección que precedió a "la matanza". Considerada por algunos investigadores como la "última sublevación indígena"[2] por su carácter espontáneo y desorganizado; es descripta por otros como el resultado de la organización del recientemente conformado Partido Comunista Salvadoreño (PCS),[3] su "bautizo de fuego". Es Dalton quien utiliza esta expresión cuando se propone contar la "historia prohibida" de 1932,

---

1 Becaria doctoral del CONICET. Centro de Estudios sobre Genocidio, Universidad Nacional de Tres de Febrero. Este trabajo fue realizado gracias al subsidio REDES IV que la Secretaría de Políticas Universitarias del Ministerio de Educación de la República Argentina otorgó al Centro de Estudios Latinoamericanos de la Escuela de Humanidades de la Universidad Nacional de San Martín en 2010, de cuya Maestría en Estudios Latinoamericanos era entonces alumna. El subsidio financió una estancia de investigación en México y San Salvador.

2 Pérez Brignoli, Héctor, "La rebelión campesina en El Salvador en 1932", en Anderson, Thomas, *El Salvador, 1932. Los sucesos políticos,* San Salvador, CONCULTURA, 2001.

3 Dalton Roque, *Miguel Mármol, los sucesos de 1932 en El Salvador,* Bogotá, Ocean Sur, 2007.

las "luchas y descalabros del comunismo salvadoreño en su bautizo de fuego",[4] con el objetivo de discutir la única versión existente hasta el momento: la versión oficial que veía la sublevación como una campaña dirigida desde la Unión Soviética, sin reconocer sus raíces en el injusto régimen de tenencia de la tierra salvadoreño.

La represión a esta movilización descoordinada -que incluyó algunos desmanes y una decena de muertos en manos de indígenas mal armados- fue inmediata y contundente: las muertes se estiman entre 10.000 y 30.000.[5] Logró acabar con las aún débiles estructuras del PCS y "desindigenizó definitivamente al país".[6]

Debieron transcurrir dos décadas para que el joven Dalton retomara este hecho que dejaría honda huella no sólo en la región centroamericana y El Salvador, sino también en el propio Dalton y su generación. Severos críticos de aquellos intelectuales que, contemporáneos a "la matanza", no supieron denunciarla y prefirieron la buena relación con el poder, Dalton y su generación integrarán una nueva camada de poetas e intelectuales: la "generación comprometida".

2. 1956-1960: Dalton y "la generación comprometida"

Luego de su paso por Chile como estudiante de derecho y sus primeros contactos con el materialismo dialéctico, Dalton vuelve a El Salvador y la miseria y la injustica lo impactan ahora de una manera diferente:

---

4 Dalton, Roque, *Miguel Mármol..., op. cit.*

5 Anderson, Thomas, *El Salvador 1932..., op. cit.*

6 Rouquié, Alain, *Guerras y paz en América Central,* México, Fondo de Cultura Económica, 1994, p. 34.

> Me sentí tan aterrado y tan responsable de un montón de cosas. Tan lleno de ganas de decirle a la gente que yo había sido ciego durante mucho tiempo [...] que ahí, simultáneamente, empecé a derivar rápida, vertiginosamente, hacia la poesía.[7]

En 1954, Dalton comienza a estudiar Derecho en la Universidad Nacional de El Salvador (UES), donde conoce al poeta y posteriormente guerrillero guatemalteco Otto René Castillo -exiliado en El Salvador luego del golpe a Jacobo Arbenz- con quien funda en 1956 el Círculo Literario Universitario, piedra fundamental de la Generación Comprometida. A través de Otto René Castillo, Dalton ingresa, además, orgánicamente al PCS junto con muchos de los integrantes del Círculo.

La "Generación Comprometida" es la denominación que más comúnmente se da a este grupo de jóvenes poetas e intelectuales salvadoreños, entre los que se cuenta a Manlio Argueta, Roberto Armijo, José Roberto Cea, Álvaro Menéndez Leal y Tirso Canales. Impulsan un giro importantísimo en la literatura centroamericana marcando profundos cambios, tanto a nivel estético como a nivel político.

La generación comprometida adquiere su nombre en clara ruptura con la posición de los poetas e intelectuales que la anteceden, especialmente con la posición que los considerados "padres de la poética salvadoreña" adoptaron durante los sucesos de 1932. Se cuentan entre estos al escritor, poeta y periodista Francisco Gavidia (1863-1955), referente del modernismo literario en El Salvador; y al filósofo, poeta y político Alberto Masferrer (1868-1932), creador de la teoría del *mínimum vital,* que instaba a las

---

7 Entrevista en Radio Habana, Cuba, 1963. Citado en Alvarenga, Luis, *La crítica de la modernidad en Roque Dalton,* tesis para optar al grado de doctor en Filosofía Iberoamericana, Universidad Centroamericana "José Simeón Cañas", 2010, p. 155.

clases altas a ceder caritativamente parte de sus riquezas para asegurar la supervivencia de los desposeídos.

Según Ítalo López Vallecillos (1932-1986) -historiador marxista y uno de los primeros "maestros" de estos jóvenes-, la generación comprometida concibe el arte en su función social. Retomando la frase de Miguel Ángel Asturias: "El poeta es una conducta moral", afirman que ser poeta implica comprometerse en el instante de producir la obra artística o literaria.[8] Dalton lo expresa, a su manera, cuando escribe: "Poesía, perdóname por haberte hecho comprender que no estás hecha sólo de palabras".[9] El compromiso, además, tiene un signo claro e inédito. Estos poetas ya no serán quienes escriban odas a la modernización llevada adelante por las elites dedicadas a la producción cafetalera; no serán quienes acompañen, justifiquen y ensalcen los procesos de despojo de tierras a los indígenas, la explotación y represión: serán quienes escribirán a favor de la emancipación de los diferentes sectores sociales.

Hacia finales de los años cincuenta, Dalton se encuentra, además, profundamente comprometido con su militancia dentro del PCS. Viaja a Moscú y a otros países socialistas representando a El Salvador en el Congreso de la Federación Mundial de la Juventud Democrática.[10] Sin embargo, ya pueden verse indicios de su actitud contestataria, subversiva, disruptiva y crítica. Esta actitud inicialmente lo llevó a formar parte, junto con muchos otros, de organizaciones que rompían con lo establecido, y se instituían como vanguardias estéticas (el Circulo Literario Universitario y la Generación Comprometida) y vanguardias políticas (el PCS). Sin embargo, pocos como Dalton supieron seguir

---

8 Melgar Brizuela, Luis, *Las brújulas de Roque Dalton. Una poética del mestizaje salvadoreño,* tesis para optar el grado de doctor en Literatura Hispánica, El Colegio de México, 2005, p. 163.

9 "Arte poética 1974", en Dalton, Roque, *Poemas clandestinos.*

10 Melgar Brizuela, Luis, *op. cit.*

sosteniendo, incluso en el interior de esas mismas vanguardias, posturas irreverentes y antidogmáticas.

Considerado por muchos como el principal aporte de Roque Dalton, el poeta supo sostener su espíritu crítico, su heterodoxia, radicalizando siempre los propios planteos. Es esto lo que lo lleva a romper con el "grupo de los cinco" -grupo literario que continúa en El Salvador de la década de 1960 el legado de la Generación Comprometida-, a criticar la estrategia de "eterna acumulación de fuerzas" del PCS, partido del cual se separa, y a discutir los planteos militaristas de los dirigentes de la guerrilla que integró desde 1973 hasta su muerte en 1975. Sostenía Dalton, tempranamente, la importancia del trabajo político con las masas, lo que, avanzada la guerra civil salvadoreña, se reveló como una cuestión clave para las organizaciones político-militares. Esta discusión no se saldó sino con la muerte del propio Dalton. Escribe Galeano:

> Roque Dalton, alumno de Miguel Mármol en las artes de la resurrección, se salvó dos veces de morir fusilado [...] Poeta hondo y jodón, Roque prefería tomarse el pelo a tomarse en serio, y así se salvó de la grandilocuencia y de la solemnidad y de otras enfermedades que gravemente aquejan a la poesía política latinoamericana. No se salva de sus compañeros. Son sus propios compañeros quienes condenan a Roque por delito de discrepancia. De al lado tenía que venir esta bala, la única capaz de encontrarlo.[11]

Inclusive antes de estos desacuerdos, Dalton había manifestado opiniones que se alejaban del discurso ortodoxo que imponía la III Internacional Comunista a todos los partidos a ella alineados. Entre estas opiniones, se encuentra la referida a la particular relación que el poeta establece entre arte -especialmente poesía- y política.

---

[11] Galeano, Eduardo, *Memorias del fuego, el siglo del viento,* Madrid, Siglo XXI Editores, 1973, p. 268.

Roque Dalton consideraba que la poesía estaba llamada a cumplir un papel importante en una organización revolucionaria. La agitación política era vista como una tarea irrenunciable en la que los hombres de letras debían colaborar, pero no agotaba las posibilidades creadoras y revolucionarias de los mismos. Su posición heterodoxa y provocadora se evidencia cuando afirma que el Partido debe convertir al poeta en un cuadro valioso para la acción revolucionaria pero, a la vez, el poeta debe ayudar a romper con concepciones unilaterales y esquemáticas, muy comunes dentro del Partido, contribuyendo así a la formación de un sujeto no fragmentado. Cuestiona de esta manera la posibilidad de la autonomía absoluta del arte: el poeta no debe ser ajeno a la praxis política ni el militante debe carecer de sensibilidad poética.[12]

3. 1960-1962: el exilio y *La ventana en el rostro*

El poemario *La ventana en el rostro*[13] que recoge lo mejor de sus primeras poesías, representa cabalmente los principales aportes de la Generación Comprometida a la poesía salvadoreña, y además está atravesado por la vivencia personal daltoniana del duro exilio en México.[14]

Marca profundamente la redacción de *La ventana* la intención de distinguirse de los hasta entonces considerados "próceres de la literatura salvadoreña". Así, el verso libre y la prosa dominan por sobre la métrica clásica. Dalton se niega a "esconderse" detrás de la métrica, porque considera que es la métrica, además de otros recursos exclusivos de

---

12 Alvarenga, Luis, *op. cit.*

13 Dalton, Roque, *La ventana en el rostro,* San Salvador, UCA Editores, 2009.

14 Encarcelado en 1960 por su militancia, Dalton es liberado poco después y se exilia en México hasta 1962, cuando viaja a Cuba.

los poetas, los que permitieron a personajes como Gavidia transmitir una imagen de poesía pura, impoluta, independiente de la coyuntura política. Prefiere dialogar abierta y accesiblemente con su lector, privilegiando el aspecto comunicativo a la belleza declamativa, realizando continuas referencias a la vida cotidiana de los sectores populares salvadoreños y de los militantes políticos de izquierda. Realiza además una relectura de la historia y del presente de El Salvador en clave popular. En este mismo sentido, utiliza sus "conversatorios" -especie de diálogos implícitos o presentados como un guión teatral- que incorporan diferentes voces, inclusive de personajes con opiniones contrarias al poeta o que representan sus propias discusiones internas. Este recurso es inédito en la poesía de la época, aunque sí había sido utilizado en la prosa. Desafiando el purismo, Dalton mixtura recursos de ambos registros, poesía y prosa, en la búsqueda de la innovación y de la máxima comunicatividad con su lector.[15] Otra característica destacable en *La ventana* es el tono irónico, muy propio de Dalton, y la combinación de temas personales con temas políticos o históricos-sociales (como son la lucha de clases, la injusticia social, y la exaltación de los valores indígenas).

Puede destacarse en este poemario el poema titulado "Por qué escribimos". En él, Dalton advierte sobre las responsabilidades que le caben a su generación con respecto a las que vendrán ("custodiamos para ellos el tiempo que nos toca"), y también da cuenta de sus responsabilidades personales. Escribe: "Uno tiene en las manos un pequeño país/ horribles fechas/ muertos como cuchillos exigentes". Quienes ya no están "le pesan" en las manos al poeta, le reclaman cierta actitud. Este peso en sus brazos/manos, el de su "pequeño país", parece agobiarlo íntimamente. El *nosotros* aquí desaparece y domina en cambio un clima intimista. Esto

15 Melgar Brizuela, Luis, *op. cit.*

es relevante y da cuenta de un rasgo a resaltar en la poesía de Dalton y es que constantemente refleja el íntimo debate entre su responsabilidad histórica, el rol que debe jugar en la revolución como poeta/intelectual, y su vocación, su necesidad personal de dedicarse plenamente a la poesía, encerrarse en la "torre de marfil" menos comprometida y más segura que le permite colaborar desde sus poemas y no de otra forma.

Este es un debate que irá cambiando de tono a lo largo de su vida y que se resolverá de una forma que marca el principal aporte de Dalton a la literatura salvadoreña. Entregar no sólo su poesía a la revolución (escribiendo sólo panfletos y propagandas) ni sólo su cuerpo (abandonando la poesía e integrándose a la guerrilla), sino su cuerpo *y* su poesía: participando en los debates sobre las posibilidades de la lucha armada en América Latina a través de poemas escritos en Cuba, escribiendo entre pintada y pintada, mientras integra el Ejército Revolucionario del Pueblo (ERP), arriesgando su vida al cuestionar la autoridad de su jefe en la guerrilla.

La presencia de duras críticas a curas y abogados también da cuenta de aspectos personales. Ambas figuras estarán muy presentes en la poesía de Dalton a través de retratos burlones en el más moderado de los casos, y rozando la blasfemia en muchos otros. Es que no son éstas, para Dalton, figuras ajenas de las cuales nada tenga para decir. Representan justamente aquello que probablemente pudo haber sido y desechó por una vida comprometida con la poesía y la realidad de su país: Dalton realizó el colegio secundario en una prestigiosa institución jesuita, y la religión, las reflexiones teológicas, lo acompañaron toda su vida –aun durante su militancia más comprometida en el comunismo– revelando muchos de sus poemas la influencia de la teología de la liberación y su amistad con Ernesto Cardenal. Su odio por la curia obsecuente del poder llega a niveles altísimos en buena parte de su obra, aunque en este poema en particular sea moderado.

4. 1962: el fin del exilio y *El turno del ofendido*

El turno del ofendido[16] está escrito durante los últimos años que Dalton vive en México, estancia que -a diferencia de la que vivirá en Cuba- le genera una enorme tristeza y nostalgia. El poemario recibe una mención especial de Casa de las Américas y es inmediatamente publicado en Cuba, lo que funciona para Dalton como una llave de ingreso al país, cuya revolución tanto defenderá y que fue para él una segunda patria. Las menciones y reconocimientos recibidos, además de las publicaciones de sus obras, constituyen para el poeta una "victoria" sobre sus enemigos que han querido callarlo y neutralizarlo enviándolo al exilio. Dalton abandona entonces la actitud sombría y nostálgica que se percibe en *La ventana...* y dedica su nuevo poemario a sus amigos, pero también a sus enemigos (está precedido por variadas dedicatorias en una cantidad que no se reiterará en ninguna de las obras posteriores de Dalton). Es su revancha, su turno de hablar: es "el turno del ofendido". Ya desde el título vemos entonces que se profundiza esta actitud antisolemne, burlona, especialmente de sí mismo.

Al igual que en *La ventana,* se aborda tanto lo lírico-personal como lo histórico-social. Sin embargo, en *El turno del ofendido* se agrega con más fuerza la cuestión religiosa, especialmente en ese diálogo interno que el poeta tiene con su propia formación cristiana y que tanto choca con el nuevo panorama de injusticia que ahora es capaz de ver desde la perspectiva marxista.

El poema "El arte de morir", por ejemplo, refleja una apelación resignada al recurso de la violencia. Es la violencia -y no cualquier violencia, sino la organizada- la que pondrá fin a la cruda situación del país, en tanto la justicia en la cual se creía (la divina o la humana, Dios,

---

16 Dalton, Roque, *El turno del ofendido,* San Salvador, UCA Editores, 2000.

curas o abogados) ha resultado incapaz. No es la violencia espontánea y desorganizada de la rebelión de 1932, que se realizó "machete en mano" y que fue inmediatamente desarticulada. Es la violencia a través de la guerrilla, el Partido o cualquier organización que trabaje para eso, y arme apropiadamente a sus combatientes.

El tono irónico y burlón que domina el poema busca desmitificar, hacer más accesibles a personajes y fechas considerados sagrados o intocables para los salvadoreños. Dalton sugiere entonces matar a los miembros de la oligarquía cafetalera (las mencionadas catorce familias, "catorce jugadores borrachos" en el poema de Dalton), durante "las ceremonias conmemorativas / del primer grito [de independencia]".

Otra referencia burlona es la que se hace del embajador americano. Dalton apela al humor negro. Insta a dejarle una flor al embajador asesinado. La ironía es clara: uno deja una flor ante una tumba y con eso honra a la persona muerta: ¿por qué entonces se debería dejar una flor a alguien que uno no pretende honrar? ¿Cómo leer, si no en clave irónica, el hecho de que la flor sea dejada en el agujero que se le hizo a la persona en la cabeza con una ametralladora?

En este poema aparece más nítida la figura del guerrillero. Desde temprano (en el momento que Dalton escribe este poemario no hay guerrillas aún en El Salvador y el partido al cual responde no tiene todavía intenciones de formarlas), ésta parece ser una figura ya muy presente en el pensamiento de Dalton. Acompaña al guerrillero cierta mística revolucionaria muy influida por el caso cubano y la figura del Che, que será reivindicada en libros posteriores de Dalton: al revolucionario lo mueve el amor (al pueblo, a los niños, a la mujer amada la "única que existe") y como cualquier soldado, el guerrillero no debe nunca soltar su arma, aun "cuando se venga el suelo velozmente hacia el rostro". Esto tiene una importancia específica en el caso de la guerra de guerrillas, a diferencia de las guerras convencionales. La adquisición de armas es, para un guerrillero, parte de la guerra en sí, y no una condición previa para su desarrollo, de allí la importancia de no soltarla.

El tema de la muerte tiene aquí dos lecturas. Presente con mucha fuerza en todo el poema, la muerte del revolucionario no se menciona sino con eufemismos. Dalton parafrasea así una idea común en la época: el guerrillero nunca muere, sigue viviendo en sus compañeros. En el poema, el guerrillero no cae muerto: es el suelo el que se viene velozmente contra su rostro.

Por otro lado, el poema manifiesta una conciencia certera de los riesgos del revolucionario: luego de realizar lo que indica el recetario, el revolucionario va a ser asesinado y la resignación con la cual esto se expresa da cuenta del carácter indefectible de esta afirmación. A la par de esa resignación hay un detalle interesante, y es el distanciamiento a través del cual esto se expresa. Se puede observar una conciencia de total entrega a la causa, pero narrada simulando un "recetario" y a través de una conjugación bien impersonal de los verbos ("tómese", "mátese", "recuérdense", etc.). Esto parece revelar una necesidad de exorcizar un miedo profundo nombrándolo, cuando es aún difícil imaginarlo en el propio cuerpo.

Es el destino de Dalton y su generación el comprometerse con la causa, y es la muerte el destino seguro del revolucionario, pero Dalton aún se encuentra en un profundo conflicto interno entre su *ser poético* y su *ser político,* debate que parece resolverse en libros posteriores. ¿Es su lugar la guerrilla? ¿Debe él soltar la pluma para empuñar un arma? Su radicación en Cuba, su apoyo explícito a la revolución y el posterior alejamiento de los partidos comunistas "legalistas" parecen haber definido las cosas, pero en los tempranos años sesenta esto aún carcome de una manera impactante a Dalton, tanto que halla expresión en muchos de sus poemas. Esta reflexión no ha sido fácil, ni ha sido un tránsito tranquilo su vida hasta su ingreso final en El Salvador como integrante de una de las guerrillas. No en vano, a la relación entre lo que el poeta escribe y lo que el poeta vive, Dalton la describe como "desgarramiento" en el libro *El intelectual y la sociedad.*[17] Aunque su principal aporte va a ser cuestionar a quienes sostienen que abandona la poesía al subsumirla a la política, que pierde calidad como poeta cuando se transforma en guerrillero, Dalton vive internamente esta conversión como una pérdida de algo propio, un "desgarramiento".

5. 1962-1964: *Los testimonios*. Del exilio en México al compromiso en Cuba

Sobre el final de su exilio mexicano y durante sus primeros meses de estadía en Cuba, Dalton escribe *Los testimonios.* El poemario representa así un reflejo exacto de su transición: de su posición de exiliado -al margen de la realidad salvadoreña en el DF mexicano- a su compromiso abierto y explícito con la causa revolucionaria representada por Cuba. El año 1962, en que finaliza el poemario, es además clave para Dalton. Recibe una mención especial de Casa de las Américas por *El turno del ofendido,* y su libro *El mar* es publicado en Cuba, país donde se instala hasta su regreso clandestino a El Salvador en 1973.

Los testimonios es una ruptura audaz, sin precedentes, un cambio radical en el género que marca el camino a los de su generación. Dalton está viviendo en este momento un salto personal trascendente a nivel político. Como dijimos, su llegada a Cuba marca su entrega total a la causa

---

[17] Dalton, Roque, *et al., El intelectual y la sociedad,* México, Siglo XXI, 1969.

revolucionaria latinoamericana luego de un período de dudas y reflexiones que lo atormentaban, tal como se veía en obras anteriores. El "lector ideal" de Dalton adquiere en *Los testimonios* un perfil más acabado: es el intelectual o el militante político de izquierda, especialmente el de los sectores medios urbanos. A él se dirige, no con la intención de conmoverlo con el lirismo de su poesía, sino con la de movilizarlo políticamente.

Cinco poemas ubicados al final del libro son el reflejo sincero de una transición dolorosa, de una decisión -la entrega revolucionaria- que se tomó no sin reflexión, y en la que primó la duda, la contradicción, el "amor a la vida" ante la posibilidad de la muerte, el miedo y el dolor por abandonar la "alternativa espléndida" (la poesía) e insertarse en el proceso revolucionario, entregándole el cuerpo y el oficio.

En el primero de ellos, "La vida inútil", representa el monólogo de una persona que ha muerto recientemente y se encuentra enterrada. El cadáver comenta resignadamente su nuevo estado, y casi al final, se desliza la posibilidad de que éste cadáver represente al propio Dalton en 1962, ya que en ese momento él contaba con veintisiete años, que son los que el cadáver menciona que debe comenzar a recordar. El epígrafe que abre el poema ("... y hay que vivirla de forma que no se sienta un dolor torturante por los años pasados en vano...") resume por su parte la reflexión que se refleja en la sucesión de los cinco poemas y parece ser el lema que ayuda a Dalton a exorcizar el miedo a una certeza que en *Los testimonios* se hace más fuerte: la certeza de la muerte segura que rodea al revolucionario. El epígrafe plantea que, de no elegir el camino revolucionario, le espera un "dolor torturante" y una "vida inútil", con lo cual la opción revolucionaria, aun cuando implica la muerte segura, mejora como alternativa.

Un momento posterior en la reflexión lo representa "Hora cero", en donde el poeta da cuenta de la "difícil situación" a la que se enfrenta: el "Tener miedo a la muerte gloriosa, obligatoria". Llama la atención el hecho de que un revolucionario, encuadrado orgánicamente en el Partido, ponga como punto de inicio, como "hora cero" en su trayectoria, el momento de la duda, y no de la férrea convicción de poseer la verdad, de leer la historia en la clave correcta. Esto parece responder a dos cuestiones sumamente interesantes en Dalton en lo que respecta a su idea del papel que el poeta debe ocupar en el proyecto revolucionario, y también a su posición política con respecto al dogmatismo. En primer lugar, la poesía, para Dalton, como acto cultural, no debe disolverse completamente en lo que en la época se considera "el gran acto cultural de nuestra época y de nuestros países [...] la acción revolucionaria, la lucha por la revolución".[18] La literatura, el arte en general, no es una esfera escindida de la esfera política: esta idea acompaña a Dalton desde la fundación del Círculo Literario Universitario, a través de la cual reclama de los poetas un compromiso integral, rompiendo con lo que Alvarenga califica como los cánones de la modernidad racional instrumental, que separa al arte en tanto esfera autónoma del resto (la economía, lo político, etc.).[19] Dalton se enfrenta con esta idea y reclama el deber de la poesía de aceptar su rol político, sin perder su especificidad. Por eso, la poesía se diferencia de otros discursos políticos y puede reflejar la duda, el egoísmo "pequeño burgués" latente en la reacción instintiva de defender la propia vida. Inclusive la duda de un revolucionario comprometido y ya encuadrado orgánicamente.

---

18 Dalton, Roque, *La ternura no basta,* La Habana, Casa de las Américas, 1999.

19 Alvarenga, Luis, *La crítica de la modernidad de Roque Dalton, op. cit.*

En segundo lugar, el reconocimiento abierto de la duda y de los procesos reflexivos arduos son indicadores de un rasgo de la posición política que será más clara en el Dalton de finales de los años sesenta (por ejemplo, en *Un libro rojo para Lenin);*[20] en su ánimo subversivo y reflexivo, básicamente antidogmático, busca sembrar la duda en el interior de su propia fuerza, instalar el diálogo más que cerrarlo con certezas, abrir el debate con aquellos que se jactan de "cumplir fielmente con sus pasos / trazados con rigor desde ayer / por el dedo del combate". Contra la "homogeneidad estalinista" el Dalton político instala el debate, siembra la duda, cuestiona las propias decisiones y, a la vez, llama a la acción: a "empuñar con firmeza el cuchillo" para salir a la llanura, aunque no se tenga certeza de saber usarlo. Fue justamente esta capacidad de cuestionamiento constante uno de los móviles que llevaron al asesinato de Dalton a manos de sus propios "compañeros".

El tercer poema, cuyo título "La pausa" parece dar cuenta de un momento de reflexión, refleja en cambio la toma de decisión. La certeza de la muerte es clara: "la muerte está echada", y también parece clara la función que el poeta debe cumplir al interior del proyecto revolucionario: debe llamarlos con su voz para que estén listos, para que se alisten, se alineen. Es la agitación política expresada poéticamente, la resignificación de la figura del "tlamatini". Ya vimos que no es la única función que Dalton reserva para la poesía y para los intelectuales. Reclama para sí la posibilidad de cuestionar y polemizar, pero se sabe dentro de un movimiento concreto, de una fuerza destinada a vencer o morir, empresa a la que él cede su cuerpo (esto será más claro con su ingreso a la guerrilla) y su oficio (la poesía no sólo como canal de difusión del proyecto revolucionario y sino también como forma de enriquecerlo con nuevas perspectivas).

---

20 Dalton, Roque, *Un libro rojo para Lenin, op. cit.*

6. 1964-1969: *Taberna y otros lugares* o el "frío" socialismo real y el fuego revolucionario latinoamericano

Durante los años que van desde su instalación en Cuba hasta su regreso clandestino a El Salvador, Roque Dalton alcanza su madurez como poeta y, en 1969, encuentra el máximo reconocimiento: recibe el premio de Casa de las Américas por su poemario *Taberna y otros lugares.*[21] Considerada por muchos su obra cumbre, *Taberna...* sintetiza los principales rasgos del Dalton de 1964 a 1969, cuando, a través de la innovación estética, preanuncia la ruptura con el PCS.

Los "otros lugares" que incorpora *Taberna...* incluyen todos los países en los que vivió ciertas experiencias políticas: El Salvador (el período que estuvo preso hacia inicios de los años sesenta), México y Checoslovaquia (adonde viaja en 1966 como representante del PCS). En una revista internacional comunista *Taberna* realiza una de las más originales críticas al socialismo checo, a la vez que un retrato fiel del clima previo a la "primavera de Praga" de 1968. Su postura política se torna más nítida, las críticas que realiza al "socialismo real" refuerzan su apoyo y convicción con respecto a los movimientos armados en América Latina. Dalton llama a la República Checa "país en pañales", y a su pueblo, "hijos de Hombre uncidos a la noria", sostiene que la juventud intelectual checa ya no cree en la utopía socialista que, según ellos, se ha quedado en pura retórica. Luego agrega: "En Cuba no será así, en Latinoamérica no podrá ser así".

Consultado por el título de lo que estaba escribiendo -el poemario que luego tomaría el nombre de *Taberna y*

21 Dalton, Roque, *Taberna y otros lugares,* San Salvador, UCA Editores, 2004.

otros lugares–, Dalton respondió estar armando un "poema-problema". Esto se refleja de diversas formas en el poemario. En primer lugar, las poesías contenidas en *Taberna* son resultado de una reflexión política: "Dalton quiere mostrar en su libro *Taberna...*, respaldando su escritura con su práctica militante, que la literatura puede y debe ser verdadera, es decir, darse en relación con una práctica política".[22] El poemario constituye entonces el resultado y la superación del "desgarramiento" que el poeta describirá poco después, en 1970, en *El Intelectual y la sociedad,* es decir, la resolución del conflicto entre lo que se vive y lo que se escribe.[23]

En segundo lugar, es un problema (o un *poema-problema)* habida cuenta de la relación que establece con el lector. A través del recurso al diálogo, más propio de la prosa pero utilizado en *Taberna...* magistralmente, Dalton establece una conversación con el lector, quien no puede ser reducido al papel de simple espectador. El poeta aseguraba haber escrito "su libro más comunista", y esto radica no tanto en su contenido ideológico -un leninismo heterodoxo- sino más bien en la búsqueda y la construcción de un nuevo lector un "lector-socio, socialista, capaz de 'conversar' con el autor" y poner su cuota de imaginación para salir airoso de una lectura compleja.[24]

Dalton desafía constantemente al lector. El uso de recursos no convencionales en la poesía y más propios de la narrativa (e inclusive del registro oral más que del escrito) se debe a esta férrea voluntad dialoguista, interactiva con el lector. Constantemente lo interpela, lo conoce, sabe qué y cómo piensa, por eso insiste en llevarlo más allá de sus propios límites provocándolo, haciéndolo dudar de

---

22 Melgar Brizuela, Luis, *op. cit.,* p. 296.

23 Dalton, Roque *et al., El intelectual y la sociedad,* México, Siglo XXI, 1969.

24 Melgar Brizuela, Luis, *op. cit.,* p. 298.

sus propias convicciones; utilizando también el humor como forma de burlarse, quitándole el rasgo de sagrado o incuestionable a personajes e ideas propias de la cultura de izquierda latinoamericana.

7. 1969-1975: del recorrido por "otros lugares" al regreso a El Salvador

El premio de poesía de Casa de las Américas por *Taberna...*, además de constituir el máximo reconocimiento recibido por Dalton, lo impactó en el sentido de profundizar su compromiso con la revolución, especialmente la salvadoreña. A partir de ahí, su propia mirada se enfoca cada vez más en el retorno a El Salvador. Las referencias al contexto internacional son más escasas a partir de 1969, y el poeta se concentra en temas y problemas salvadoreños. Su principal aporte en ese sentido será la crítica al sector de la izquierda que él llama "quietista" o "reformista"; es decir, a partidos o miembros de partidos que insisten -como sucedía en el Partido Comunista Salvadoreño- en que aún no están dadas las condiciones para la lucha armada y en que no es posible repetir en otros países la experiencia cubana.

Cuando *El intelectual y la sociedad* es publicado, la postura de Dalton ha ganado en decisión y esto se refleja en dicho libro.[25] Dalton lleva al límite su convicción de que ser poeta es ante todo una actitud de compromiso con las mayorías y, en consecuencia, de compromiso con la revolución:

> No queremos decir que un escritor es bueno para la revolución únicamente si sube a la montaña y mata al Director General de la Policía, pero creemos que un buen escritor en una guerrilla está más cerca de todo lo que significa la

[25] Dalton, Roque *et al.*, *El intelectual..., op. cit.*

> lucha por el futuro, el advenimiento de la esperanza, etc., es decir, del rudo y positivo contenido que todos los rizos retóricos han ocultado por tanto tiempo, de quien se autolimita proponiéndose ser, a lo más, el crítico de su sociedad que come tres veces al día.[26]

Esto se corrobora en los hechos: poco después de la publicación de este libro, Dalton renuncia a Casa de las Américas y comienza a preparar su regreso clandestino a El Salvador.

Poco antes, Dalton escribe *Un libro rojo para Lenin.*[27] Este libro constituye el reflejo de un salto importantísimo en la reflexión política, a la vez que un aporte contundente y original (en tanto se realiza desde la poesía, o más bien, desde una *versión daltoniana de la poesía)* al más candente de los debates en el interior de la izquierda latinoamericana en el momento, y más específicamente, al debate que, en particular, se está dando en el interior del PC salvadoreño: en efecto, cuando Dalton publica el texto, los comunistas salvadoreños están discutiendo si mantienen la estrategia de "acumulación de fuerzas" o toman las armas. Ése es justamente el tema alrededor del cual gira *Un libro rojo.*

Lo que Dalton está buscando es recuperar el Lenin que plantea las formas de tomar el poder, en detrimento de aquellos textos leninistas utilizados por los Partidos Comunistas alineados con la III Internacional, que planteaban la imposibilidad de tomar el poder a la manera cubana, es decir, a través de la formación y actuación de las guerrillas.

La intención político-ideológica del libro es clara y en muchas oportunidades prescinde de los recursos literarios que podrían quitarle inteligibilidad (por ejemplo, el uso de eufemismos o metáforas). Sólo apela a recursos poéticos

---

26 Ibídem, p. 24.

27 Dalton, Roque, *Un libro rojo..., op. cit.*

como el humor y la ironía para hacer más digerible una elaboración extensa y plagada de citas. El objetivo principal es poner las ideas de Lenin en contacto "con la tierra y los hombres", "dinamitar el mausoleo, para que Lenin salga de entre las gruesas paredes de mármol, a recorrer de nuevo el mundo, cogido de la mano del fantasma del comunismo".[28] Volver a discutir Lenin sin encerrarlo en la lectura que siempre ha hecho la "vanguardia nominal" (los PC que poseen el título de vanguardia revolucionaria sin haber llevado adelante una acción de tales características).

Muchos de los rasgos del pensamiento político de Dalton se encuentran resumidos en su poema "Cuba". Este poema es una toma de posición explícita en la discusión alrededor de la excepcionalidad de la Revolución Cubana: "La gran excepcionalidad de la revolución cubana surge sólo / si establecemos como regla general / la línea de las organizaciones revolucionarias tradicionales / de América Latina". Esto constituye una crítica abierta al PC salvadoreño, apegado a la "politiquería del escalamiento calmado de posiciones" y el "teoricismo abstracto". Estas críticas no son nuevas en la voz de Dalton, lo inédito en *Un libro rojo...* es que estas críticas se expresan a través de la poesía. Es a través de los recursos poéticos que Dalton busca participar en el debate y abrir el diálogo con su interlocutor: no busca conmoverlo con una métrica prolija y metáforas originales.

Otro de los aportes de *Un libro rojo...* a los debates de la izquierda latinoamericana se centra en su particular lectura de los textos de Lenin. Dalton plantea que Lenin debe ser leído *desde* y *para* América Latina, es decir, de una manera antidogmática y creativa. Da cuenta de este problema en el prólogo, que no aparece en el inicio sino varios textos después y que se titula: "El problema de hablar

---

[28] Dalton, Roque, "El problema de hablar de Lenin con el agravante de hacerlo desde un poema (prólogo)", en *Un libro rojo..., op. cit.*, p. 27.

de Lenin en América Latina con el agravante de hacerlo desde un poema (prólogo)". Explicita aquí, sin rodeos, dos cuestiones: la primera está presente en buena parte de su obra y es la pertinencia de utilizar la poesía con un fin político tan concreto como una discusión como ésta de la que *Un libro rojo* forma parte. Dalton está en desacuerdo con aquellos que pretenden preservar la pureza de la poesía, no ensuciarla mezclándola en el barro de la lucha política, pero también con aquellos que consideran que cuestionar la lectura "oficial" de Lenin a través de la poesía (utilizando además el humor y la ironía, el lenguaje vulgar) es inútil y hasta irrespetuoso.

En el poema "Alguien levanta la mano" Dalton le da voz a un supuesto lector que está en desacuerdo con lo expresado en un poema anterior.[29] Esta persona trae al libro las críticas que más comúnmente le hacen sus compañeros de militancia, cuando manifiesta notar en el texto "cierto tonillo zumbón, cierto distanciamiento irónico que no se aviene para nada al tipo de personaje que está en el centro de la temática: Lenin [...] el poeta, la poesía, interviniendo en estos menesteres de política explícita, directa, no es lo más, dijéramos... Bueno, usted me entiende". A lo que "el poeta" contesta que sería impropio entrar en una polémica "en voz alta, en el interior del mausoleo de Lenin", pero más impropio sería considerarlo "zona sagrada para evitar la explicación viva y creadora de la herencia leninista a través de la discusión esclarecedora ¿Me entiende?". Tras varias páginas de diálogo, y sin que el poeta haya logrado convencer al lector, el texto termina:

> Un lector: —Entonces ¿se cierra la discusión?
> El poeta: —No. Ahora es que se abre verdaderamente...

---

29 Dalton, Roque, *Un libro rojo...*, *op. cit.*

Dalton reserva para la poesía la posibilidad de realizar un aporte a la discusión política, y ese aporte tiene muchas veces que ver con la capacidad de la poesía para generar, a través de los recursos poéticos, reacciones en el lector, discutir con él, movilizarlo, interpelarlo.

La segunda cuestión que se explicita en el prólogo es el reclamo de Dalton por una lectura "despierta" de las concepciones leninistas, lectura que no olvide las especificidades del lugar desde donde se lo está leyendo. Las dos discusiones más importantes en ese sentido son con respecto a la clase media -descalificada muchas veces en tanto "pequeño burguesa" y retomada por Dalton como fuerza clave para el avance revolucionario latinoamericano, especialmente en la figura de los estudiantes universitarios- y con respecto a los trabajadores rurales. En su poema "Cuba", retoma esta última idea, pero ahora en un registro poético.[30] Destaco este momento del pensamiento político de Dalton en particular, porque, pasados los hechos (el auge de la movilización y de la represión propio de los años setenta, y la guerra civil de los ochenta), revelan una increíble lucidez.

Pese a participar por escasos dos años en la guerrilla en su país, Dalton supo dar cuenta de lo que serían los dos rasgos más destacables de la guerrilla salvadoreña: su vinculación estrecha con los movimientos sociales de base y su exitoso asentamiento en el ámbito rural. Se trata de una vinculación orgánica entre guerrilla y organizaciones sociales, territoriales y gremiales que claramente no tiene parangón con la situación en la que se encontraban las organizaciones político-militares en el Cono Sur (de relativo

---

30 En el poema expresa: "[la revolución cubana fue] una actualización de la importancia de la población rural / como fuerza indispensable de la revolución / en países agrarios como los latinoamericanos / y del campo como teatro de la actividad político-militar / contra las exageraciones sobreestimantes de lo urbano / en lo organizacional y lo político".

a absoluto aislamiento, según el período). Con respecto a la insistencia de Dalton a instalarse en el campo, fue mayormente desde ese ámbito desde el cual, la guerrilla organizó y extendió "zonas controladas" donde ni el ejército ni el Estado salvadoreño podían ingresar y que fueron claves para otorgarle el estatus de fuerza beligerante.

8. Ahora es cuando se abre verdaderamente...

El presente trabajo constituyó un recorrido por algunos temas y problemas planteados por el poeta salvadoreño: la relación entre los poetas, su poesía y la política, y la discusión sobre las formas de toma del poder. Desoyendo los consejos de Roque, que incorpora en sus poemas perspectivas que dialogan y llegan a refutar sus opiniones, se han omitido las voces con las cuales él está discutiendo, las respuestas que ha recibido. Cuando Dalton arma su rojo *collage* incluyendo citas de Castro, Lenin, Mao Tse Tung, Kim Il Sung, Guevara, un campesino salvadoreño, manuales de entrenamiento de las fuerza armadas norteamericanas, etc., etc., no lo hace como un intento ingenuo de omitir su propia voz autoral, sino con la intención de privarse de dar la última palabra. Dar la última palabra es *ganar* la discusión, pero es también *el fin* de la discusión, del diálogo y la polémica, el estancamiento de la razón.[31] Sus libros no son odas al Partido, a los obreros, a los indígenas, a Lenin, ni mucho menos, a él mismo; sino *poemas-problema*. No son el fin de ninguna discusión, sino el intersticio en el cual ella "se abre verdaderamente...."[32]

---

[31] Alvarenga, Luis, *op. cit.*

[32] Ibídem, p. 133.

Heterodoxias fronterizas de indios mexicanos

José del Val Blanco[1]

1. Universidad, ciencias sociales y los desafíos de la interculturalidad

No puedo sustraerme de hablar en mi triple condición de mexicano, de etnólogo interesado en la investigación de los pueblos indígenas -con énfasis permanente en la antropología aplicada- y, en la actualidad, de director de un Programa Universitario que, no por casualidad, se denomina "México, Nación Multicultural". Para el Programa, *multiculturalidad* y *pluriculturalidad* son, además de sinónimos, categorías que aluden a una enorme diversidad de realidades concretas, históricas, sociales, demográficas y lingüísticas: México es con claridad una nación multicultural. Tardía pero verazmente reconocida por nuestra Constitución Política: "La Nación mexicana tiene una composición pluricultural sustentada originalmente en sus pueblos indígenas", según consigna el artículo 2° de la Carta Magna. *Interculturalidad,* en cambio, alude a las características específicas de los *procesos* de contacto, intercambio, aculturación, vínculos y relaciones que pueden regirse por la equidad o por la subordinación, a inclusiones o exclusiones, pero siempre a *relaciones,* que definen identidades, reciprocidades, solidaridades o conflictos.

En México, como en muchos otros países, este reconocimiento de la existencia de los pueblos indígenas, tal

---

1 Programa Universitario México Nación Multicultural, Universidad Nacional Autónoma de México. Las referencias contenidas en el texto pueden verificarse y ampliarse consultando el sitio web del PUMC: http://www.nacionmulticultural.unam.mx/

como lo formula la Constitución, establece e impone como marco político conceptual *una idea dicotómica* que remite históricamente a la díada indígenas-españoles y, más tarde, a la de indígenas-mestizos, excluyendo u ocultando la enorme diversidad de culturas y procesos subsumidos bajo la categoría de indígenas, así como también a otros numerosos segmentos de población, cuya existencia, desarrollo y dinámicas sociales resultan esenciales para comprender la diversidad del México histórico y actual, animada por la presencia de africanos, europeos, asiáticos, norteamericanos, centroamericanos y sudamericanos. De ahí, por ejemplo, el interés y trabajo de investigación del Programa en el campo de lo que denominamos *Inmigración y diversidad cultural. Los mexicanos que nos dio el mundo,* donde se profundiza sobre el impacto, las determinaciones e implicaciones de la inmigración de españoles, africanos, judíos, libaneses y otros pueblos del Levante, chinos, japoneses, coreanos, alemanes, franceses, ingleses, griegos, latinoamericanos, gitanos, menonitas, etc.

Como científicos sociales, docentes universitarios y ciudadanos, nos enfrentamos a la necesidad de actualizar permanentemente el mapa de la pluriculturalidad; a reconocer que coexistir en la diversidad constituye un desafío mayor para las sociedades del siglo XXI; a revisar en profundidad nuestros sistemas categoriales para definir la pertinencia de los enfoques de las ciencias –sean éstas sociales o ambientales–, los aportes de la llamadas etnociencias, de los saberes tradicionales y de las epistemologías, y a marchar hacia la constitución de nuestros centros de trabajo para que operen como organismos expertos en la pluriculturalidad y, sobre todo, en la interculturalidad.

2. Interculturalidad con y sin historia. A propósito de ortodoxias y heterodoxias fronterizas

La aproximación al tema del encuentro se ubicará desde la perspectiva de la interculturalidad. Las principales referencias se enfocarán en México, en sus antropologías, en sus pueblos indígenas y -parafraseando al tema central del encuentro- en algunas "heterodoxias fronterizas" de indios mexicanos. Resulta sencillo verificar que la temática de la interculturalidad se manifiesta actualmente en todo el mundo, cargada de muy diversos contenidos y significaciones según quien la reivindique, la condene o simplemente la describa. Asumida como un anhelo de relaciones igualitarias, o vituperada por quienes la identifican como fuente de conflictos y amenaza de "la destrucción de valores esenciales", su universalización es clara. La generalización del concepto ha hecho que el adjetivo "intercultural" sea usado hoy tanto para calificar una política educativa o lingüística, un sistema mixto de atención médica o un fenómeno migratorio, como para caracterizar una representación diplomática, un foro internacional de pueblos originarios, una universidad para indígenas, un modelo de comunicación, una oferta de mercancías o una selección de fútbol. Pero más allá de los usos oportunistas de la interculturalidad, es preciso admitir que se trata de un fenómeno y de un concepto de una notable vigencia y complejidad. Un campo privilegiado para la reflexión epistemológica y también, en fin, una moda.

Para quienes, por diversas motivaciones parecen creer que la reflexión intercultural se inaugura con Will Kimlicka o Charles Taylor, quizá sea oportuno recordar que en países como México y desde los años 1915 y 1916 antropólogos como Manuel Gamio planteaban que era "indispensable analizar las influencias interculturales" en las regiones pluriétnicas, y que ya para 1955, como postulado de la "acción indigenista", Gonzalo Aguirre Beltrán publicaba sus *Programas de salud en la situación intercultural.* Perspectiva que se ampliaba a los campos de la educación, la lingüística, el derecho y el desarrollo económico. Y enfatizar que estos pioneros -convertidos más tarde a la ortodoxia del indigenismo de Estado- advertían sobre la posibilidad de relaciones armónicas o, por el contrario, asimétricas en el seno de las situaciones interculturales (este era, en esencia, el sentido último de sus acciones, el núcleo del diseño institucional y de las acciones puestas en práctica).

Cabe preguntarse, entonces: ¿fue el indigenismo un pensamiento de frontera -por el carácter pionero de sus postulados esenciales-, un pensamiento y una acción sobre las fronteras interiores, las que marcaban los límites entre "las regiones interculturales de refugio" y las de "la sociedad nacional", y, finalmente, las de una nación que había perdido la mitad de su territorio, soportado invasiones, y generado lo que se ha llamado "la primera revolución del siglo XX"...?

Hay dos cuestiones esenciales: una, reclamar una mirada histórica a las teorías, políticas y programas interculturales, sin desvalorizar las sincronías ni las actualidades; y otra, preguntarnos, en este contexto, cómo operar ante las nuevas realidades que emergen del mundo indígena en los contextos de la globalización, incluidas las viejas y nuevas epistemologías de los indígenas. En este último sentido, podríamos señalar como ejemplares el modelo pedagógico Totonaco, o la concepción del universo Rarámuri y sus consecuencias en la vida y organización social. Sin embargo, para esta ocasión resultará más pertinente partir de enfocarnos en los viejos y, sobre todo, en los nuevos datos del mundo indígena de hoy, declarando de antemano que, ya sea por su novedad, por su contundencia, o bien porque intentamos mirar con nuevos ojos tradiciones ancestrales o irrupciones indígenas de la modernidad, las fronteras del pensamiento y de la práctica desafían -como este volumen lo propone- nuestras concepciones de las ortodoxias y de las heterodoxias.

3. Los pueblos indígenas del México actual

México posee la población indígena más grande de América: 15.703.474 de personas, según el Censo General de Población y Vivienda de 2010. Se reconocen 62 pueblos (o grupos etnolingüísticos), 68 lenguas y 364 variantes dialectales. Junto a pueblos cuya magnitud demográfica va de los 2.000.000 a los 300.000, existen otros con menos de 500 habitantes. La tasa de fecundidad de las mujeres indígenas (3,1 hijos nacidos vivos registrados) contrasta con la del resto de las mujeres mexicanas (1,2) y, aunque sigue siendo alta, ha disminuido considerablemente en el último medio siglo, al tiempo que se ha prolongado la esperanza de vida (69 años para los indígenas, esto es, inferior en 7/8 años a la de la población no indígena: 76 los hombres, 78 las mujeres).

Se acepta, en general, que México distingue en su interior veinticinco regiones indígenas "tradicionales" (las Mixtecas, las Huastecas, los Altos de Chiapas, la Península de Yucatán, la Cora-Huichol, la Sierra Tarahumara, etc.). Sin embargo, los procesos migratorios interiores e internacionales han definido al menos cuatro grandes tipos de asentamientos indígenas: 1) las regiones rurales tradicionales; 2) las ciudades mexicanas; 3) las áreas agroindustriales y sus periferias, y 4) los campos y ciudades de los Estados Unidos y Canadá. Lo anterior muestra una atenuación de "lo tradicional" para dar paso a las "regiones interétnicas", a la "indianización de las ciudades", en fin, a la "trasnacionalización indígena". Considérese el siguiente caso: en Baja California coexisten cinco pueblos originarios: *paipái, cochimí, cucapás, kiliwas y kumiai,* con una bajísima densidad demográfica, pues sumados todos no llegan a 1.000 habitantes, junto a casi 25.000 mixtecos, 18.000 zapotecos, 10.000 nahuas. Claramente, los primeros habitan su "región rural tradicional", mientras que la presencia masiva de los segundos convierte a Baja California en una "región rural interétnica".

Como es bien sabido, la población indígena de México presenta los *mayores índices de marginación* (fenómeno relevado y ratificado por muy diferentes metodologías, sean éstas las que miden la pobreza, la esperanza de vida, el acceso a los satisfactores esenciales, el analfabetismo o la desnutrición). Ahora bien, la insistencia en ubicar la pobreza como una condición esencial indígena disimula u ocluye dos fenómenos cuya importancia no sólo es esencial para la comprensión de la marginación, sino que es necesario reinstalar como campo de debate, sea éste científico o ideológico: 1) que la pobreza es una construcción social, relacional histórica, económica y culturalmente determinada; 2) que es a partir de las relaciones de desigualdad, y no de la cuantificación y cualificación delirantes de pobreza, que se puede explicar el sistema de relaciones que hacen de México y de gran parte de las naciones americanas una de las regiones más desiguales del planeta, en términos de la acumulación de la riqueza por un lado, y de la pobreza y la marginación más desgarradoras, por el otro.

Este núcleo duro de la reflexión y las discusiones actuales sobre la pobreza y sus mediciones, que constituyen el núcleo de las preocupaciones y de las acciones y programas de los gobiernos contemporáneos, de los organismos internacionales, tanto de orden político como económico, encierra uno de los obstáculos epistemológicos más consistentes para producir reflexiones de frontera y de transformación. La *"pobretología",* como le denomino, se ha instaurado entre nosotros como principio y fin de las reflexiones, a modo de ejemplo paradigmático de la imposición de un proceso de sustantivación arbitraria de la vida social y de la comprensión de la misma, emasculando la estructura relacional de la vida social, compartimentando y aislando sectorialmente a los grupos humanos, ya sea por pobreza, género, grupos de edad, identidad étnica, o por cualquier ocurrencia sociológica, estableciendo programas y estrategias, para cada grupo particular, desconectadas de su causalidad relacional.

La evidencia de esta estrategia epistemológica, metodológica y política, se muestra de forma clara, en el manoseo estadístico que en México señaladamente, al igual que en otros países americanos, se mantiene durante las últimas tres décadas en torno a las cifras de pobreza, en un vaivén constante e irrelevante de subidas y bajadas, a semejanza de las bolsas de valores. Debe sin duda preocuparnos que esta estrategia impulsada por los centros de poder del neoliberalismo, se imponga, no sólo en los ámbitos económico, financiero o político, sino también en el de las instituciones y la formación universitarias, produciendo un efecto perverso en la comprensión de las realidades y, por supuesto, en la construcción e imaginación de estrategias de transformación y cambio.

4. Los territorios indígenas, ¿última frontera de neoextractivismo?

El hecho innegable de que los territorios indígenas sean depositarios de enormes riquezas naturales y culturales reinstala la discusión acerca de las características del desarrollo, al menos en dos perspectivas: 1) las estrategias que resultan del rediseño del capital, del neoextractivismo para apoderarse de esos recursos; 2) las de las opciones del desarrollo indígena: el Sumak Kausay de los quechuas, el Suma Qamaña de los aymaras, el Küme Mogen de los mapuches, para decirlo con el lenguaje de pueblos sudamericanos. Del buen vivir, que los indígenas parecen dispuestos a hacer suyo, si bien con diferentes significaciones.

El hecho de que, dados sus recursos mineros, eólicos, turísticos, hídricos, forestales o biológicos, los territorios indios de México sean de interés prioritario para el capital convierte -paradójicamente- a las "regiones de refugio indígenas" en una suerte de *última frontera* a vulnerar y pulverizar por las estrategias económicas del neoliberalismo. Al abordar este tema, Nemesio Rodríguez, un colaborador del Programa, escribe:

> El milenio se abrió, en el subcontinente, con la modalidad explícita del rediseño de la ocupación espacial y, por lo tanto, de re-territorialización del capital y la población. Las obras de infraestructura (carreteras, puertos, aeropuertos, hidroeléctricas, exploración y explotación gasera y petrolera, etc.) tuvieron el sentido básico de "integración nacional" de territorios "aislados", el acceso intermitente de ciertos recursos naturales al capital y la selección de puntos privilegiados para el comercio internacional y el turismo en las últimas cinco décadas del siglo pasado. El contexto de la globalización facilita y permite un cambio de escala en la planificación pasando de regiones subnacionales articuladas a iniciativas subcontinentales que aprovechan la infraestructura preexistente, la redimensionan en términos jurídicos y administrativos "nacionales", la modernizan (cluster tecnológicos, aduanas virtuales, etc.) y se amplían. Es así como emergen la Iniciativa de Integración Regional de Sudamérica (IIRSA) en el 2000 y el Plan Puebla Panamá (PPP) en el 2001.[2]

En México se desarrolla de manera creciente una espectacular ofensiva en el campo de los recursos naturales.

---

2 Rodríguez, Nemesio, "Los pueblos indígenas y los megaproyectos de desarrollo en América Latina", s/d.

Por ejemplo, entre 2000 y 2009 se han concesionado 51.099.312,7 hectáreas de territorio nacional para 24.531 proyectos mineros. Entre 2010 y 2011, se entregaron 1.512 nuevas concesiones. Son 293 las empresas mineras extranjeras en el país (213 de Canadá; 45 de los EE.UU.; 8 de China; 5 de Australia; Inglaterra, Japón y Corea del Sur con 4 cada una; India y Perú con 2 cada una, Bélgica, Luxemburgo, Chile, Italia, España y Holanda con 1 cada una). Se agrega que las empresas pagan por hectárea concedida 25 centavos de dólar y nada por el material extraído.

Esta inconcebible claudicación del Estado mexicano a proteger la riqueza del subsuelo como bien de la nación y, por lo tanto, del pueblo, que se suma a la insistente demanda de privatización de la empresa petrolera mexicana PEMEX, si bien lleva por un lado a garantizar una mayor ganancia a las empresas transnacionales, por el otro aumenta exponencialmente las condiciones de conflicto al abrir sin consideraciones la frontera minera en territorios indígenas con titularidad sobre sus tierras, ya sea esta en la forma de comunidad agraria y/o ejido. Sin restar importancia a los diversos conflictos generados por las empresas mineras.

El caso del pueblo Wixárika (huichol) es quizás el más emblemático para el año 2011. James Anaya, relator especial sobre los derechos de los pueblos indígenas de la ONU, examinó el caso de las veintidós concesiones mineras otorgadas por el Estado mexicano a la empresa canadiense First Majestic Silver Corp., sin consultar previamente al pueblo indígena. Las concesiones comprendieron un área de 6.327 hectáreas en la zona de Wirikuta, Real de Catorce, sitio sagrado para los Wixárika en el estado San Luis Potosí. El área abarca una importante ruta de peregrinación que ha sido utilizada por los Wixárika por más de mil años, en donde se encuentran numerosos sitios sagrados con alto significado cultural y religioso, se realizan ceremonias, se encuentran enterrados sus antepasados, y en donde también recolectan el *híkuri* (peyote) para uso ceremonial.

El hecho es que la IIRSA y el PPP -hoy Iniciativa Mesoamericana- y su avance sobre territorios indígenas de México, América Central y América del Sur, constituyen un tema de interés mutuo para los colegas de Argentina y México, y una ocasión para estrechar la colaboración para la creación de organismos expertos en las temáticas de las interculturalidad, que es preciso ver hoy no sólo a la luz de los "estudios culturales", sino también de los "estudios económicos, ambientales, políticos y jurídicos", cuando menos. En esto las universidades públicas son espacios esenciales.

5. La migración indígena y las fronteras interiores e internacionales

Existen nuevos desafíos que las actuales realidades del mundo indígena plantean a las ciencias sociales, a las diversas líneas de investigación y a los programas universitarios. Uno de ellos es la inserción indígena en el fenómeno migratorio y, como resultado de ello, a las remesas monetarias que envían los migrantes, fundamentalmente desde los Estados Unidos. En México, el proceso migratorio es de tal envergadura que está produciendo situaciones inéditas, tanto por la magnitud de la población involucrada -las cifras oficiales hablan de más de 11 millones de mexicanos en los Estados Unidos, gran parte de ellos indígenas- como por la diversidad y originalidad de los rasgos del fenómeno. Ambos factores, y sus consecuencias en el orden sociodemográfico, económico, sanitario, jurídico, lingüístico y, en general, cultural, están influyendo en la generación de nuevas formas de registro sociodemográfico -en los censos, conteos, encuestas-, en las investigaciones

-antropológicas, sociológicas, económicas, médicas, en los estudios de género, etc.-, en la captación de flujos financieros y, naturalmente, en la prensa impresa o electrónica.

En las dos últimas décadas, ha crecido el interés por el estudio de las remesas monetarias que envían a sus países y comunidades de origen los grandes contingentes migratorios que se desplazan internacionalmente, motivados -esencial, pero no exclusivamente- por la búsqueda de mejores condiciones de empleo y trabajo. Considerando cifras absolutas, China, India y, en América, México encabezan la lista de los mayores receptores de remesas. Sin embargo, hasta el presente no se dispone de datos que permitan apreciar la contribución de los indígenas migrantes a las economías nacionales. Algunas cifras preliminares son reveladoras de la magnitud del fenómeno: por ejemplo, en 2011, las remesas totales registradas oficialmente (a través de registros que no contabilizan mecanismos informales de envío de dinero) alcanzaron los 21.964 millones de dólares. En estados mexicanos con fuerte presencia indígena, las remesas representaron: el 56% de los ingresos públicos en Michoacán, el 31,6% en Oaxaca, el 38,1% en Guerrero, el 32,9% en Hidalgo y el 31,7% en Puebla. La condición de pobreza e indigencia de los indígenas es revelada también por el destino de las remesas, que buscan satisfacer necesidades esenciales: en el período 2000-2009 el uso de las remesas en *Comida, renta, compra o mejora de la vivienda* superó el 80% para todos los años (con el índice más elevado, 87,4%, en 2006-2007), mientras que el uso para *Pago de deudas* y *Compra de tierras o negocios* fue, en todos los años, inferior al 9%. El logro de estabilidad en las fuentes de trabajo, la protección de los envíos frente a costos usurarios de los tramitadores nacionales y estadounidenses, y la generación de empleos dignos y bien remunerados en México, esencialmente, son temas persistentemente planteados por las comunidades, los movimientos políticos y las organizaciones indígenas. Si, como parecen señalar las primeras estimaciones, el aporte indígena estaría en el orden del tercio general de las remesas, *los indígenas migrantes estarían aportando diez veces más del total del presupuesto anual gubernamental destinado a la Comisión Nacional para el Desarrollo de los Pueblos Indígenas* -el organismo especializado del gobierno federal en la atención a los pueblos indígenas- *y casi el doble del presupuesto total federal para programas indígenas.*

6. Principios teórico-políticos del Programa Universitario México Nación Multicultural (PUMC-UNAM)

La percepción de que había que *transitar del reconocimiento de las realidades multiculturales al desarrollo de modelos interculturales aplicados,* se convirtió en la guía principal de las iniciativas, proyectos y acciones del Programa. El principio rector que preside el desarrollo de proyectos o iniciativas, ya sea como respuesta a demandas dispersas o como corolario a solicitudes específicas, es que el PUMC-UNAM, como instancia universitaria, debe diseñar, operar y evaluar los instrumentos analíticos para la generación y difusión de nuevos conocimientos, impulsar la generación de estructuras que garanticen la viabilidad de los modelos aplicados y mantener de manera constante el diálogo y la interacción con los sectores sociales que identifican a la universidad como un interlocutor competente, responsable y confiable. En otras palabras, asumir el papel que le corresponde en la responsabilidad de construir cotidianamente nuevos modelos interculturales, despojados de asimetrías, univocidades y desigualdades.

La intención de dotar a la Universidad de un organismo experto en las cuestiones de la interculturalidad implica, al menos, hacer realidad los siguientes propósitos: 1) consolidar un *cuerpo de conceptos teórico-metodológicos* que guíen el análisis de la multiculturalidad y de la interculturalidad, y el diseño de proyectos, iniciativas y acciones aplicadas del Programa; 2) definir un conjunto de *líneas estratégicas del Programa,* acorde al propósito mayor de la UNAM de contribuir al estudio y solución de los grandes problemas nacionales, particularmente en el campo de las relaciones interculturales; 3) definir en el seno del PUMC-UNAM dos estrategias para captar lo que llamamos *la demanda dispersa* (ya sea que ésta se exprese en comunidades o movimientos indígenas, o las formulen sus líderes e intelectuales, ya sea que se manifiesten en el ámbito académico o institucional); y una segunda estrategia para la *demanda específica,* universitaria, social, profesional, etc. (por ejemplo, las múltiples aspiraciones de jóvenes indígenas para el acceso efectivo a las estructuras académicas universitarias, o el reconocimiento constitucional a la población negra, el diagnóstico de las empresas de productores indígenas, los estudios socioeconómicos y la transferencia de información de interés, o el abordaje de ciertos temas que estaban ausentes en el *pensum* universitario en la UNAM o en otras instituciones de educación superior); 4) disponer de una *estructura académico-administrativa* funcional a las tareas del Programa; 5) generar el más completo *sistema de información y documentación* sobre la multiculturalidad y la interculturalidad en temáticas fundamentales de México y América; y 6) desarrollar una *capacidad de identificación y diagnóstico de nuevas problemáticas* que determinen la elección de proyectos de investigación y aplicación, y confirmen la vocación universitaria de generar nuevos conocimientos e instrumentos teóricos y prácticos de trascendencia social.

7. Una breve mirada a los proyectos

Algunos de los proyectos o iniciativas en los que trabaja actualmente el Programa son: 1) Los pueblos indígenas y los indicadores de bienestar y desarrollo "Pacto del Pedregal"; 2) Estado del desarrollo económico y social de los pueblos indígenas de México, estudios estatales (Guerrero, Michoacán, Chiapas, la Región del Totonacapan); 3) Proyecto Docente México, Nación Multicultural; 4) Sistema de Becas para Estudiantes Indígenas; 5) Medio siglo de movimientos y organizaciones indígenas en América Latina; 6) Impacto de los megaproyectos de desarrollo en zonas indígenas y negras de América Latina; 7) Encuesta Sociodemográfica de la población negra de la Costa Chica de Oaxaca y Guerrero; 8) Inmigración y diversidad cultural en México. "Los mexicanos que nos dio el mundo"; 9) Sistema de Información de los Pueblos Indígenas de América (SIPIA); 10) Biblioteca Digital de la Medicina Tradicional Mexicana; 11) Foro Afromexicano por el Reconocimiento Constitucional de los Derechos del Pueblo Negro en México; 12) Empresas indígenas; 13) Festival Oaxaca Negra; 14) Remesas, migración y desarrollo en la comunidades indígenas del México actual; 15) Sistema de Información Multicultural.

8. La investigación de la interculturalidad y los sistemas de información

Como seguramente podrán advertir ante la sola enunciación de los proyectos, todos –o la gran mayoría de ellos– acopian, producen, analizan, catalogan y difunden una gran cantidad de información. Las razones para que ello ocurra son múltiples: 1) la variedad de los temas que el abordaje de la interculturalidad implica; 2) los múltiples aspectos que emergen en las investigaciones sobre el desarrollo económico y social indígena; 3) la índole de las encuestas sociodemográficas, como en el caso de la población negra no censada oficialmente; 4) la gran cantidad de investigadores o docentes asociados que participan en nuestros proyectos (más de 500 en los *Estados del desarrollo de los pueblos indígenas);* 5) el hecho de que el PUMC-UNAM sea depositario de acervos tan importantes como el archivo histórico, la biblioteca y la hemeroteca del Instituto Indigenista Interamericano, así como de otros fondos que nos son donados o que tenemos en custodia; 6), finalmente, el hecho de que el PUMC-UNAM se perfile como el organismo universitario experto en las cuestiones y problemáticas de la multiculturalidad y la interculturalidad.

Se trabaja, en consecuencia, con la convicción de que los modernos proyectos de investigación, docencia y difusión encuentran en los Sistemas de Información (en la Tecnologías de la Información y la Comunicación, TIC) una poderosa herramienta que ayuda a la sistematización, protección, consulta, transferencia de datos y consulta de vastos acervos. Confiamos que la Universidad Nacional de San Martín y la Universidad Nacional Autónoma de México encuentren en este campo mecanismos de colaboración futura y mutuamente fructífera.

La frontera norte de México. De la expansión hacia el Lejano Oeste al poblamiento del Septentrión

Sara Ortelli[1]

El Septentrión novohispano fue un territorio sobre el que España ejerció escasa dominación durante el período colonial. Tal como sucedió con otras áreas de Iberoamérica, se trató de un control más nominal que efectivo por parte de la metrópoli sobre un espacio que, además, era acechado de cerca por otras potencias imperiales -Inglaterra, Francia, Rusia-, y hostilizado por grupos indígenas no sometidos, como los apaches y los comanches.

En las primeras décadas del siglo XIX, se produjeron una serie de transformaciones en la organización y articulación del imperio español. En las latitudes septentrionales, estas transformaciones se entrelazaron con dos procesos. El primero, general a todos los dominios españoles, fue la crisis y desestructuración del sistema colonial a partir de la irrupción del ciclo bélico que comenzó en la península y se extendió a los territorios de ultramar, con especiales consecuencias sobre las fronteras, ya que determinó que se debilitara el equilibrio logrado con los indígenas desde la última década del siglo XVIII (consistente tanto en la entrega de raciones y regalos a los grupos proclives a establecer relaciones de paz como en la intensificación y promoción de relaciones basadas en el comercio y el intercambio). El otro proceso, más particular del Septentrión novohispano, fue la paulatina expansión de los Estados Unidos hacia los territorios del sur y suroeste -Texas, California y el norte de Nuevo México- sobre los que España ostentaba, como ya

1 Instituto de Estudios Histórico-Sociales, Universidad Nacional del Centro de la Provincia de Buenos Aires. CONICET.

fue mencionado, un dominio discutible, habida cuenta de la escasa presencia de población y asentamientos. La penetración de pobladores estadounidenses en esas regiones fue emprendida y apuntalada, en gran medida, con base en actividades comerciales, que ampliaron y profundizaron con nuevos bríos desde principios del siglo XIX las relaciones que se venían estrechando desde tiempo atrás. Algunas de estas actividades se desarrollaron en el marco de la legalidad, por parte de comerciantes que se establecieron cerca de los espacios formalmente controlados por la población novohispana. Otras, en cambio, fueron animadas por el contrabando. Gran parte de estas actividades clandestinas involucraron a los indios no sometidos, que fungieron como proveedores de caballos y armas.

Una vez consumada la independencia de México, el establecimiento de los límites jurisdiccionales del país en ciernes escindió espacios que anteriormente habían estado articulados, pero que en la época independiente pasaron a formar parte de entidades diferentes. A la vez, los transformó y reorientó, en función de las necesidades de los nuevos tiempos, que desembocaron más tarde en los procesos de construcción del estado nacional, del mercado interno y de una nueva constelación de relaciones en el ámbito internacional. Esto tuvo lugar tanto al interior de la joven nación mexicana, como hacia el exterior, con respecto a su país vecino del norte, que también llevaba adelante su propio proceso de construcción del estado nacional. Como bien expresa una historiadora: "En el antiguo septentrión novohispano o gran norte español la variable geográfica y el pasado común apuntan hacia una gran integración del paisaje norteño mexicano con el suroeste de Estados Unidos [...] Sin embargo, debido a la separación institucional de

1848 la 'zona fronteriza' pasó a ser entendida como el límite entre dos unidades independientes y por ende opuestas".[2]

Andando el siglo, los liberales mexicanos entendieron que sobre ese extenso espacio debía instrumentarse un proyecto colonizador al que veían como la solución a varios de los problemas estructurales que lo habían caracterizado. La colonización sería, así, una respuesta ante la escasez de población, el peligro de la pérdida y desintegración de esa parte de la joven nación frente a la amenaza de expansión de potencias extranjeras, los ataques e incursiones de los *bárbaros* y, también, la necesidad de fomentar la agricultura y de fortalecer e incrementar una clase media de terratenientes y de pequeños propietarios rurales frente a los grandes y poderosos latifundistas.

1. El proceso de poblamiento del Septentrión novohispano

La conquista, la colonización y la formación de la sociedad novohispana estuvieron caracterizadas por la interacción de rupturas y continuidades entre la organización prehispánica y las necesidades del nuevo orden colonial. Las formas que fue adquiriendo esta compleja y dinámica combinación de elementos nuevos y preexistentes estuvieron profundamente influenciadas por las características de las sociedades nativas con las que entraron en contacto los españoles. En el centro del territorio identificaron los contrastes entre los mexicas y los michoaques o tarascos -de tradición agrícola- con respecto a los grupos ubicados en el norte. El avance hacia el norte representó

---

2 Lopes, Maria-Aparecida, "El intercambio en la frontera norte de México: comercio internacional en el ámbito regional (1850-1884)", en *Secuencia*, núm. 73, México, Instituto Mora, enero-abril de 2009.

una empresa diferente.[3] Más allá de los términos de las zonas ocupadas por los cultivadores, comenzaba la "Gran Chichimeca", que era un espacio diferente no sólo por sus rasgos físicos, sino también por las formas de organización sociopolítica y económica de sus habitantes, todo lo cual enfrentó a los conquistadores con una experiencia distinta a la que habían llevado adelante hasta ese momento.

El territorio que, al calor de los procesos coloniales, se constituyó como Septentrión novohispano había sido considerado como una frontera aun desde las épocas anteriores a la llegada de los españoles. Según nos cuenta Bernardino de Sahagún, los mexicas lo habían identificado como *chichimecatlalli* o región donde moraban los chichimecas, y de ella decían que "es tierra muy pobre, muy estéril y muy falta de todos los mantenimientos".[4] La traducción del náhuatl de la voz chichimeca es "cuerda de perro", que ha sido interpretada como hijos de los perros o, en un sentido metafórico, linaje, de gente que, como los perros, no tiene casa. Se relaciona también con la creencia en que estos grupos descienden de una perra que después del diluvio se convirtió en mujer. Torquemada interpreta que significa "chupadores" (del verbo *chichi* o amamantar) y sugiere que este nombre se aplicó porque chupaban la sangre de los animales que cazaban. Quienes consideran que deriva del adjetivo *chichic* (amargo) relacionan el concepto con la descripción de "gente áspera y amarga".[5]

---

3 García Martínez, Bernardo, *Los pueblos de la Sierra. El poder y el espacio entre los indios del norte de Puebla hasta 1700,* México, El Colegio de México, 1987, p. 66.

4 De Sahagún, Fray Bernardino, *Historia general de las cosas de la Nueva España,* México, Editorial Alfa, 1955, p. 478.

5 Reyes García, Luis y Lina Odena Güemes, "La zona del Altiplano central en el Posclásico: la etapa chichimeca", en Linda Manzanilla y Leonardo López Luján, *Historia Antigua de México,* vol. III, México, INAH-UNAM-Porrúa, 1995, p. 241.

Por las características de las actividades económicas basadas en la caza y recolección, los grupos norteños no tenían residencia fija y estaban en movimiento más o menos constante para lograr la obtención de los recursos. Tal movilidad se enmarcaba dentro de unos límites territoriales que debían respetar los diferentes grupos y hacer concordar con los ritmos de la naturaleza, como las estaciones del año o el acceso a las fuentes de provisión de agua. Esta fue una de las características que más llamaron la atención de los conquistadores, ya que contradecía la necesidad de controlar y organizar el nuevo territorio. En ese contexto, la movilidad se interpretó de manera simplificada y esquemática como nomadismo. En suma, estas sociedades presentaban una forma diferente de organización del trabajo y del modo de vida, que dificultaba a los españoles tanto desarrollar estrategias de guerra formales para someterlos, como llevar a la práctica una política de alianzas y convenios, como habían podido concretar con los pueblos del centro. Uno de los caminos que posibilitó el control sobre ese territorio fue el exterminio -ya fuera físico o cultural- de los habitantes nativos.

Los españoles intentaron dar un orden al espacio y a las sociedades nativas con base en distinciones que contraponían los indios de guerra a los de paz, y los nómadas a los sedentarios. En el centro-norte del Septentrión establecieron diferencias entre los habitantes de la sierra y los de las llanuras, que recibieron una extensa gama de denominaciones. Desde el punto de vista del avance del poblamiento y de la incorporación de los indígenas al sistema colonial, los indios serranos que se habían establecido en pueblos y misiones pasaron a formar parte de los indios reducidos, que habían aceptado estar bajo la autoridad de los representantes civiles, militares y religiosos de la nueva organización.

La principal ruta de acceso al Septentrión era el camino real de tierra adentro, que se extendía sobre una distancia de casi 2.500 kilómetros, desde el centro del virreinato hasta Santa Fe, en Nuevo México. En el siglo XVII, su tránsito tomaba seis meses; a principios del siglo XIX, el lapso de tiempo necesario para recorrerlo se redujo a unos cuatro meses y medio, de los cuales el tramo entre México y Chihuahua ocupaba tres.[6] Por esta vía transitaban caravanas con vagones o recuas cuyas cargas llevaban productos a San Felipe el Real de Chihuahua desde la ciudad de México, Michoacán, Puebla y otras regiones del virreinato novohispano. San Felipe el Real de Chihuahua era en esos momentos una especie de metrópoli regional y Santa Fe dependió durante muchas décadas del monopolio comercial representado por ese real. Todas las rutas comerciales que unían el sur y el norte pasaban por allí, lo que la convirtió en base de grandes comerciantes que acapararon el mercado de Nuevo México y de las poblaciones occidentales de Sonora, a través de Janos.[7]

Una parte importante de las transacciones se realizaba en las ferias anuales. Una de las más famosas era la de Taos, en Nuevo México, conocida también como feria de los apaches, donde la relación más frecuente era el trueque o cambalache. Entre los bienes intercambiados figuraban las pieles, las gamuzas y algunos esclavos, que podían permutarse por ropas y caballos. También se rescataban durante la feria cautivos españoles, muchos de ellos en manos de los

---

6 Moorhead, Max, *New Mexico's Royal Road. Trade and Travel on the ChihuahuaTrail,* Albuquerque, New Mexico University Press, 1995, p. 40. También, Suárez, Clara Elena, "Camino real y carrera larga: la arriería en la Nueva España a fines del siglo XVIII", tesis de Doctorado, México, Universidad Iberoamericana, 1994, p. 345.

7 Graziella Altamirano y Guadalupe Villa (comp.), *Chihuahua. Textos de su Historia, 1824-1921,* México, Gobierno del Estado de Chihuahua, Instituto de Investigaciones Dr. José María Luis Mora, Universidad Autónoma de Ciudad Juárez, 1988, pp. 92 y 93.

comanches que eran visitantes asiduos. A finales de cada año, los mercaderes y pobladores de Taos se desplazaban hacia Chihuahua, donde se llevaba a cabo la feria del mes de enero. En ella se podían adquirir vinos, telas, ropas, armas, municiones, entre otros bienes y productos. Otra feria anual de importancia se realizaba en el fértil y frondoso Valle de San Bartolomé, conocido durante la época colonial como el granero de la Nueva Vizcaya. Fuera de estos momentos particulares, los pobladores podían abastecerse de los productos de primera necesidad en los mercados y parianes, donde era posible adquirir carne, tortillas, queso, chile, frutas, verduras o vino. Había también, especialmente en centros como Parral y Chihuahua, tiendas bien establecidas que vendían mercancías transportadas desde el centro del virreinato y algunas originarias de ultramar.[8]

La posición relevante que ocupaba San Felipe el Real en las redes comerciales tenía sus orígenes a principios del siglo XVIII, cuando la riqueza argentífera de la Nueva Vizcaya se había establecido en la zona de Chihuahua-Santa Eulalia, que dominó la producción de mineral durante varias décadas y se convirtió en el mayor centro de población del norte de México. Chihuahua se nutrió pronto con pobladores originarios de la antigua provincia de Santa Bárbara -ubicada en el sur del actual estado- y del real de Santa Rosa de Cusihuiriachi. Al asegurar el abastecimiento de insumos agrícolas y ganaderos y el necesario flujo de mano de obra para la producción agrícola y minera, las redes de abasto regionales posibilitaron la explotación del metal en gran escala. Unas décadas más tarde, gran parte de este territorio fue concebido por la historiografía estadounidense como las *Spanish Borderlands.*

---

8 Orozco, Víctor, *El Estado de Chihuahua en el Parto de la Nación, 1810-1831,* México, El Colegio de Chihuahua-ICHICULT-UACJ-Plaza y Valdés, 2007, pp. 177 y 179.

2. El Septentrión, la expansión hacia el Lejano Oeste y la historiografía estadounidense

En 1893, el historiador Frederick Jackson Turner presentó ante la *American Historical Association* reunida en Chicago un ensayo titulado "El significado de la frontera en la historia americana". Este texto marcó el inicio de una discusión que ha sido medular para la historiografía y que ha trascendido, al mismo tiempo, el ámbito académico. Como señala una estudiosa: "La agudeza de la tesis de Turner no radica en su precisión conceptual o en la evidencia empírica. Lo que Turner buscaba era establecer un paradigma de interpretación histórica [...] Pero además se trató de un paradigma que permeó la cultura, la política y las instituciones estadounidenses".[9]

Turner otorgó a la expansión hacia el oeste y al avance de la frontera una interpretación fundamentalmente política, que ponía de relieve la relevancia que ambos procesos habían tenido para la conformación de la nación estadounidense. Así, los presentó como el motor que había permitido construir la identidad de Estados Unidos como nación. Según esta idea rectora, los valores representativos de la sociedad estadounidense -individualismo, principios democráticos, liberalismo, ansias de progreso- se habían ido generando y reafirmando al calor de la confrontación de los colonos, o pioneros, con el medio agreste -del cual también formaban parte las sociedades indígenas-, característico de la inmensurable extensión de tierra que se extendía más allá del horizonte. En palabras de Turner: "La existencia de una superficie de tierra libre y abierta a

---

9 Crespo, María Victoria, "La frontera como noción fundadora de un proyecto de Estado-Nación en Argentina y en Estados Unidos", *Nostromo. Revista Crítica Latinoamericana,* año III, núm. 3, México, UNAM/El Colegio de Chihuahua, 2010, p. 11.

la conquista, su retroceso continuo y el avance de los colonos hacia el occidente, explican el desarrollo de la nación norteamericana". En ese nuevo espacio, "las instituciones norteamericanas [...] han sido obligadas a adaptarse a los cambios de un pueblo en expansión".[10] La frontera -que avanzaba hacia el oeste- había construido el este, lo había moldeado y le había impreso sus valores: la sociedad norteamericana en su conjunto era el producto de esa expansión.

En términos historiográficos, una de las principales contribuciones de Turner fue plantear a la frontera como un proceso y como una nueva forma de sociedad, superando así la connotación estrictamente geográfica del concepto. Ciertamente, ubicaba a la frontera en un lugar, pero lo que intentaba explicar era el proceso en el que la frontera misma era una protagonista indiscutible de la historia nacional. A partir de ahí, el *American West* se transformó en un área específica de estudio a la cual se dedicaron varias generaciones de historiadores, y pasó a representar el emprendimiento orientado a conocer la esencia y la especificidad de la experiencia estadounidense. La tesis *turneriana* puso en tela de juicio que las instituciones estadounidenses derivaran de la herencia europea que había fincado en el este del territorio, y creyó encontrar en el proceso de expansión hacia el oeste el carácter distintivo de un pueblo nuevo que había sido radicalmente transformado por tal experiencia.[11]

---

10 Turner, Frederick J., "El significado de la frontera en la historia americana", en Francisco de Solano y Salvador Bernabéu (eds.), *Estudios (nuevos y viejos) sobre la frontera,* Madrid, Consejo Superior de Investigaciones Científicas, 1991, p. 10.

11 Taylor, Lawrence D., "El desarrollo histórico del concepto de frontera", en Manuel Cevallos Ramírez, (coord.), *De historia e historiografía de la frontera norte,* Nuevo Laredo, Universidad Autónoma de Tamaulipas/ El Colegio de la Frontera Norte, 1996, pp. 40-43.

Como señala González Herrera, la gran aceptación que tuvieron las propuestas de Turner, tanto en el ámbito académico como fuera de él, respondieron en gran parte, a que contaban con una base de historia profesional -datos cuantitativos, discusión de conceptos, análisis de material de archivos-, y con una narrativa particular, anclada en un discurso pletórico de emociones patrióticas de tinte nacionalista, capaces de generar admiración y adhesiones. Todo esto arraigó en los discursos académico, político y popular, en la medida en que la construcción del concepto de frontera se acomodaba muy bien con la imagen de pueblo con *destino manifiesto* que iba tomando forma en Estados Unidos, al tiempo que el individualismo fronterizo era percibido como promotor de la democracia.[12]

Unas décadas más tarde, hacia 1920, Herbert Eugene Bolton, uno de los discípulos de Turner, propuso incorporar a la historia de la frontera el estudio del pasado novohispano y mexicano. Este estudioso revisó la idea de concebir a la frontera como un proceso específico de la experiencia estadounidense y planteó que los sistemas coloniales inglés, portugués y español habían tenido más similitudes que diferencias. Bolton aseveró -al mismo tiempo que Franklin Roosevelt lanzaba la política de "buen vecino"- que en toda América los contactos en la frontera (caracterizada por su medio ambiente singular y por sus pueblos nativos) habían tendido a modificar a los europeos y a sus instituciones. En tal sentido, el significado histórico de la frontera era válido tanto para las ex colonias anglosajonas como para las ibéricas. Desde esa perspectiva se recuperaban las formas

---

12 González Herrera, Carlos, *La frontera que vino del norte*, México, Taurus, pp. 33 y 36-37.

de expansión española, destacándose que las misiones y los presidios habían sido sus instituciones características.[13]

Las propuestas de Bolton y los continuadores de su línea argumental integraron la denominada escuela de las *Spanish Borderlands History.* Aunque inicialmente este enfoque sostenía la idea del papel hegemónico del "hombre blanco" y del heroísmo de personajes como los soldados y los misioneros en la historia de las fronteras, más tarde comenzó a revertir esa imagen. Alrededor de los años setenta, fue dejando atrás la mirada institucional y épica, y enfatizó la actuación de los indígenas como actores activos, sumó el aporte de los trabajos realizados por arqueólogos y etnólogos, y reinterpretó el peso de las herencias británicas, francesas y españolas como legados culturales válidos e híbridos en las fronteras.

Los replanteos y redefiniciones de la idea de frontera que se fueron desarrollando en esos años seguían impregnados, en gran medida, por algunos enfoques derivados de la tesis *turneriana,* que continuaban teniendo vigencia tanto en el ámbito académico como a nivel de los discursos populares. De a poco, sin embargo, tales concepciones comenzaron a ser objeto de críticas. Así, se revisó la hipótesis según la cual prácticamente no habían existido en el oeste conflictos porque se había tratado de una sociedad abierta al individualismo y a la idea de progreso, que promovía la democracia y, por ende, la convivencia armónica. Se planteó también una crítica al papel y significado de los actores de la sociedad de frontera. De la crítica y revisión acerca de los actores sociales que habrían intervenido en

---

13 Bolton, Herbert Eugene, "Defensive Spanish Expansion and the Significance of the Borderlands", en John Francis Bannon (ed.), *Bolton and the Spanish Borderlands,* Norman, University of Oklahoma Press, 1964, pp. 34-35. Véase un análisis en David Weber, "Turner, the Boltonians, and the Borderlands", *The American Historical Review,* vol. 91, núm. 1, 1986.

el proceso de expansión de la frontera, surgió en la década de 1980 la corriente autodenominada *New Western History*.

Los estudiosos nucleados en ella pusieron el acento en actores sociales tradicionalmente ignorados por la historiografía de la frontera. Para estos autores, el salto cualitativo respecto a los estudios de frontera surgió de una combinación entre el interés creciente en los estudios étnicos y de género, y el renovado interés en la historia social, lo que puso énfasis en la caracterización de una sociedad de frontera como una mezcla de instituciones culturales, religiosas y económicas europeas y americanas. Discutieron que esta experiencia de exploración y conquista hubiera otorgado las mismas oportunidades a todos los sujetos involucrados; así, cuestionaron la idea de que la sociedad de frontera fuera *per se* la cuna de los valores democráticos. En tal contexto surgieron los acercamientos que se ocupaban del estudio de la violencia ejercida durante el proceso de expansión y establecimiento en el oeste sobre las minorías -fundamentalmente, las mujeres y los indígenas-, como así también de las consecuencias de la expansión sobre el medio ecológico. Los *New Westerns* propusieron una revisión profunda del concepto de frontera *turneriano* y consideraron, incluso, la idea de rechazar el propio término frontera, puesto que se vincula a una perspectiva nacionalista, triunfalista y frecuentemente racista de los procesos históricos del gran oeste estadounidense.[14]

---

14 Limerick, Patricia, "What on Earth is the New Western History", en Patricia Limerick, Clyde A. Milner y Charles E. Rankin, *Trails Toward a New Western History*, Lawrence, University of Kansas Press, 1991, pp. 83-85.

3. ¿Comenzar por la cola del perro o por la cabeza?

Hace algunos años, el historiador español Alfredo Jiménez escribió un ensayo en el que revisó los presupuestos de los que parten las corrientes que abordan el tema de la frontera en la historiografía estadounidense, evaluó el lugar que han ocupado con respecto a la "historia nacional" representada por la *American History* y realizó una propuesta metodológica para superar los límites en los que quedan entrampados los diversos enfoques. Jiménez señaló que tanto la *Western History* como la historia de las *Spanish Borderlands* y la de los *New Westerns* son subsidiarias de la *American History* que es, en realidad, la historia del este, para el este y escrita desde la costa este. Sin embargo -señala-, mientras que la *American History* y la *Western History* "son un todo que pertenece y trata de explicar la historia de la nación americana", las *Spanish Borderlands* "se ven como un espacio extraño, o extranjero, donde sucedieron cosas que no se consideran parte de la historia nacional".[15] Allí reside, precisamente, esa especie de trampa a la que parece estar confinado el estudio de la frontera en Estados Unidos: en el recorte nacional -tanto en lo que respecta al aspecto espacial como historiográfico- que se ha hecho a la hora de analizar este proceso.

Frente a este panorama, Jiménez propone que el norte de México/sudoeste de Estados Unidos sea considerado como parte de un sistema mayor: el Lejano Norte de un imperio continental, el imperio español.[16] Este señalamiento, que puede parecer francamente obvio para un historiador que estudie el Septentrión novohispano desde México o

---

15 Jiménez, Alfredo, "El Lejano Norte: cómo escapar del *American West* y de las *Spanish Borderlands*", *Colonial Latin American Historical Review*, núm. 5, 1996, p. 391.

16 Ibídem, p. 412.

desde España, no lo es necesariamente para un investigador estadounidense, que lo analiza desde el este de Estados Unidos o como parte de la historia de la expansión hacia el oeste. Si este hipotético investigador estadounidense aplicase la "fórmula" de Jiménez, dejaría de tener sentido considerar la aparición de las *Spanish Borderlands* como un descubrimiento tardío del estudio sobre el proceso de expansión de la frontera *turneriana* hacia el oeste. En realidad, se descubriría que la historia de esas regiones forma parte de un proceso mucho más antiguo y complejo, que a la hora de construir explicaciones de carácter nacional fue escindido en dos territorios, dejándose de respetar la secuencia cronológica y desconociéndose, así, los cimientos de las sociedades anteriores a la expansión hacia el oeste, conformados a lo largo de varios siglos.

La historia de estos territorios, como bien señala este estudioso, comienza en el centro de México muchas décadas antes de la expansión del siglo XIX, en territorios que formaron parte del Septentrión novohispano y de México antes de convertirse en el sud-oeste de Estados Unidos. Jiménez graficó esta propuesta con la imagen de un perro y afirmó que analizar el proceso histórico de las actuales regiones estadounidenses que alguna ver pertenecieron al Septentrión novohispano desde la perspectiva del proceso de expansión hacia el Lejano Oeste, es como comenzar por la cola del perro en lugar de hacerlo desde la cabeza. Es decir, es tratar de comprender un proceso al revés. El proceso debe verse en el marco de una historia de larga duración: el poblamiento del norte de Nueva España desde el centro del virreinato; entonces, todavía estaba muy lejana la formación de los estados nacionales, que le otorgaría un significado diferente a la historia de la frontera.

4. La frontera en la historiografía latinoamericana de las últimas décadas

Cuando los historiadores latinoamericanos comenzaron a mirar a las fronteras pensándolas como problemas de investigación y tratando de evaluar su peso en la explicación de los procesos históricos de sus países, encontraron en los planteamientos de Frederick Jackson Turner una referencia para poner a prueba en sus respectivos casos de estudio. En América Latina, la discusión en torno al significado de la frontera fue tardía con respecto a Estados Unidos. En efecto, si en este último país, como fue señalado, surgió a fines del siglo XIX una importante tradición de estudios de historia de la frontera, que ejerció fuerte influencia en varias generaciones de historiadores que buscaron explicar en ese proceso las especificidades de su historia nacional, al sur del Río Bravo, mientras tanto, las diversas historiografías nacionales comenzaron a reflexionar sobre este fenómeno a mediados del siglo XX: fue recién durante la segunda mitad de la centuria cuando se llevaron a cabo estudios sistemáticos de las fronteras.

Turner le otorgó al avance de la frontera un sentido general en el marco de la historia de Estado Unidos y de su conformación como Estado nación, y lo concibió como génesis y soporte de la identidad nacional. La expansión hacia el Lejano Oeste norteamericano es, así, uno de los mitos fundacionales de la nación y de la construcción de la idea del "sueño americano". Al mismo tiempo, Turner encontró en la dinámica de este proceso una de las explicaciones más importantes en la búsqueda de los orígenes de la democracia estadounidense. Por el contrario, la historia de la frontera en América Latina tiende a ser percibida, aún hoy, como marginal. Esta supuesta marginalidad de los procesos vinculados a las fronteras y de las sociedades que en ellas se desarrollaron, opera en varios sentidos. Por un lado, tales procesos no han sido considerados como procesos centrales para la conformación de los Estados nacionales. Por otro, la historia de las regiones de frontera, tanto en el contexto iberoamericano colonial como más tarde en el nacional, ha suscitado, en términos relativos, escaso interés para los historiadores y, por lo mismo, ha generado una producción historiográfica menos abundante que la producida para otras áreas.

Un punto de inflexión relevante en este sentido lo constituye el simposio "Ocupación del suelo, poblamiento y frontera" realizado en el marco del IV Congreso Internacional de Historia Económica llevado a cabo en Bloomington, Indiana, en 1968. Dicho simposio, coordinado por Álvaro Jara, reunió a especialistas de diversos países de América Latina que reflexionaron en términos comparativos en torno a los procesos de expansión de las fronteras. El objetivo de los estudios era analizar diferentes casos latinoamericanos y evaluar hasta qué punto las fronteras podían ser utilizadas como llave de interpretación de los fenómenos históricos.[17] Tanto en estos trabajos como en otros que fueron escritos hacia la misma época, están presentes las ideas propuestas por Turner que, discutidas y vueltas a discutir por más de cien años,[18] tuvieron impacto en la historiografía latinoamericana hasta hace pocas décadas.

---

17 Fruto de ese encuentro fue un libro publicado un año más tarde: Jara, Álvaro (ed.), *Tierras nuevas. Expansión territorial y ocupación del suelo en América Latina (siglos XVI-XIX)*, México, El Colegio de México, 1969.

18 Los análisis de Arthur Aiton y de Walter Prescott Webb siguen de alguna manera la perspectiva abierta por Turner, en la medida en que también enfatizan la cuestión de los valores democráticos que la existencia de esta frontera y la dinámica social que ésta fomentó habrían determinado y se evalúa como una característica diferencial de la experiencia estadounidense. Véase Aiton, Arthur S., "Latin-American frontiers", *Canadian Historical Association Reports*, 1940. También Prescott Webb, Walter, "Latin America as a Frontier of Europe", en David Weber y Jane

En general, los historiadores latinoamericanos que a lo largo del siglo XX se interesaron en el proceso de expansión de las fronteras se ocuparon exclusivamente en los sectores sociales que iban quedando a la retaguardia de la expansión y consolidaban zonas de nuevo poblamiento, y nada dijeron de las sociedades indígenas cuyos territorios y formas de vida eran avasallados por tal proceso. Nada dijeron, tampoco, de las relaciones de interacción que comenzaban a generarse en el espacio híbrido: las sociedades de frontera. Esta idea de frontera aparece gráficamente representada en los mapas, los cuales presentan una línea que avanza de manera contundente, avasalladora y homogénea.[19]

Para los españoles que colonizaron el territorio americano, las fronteras eran regiones poco dominadas o conocidas, habitadas por pueblos que apelaban a la guerra para mantener o conseguir espacios, o para defender recursos y fuentes de sustento. Las crónicas y documentos que fueron surgiendo durante la experiencia colonial en América presentaron a la frontera como un espacio diferente y, al mismo tiempo, contrapuesto, tanto por las características físicas del territorio como por el modo de vida de las sociedades que lo habitaban. Estos espacios aparecen definidos, en la mayor parte de los casos, como fronteras de guerra que limitaban con el territorio ocupado por indios de guerra. A partir de tales concepciones, en la historiografía de la frontera latinoamericana colonial y decimonónica predominó, por muchos años, una perspectiva que enfatizó el conflicto, y dejó de lado el análisis de otras manifestaciones sociales, o las subordinó a la dinámica de las guerras por territorios. En ese contexto, la frontera fue entendida como

---

Rausch (eds.), *Where Cultures Meet. Frontiers in Latin American History*, Delaware, Jaguar Books, 1994.

19 Un ejemplo de esta concepción del avance de la frontera aparece en Florescano, Enrique, "Colonización, ocupación del suelo y frontera en el norte de Nueva España, 1521-1750", en Álvaro Jara (ed.), *op. cit.*

límite o línea de separación que marcaba la transición entre mundos con diferencias prácticamente irreconciliables. En la bibliografía especializada, la violencia y la guerra eran referidas, con frecuencia, como aspectos inherentes a las relaciones sociales que se desarrollaban en estos espacios.

Estas cuestiones, que hunden sus raíces en la construcción de la historia oficial, son visibles en la historiografía latinoamericana de las fronteras. González Herrera reflexiona acerca de este tema para el caso de la frontera norte de México y señala que, tal vez, ello se deba a que, en la tradición histórico-cultural mexicana, la frontera "es un espacio un tanto indefinido de oscuridad, lejanía, incertidumbre y fuente de miedo a lo desconocido [...] se reconoce el norte, sí, como parte del patrimonio territorial de la nación, pero como un patrimonio periférico al corazón espacial y espiritual del país".[20] Las fronteras latinoamericanas, en general, fueron entendidas como zonas cuyo protagonismo fue escaso o nulo en el proceso de conformación de la nación. En esta desigual trascendencia que adquiere el proceso de expansión de la frontera para la construcción de la idea de nación, es donde reside, en gran medida, el lugar que ocupa el tema en la historiografía.

En el caso de México, las fronteras no han ocupado un capítulo relevante en la agenda de los historiadores, ya que fueron consideradas regiones marginales, tanto desde el punto de vista geográfico como político y económico. El peso de los recortes nacionales también ejerció su impronta en la historiografía mexicana. En efecto, son escasos los estudios de historiadores mexicanos dedicados a analizar los territorios que desde mediados del siglo XIX pasaron a formar parte de Estados Unidos.[21] De hecho, es frecuente

---

20 González Herrera, Carlos, *La frontera que vino del norte, op. cit.*, p. 39.

21 Véase Levin Rojo, Danna y Martha Ortega (coords.), *El territorio disputado en la guerra de 1846-1848*, México, UAM/UAPBJO/PORRÚA, 2007, "Introducción", pp. 7-13.

que, en virtud del carácter binacional que ha adquirido el antiguo Septentrión novohispano, los balances historiográficos sobre esta región refieran la manera en que aborda su estudio la historiografía estadounidense con respecto a su par mexicana. Al mismo tiempo, la construcción del Estado nación y de las bases ideológicas de la identidad sociopolítica y cultural mexicana en el siglo XIX hallaron sustento en las sociedades y en los procesos históricos del centro del país. Esta concepción aparece reflejada, por ejemplo, en un autor como Silvio Zavala, quien señala que la sociedad de las regiones centrales, con su simbiosis entre las sociedades mesoamericanas nativas y los españoles, es más representativa de lo que se puede denominar un tipo nacional mexicano.

En las últimas décadas, sin embargo, los estudios sobre las fronteras y las sociedades de frontera en el ámbito latinoamericano han sido objeto de una profunda renovación teórico-metodológica. A la transformación de la propia categoría de frontera, se agregó la revisión de las relaciones sociales que tenían lugar en ellas. Las fronteras dejaron de ser concebidas como líneas de separación, para convertirse en espacios socialmente construidos, con características y dinámicas propias. Hoy entendemos a las fronteras como espacios porosos y permeables, que comprenden un amplio abanico de manifestaciones y que son atravesados por hombres y mujeres, bienes y productos, influencias culturales e intercambios de información, cosmovisiones y transformaciones lingüísticas, y en los que se desarrollan complejos procesos de mestizaje y de etnogénesis.[22]

Esta renovación de enfoques -pero también de temas y problemas- que ha protagonizado la historiografía referida

---

22 Lopes, Maria-Aparecida y Sara Ortelli, "Introducción" al dossier "Fronteiras Americanas. Entre interações e conflitos (séculos XVIII-XX)", *Estudos de História*, vol. 13:2, UNESP, Franca, 2006.

a los espacios fronterizos latinoamericanos, responde tanto a la incorporación gradual de preocupaciones provenientes de otros campos de la historia -social, económica, política, cultural, ambiental- como al establecimiento de un diálogo más fluido con otras ciencias sociales. Y, en parte, también ha estado relacionada con la revisión emprendida por la historiografía estadounidense en relación con las tesis de Turner, otrora ampliamente difundidas y aceptadas como parámetros explicativos de algunas experiencias nacionales latinoamericanas. Así, fue revisada y redefinida la categoría de frontera: de ser entendida como una línea de separación entre sociedades antagónicas y en permanente conflicto, pasó a considerarse un espacio social, permeable y dinámico, capaz de posibilitar un amplio abanico de relaciones. La profundización de las investigaciones sobre las sociedades de frontera está transformando, en varios aspectos, nuestra comprensión de los procesos del pasado latinoamericano.

Fronteras, espacios e identidades: la extremadura sureña de Brasil, siglo XIX

Cesar Guazzelli[23]

"A gente vai andando, vai andando...".

Em 1996, um programa especial da Televisão Globo tratou da fronteira Brasil-Uruguai. Duas cenas foram marcantes. Na primeira, a atriz Regina Casé, caminhando pelos campos fronteiriços do Rio Grande do Sul, comentou: *"A gente vai andando, andando, andando e nem repara! Quando vê, trocou de país!"* Ela havia chegado a Tranqueras, Departamento de Rivera, no Uruguai. Na outra, desde o lado brasileiro de uma avenida que separa Brasil e Uruguai, nas cidades "xifópagas" de Livramento e Rivera, Casé anunciou o envio de uma carta para um endereço em frente; mais tarde, anunciou a chegada da missiva... Vinte dias depois! Logo, há uma "fronteira de fato" onde convivem as pessoas das duas nações, e um "limite político", dado pelos Estados nacionais.

Isto, que é cômico no presente, 156 anos antes era dramático. Em 1832, Juan Antonio de Lavalleja -o antigo chefe dos *Treinta y Tres Orientales*- rebelou-se contra o presidente uruguaio Fructuoso Rivera, fazendo da fronteira o refúgio de seus comandados, protegido pelo Coronel Bento Gonçalves Comandante da Fronteira do Jaguarão.[24] O comandante uruguaio José Reys comunicou o fato para o ministro Santiago Vasquez, que por sua vez noticiou ao Império do Brasil a atuação irregular de Bento Gonçalves. Então, o Império ordenou ao presidente do Rio Grande,

---

23 Universidade Federal do Rio Grande do Sul, Brasil.

24 O Rio Jaguarão é a divisa entre a província brasileira do Rio Grande do Sul e o departamento uruguaio de Cerro Largo.

Manoel Antônio Galvão, que obrigasse ao Bento a prender e desarmar Lavalleja. Mas ele não obedeceu. Nada podia fazer o Império: era preferível ter ao seu lado um militar insubordinado, mas que detinha um poder reconhecido pela população da fronteira.

Ao que parece, os comportamentos dos "homens das fronteiras" são também "fronteiriços" em todos os sentidos. A pouca adesão à legalidade institucional, as formas não convencionais no trato dos estrangeiros, e as relações sociais estabelecidas nestes espaços, fazem recair sobre os homens da fronteira muitas dúvidas quanto às suas lealdades. Assim, a fronteira sulina aparentemente tinha uma "vida própria", e os Estados têm escasso controle sobre elas! Mais que limites, as fronteiras são zonas de passagem ambíguas, e não divisas dadas *a priori*, não devendo ser "naturalizadas".

O Brasil tem fronteiras com nove países, numa extensão de 17 mil quilômetros, com limites internacionais em onze estados. No mais meridional, Rio Grande do Sul, a fronteira mede 3.307 quilômetros: 1.003 com a Argentina e 724 com o Uruguai, pouco mais de 52% de seus limites. Assim, o estado estremenho tem sua historia liga às fronteiras platinas, e fez delas uma marca identitária. Então, é necessário recuperar um pouco deste passado.

1. Tudo começa na beira da praia

As primeiras fronteiras americanas foram as praias em que chegaram os europeus, iniciando com os naturais da terra um processo de influências culturais mútuas. Os comandos da conquista já atentavam para a importância das relações com os nativos, e tinham sempre "degredados" para enviar a lugares distantes; a confusão semântica com "degradados" não é casual: caberia aos indesejáveis iniciarem os caminhos pelo desconhecido. Havia ainda aqueles que desertavam na esperança de uma vida melhor Novo Mundo. Somente a partir de uma primeira geração de mestiços -étnicos e culturais- foi possível conquistar a América, com exemplos variados pelo continente. No caso da tomada do poderoso império dos aztecas pelos homens de Cortéz se baseou em alianças estabelecidas com grupos indígenas oprimidos, e Malinche foi a índia que intermediou os contatos com os possíveis aliados locais.[25]

Na América do Norte ocorreu também um caso notável de sincretismo cultural, no périplo de Alvar Nuñes Cabeza de Vaca. Depois de um naufrágio na costa da atual Flórida em 1527, Cabeza de Vaca percorreu quase 18.000 quilômetros até encontrar novamente espanhóis em 1536 já na Sierra Madre; para sobreviver entre os indígenas que encontrava, Cabeza de Vaca atuou como *xamã*, curando doenças com símbolos e rezas cristãs em latim. [26]

O relato mais popular é a do inglês John Smith, na exploração da atual Virgínia em 1607. A paz entre ingleses com os powhatans teria sido obtida pela intervenção de Pocahontas, que mais tarde casaria com o militar John Rolfe. Mesmo sem o "glamour" da versão infantilizada de Disney, esta relação entre brancos e nativos ocorreu bem antes da chegada dos da chegada dos *Pilgrim Fathers*, os tão propalados fundadores das colônias inglesas.

No caso português, há vários relatos de náufragos que foram acolhidos e se aculturaram entre indígenas. Diogo Álvares de Souza, cujo navio afundou em 1509 na costa da atual Bahia, viveu entre os tupinambás e depois de 1530 serviu como porta-voz dos lusitanos. Outro foi João Ramalho, que naufragou no litoral do atual São Paulo; viveu entre os guaianases, teve várias mulheres e muitos

---

25 Cortez, Hernán, *A Conquista do México*, Porto Alegre, L&PM, 1986.

26 Cabeza de Vaca, Alvar Nuñes, *Naufragios*, Madrid, Alianza, 1985.

filhos. Auxiliou muito a primeira expedição colonizadora dos portugueses, chefiada por Martim Afonso de Souza de 1530 a 1532.[27]

Mais impressionante ainda foi Aleixo Garcia; ele de mais três lusitanos sobreviveram à malfadada viagem de Díaz de Solís ao Rio da Prata em 1516, mas depois naufragaram na atual ilha de Santa Catarina. Lá passaram oito anos entre os guaranis, tendo relações conjugais com várias mulheres. Em 1524, Aleixo armou 2.000 indígenas para adentrar-se no continente em busca de prata, chegando ao altiplano andino a 200 quilômetros de Potosi.[28]

Conhecimento do clima, flora, fauna e alimentos locais, abertura de caminhos e trilhas, seriam impossíveis sem estes estreitos laços estabelecidos o uma ampla mestiçagem étnica e cultural dada pelas relações conjugais. Disso tinham consciência as autoridades dos primeiros tempos e os próprios membros do clero. Apenas quando se organizou a colonização de forma mais ordeira é que houve preocupação das autoridades e do clero em reprimir as uniões mistas, estimulando a vinda de mulheres brancas.

Depois disto, além das uniões com as nativas, seguiamse inúmeras queixas quanto ao comportamento desses primeiros fronteiriços, que adotavam más condutas, deixavam de cumprir os preceitos da Igreja, se rebelavam contra autoridades, desrespeitavam propriedades e famílias. Eram, no entanto, os melhores "mateiros", guias e intérpretes dos gentios; eram os únicos capazes de promover a conquista das terras interiores, arregimentar nativos em busca de riquezas e aumentar as posses das Coroas ibéricas.

---

27 A expedição de Martim Afonso de Souza foi contada no *Diário de Navegação* de seu irmão, Pero Lopes de Souza. Um dos relatos descreve uma expedição no Rio da Prata em 1531.

28 Quevedo, Roberto, "Noticias de primeras relaciones entre Paraguay y Brasil" en *Anais do I Encontro de História Brasil Paraguai*, Salvador, IGHB, 2001.

E na medida em que avançavam as fronteiras, repetiam-se os contatos com novos "outros", e se reproduziam os intercâmbios. As "bandeiras" que assolavam os povoados guaranis do Guairá, e mais tarde do Tape, eram formadas por uns poucos homens brancos, que chefiavam por vezes 3.000 mil aliados Tupis, e todos falavam um dialeto "geral" derivado do Tupi-Guarani.[29]

Nas regiões pampianas, vagueavam "homens soltos" de origem mestiça que incorporaram muitos hábitos dos naturais da terra; também os indígenas haviam aprendido a dominar os cavalos, e aderiram ao consumo das reses que se disseminaram a partir das Missões. O "desastre ecológico" causado pelas espécies europeias mudara também os modos dos antigos caçador-coletores antes mesmo da chegada de colonizadores brancos nos pampas sulinos.

Essa, grosso modo, foi uma realidade nas "fronteiras civilizatórias", onde os fronteiros -que combatiam nativos no avanço terra adentro- não se podiam privar de contatos como estratégia de sobrevivência. Mas não foi muito diferente quando houve confronto de avançadas de diferentes "civilizações" na disputa pelos mesmos espaços. Redesenhavam-se as alianças, com os europeus procuravam nas rivalidades tribais parceiros para suas disputas; espanhóis e guaranis resistiam aos assédios dos "bandeirantes" e seus tupis, enquanto lusitanos do Sacramento faziam acordos com charruas e minuanos.

Os enfrentamentos dessas formações mistas tampouco impediu que entre elas houvesse contatos permanentes, como mostram as ações cooperativas entre habitantes do Guairá com algumas avançadas das "bandeiras" de São Paulo. Em paisagens que não tinham barreiras naturais efetivas, homens de diferentes procedências desenvolviam

---

29 Taunay, Afonso d'Escragnolle, *História das Bandeiras Paulistas,* São Paulo, Melhoramentos, 1961.

culturas "fronteiriças" próprias, superando as diferenças linguísticas, adotando muitas expressões do "outro" ou criando neologismos de uso comum, além de muitas vezes constituírem famílias mistas, geradoras de novos mestiços.

Nesse sentido, as Missões constituíram-se num exemplo peculiar de "fronteira tripartida".[30] Aceitando as duras regras dos jesuítas, os guaranis garantiam-se dos assédios de espanhóis e lusitanos, construindo sociedades sincréticas notáveis por algumas de suas realizações; a adoção do cristianismo, bastante adaptado para as crenças ancestrais, e das ordenações da metrópole espanhola, a prosperidade de algumas povoações serviu com maior atrativo para a ganância dos "bandeirantes", além de ressentimentos entre muitos colonos espanhóis não tão bem sucedidos em suas empresas.

Desta forma, as questões das fronteiras americanas existiram desde os primeiros desembarques, caracterizaram-se pela intensa miscigenação cultural, e produziram por isso sociedades peculiares, onde as atitudes dos fronteiros eram também "fronteiriças", ambíguas e que geravam muitas desconfianças das autoridades competentes e demais representantes da "civilização", fossem eles leigos ou clérigos. Mais tarde, quando os jovens países americanos se liberaram das metrópoles, políticos e intelectuais preocupados com o futuro das nações que construíam, quiseram explicar as dificuldades encontradas; nessas empreitadas, os homens da fronteira serão vistos como portadores de uma marca atávica dada pela miscigenação e temperada pelas agruras da natureza agreste. No âmbito do Rio da Prata, aos homens da fronteira seria imputada a "barbárie", responsável pelos males quase insuperáveis das novas nações.

---

30 Neumann, Eduardo S., *Práticas letradas guaranis: produção e usos da escrita indígena (séculos XVII e XVIII)*, Rio de Janeiro, UFRJ, 2005.

2. Estremadura: de Continente de São Pedro à República Rio-Grandense

As questões fronteiriças entre espanhóis e portugueses no espaço platino iniciaram antes da sua ocupação. A rigor, elas já estavam presentes quando o Papa Alexandre VI publicou em 3 de maio de 1493 a *Bula Inter Coetera,* criando um meridiano 100 léguas a oeste das ilhas de Cabo Verde; as terras orientais a esta linha seriam de Portugal, e aquelas mais a oeste de Espanha. Os lusos, mais ambiciosos, não aceitaram a proposta; a solução para o impasse veio com o Tratado de Tordesilhas em 1494, que redefiniu a divisão num novo meridiano que passaria a 370 léguas de Cabo Verde.

A partir desta linha desenhou-se a ocupação das terras pelos portugueses. Nos tempos da União Ibérica, quando o reino de Portugal foi incorporado pelo império espanhol de 1580 a 1640, a Holanda ocupou o nordeste da América lusitana e assumiu o controle do tráfico de escravos; isto incentivou expedições lusitanas -chefiadas por "bandeirantes" de São Paulo- contra as Reduções jesuíticas para captura de guaranis missioneiros para suprir a falta de cativos.

Depois da libertação de reino de Portugal do jugo espanhol, seguiu-se o avanço nas terras pertencentes à Espanha, à procura de ouro e escravos. A expansão se justificativa pela suposição de que haveria um "divisor de águas" entre afluentes da Bacia do Rio Amazonas e aqueles que compunham a Bacia do Rio da Prata, configurando uma ampla região, que chamaram de "Ilha Brasil", separada do "continente", este sim legitimamente espanhol.[31]

---

[31] Isto não impediu, entretanto, que os portugueses invadissem o "continente" criando a Colônia do Sacramento em 1679 na margem oriental do Rio da Prata.

Juridicamente, as razões para a presença nas terras espanholas eram dadas pelo *Uti Possidetis Juri*, do antigo Direito Romano. Este princípio dava aos ocupantes das terras a posse sobre as mesmas, e o Continente de São Pedro -como se chamava então o Rio Grande do Sul- foi povoado com esta justificativa. A fundação do presídio-forte de Jesus, Maria e José, na barra do Rio Grande em 1737 por José Silva Paes iniciou a expansão portuguesa na região, garantindo ainda a sobrevivência da Colônia do Sacramento.

A gênese do espaço sulino se relacionou a uma política expansionista lusitana solapava algumas das bases coloniais que a metrópole espanhola estabelecera: se antes aconteceram os ataques contra as Missões do Guairá e mais tarde do Tape, agora havia a captura das manadas do gado chimarrão e conformação das estâncias, aumento do contrabando de reses e mulas, e a manutenção do Sacramento como um enclave em terras "castelhanas".

Desde os tempos coloniais, pois, o Rio Grande de São Pedro representou, através da fronteira, um papel importante nas questões econômicas e políticas do Rio da Prata. [32] Isto propicia a abordagem deste "pertencimento" do Continente de São Pedro simultaneamente ao espaço brasileiro e ao platino. De forma análoga à região pampiana dos domínios espanhóis, o abate das reses alçadas para retirada dos couros foi seguida pela formação das charqueadas[33] para aproveitamento integral das carcaças, associadas à criação extensiva do gado bovino. Os estancieiros das áreas fronteiriças recebiam doações de terras da Coroa portuguesa, mas sua contrapartida era a defesa do

---

32 Azara, Félix. "Memoria Rural del Rio de la Plata" en *Manuscritos da Coleção de Angelis VII*, Rio de Janeiro, Biblioteca Nacional, 1969.

33 Unidade de produção de "charque", palavra de origem quéchua que significa carne seca e salgada para conservar-se muito tempo. Equivale a "saladero" de uso no Rio da Prata.

território. Portanto, a formação das grandes propriedades se traduzia no binômio "estancieiro-militar", com milícias próprias formadas pelos seus peões campeiros.

Apesar do temor das autoridades centrais em relação aos desmandos destes caudilhos, verdadeiros "senhores da guerra" nestes da fronteira, não podiam dispensar seus serviços. Além disto, as relações econômicas entre estes criadores de gado eram tensas, na medida em que sua produção era destinada para a região portuária da província -Pelotas e Rio Grande- onde se concentravam as charqueadas, controladas por comerciantes monopolistas do Rio de Janeiro, principal centro da América portuguesa.

A queda do antigo Vice Reinado do Rio da Prata trouxe aos chefes regionais anseios por autonomia, que no seu limite seu limite daria lugar às diferentes províncias; no processo de organização nacional, seria exacerbada a defesa dos seus interesses econômicos e políticos. República e federalismo, entendidos como a recusa a uma autoridade suprema e centralizadora, foram bandeiras platinas que tiveram seus ecos no Rio Grande de São Pedro.

Nas lutas por autonomia provincial, destacou-se a proposta radical do oriental Artigas, cujo plano de transformação do latifúndio pecuário trouxe graves preocupações aos dirigentes de Buenos Aires. Isto motivou a Corte portuguesa -sediada no Rio de Janeiro desde 1808- a invadir a Banda Oriental em 1816, incorporando-a como Província Cisplatina. Esta anexação pretendia "pacificar" a turbulência do artiguismo, contando com a adesão de criadores e comerciantes, retomando a organização produtiva.[34]

No entanto, os estancieiros-militares do Rio Grande se apossaram de terras e rebanhos, além de abastecerem suas próprias charqueadas em prejuízo dos comerciantes de

---

[34] Alonso Eloy, Rosa & al., *La Oligarquia Oriental en la Cisplatina,* Montevideo, Pueblos Unidos, 1970.

Montevidéu. Mesmo aqueles que haviam colaborado com a invasão luso-brasileira por ser "libertadora" dos desmandos de Artigas reagiram à espoliação dos rio-grandenses, que estiveram nas raízes da Guerra da Cisplatina -ou Guerra do Brasil- de 25 a 1828.

A perda da Cisplatina pesou para os rio-grandenses econômica e politicamente. Terminava o manancial de campos e reses, desabava o prestígio dos guardiões da fronteira. Restava o poder central do Império, autoritário e espoliador. A ruptura de 20 de setembro de 1835 se relacionava com as tentativas feitas pelos representantes das autoridades centrais na província para cercear o poder dos comandantes da fronteira, envolvidos nas tropelias com os emigrados orientais. As alegações de natureza econômica ou os ressentimentos anteriores com a Corte apareceriam apenas mais tarde, já como justificativas de uma autonomia que tentava se afirmar.

3. República Rio-Grandense: entre o Império do Brasil e o Rio da Prata

Em 11 de setembro de 1836 foi proclamou a República Rio-Grandense. Oito dias depois, ocorreu no Estado Oriental a batalha de Carpintería, entre as tropas do presidente Manuel Oribe e as do insurgente Rivera: as insígnias usadas no combate definiria as facções orientais: os "blancos", seguidores de Oribe e aliados dos "federales" da Confederação Argentina liderados por Rosas, governador de Buenos Aires; os "colorados" de Rivera, associados aos "unitários", proscritos e no exílio.

Nesta intrincada conjuntura os republicanos do Rio Grande -os "farrapos" ou "farroupilhas"[35]- procuraram relações diplomáticas com os chefes políticos vizinhos, e estas tentativas apresentaram duas fases distintas. Na primeira delas, de 1836 até fins de 1839, a República procurou ganhar o reconhecimento e estabelecer alianças com a Confederação de Rosas e o Estado Oriental de presidente Oribe. Buscavam ainda livre acesso ao mercado de Montevidéu para escoamento de produtos pecuários.

Na segunda fase, até fins de 1842, os republicanos riograndenses se voltaram para os "colorados" de Don Frutos Rivera e seus aliados argentinos: "unitários" exilados e "federales" dissidentes no "litoral", especialmente Corrientes. Este foi um período de muitas negociações. A primeira delas foi o Tratado de Cangüé, uma aliança defensivo-ofensiva e de mútuo reconhecimento, firmada com Rivera em 21 de agosto de 1838. Em 28 de dezembro de 1841, foi assinado o Tratado de San Fructuoso, pelo qual Rivera fornecia 2.000 cavalos para o os "farrapos", que cediam 500 infantes e 200 cavalarianos para o exército "colorado".

Já a Convenção de Corrientes, assinada em 29 de janeiro de 1842, acertava com o governador Pedro Ferré, dissidente da Confederação, um mútuo reconhecimento e aliança ofensiva e defensiva. O corolário destas aproximações seria a Reunião de Paysandú, em 14 de outubro de 1842, quando Rivera procurou formar uma nova confederação capaz de fazer frente a Rosas e ao Império do Brasil, associando Corrientes, Entre Rios, Santa Fé e o Rio Grande. Mesmo malogrando, esta proposta evidencia as múltiplas possibilidades com que jogaram os caudilhos protagonistas destas ações.

---

[35] Expressão pejorativa usada para os liberais radicalizados. Derivada de "farrapo", a palavra "farroupilha" fazia a equivalência dos adversários da monarquia absolutista com mendigos.

É importante salientar que a República Rio-Grandense controlou apenas a região fronteiriça da província, justamente onde se concentravam as estâncias de criação. Eram os proprietários pequenos caudilhos que levavam seus campeiros como milícias próprias, portanto os verdadeiros "guardiões" dos espaços limítrofes. Assim, ao contrário de outras rebeliões ocorridas em várias províncias do Império, houve preocupação em preservar estas chefias oriundas da fronteira, porque as tropas de cavalaria destes "senhores da guerra" eram fundamentais para a hegemonia do Brasil no continente.

E assim foi nas guerras contra Oribe em 1851 e Rosas em 1852. Anos depois, na derrubada do presidente "blanco" Aguirre, os rio-grandenses estiveram ao lado do "colorado" Venancio Flores, fator decisivo no desencadeamento da Guerra da Tríplice Aliança. E nesta guerra a cavalaria dos fronteiriços uma vez mais se fez presente!

4. A fronteira nos horizontes da província

Se a fronteira é um espaço, é necessário pensar na formação deste espaço; se é o fronteiriço quem o constrói e o controla, mais necessário ainda é tratar das relações entre os homens e a natureza, mais ainda aquelas dos homens entre si no processo de apropriação e exploração das paisagens. Neste sentido, a avaliação crítica da produção historiográfica sobre as fronteiras meridionais do Brasil traz para os pesquisadores duas grandes "matrizes" interpretativas que devem ser discutidas e superadas.

A primeira delas é aquela que equipara fronteira com limite político. Aceita como historiografia oficial, atribui aos rio-grandenses uma incontestável adesão ao Brasil, sendo o patriotismo comprovado pelos "serviços" prestados pelos homens do passado na garantia das fronteiras contra os "castelhanos". Estes historiadores -quase todos vinculados ao Instituto Histórico e Geográfico do Rio Grande do Sul- estabelecem claramente os limites nacionais e a partir daí as diferenças entre fronteiriços dos dois lados: o gaúcho rio-grandense seria diferente do "gaucho" platino, associado à bandidagem e ao caudilhismo. Estes autores pertenciam à chamada "matriz lusa" da historiografia[36] que fez da província meridional a "sentinela do Brasil", e do gaúcho o "monarca das coxilhas" que afirmou sua brasilidade nos combates na fronteira.

Por outro lado, cresceu a partir dos anos 1970 a noção da fronteira como espaço "aberto", resultante de processos históricos de ocupação/formação da propriedade privada e que não podia ser enquadrada nos limites políticos. A semelhança na apropriação dos bens de produção -gados e terras- de um e outro lado das fronteiras configurara relações sociais horizontais e verticais mais parecidas entre estas áreas do que em relação às unidades voltadas às atividades exportadoras e fiadoras das organizações nacionais.[37]

Estas interpretações tratavam problematizar a concepção de fronteira. Neste sentido, a "fronteira" seria resultante de processos socioeconômicos que na ocupação de espaços geográficos em disputa se traduziram em novas complexas paisagens culturais; logo, ela não se restringe ao "limite" determinado pelas ações jurídicas e/ou políticas, existentes apenas nos tratados diplomáticos e nos mapas oficiais.

Tanto historiadores quanto geógrafos buscaram modelos para explicar as relações estabelecidas no sul do Brasil.

---

[36] Gutfreind, Ieda. *Historiografia Rio-Grandense.* Porto Alegre: Editora da UFRGS, 1992. Os mais importantes foram Aurélio Porto, Emílio de Souza Docca, Walter Spalding, Othelo Rosa, Moysés Vellinho, entre outros.

[37] Serra Padros, Enrique. "Fronteiras e Integração Fronteiriça: Elementos para uma Abordagem Conceitual." *Humanas* v.17, n.1/2, Porto Alegre, julho/dezembro 1994.

Desde a concepção de "fronteiras esboçadas" para os tempos coloniais, quando eram mal definidas e resultavam de arbitrariedades das metrópoles, até aquela mais apropriada de "fronteiras vivas", mais próximas à realidade do século XIX; apesar da interferência dos Estados em busca de hegemonia regional, existiam os contatos e intercâmbios bilaterais. Assim, qualquer conceito de fronteira deve ser relativizado para que seja superado o caráter meramente descritivo.

A partir de meados da década de 1990, alguns historiadores realizaram suas pesquisas pensando na estremadura inserida no espaço platino, sem deixar de ser parte da América portuguesa primeiro, e do Império do Brasil mais tarde. Os fronteiriços eram atores sociais que respondiam às tensões geradas pelas relações locais, assim como dos Estados envolvidos. Isto de refletiu numa produção historiográfica significativa, que adentra nos primeiros anos do novo milênio. [38] O corolário destas reflexões foi a concepção de uma fronteira que é "manejável" pelos agentes sociais deste espaço que podem circular em ambos os lados da "linha", na medida em que são conhecidos os códigos vigentes em cada um deles. Assim, os homens da fronteira têm outras possibilidades de sobrevivência e novas modalidades de poder.

A proposta de uma "fronteira manejada" implica pensar nos fronteiriços como indivíduos que têm plena consciência

---

[38] Guazzelli Cesar Augusto B., *O Horizonte da Província: a República Rio-Grandense e os Caudilhos do Rio da Prata (1835-1845)*, Rio de Janeiro, UFRJ, 1998; Neumann, Eduardo S., *Práticas letradas guaranis: produção e usos da escrita indígena (séculos XVII e XVIII)*, Rio de Janeiro, UFRJ, 2005; Kühn, Fábio, *Gente da fronteira: família, sociedade e poder no sul da América Portuguesa - século XVIII*, Niterói, UFF, 2006; Gil, Tiago Luís, *Infiéis Transgressores: elites e contrabandistas nas fronteiras do Rio Grande e do Rio Pardo*, Rio de Janeiro, Arquivo nacional, 2007; Osório, Helen, *O império português ao sul da América: estancieiros, lavradores e comerciantes*, Porto Alegre, UFRGS, 2007; Farinatti, Luís Augusto. *Confins Meridionais: famílias de elite e sociedade agrária na fronteira sul do Brasil (1825-1865)*, Santa Maria, UFSM, 2010.

da presença do(s) Estado(s) e seus intentos de restringir as ambiguidades destes espaços, e que a noção de separação e contato, de ser estrangeiro ou não. Importa saber que a fronteira não é "aberta" e tampouco tem sua existência negada; justamente o reconhecimento de sua existência é que possibilita o seu "manejo", ou seja, usar estratégias adequadas para um e outro lado da "linha".

É importante observar que as identidades americanas se definiram apenas pelas suas alteridades: "nós" e os "outros". Neste sentido, são os grupos dominantes que normatizam as identidades e alteridades: quem somos "nós e quem são os "outros". A hierarquização das sociedades americanas impedia uma identidade na qual "nós" significasse a divisão compartilhada atividades comuns.[39] Assim, tanto para setores centrais e locais do poder, elites produtoras e comerciantes, trabalhadores rurais e urbanos, livres e escravos, a fronteira se torna um "recurso" a ser "manejado" em favor dos que o usam, mas os resultados serão assimétricos devido às diferenças sociais.[40]

Estas considerações permitem que os temas fronteiriços sejam privilegiados nos recortes cronológicos e temáticos mais variados. Neste sentido, a historiografia produzida pelos pesquisadores do extremo sul do país se "apropriou" da fronteira como uma forma de criar um espaço próprio, também ele "fronteiriço", porque não pode ser submetido aos limites de uma história "nacional" ou mesmo "provincial".[41]

---

39 A discussão destes conceitos feita por Eriksen contêm um jogo de palavras intraduzível para o português e para o espanhol: *"Us"* em oposição a *"Them"* num caso, diferentemente de *"We"* em cooperação com *"You"* no segundo. Eriksen, Thomas Hylland, *Ethnicity and Nationalism. Antropological perspectives*, London, Pluto Press, 2002.

40 Thompson Flores, Mariana F. da C., *Crimes de Fronteira: a criminalidade na fronteira meridional do Brasil*, Porto Alegre, PUCRS, 2012.

41 Guazzelli, Cesar Augusto B. & al., *Fronteiras Americanas: teoria e práticas de pesquisas*, Porto Alegre, Suliani, 2009.

Identidad y alteridad en las fronteras entre Argentina, Paraguay y Brasil: percepciones del otro migrante[1]

Verónica Giménez Béliveau[2]
Fortunato Mallimaci[3]

1. Introducción

Pensar las fronteras es pensar al otro. Esta alteridad, que aparece naturalizada, asume rasgos particularmente agudos cuando las poblaciones fronterizas piensan a los migrantes. En este trabajo nos proponemos estudiar las dinámicas de construcción identitaria en la provincia de Misiones, ubicada al noreste de Argentina y limítrofe con Paraguay y Brasil, centrándonos en los imaginarios que circulan sobre los migrantes. Pensamos la migración como un proceso leído en distintas temporalidades que generan a su vez distintas figuras ideal-típicas de quien migra.

La provincia de Misiones, en el extremo nororiental de Argentina, fue pensada durante la formación del Estado nacional como una frontera lejana, selvática e inaccesible. Originariamente habitada por grupos de indígenas de la familia guaraní, la región fue poblada durante el siglo XX a partir de frentes pioneros. Hasta 1953, Misiones fue jurídicamente *territorio nacional,* controlado por el Estado

---

1 Una versión anterior de este artículo fue publicada en "Altérités religieuses, migrations et constructions identitaires à la frontière entre l'Argentine, le Paraguay et le Brésil", *Autrepart,* núm. 56, 2010, p. 171-192.

2 Centro de Estudios e Investigaciones Laborales, Universidad de Buenos Aires, CONICET.

3 Centro de Estudios e Investigaciones Laborales, Universidad de Buenos Aires, CONICET.

nacional.[4] Los frentes pioneros que organizaron la instalación de pobladores en el área, al igual que los frentes que poblaron la zona del lado brasileño y paraguayo, lo hicieron a partir de imaginarios marcados por las ideas nacionalistas, que muchas veces consideraban a los países vecinos como enemigos potenciales. En el proceso de poblamiento de los territorios del extremo oriental de Misiones, encontramos la idea del peligro de la "invasión brasileña". Estas tierras, que limitan con Brasil, eran tierras fiscales; de hecho, en diferentes momentos se organizaron planes de colonización de las áreas consideradas vacantes. Uno de esos planes fue el "Plan de Colonización Andresito", puesto en práctica durante la dictadura militar argentina (1976-1983): sus promotores consideraban que las tierras del norte de Misiones estaban demasiado despobladas y, por ello, expuestas a la "intrusión" permanente de brasileños. El plan de colonización crea el poblado de Andresito, con aportes de argentinos (nativos y descendientes de extranjeros que se habían instalado durante el siglo XX en otras zonas de la provincia) y con un agudo sentido de la nacionalidad:

> Los colonos participantes del Plan Andresito se sintieron como verdaderos pioneros de la frontera, acatando los requerimientos del Estado Autoritario... Se sienten portadores de una cultura nacional representada por los símbolos nacionales y por sobre todo muy argentinos, a pesar de que exterioricen estos sentimientos con un fuerte acento extranjero (polaco, alemán, suizo, etc.) o bien en un imperfecto portuñol.[5]

---

4 Amable, M.; Dohmann, K. y L. Rojas, *Historia de la Provincia de Misiones. Siglo XX*, Posadas, Ediciones Montoya, 2008.

5 Pyke, J., "El accionar de la Nación y el Estado durante la última dictadura militar en Argentina: el plan de colonización Andresito en la frontera de Misiones (1978-1983), en Germán Sterling, *Abordagens historiográficas na Fronteira*, Foz do Iguaçu, Uniamérica, 2006, p. 92.

En esta región de poblamiento relativamente reciente, cuya identidad se construyó como fronteriza, los procesos de construcción de la alteridad son particularmente interesantes de relevar. En tanto construcciones históricas, las representaciones sobre los migrantes se ven sometidas a transformaciones y cambios. La figura del migrante estuvo asociada durante el siglo XX a la figura del "colono", que contribuyó a moldear una idea del territorio y los rasgos del trabajo y de la cultura; más recientemente se opone a esta figura la del "ocupante", cuyas características sociales, religiosas, culturales difieren del primero. La visión del "otro" se transforma, sin embargo, a partir no sólo de la aparición de nuevas corrientes migratorias portadoras de rasgos culturales y religiosos vividos en principio como radicalmente otros, sino también desde imaginarios que remiten a proyectos políticos regionales, el desarrollo del MERCOSUR entre ellos, que afectan la manera de concebir la propia nacionalidad en relación con la de los vecinos.

2. Figuras de la alteridad I: "el colono"

Desde fines del siglo XIX, la provincia de Misiones se caracterizó por la presencia de migrantes que llegaban a sus tierras en busca de un lugar en el mundo. De poblamiento más tardío que otras regiones de Argentina, se destaca por la preeminencia de las actividades ligadas a la explotación del suelo, forestales y agrícolas. Como afirma Bartolomé:

> La colonización masiva, iniciada hacia fines del siglo XIX, actuó sobre un espacio que, a pesar de su rico pasado aborigen y de la notable experiencia jesuítica, había sido despoblado por las vicisitudes de las Guerras de la Independencia y los conflictos derivados del expansionismo luso-brasileño. Este despoblamiento llegó al punto de que algunas fuentes

estiman que, para 1869, el territorio estaba poblado por tan solo "unos 3000 indios".[6]

La expansión poblacional se realiza sobre la base de desplazamientos de contingentes provenientes de otras provincias, de los países vecinos Paraguay, Brasil y Uruguay, y del aporte de migrantes provenientes de Europa. El imaginario social misionero se construye a partir de esas capas migratorias sucesivas, y como todo proceso de articulación de la memoria colectiva, ilumina algunos aspectos de los procesos históricos y coloca otros en las sombras.[7] Así, la migración europea es destacada como una de las características fundamentales de la provincia y de sus pobladores, sobrevaluada en libros de historia y en construcciones simbólicas. La figura del nativo –criollo, argentino, correntino, paraguayo o como se lo denomine–, si bien no deja de estar presente, aparece desenfocada, desvaída al lado de la representación del migrante con sus trajes coloridos y sus danzas y comidas típicas. La imagen del inmigrante, con una serie de atributos asociados, se impuso para construir un imaginario de sociedad en la cual la multiculturalidad es un valor positivo, y la convivencia de grupos de orígenes nacionales diversos, una riqueza. El inmigrante, caracterizado por los rasgos fenotípicos de los provenientes de Europa del norte y del este, es pensado como portador de civilización, difusor de técnicas de cultivo "modernas" en un espacio "salvaje y selvático". Como presenta la página oficial de la ciudad de Oberá, segunda ciudad (por número de habitantes) de Misiones, y centro geográfico del proceso de colonización pionera:

---

6 Bartolomé, Leopoldo, "Prólogo", a Gabriela Schiavoni, *Colonos y ocupantes. Parentesco, reciprocidad y diferenciación social en la frontera agraria de Misiones*, Posadas, Editorial Universitaria, 1998, p. 14.

7 Cf. Joutard, Philippe, *Ces voix qui nous viennent du passé*, París, Hachette, 1983.

> La inmigración marca a fuego la historia de Misiones ya que cambia por completo el paisaje de la provincia y la fisonomía de su gente, incorporando los ideales del cooperativismo y experiencias técnicas realizadas en Europa.[8]

Es cierto que la migración europea tuvo en la región un peso relativo mayor que en otras. Como afirma Schiavoni:

> A diferencia de lo ocurrido en las zonas de colonización agrícola más antiguas del país, estos colonos provienen principalmente del norte y el este de Europa. Si bien el predominio numérico corresponde a alemanes, polacos y ucranianos, existen importantes núcleos de origen escandinavo, suizo, francés, etc., que dan lugar a un verdadero mosaico étnico.[9]

El modelo para pensar la sociedad es considerarla fruto del aporte migratorio: precisamente es un "mosaico" en el que cada una de las colectividades aporta saberes, experiencias, rasgos a un espacio común enmarcado en la "argentinidad". Veamos por ejemplo las representaciones plasmadas en el *Himno al inmigrante,* canto oficial de la Fiesta Nacional del Inmigrante, que se celebra cada año, desde 1980, en la ciudad de Oberá:

> Acordate cómo, sin darte cuenta,
> la vida te fue acriollando y se te fueron metiendo el mate,
> el locro, el asado y cada una de nuestra costumbres.[10]

El marco de "lo argentino", representado aquí por las "costumbres" asociadas a comidas típicas, termina asimilando al extranjero, que adopta nuevos modos de vida

---

8 Disponible en línea: www.obera.gov.ar (página oficial de la ciudad de Oberá, consultada por última vez el 30 de enero de 2010).

9 Schiavoni, Gabriela, *Colonos y ocupantes. Parentesco, reciprocidad y diferenciación social en la frontera agraria de Misiones,* Posadas, Editorial Universitaria, 1998, p. 52.

10 El texto completo de la canción puede consultarse en la página web de la Fiesta del Inmigrante de la ciudad de Oberá, Misiones. Disponible en línea: www.fiestadelinmigrante.com.ar

locales, y prohíja descendientes que serán argentinos. Las marcas de la etnicidad sobreviven en este imaginario como rasgos culturales coloridos que son leídos más en clave folclórica que identitaria: en la anual "Fiesta Nacional del Inmigrante", los rasgos estereotipados de lo "cultural" son sobrevaluados, expuestos, compartidos: por ejemplo, se elige reina de cada una de las colectividades y luego la Reina Nacional del Inmigrante en un equilibrio cuidadoso entre los distintos grupos. Es interesante volver sobre la "Fiesta Nacional del Inmigrante" porque condensa un imaginario de amplia circulación con la riqueza simbólica de los "momentos fuertes".[11] El baile, las comidas, los trajes muestran en un momento emocional fuerte la unidad de un nosotros comunitario en un todo más abarcativo -lo argentino- que festeja la diversidad de las partes.

La figura central de la "Fiesta del Inmigrante" es el "colono".[12] El "colono" idealmente concebido tiene familia monogámica -que además trabaja con él en la explotación agrícola- y religión cristiana; es trabajador, propietario y exitoso: "En el contexto de la producción agrícola familiar de Misiones, el 'colono' descrito por Bartolomé representa una trayectoria social ascendente".[13] En el marco de la puesta en escena de la "Fiesta", otros rasgos que definen la identidad son obliterados en favor de la folclorización: los grupos se delimitan por sus trajes, sus comidas, sus danzas y no por sus posiciones políticas, su inserción productiva o su adscripción religiosa. Y la concepción del otro migrante es uniformizadora: más allá de sus peculiaridades culturales, la trayectoria de este otro va de la pobreza de

---

11 Cf. Hervieu-Léger, Danièle, *Le pélerin et le converti. La Religión en mouvement*, París, Flammarion, 1999.

12 También llamado "gringo", denominación argótica que destaca el perfil étnico más que el socioeconómico y productivo que pone en evidencia la categoría de "colono".

13 Schiavoni, Gabriela, *Colonos y ocupantes, op. cit.*, p. 54.

la madre patria, a través del duro trabajo, a la prosperidad de la tierra de adopción: es a la vez un viaje geográfico y un transcurrir entre una posición social y otra.

Un funcionario de la provincia ilustra muy bien esta concepción del migrante: *"En cualquier lugar de Misiones están los colonos, que trabajan la tierra, suya incluso, o comprada, pero tienen una cultura del trabajo en la chacra... ".*[14] Poseer "cultura del trabajo", atributo de los "colonos", se contrapone con la ausencia de tal atributo, que es, en general, imputada a los criollos -argentinos o migrantes de países limítrofes-, y a ciertos nuevos migrantes. Las categorías de "criollo" e "intruso" u "ocupante" a menudo se superponen. La construcción de la figura del migrante "colono" en contraposición con el habitante local carga de valores positivos a uno de los polos, el "colono" extranjero, y condensa los valores negativos en el otro de los polos, el "criollo". Veamos la concepción de unos y otros en uno de los tantos relatos celebratorios de la inmigración que circulan en Misiones:

> *Había diferencias culturales entre gringos y criollos que no podemos dejar de mencionar. Una de estas diferencias fue el tema laboral ya que los gringos dedicarían gran parte de su tiempo y esfuerzo al trabajo, pensando constantemente en la acumulación y el ahorro, en tanto que el criollo se preocupaba por cubrir las necesidades básicas para él y su familia (vivienda, alimentación, vestido)... En el aspecto económico, los gringos se caracterizaron por ser ahorristas, guardaban pesito tras pesito y en los primeros años se privaron de muchas cosas, incluso de tener hijos, pero esto les posibilitó tener chacras, casas de material, autos, etc. En cambio el criollo, en las colonias y en la mayoría de los casos, no se privaba de*

[14] Entrevista con A. T., funcionario de la provincia de Misiones, realizada en Posadas el 9 de agosto de 2008.

darse los gustos porque no tienen inconvenientes en trabajar toda su vida en situación de dependencia.[15]

Las sucesivas capas de "otredad" que componen la figura del migrante se van así desplazando y constituyen figuras más cercanas. El "colono" es otro, nacional por cierto, pero su voluntad de integración a la Argentina como país de elección lo acercan, "argentinizándolo", a través de la adopción de costumbres nuevas y del idioma castellano (aunque éste se hable con acento). El "colono" es también, a menudo, un otro religioso: de hecho la misma Iglesia católica considera que la diócesis de Puerto Iguazú (una de las dos diócesis en que se divide hasta 2009 la provincia de Misiones) es una de las que cuenta menor porcentaje de católicos de toda Argentina (el 70%).[16] Esta otredad, sin embargo, es suavizada por las características de las pertenencias religiosas de los "colonos": los que no son católicos, como la colectividad italiana y una parte del grupo alemán, se congregan en iglesias protestantes históricas que generalmente se superponen a los recortes étnicos. Las iglesias protestantes históricas tienen presencia en la región desde hace alrededor de un siglo, y sobre todo a partir del último cuarto del siglo XX articularon sus actividades con las de la Iglesia católica, generándose entre las autoridades de unas y otra una convivencia cordial que las llevó a plantear incluso espacios de colaboración frente a la esfera política. Según el entonces obispo de Puerto Iguazú:

---

15 Hirch, 2001, pp. 62-63.

16 Datos tomados de la *Guía eclesiástica argentina*. Los datos de la *Guía eclesiástica...*, publicados por la Iglesia católica, deben ser tomados como provenientes de los mismos actores religiosos. Una encuesta realizada en 2008 por el CEIL/CONICET destaca que hay el 76,5% de católicos en Argentina, el 84% en la región noreste, que incluye la provincia de Misiones, y el 11,8% de pentecostales en la misma región, un poco por encima de la media nacional. Datos disponibles en línea: www.ceil-conicet.gov.ar

> *En Puerto Iguazú no hay luteranos, pero en Eldorado sí, y en Montecarlo y esas poblaciones, esas colonias un poco más antiguas tienen bastante presencia luterana. Son iglesias muy serias, con las cuales tenemos un diálogo muy bueno, aquí el ecumenismo, sin ningún problema... por lo general hay muy buen diálogo.*[17]

La interacción entre iglesias católicas y protestantes llegó a uno de sus puntos máximos cuando, en el año 2006, se formó un frente político encabezado por el obispo católico de Puerto Iguazú, Joaquín Piña, que se oponía a una serie de medidas tomadas por el entonces gobernador.[18] Se convocó a un plebiscito, y la lista que conducía el obispo, apoyada por una serie de organizaciones sociales, sindicales y religiosas, estaba compuesta por religiosos y religiosas católicos y por pastores protestantes. El mismo obispo Piña relata que:

> *...los pastores [que integraban la lista], son tres, son buenos. Uno es... de Oberá, luterano. En general esas iglesias históricas, las luteranas, son de origen alemán, casi todos. Y son los alemanes de antes, muy conservadores. Es un tipo muy abierto, y su comunidad no está muy de acuerdo con él. Me llamó una vez para pedirme ayuda... Además está Juan, de la Iglesia Evangélica del Río de la Plata.*[19]

Las distancias con el "otro" religioso se acortan a partir de las políticas de promoción del ecumenismo de larga data, que desembocan en momentos específicos en colaboraciones políticas concretas.

Otra de las caras a partir de la cual se construye la otredad es la social. La figura del "colono", sin embargo, no se instala en la categoría de otro social, ya que transita

---

17 Entrevista a Monseñor Joaquín Piña, obispo de Puerto Iguazú entre 1986 y 2006, Puerto Iguazú, 29 de agosto de 2004.

18 Bajo el nombre de Frente Unidos por la Dignidad (FUD).

19 Entrevista a Joaquin Piña, obispo de la diócesis de Puerto Iguazú entre 1986 y 2006. Posadas, el 9 de agosto de 2008.

rápidamente, y en tiempos ahora vistos como lejanos, el camino desde la pobreza hacia la "clase media propietaria".[20] El "colono" llega pobre, pero deja de serlo pronto, en virtud, precisamente, de su "capacidad de trabajo". "Ahorristas", como los nombra Hirch.[21] "Como buenos alemanes, tan tenaces, tan trabajadores", como los define el obispo Piña,[22] el recorrido que los lleva de ser pobres en un pasado, en su país de origen, a ser propietarios en Misiones aparece como una suerte de destino manifiesto en la construcción de la figura del "colono", en el cual la nacionalidad de origen se asocia en el imaginario con el éxito de las trayectorias biográficas en términos económicos y sociales.

3. Figuras de la alteridad II: "el intruso"

La imagen del migrante como "colono" surge desde las primeras olas migratorias en Misiones y se prolonga en el tiempo, consolidándose con el transcurso de los años sus atributos positivos: la creación a partir de 1980 de la "Fiesta del Inmigrante" en la ciudad de Oberá es sólo una muestra. A esta figura se contrapone una figura del migrante más reciente, la del "intruso" u "ocupante" que, opuesta en varios puntos al "colono", se carga de atributos negativos. Schiavoni considera que la diferencia entre "intruso" y "colono" no se corresponde exactamente con categorías étnicas o nacionales, sino que remite más bien a momentos de instalación en el territorio:

---

20 Para un estudio de caso interesante sobre esta evolución, véase Gallero, C., "La etnicidad alemana-brasileña en la pequeña explotación agrícola en Misiones, en Leopoldo Bartolomé, Gabriela Schiavoni (ed.), *Desarrollo y estudios rurales en Misiones,* Buenos Aires, CICCUS, 2008.

21 Hirch, *op. cit.,* pp. 62 y 63.

22 Entrevista con Joaquín Piña, obispo de Puerto Iguazú, Puerto Iguazú, 29 de agosto de 2004.

> De esta manera, la categoría "ocupante" se define fundamentalmente por el componente de clandestinidad, asociado a condiciones precarias de tenencia de la tierra, al cultivo de anuales y, en general, a situaciones de inestabilidad y pobreza. La categoría "colono", por su lado, describe la situación de legalidad alcanzada a partir de condiciones seguras de tenencia de la tierra, ocupación estable, arraigo y permanencia.[23]

Estas temporalidades segmentadas, más que la proveniencia, definen los límites entre las categorías sociales; sin embargo, como afirma más adelante la misma Schiavoni, "los componentes de la categoría "ocupante" alcanzan su expresión más completa en el caso de los inmigrantes brasileños que ingresan ilegalmente al país". Es precisamente esta superposición entre la categoría social, basada en las modalidades productivas y en el régimen de tenencia de la tierra, directamente ligados con el establecimiento más o menos reciente en el territorio, y la categoría étnico-nacional, la que nos lleva a reflexionar sobre la construcción de la figura del migrante como "intruso".

Si, como afirma Schiavoni, "la ocupación espontánea de tierras fiscales es un proceso permanente, que acompaña el poblamiento oficial",[24] ¿en qué momento y quiénes son designados como "intrusos" u "ocupantes"? ¿Y a partir de cuáles facetas de las múltiples posibles para definir la otredad?

Volviendo un poco atrás, vemos que a partir de los años cuarenta, cuando el territorio en Misiones estaba ocupado en el 36%, la inmigración proveniente de países de Europa se reduce. Sin embargo, la "frontera agrícola" sigue expandiéndose en un proceso espontáneo, no organizado por las

---

23 Schiavoni, Gabriela, *Colonos y ocupantes, op. cit.*, p. 91.

24 Ibídem, p. 19.

autoridades nacionales. Los historiadores de la provincia de Misiones sostienen que

> a partir de 1940 la inmigración fue disminuyendo: dejó de venir inmigración de ultramar, con excepción de la japonesa, pero continuó el asentamiento de argentinos, tanto de criollos como hijos de los viejos inmigrantes, así como de brasileños y paraguayos que se instalaron generalmente como intrusos en tierras desocupadas.[25]

Aparece aquí una primera faceta en la construcción de la otredad de estos "nuevos" migrantes, separados de los anteriores por una franja de veinte años -cuyos extremos son 1935 y 1955, aproximadamente-, que no casualmente son los años de la evolución de Argentina desde el país conservador hacia la sociedad de masas.[26] Se destaca la otredad nacional de los recién llegados. Es importante enfatizar que muchos de los llamados "intrusos" son argentinos de varias generaciones: lo que queremos poner de manifiesto aquí no es la adscripción nacional objetiva de los migrantes, sino la construcción de la figura del "intruso" a partir de operaciones de sentido que relevan algunas características y borran otras. En este imaginario, los "intrusos" provienen de países vecinos y son, en este lugar de Argentina, brasileños y paraguayos. Unos y otros tienen características claramente diferenciadas: el "brasileño" es activo, invasor, destructor de la selva para sacarle provecho; el "paraguayo" es pasivo, prefiere subsistir con tráficos diversos, legales e ilegales. Pero ambos cargan con atributos negativos generalizados en su nacionalidad, que los convierten en migrantes per-

---

25 Amable, M.; Dohmann, K. y L. Rojas, *Historia de la Provincia de Misiones..., op. cit.*, p. 65.

26 Estos son los años del surgimiento y crecimiento del peronismo como fuerza popular masiva, que cambia profundamente la escena política argentina, y que se apoya precisamente como fuerza partidaria en los sectores sociales constituidos por los migrantes internos, llamados peyorativamente por sus adversarios "cabecitas negras" y "descamisados".

cibidos como "otros" no integrables. Ese otro es percibido como amenazante, casi opuesto a las corrientes de ideas que propician la integración a partir del MERCOSUR.[27] El "brasileño" invade, aparece como un vecino potencialmente peligroso, rescatando las ideas del conflicto regional de los años setenta: *"No podés ir allá si no hablas portugués, o una especie de portugués. Está todo copado por la cultura, la idiosincrasia, el idioma, y la religión. Toda la franja de la frontera. Es muy poderoso eso",* afirma un funcionario de la provincia de Misiones. "Allá" es la franja nororiental del territorio provincial, que limita con Brasil. Ese espacio es concebido como "vacío", y en riesgo permanente de intrusión extranjera. Ese migrante que "intrusa", además, tiene características sociales claramente definidas:

> *Y los pobres del sur [de Brasil]... son expulsados. Por eso cruzan para acá, no les dan nada, no tienen ninguna tierra. Cruzan la frontera y vienen para acá. Desaparecen, y ese se viene para acá. Viene acá, invade de cualquier manera, con una gran colaboración del movimiento de los sin tierra... Ellos [las autoridades de Brasil] quieren solucionar el problema de los sin tierra con la provincia de Misiones. Están trayendo mucha gente, muchísima gente... Y pasan, te mandan, por ejemplo, una familia con chicos chiquitos, en una barca, una chancha preñada, y te dicen, andá ubicate en las 2000 hectáreas, o andá ubicate en Pozo Azul...*[28]

Es, además de un otro nacional, un otro social claramente definido. Es pobre, y como tal se ve "manipulado" por distintos agentes que piensan por él, dirigiéndolo: *"Tienen*

---

27 Jelin, Elizabeth, "Dialogues, understandings and misunderstandings: social movements in MERCOSUR", en *International Social Science Journal,* núm. 159, march 1999; Merenson, Silvia, "Integración, estereotipos y MERCOSUR", en Alejandro Grimson (ed.), *Pasiones nacionales. Política y cultura en Brasil y Argentina,* Buenos Aires, Edhasa, 2007.

28 Entrevista con A. T., funcionario de la provincia de Misiones, 9 de agosto de 2008, Posadas (Argentina).

los supuestos parientes, amigos, gente que los trae, inclusive cuando aparece un problema jurídico, que los quieren sacar, aparece alguien que habla castellano, habla perfecto, y que tiene conocimientos jurídico... Son de la pastoral, son todos hijos putativos de la pastoral".[29]

Este migrante extranjero es construido como pobre a partir no sólo de la idea de carencias materiales, sino también de la imposibilidad de agencia autónoma para todo lo que no sea el duro trabajo agrícola de autosubsistencia: siempre otros deciden por él, desde las autoridades brasileñas que los expulsan hacia el territorio misionero hasta los agentes locales que, relacionados con movimientos políticos y religiosos en Argentina, los guían en su instalación, pasando por los empresarios argentinos que aprovechan el desmonte producido por los "intrusos" para hacer avanzar la frontera agrícola en espacios antes vedados por la protección del bosque nativo: *"El pobre brasilero, el sin tierra, es el instrumento para quedarse con la tierra, y el paga con su libertad. Es como el derecho de pernada... es la infantería. Después los dejan, hasta que tengan el documento, y se quedan por acá".*[30]

Las representaciones sobre el migrante paraguayo coinciden en despojarlo de la agencia, aunque aparece privado, además, de la voluntad de trabajo. Vago, especialmente el varón, se dedica a comerciar cuando la oportunidad aparece:

> *[Los paraguayos] no tiene tierra porque tienen que trabajar. Los paraguayos no quieren laburar, prefieren venir con una bolsita de marihuana. Ellos no quieren laburar. El guaraní no tiene cultura de trabajo. Todos los que trabajan en Paraguay son gringos. El paraguayo, el guaraní no tiene cultura de trabajo, de sacrificio por el trabajo, es más comerciante.*

[29] Ibídem.
[30] Ibídem.

> *El tipo trae relojes de contrabando, mujeres, chicos, vende cigarrillos, todo lo que se te ocurra.*[31]

Esta caracterización del migrante de países limítrofes remite a la oposición "colono"/"criollo". La figura del local, el "criollo", se asimila en este caso al paraguayo/guaraní, caracterizado en oposición al "gringo", el "colono", con base en su relación con el trabajo y el dinero: el "gringo" trabaja la tierra, el "paraguayo/guaraní" no tiene cultura del trabajo. Los nuevos migrantes representan, además, una amenaza no sólo por ser portadores de una nacionalidad distinta y constituir un peligro de invasión, sino también por encarnar un proyecto de ocupación de las tierras reñido con la conservación del bosque nativo. Se evidencia aquí un proyecto político-económico diferenciado, en el que los "intrusos" personificarían una amenaza a los ricos recursos forestales y de biodiversidad presentes en la provincia. Es importante destacar que, desde mediados de los años ochenta, los recursos forestales de Misiones comienzan a ser comprendidos en clave ecológica. Como afirman Amable, Dohmann y Rojas:

> Los bosques misioneros poseen un importante potencial turístico, por su imponente belleza, y desde una perspectiva ecológica son fundamentales como conservadores del medio ambiente y de la vida... El Gobierno de la Provincia de Misiones crea en 1986 el Ministerio de Ecología y Recursos Naturales Renovables destinado a orientar la explotación racional de los montes y asegurar su continuidad en el tiempo.[32]

Se crean así Áreas Naturales Protegidas en las que la tala de árboles está reglamentada. Estos nuevos espacios,

---

[31] Entrevista con C. S., funcionario de la provincia de Misiones, Posadas, 8 de agosto de 2008.

[32] Amable, M.; Dohmann, K. y L. Rojas, *Historia de la Provincia de Misiones...*, p. 288.

concebidos en clave ecológica, se ven amenazados por la acción "deforestadora" de los "intrusos":

> *Son muchos, y tienen un criterio distinto al nuestro, una educación distinta. Porque ellos destruyen la selva, vamos a ponernos en críticos fuertes. El brasilero viene y destruye todo... Ellos desmontan todo..., y siembran, y cuando cruzan de este lado, intentan hacer lo mismo, ellos se tiran una chacrita de 10 hectáreas, y en seis meses no hay un puto árbol. Ellos necesitan producir, por un kilo de producto ponen un kilo de energía, no les preocupa. Ellos rompen todo y queman, y cuando se quema, el monte no vuelve más. Después plantan pasto, o plantan soja, o lo que venga.*[33]

Aquí el migrante suma a la otredad nacional la otredad ideológica: portadores de distintos proyectos políticos, la conservación contra el cultivo, el bosque nativo contra la utilización del suelo para la agricultura de subsistencia. Sin embargo, los proyectos políticos diferenciados enmascaran una diferenciación central en la concepción del otro, que tiene que ver con las diferencias de clase social. El migrante es otro centralmente porque es pobre, y es esta característica la que obstaculiza la "integración" a la sociedad local; integración que, en el modelo asimilacionista que ordena la percepción del migrante a partir de la figura del "colono", domina la construcción de los imaginarios sobre la migración. Pobres que invaden los bosques para quemarlos y abrir tierras para cultivo, expulsados de Brasil por la falta de tierras, pobres que vienen de Paraguay y se instalan a vivir de pequeños tráficos legales o ilegales: pobres, otros.

> Y acá no hay chacareros, está el pobrerío, que es la mano de obra barata, los que salen a levantar porquerías. Todo lo más bajo, chato, con una educación casi nula. Los chicos se alimentan en el colegio con las parroquias, las iglesias.

---

33 Entrevista con A. T., funcionario de la provincia de Misiones, 9 de agosto de 2008, Posadas (Argentina).

> Y la gente grande, los muchachotes salen a trabajar, a pedir limosna, y trabajan de cualquier cosa, en la periferia, de cualquier cosa, de albañil.[34]

Nuevamente el pobre es construido como figura opuesta a la del "colono"- chacarero, que trabaja. El migrante pobre no trabaja, vive de lo que puede. Los intentos de diferenciar a unos migrantes y otros de la misma proveniencia nacional no hace sino reforzar los estereotipos de clase: los paraguayos no son todos pobres, los que pertenecen a los estratos sociales superiores se integran a la sociedad:

> ...de los [paraguayos] que vienen acá, algunos se quedan, y otros se van a Buenos Aires, y se van a la villa. Paraguayo, hincha de boca y peronista... Hay mucha gente paraguaya que sí vive acá, que es gente bien o de clase media alta, que en su momento se fueron por Stroessner, y vinieron acá, y se mimetizaron con la sociedad. Viven bien, es gente progresista, comerciantes...[35]

De todas las facetas de la construcción de la otredad, tal vez la clase sea la más fuerte, aquella a partir de la cual se abren nuevas distinciones que marcan las características del migrante. Es que el otro pobre es también un otro religioso, que uniformemente asume distintos consumos doctrinales y culturales. Y en tanto que otro religioso, se reactiva la idea del migrante-"intruso", esta vez portador de valores extranjeros ajenos a la "cultura nacional". Un dirigente católico define la situación religiosa de Misiones de la siguiente manera:

> Después están todos esos otros, algunos dicen sectas, no les gusta que les digan sectas, todo eso, venidos en parte de EEUU y en parte de Brasil, de aquí del sur de Brasil. Muchos vinieron para aquí, esas iglesias de tipo Pentecostal,

---

34 Entrevista con A. T., funcionario de la provincia de Misiones, 9 de agosto de 2008, Posadas (Argentina).

35 Ibídem.

> Asambleas de Dios, eso está lleno, por todos lados... Algunos tienen reclamos sociales, pero otros son esas gentes muy fanáticos. Muy ignorantes y muy fanáticos.[36]

Y si bien el espacio católico de la región estuvo hasta la primera década del siglo XIX marcado por un tipo de catolicismo que hace suya la "Opción por los Pobres",[37] el acercamiento en términos de compromiso ideológico, doctrinal y político no alcanza para morigerar la distancia de la opción religiosa distinta (son pobres, pero eligen ser pentecostales). El otro migrante es construido como otro religioso a partir del marcador del lenguaje, son "sectas", y de la proveniencia foránea, de EE.UU. y de Brasil. Además, se suma a este recorte la explicitación de la diferencia de clase: aun siendo "sectas", y aun representando muchas de ellas intereses extranjeros, con los líderes, es decir, con aquellos que encarnan las posiciones más privilegiadas del grupo, se puede tender puentes. Pero no con los "de abajo", quienes son impermeables al diálogo:

> Además hay otro punto que es muy importante tener en cuenta, si hablamos de ecumenismo y de diálogo religioso. Es que el diálogo, si se da, se da siempre entre las cabezas, los dirigentes. Con los pastores, con algunos pastores, son gente más abierta y todo eso, entonces podemos dialogar, y nos podemos acercar, y hacer alguna acción en común... Ahora la base, la gente de la base, sobre todo de esas iglesias, no quieren saber nada. Están muy fanatizados.[38]

---

36 Entrevista con J. G., dirigente católico, Puerto Iguazú, Argentina.

37 Mallimaci, Fortunato, "Les courants au sein du Catholicisme argentin: continuités et ruptures", en *Archives des Sciences Sociales des Religions,* núm. 91, juillet-septembre de 1995, pp. 113-136; Giménez Beliveau, Verónica, "Sociabilidades, liderazgos e identidad en los grupos católicos argentinos. Un acercamiento al fenómeno de los comunitarismos a través del caso de los Seminarios de Formación Teológica", en Aurelio Alonso Tejada (ed.), *América Latina y el Caribe: territorios religiosos y desafíos para el diálogo,* Buenos Aires, CLACSO, 2008.

38 Entrevista con J. G., dirigente católico, Puerto Iguazú, Argentina.

Y en ese sentido, están abiertos a las influencias que provienen del país vecino, Brasil. Nuevamente las distintas facetas de la otredad se combinan, y la figura del otro nacional amenazante y activo se articula con la del otro religioso que crece exponencialmente.

> *Quedamos asombradas, desde Eldorado a Irigoyen, cada kilómetro y medio hay una casita que es una Asamblea de Dios... Al estar tan cercano con Brasil, muchos de los pueblitos que son frontera con Brasil, también reciben emisión de los canales brasileros, que tienen 60 canales de cable..., hay sobre todo muchísimos que tienen que ver con los cultos que hay allá.*[39]

> *Yo quiero estar advertido, porque de a poquito, es como la cárcel, si vos no sos evangélico no conseguís laburo, tu hijo en el colegio no está bien visto... Lo que veo es que muchas cosas no las conseguís si no tenés carnet.*[40]

El migrante construido como un otro religioso combina los rasgos de la otredad social y de la otredad nacional. Esto lo vuelve un eventual peligroso invasor, cuyos medios son, en el fondo, eficaces. En este sentido debe ser leído el rol atribuido a los medios de comunicación, y sobre todo a los medios brasileros que "invaden" el espacio audiovisual argentino. Este es el marco que vuelve comprensibles las acusaciones a las "radios FM pentecostales" que sostienen a los migrantes con una presencia religiosa permanentemente audible, hablada además en brasilero.

---

39 Entrevista con C. S., funcionaria de la provincia de Misiones, Posadas, 8 de agosto de 2008.

40 Entrevista con A. T., funcionario de la provincia de Misiones, 9 de agosto de 2008, Posadas (Argentina).

4. Palabras finales: temporalidades segmentadas, facetas de la alteridad

En este artículo nos propusimos trabajar la construcción de la alteridad en una región de fronteras. La liminaridad del territorio que elegimos no es casual: en los territorios construidos socialmente como fronterizos, la lectura de las identidades suele volverse más transparente, y si el contacto con el otro nacional le otorga un rostro humano a la construcción de la alteridad, la percepción de la presencia permanente de ese otro exacerba ciertos identificadores que permitan la diferenciación. Sin embargo, no nos habíamos propuesto trabajar con la idea del otro nacional, sino con realizar un análisis sobre la construcción de la alteridad a partir de identificadores identitarios superpuestos. La construcción de la otredad se basa no en una percepción de un rasgo único, sino en emergentes relacionados con la clase, la religión, la nacionalidad, el idioma, que se articulan en condensados de sentido. Así, la combinación de estos identificadores produce, en distintos momentos sociales, las figuras contrapuestas del "colono" y del "intruso", que se construyen casi como polos opuestos de trayectorias migratorias pensadas en tensión: el "colono" es exitoso, el "intruso" fracasa; el "colono" se asimila", el "intruso" no; el "colono" contribuye positivamente a la sociedad argentina, el "intruso" se convierte en un obstáculo extraño que absorbe recursos de la sociedad aportándole sólo elementos negativos. La construcción de estas figuras de la alteridad nos habla de los momentos diferenciados de la migración, pero también de las transformaciones de la sociedad en la que los migrantes se insertan. Desarticular los prejuicios, deconstruir las visiones del otro, contribuirá a pensar una sociedad más receptiva, más abierta y democrática.

La frontera en los estudios literarios. Hacia una perspectiva transnacional desde Argentina

Alejandra Laera[1]

Los libros más importantes de la literatura argentina del siglo XIX empiezan o terminan en la frontera. En ellos, la frontera no es sólo un supuesto o una *marca* territorial, con sus alcances políticos y sociales, sino que es una noción constitutiva del propio planteo literario, aun cuando en algún caso no se la llegue a nombrar como tal. La densidad cultural de la frontera, por eso mismo, se compone también de ese conjunto de manifestaciones y elaboraciones que abarcan todo el espectro poético para culminar en la gauchesca, que fundan la tradición más importante del ensayo de interpretación nacional, que impulsan géneros como el relato de viajes o las memorias, y que emergen a menudo en el menos frecuentado campo de la narrativa de ficción.

Sin frontera, no existiría el viaje a las tolderías indias que hace la "cautiva" María para rescatar a su esposo en el poema de Esteban Echeverría de 1837, ni el frustrado viaje de vuelta a la civilización en el que, en un mismo trazo configurador, se busca fundar simbólicamente un espacio nacional y una literatura propia. Tampoco, desde ya, existiría la posibilidad de que Martín Fierro, al final de la primera parte, escrita por José Hernández en 1872, se fuera con Cruz al "desierto" para dejar atrás la persecución policial; menos todavía existirían los famosos versos que entona a comienzos de la segunda parte, publicada en 1879 -el mismo año de la autodenominada "conquista del desierto" emprendida por Julio A. Roca-, después de volver de tierra de indios: "pues infierno por infierno / prefiero el de la frontera". ¿Qué otra cosa que una cuestión

1 Universidad de Buenos Aires. CONICET.

de fronteras fue, si no, el motivo que llevó a Lucio Victorio Mansilla a realizar, a comienzos de la década de 1870, su excursión a los indios ranqueles y, sobre todo, a narrarla apostando al caudal de aventuras que la sola idea de cruce y tránsito despertaba en la imaginación? Más aun: si la fórmula interpretativa "civilización y barbarie" demarca simbólicamente una frontera geográfico-cultural que el *Facundo* de Domingo F. Sarmiento, de 1845, se encarga de subrayar una y otra vez, ¿no supone también la noción de frontera el pasaje en el que su autor cifra el futuro de la literatura?:

> Ahora yo pregunto: ¿Qué impresiones ha de dejar en el habitante de la República Argentina el simple acto de clavar los ojos en el horizonte, y ver... no ver nada? Porque cuanto más hunde los ojos en aquel horizonte incierto, vaporoso, indefinido, más se aleja, más lo fascina, lo confunde y lo sume en la contemplación y la duda. ¿Dónde termina aquel mundo que quiere en vano penetrar? ¡No lo sabe! ¿Qué hay más allá de lo que ve? La soledad, el peligro, el salvaje, la muerte. He aquí ya la poesía.

La frontera, por lo tanto, comprende un conjunto de sentidos que van más allá del previsible pasaje de lo territorial a lo cultural, de la geografía a la literatura de corte histórico o político, de lo literal a lo simbólico.

Desde la literalidad de la frontera entendida como límite –ya sea rígida o permeable, ya sea una línea de separación o un espacio de intercambio cultural multiétnico– a la frontera simbólica –que implica diferencias políticas y culturales a partir de las cuales se producen enfrentamientos irreconciliables o negociaciones–, hay otra dimensión de lo simbólico que se juega entera en el campo de la literatura. Pero no se trata, como podría haberse pensado, de una operación actual de lectura, de un gesto crítico retrospectivo. Esa dimensión simbólica la entregan los propios textos. Porque si las dimensiones militar y política del término conforman su sentido desde que empieza a registrarse su uso en el Río de la Plata hacia mediados del siglo XVIII, la imbricación que con ambas dimensiones resulta constitutiva para la literatura nacional explica la rápida y productiva apropiación de la frontera por parte de los escritores.[2] Esta apropiación se vio facilitada tanto por los cruces entre una política cuyas prácticas privilegiaban la guerra civil y una literatura que presentaba divisiones genéricas todavía difusas como por la frecuente superposición entre hombres de letras y hombres de armas que se inició hacia el final de la colonia. Y esto no significa únicamente que con sus textos se propongan participar de un debate en torno de la frontera -en particular de la Frontera Sur y la relación con los indios- y alentar o socavar prácticas y discursos oficiales. Aunque no está de más insistir en que la literatura sobre la frontera contribuye irreductiblemente a construir imaginarios, ya sea a través de ensayos y ficciones y, más estrictamente, de lo que Claudia Torre llamó "narrativa expedicionaria", quiero poner el énfasis en el hecho de que la frontera le ofrece a la literatura un material que le resulta específico y que va a moldear desde el comienzo la imaginación literaria nacional.[3]

---

2 Para un recorrido de término 'frontera' en los siglos XVIII y XIX, véase el minucioso artículo de Florencia Roulet, "Fronteras de papel. El periplo semántico de una palabra en la documentación relativa a la frontera sur rioplatense de los siglos XVIII y XIX", *Revista Tefros,* vol. 4, núm. 2, primavera de 2006.

3 Sobre la literatura de frontera, véase Claudia Torre, *Literatura en tránsito. La narrativa expedicionaria de la Conquista del Desierto,* Buenos Aires, Prometeo, 2010, y *El otro desierto de la nación argentina. Antología de narrativa expedicionaria,* Bernal, Universidad Nacional de Quilmes, 2011. Ver también el ya clásico libro de David Viñas (*Indios, ejército y frontera,* México Siglo XXI, 1982), que recoge un importante conjunto de textos vinculado con la frontera interior, y más recientemente los estudios de Álvaro Fernández Bravo (*Literatura y frontera. Procesos de territorialización en las culturas argentina y chilena del siglo XIX,* Buenos Aires, Sudamericana-UDESA, 1999), Jens Andermann (*Mapas de

En un contexto en el que la literatura parece reafirmar su vínculo inescindible con la política; en el que el proyecto de literatura nacional soñado por Esteban Echeverría cuando en 1830 llega de su viaje a Europa viene a quedar relegado por completo; en el que ya no se vislumbran posibilidades de ser un escritor romántico con una obra literaria que encuentre lectores genuinos y con la posibilidad de lograr un legítimo derecho de autor, y en el que para ser considerado escritor el romántico tiene que asumir la faceta de pensador o ideólogo, la *frontera* es a la vez una noción y un motivo privilegiado. Porque la idea (y la imagen) de frontera encierra no sólo un nudo político ideológico, sino también un mundo de aventura. En él, es posible crear un espacio, unos personajes distintivos y un conflicto, esto es: todo aquello que estimula la imaginación literaria, que sirve para "artizar", como habría dicho Echeverría.

Desde ya, el propio Echeverría tenía incorporada la noción, aunque sin palabras, al escribir *La cautiva:* ese espacio recorrido por María entre el pajonal en el que muere Brian y el sitio donde la encuentran los soldados compañeros de su esposo no es otra cosa que la frontera; es allí donde está clavada la cruz y plantado el ombú que le da sombra; es adonde se acerca "el cautivo cristiano" para recordar su hogar, adonde llega distraída por la caza "la tribu errante" y huye aterrada, y donde el "vulgo asombrado" ha comenzado a tejer la leyenda de la cautiva. La frontera es, aunque Echeverría aluda a ella confusamente como desierto, llanura o verdor, ese espacio simbólico en el que es posible ubicar a los dos amantes y hacerlos vivir una serie de peripecias con las que se organiza un primer relato con pretensión fundacional. Unos pocos

---

poder. Una arqueología literaria del espacio argentino, Rosario, Beatriz Viterbo Editora, 2000) y Fermín Rodríguez (*Un desierto para la nación. La escritura del vacío,* Buenos Aires, Eterna Cadencia, 2010).

años después, Sarmiento supo verlo inmejorablemente cuando, al plantear la dicotomía civilización/barbarie en el *Facundo* y construir su imagen de escritor americano más allá de los límites nacionales, aprovechó la potencia literaria de la frontera y dio un salto metafórico que le permitió imaginar allí el "teatro de la guerra" más propicio y hacerlo, además, localizadamente, en un espacio y un tiempo particulares. Sarmiento aprendió la lección de Fenimore Cooper en sus *Leatherstocking Tales* al elegir la frontera como el espacio en el que radican los tipos disponibles, los enfrentamientos posibles, el encuentro con lo radicalmente diferente: todo lo nuevo y lo original.[4] Si Cooper la eligió como el lugar donde se desplegó la lucha entre los colonos y los pueblos indígenas, si allí cifró los fundamentos del territorio nacional, Sarmiento la convirtió en el espacio donde dirimir el predominio de la civilización de raíz urbana o su claudicación ante las fuerzas bárbaras de la campaña. Encontró allí una matriz de color local lo suficientemente atractiva como para lograr el interés de los lectores europeos que se habían rendido ante las historias de Cooper cuando las publicó en Francia e Inglaterra difundiéndolas como la descripción de la vida americana y la historia de su héroe. Aunque Sarmiento no haya logrado ese mismo tipo de éxito, sí logró instalar en el imaginario latinoamericano la distinción irreductible entre civilización y barbarie que marcó -por adopción u oposición- buena parte del ensayo de ideas en América Latina. En definitiva,

---

4 La serie *The Leatherstocking Tales* de James Fenimore Cooper está compuesta por cinco libros: *The Pioneers* (1823), *The Last of the Mohicans* (1826), *The Prairie* (1827), *The Pathfinder* (1840) y *The Deerslayer* (1841), todos protagonizados por Natty Bumppo, de quien se narra su vida en la zona de frontera entre 1740 y 1804. En *Facundo,* Sarmiento lo menciona un par de veces con alguno de los varios alias usados en las novelas, como "Ojo de Halcón" *(Hawkeye)* o "el trapero" *(The Trapper),* encontrándole parecido con figuras locales que se mueven entre la campaña y el "desierto".

desde la perspectiva que, por lo menos hasta 1880, tiende a ver la literatura argentina del siglo XIX en su relación con la política, la *frontera* resuelve la parte más narrativa de esa relación a la vez que procesa cuestiones de otro orden (territoriales, identitarias, sociales).

Me interesa subrayar en esta oportunidad, precisamente, esa parte más intensamente *literaria* de la literatura argentina del siglo XIX. Y me interesa hacerlo no con el objetivo de mostrar, de nuevo, el hecho de que lo más efectivo, lo más leído o consagrado de esa literatura tuvo como tema una cuestión tan central para la política y la cultura de esos años como la frontera. No está demás insistir en la perspectiva insoslayable de la literatura y los estudios literarios sobre la frontera, ni en la contribución decisiva de textos como *La cautiva* o el *Martín Fierro* para la creación de un imaginario que excedió totalmente el campo de las letras. Sin embargo, no voy a detenerme en eso ahora. Mi objetivo es considerar a la *frontera* como una categoría específica de la narración literaria, y esto dicho sin pensar en posibles manifestaciones metafóricas. Considerar a la frontera en lo que tiene de potencia narrativa en su grado más alto: la *aventura*.

En ese sentido, ya no importa sólo si se habla de frontera en términos de línea de fortines, como en el comienzo de *La ida* de *Martín Fierro,* o de espacio que antecede al "desierto", como en el final de *La ida*. Tampoco si se entiende la frontera como una separación tajante, como un límite que rápidamente hace de la frontera nacional una diferencia política y cultural, como en la escena de apertura del *Facundo* cuando en los baños de Zonda Sarmiento escribe, yéndose al exilio, la frase en francés: *"On ne tue point les ideés",* que no sólo separa dos países sino que busca distinguir también a los "civilizados" que saben francés (los letrados, los románticos, los desterrados) de los "bárbaros" que no lo entienden (los seguidores de Rosas, sus esbirros, los mazorqueros). Que la frontera sea considerada una zona permeable, porosa, una zona de contacto -para usa la expresión de Mary Louis Pratt-,[5] a la manera en que tiende a concebirla Mansilla en *Una excursión a los indios ranqueles,* indica mucho más que una decisión política o ideológica. A esas diversas acepciones de la *frontera,* que provienen sobre todo de la antropología y de la geografía, y que -como resume Roulet-[6] van desde las divisiones tajantes que se intentaban trazar en los mapas a las construcciones imaginarias de las diferencias culturales, hay que sumarle no otra acepción o definición sino su potencial condición narrativa. Me refiero a la *aventura* entendida tal como la propone Georg Simmel: un fragmento que se desprende del contexto de la vida y asume un valor específico, una parte de la existencia que, aunque vinculada en el pasado y en el futuro con otras partes, discurre, en un sentido que excede toda cronología, al margen de la continuidad propia de la vida.[7] "Una aventura se convierte en tal -nos dice Simmel- únicamente a través de esa carga significativa doble: constituir la expresión delimitada por un principio y un fin de un sentido significativo, y con toda su deuda al azar, toda su extraterritorialidad con respecto al continuo vital, estar relacionada con la esencia y el destino de su portador en el sentido más amplio, integrador de las series vitales más racionales, y en una misteriosa necesidad."[8]

Esa autonomía necesaria y vital que caracteriza a la aventura se adecua muy bien a la idea de novela o relato, pero Simmel va aun más allá y encuentra en la aventura una intensa relación con "la obra de arte", precisamente

---

5 Mary Louise Pratt, *Ojos imperiales. Literatura de viajes y transculturación,* Buenos Aires, Fondo de Cultura Económica, 2010.

6 Florencia Roulet, *op. cit.*

7 Georg Simmel, "La aventura" (1910), *Sobre la aventura. Ensayos filosóficos,* Barcelona, Península, 1988, pp. 11-26.

8 Ibídem.

porque ambas se oponen a la vida (aunque esa oposición sea diferente en cada caso) y a la vez ambas son "análogas a la totalidad de una vida". Si el espacio privilegiado de la aventura en el Río de la Plata del siglo XIX es la frontera con todo lo que está al otro lado de ella, entonces la relación literatura y frontera es fuertemente intrínseca porque a la vez que sostiene el vínculo heterónomo con la política que la coyuntura decimonónica requiere, canaliza la pulsión narrativa que le resulta específica. Ese fragmento de vida tan autónomo como significante que constituye a la frontera como aventura es el que convierte en heroína a María en *La cautiva* cuando atraviesa el desierto para salvar a su amado Brian, y es también el que habilita, para la mirada fundacional de los románticos, la alegorización del cuerpo de la mujer cautiva en la nación que espera fundarse en lo que se dio e en llamar "desierto". Un fragmento de vida similar permite, décadas después, contar la historia del gaucho tensionado entre los dos órdenes antagónicos que hay de uno y otro lado de la frontera, así como, hacia el Centenario, convertir a Martín Fierro en el heroico arquetipo de lo nacional. Basta leer, algunas décadas más tarde, la "Historia del guerrero y la cautiva" (1949) de Jorge Luis Borges para observar la productividad de la frontera, su alta capacidad para condensar sentidos culturales y literarios:

> En 1872 mi abuelo Borges era jefe de las fronteras Norte y Oeste de Buenos Aires y Sur de Santa Fe. La comandancia estaba en Junín; más allá, a cuatro o cinco leguas uno de otro, la cadena de los fortines; más allá, lo que se denominaba entonces la Pampa y también Tierra Adentro. Alguna vez, entre maravillada y burlona, mi abuela comentó su destino de inglesa desterrada a ese fin del mundo; le dijeron que no era la única y le señalaron, meses después, una muchacha india que atravesaba lentamente la plaza. Vestía dos mantas coloradas e iba descalza; sus crenchas eran rubias. Un soldado le dijo que otra inglesa quería hablar con ella. La mujer asintió; entró en la comandancia sin temor, pero

> no sin recelo. En la cobriza cara, pintarrajeada de colores feroces, los ojos eran de ese azul desganado que los ingleses llaman gris. El cuerpo era ligero, como de cierva; las manos, fuertes y huesudas. Venía del desierto, de Tierra Adentro y todo parecía quedarle chico: las puertas, las paredes, los muebles. Quizá las dos mujeres por un instante se sintieron hermanas, estaban lejos de su isla querida y en un increíble país. Mi abuela enunció alguna pregunta; la otra le respondió con dificultad, buscando las palabras y repitiéndolas, como asombrada de un antiguo sabor. Haría quince años que no hablaba el idioma natal y no le era fácil recuperarlo. Dijo que era de Yorkshire, que sus padres emigraron a Buenos Aires, que los había perdido en un malón, que la habían llevado los indios y que ahora era mujer de un capitanejo, a quien ya había dado dos hijos y que era muy valiente.[9]

En un par de párrafos, Borges, con su personal reelaboración narrativa, atraviesa todos los sentidos de la frontera, desde los fortines hasta la lengua y llega al grado más alto de condensación simbólica cuando la "india rubia" se cruza con la abuela inglesa de Borges que andaba de caza por el lugar, y ante la vista de una oveja degollada, se arrodilla y bebe su sangre caliente.

La frontera comparte su potencial narrativo ligado a la aventura con otros dos motivos político-sociales pero de larga trayectoria literaria: la *guerra* y el *viaje*. Sólo que mientras estos son de alcance universal, la frontera asume una inflexión local. En tanto motivo narrativo local, la frontera, entendida como reservorio de aventuras, encuentra su final en la guerra, aun cuando se trate de la campaña de exterminio emprendida por Roca contra los indios y de la que da cuenta la narrativa expedicionaria. Pero la guerra también está, aunque en la clave política del enfrentamiento entre civilización y barbarie, en cada uno de los capítulos del

---

9 Jorge Luis Borges, "Historia del guerrero y la cautiva", *El Aleph*, Buenos Aires, Emecé, 1949.

Facundo dedicados a la "guerra social" y que giran alrededor de las batallas que enfrentaron a Quiroga con los unitarios, como Oncativo o La Tablada. Por su parte, el motivo del viaje, convertido en un género literario muy difundido a lo largo del siglo XIX, especialmente en Europa, se superpone al motivo de la frontera en buena parte de los textos mencionados. Tanto *La cautiva* como *Martín Fierro* y, desde ya, *Una excursión a los indios ranqueles,* pero también el *Callvucurá* de Estanislao Zeballos e incluso el *Facundo* de Sarmiento y su *Campaña en el Ejército Grande,* contienen el relato de un desplazamiento. Sin embargo, como no ocurre con el viaje, la frontera exhibe el desplazamiento, siempre, como una *diferencia.* Y como tampoco ocurre con el viaje, la frontera conlleva, en la tradición decimonónica del Río de la Plata, una razón política. En esa *diferencia,* no en el tránsito sino en el *cruce,* en el *pasaje,* en eso que lo emparienta con la guerra pero sin su dicotomía, sin sus estrategias de enfrentamiento y con mayor rango de matices, se juega toda la potencia narrativa de la frontera, convertida en un desafío de la imaginación que podemos llamar novelesco. Y en esa razón política, ahora pensada desde la literatura (y no al revés), se encuentra el plus por el cual la literatura se pone a procesar, precisamente, cuestiones políticas y también culturales y sociales, de un modo tan irreductible a otros discursos como en diálogo o disputa con ellos.[10]

---

10 Fue ese impulso, la aventura, con sus espacios extraños, con sus enigmas, con sus personajes y sus enfrentamientos, lo que me llevó a entusiasmarme con el proyecto de organizar un volumen sobre la frontera en la literatura argentina del siglo XIX, que salió finalmente en el año 2008 y que codirigimos con Graciela Batticuore y Loreley El Jaber. Se llamó *Fronteras escritas. Cruces, desvíos y pasajes* y reunió un conjunto de artículos de especialistas en la literatura argentina del siglo XIX y, en algunos casos en particular, de especialistas en la problemática de la frontera, como Claudia Torre y Loreley El Jaber. *Fronteras escritas* apuntó, precisamente, a mirar con la categoría de frontera textos que

Por último, es preciso subrayar un aspecto de otro orden: la intersección entre los estudios literarios y los estudios de frontera profundizan una exploración que aún tiene muchos trayectos pendientes. Me refiero a que la noción de frontera -ya no estrictamente la histórica, sino las zonas limítrofes en general y también las migraciones transatlánticas- estimula un *abordaje transnacional y mundial*. Esto no significa hacer comparatismo sino, por el contrario, explorar ciertos discursos, objetos o acontecimientos según coordenadas transnacionales que dan una perspectiva que ya no es meramente local. Un caso bien ilustrativo es la guerra del Paraguay (1864-1870): cuando se investiga el fenómeno considerando textualidades y prácticas que no son sólo argentinas o brasileñas, por ejemplo, sino que toman en cuenta la enorme y diversa producción de todos los países involucrados, así como de los viajeros franceses e ingleses que se encontraban en la región, se sale de una lectura parcial para tener una visión más amplia, compleja y matizada. Todas las textualidades vinculadas con la guerra del Paraguay en su diversidad genérica y de procedencia permiten reconstruir redes a partir de una literatura creada

---

hasta entonces no habían sido considerados desde esa perspectiva y a volver a pensar las cuestiones políticas y culturales desde la perspectiva de la literatura. Reunimos allí artículos sobre el *Derrotero* de Ulrico Schmidl, sobre *Ranqueles*, sobre *Martín Fierro;* también sobre corpus menos trabajados, como la narrativa expedicionaria del desierto o la guerra del Paraguay. Cronológicamente, el período tomado termina con la trilogía de la Araucanía de Estanislao Zeballos, pero únicamente porque, en términos prácticos, le pusimos fin en un momento de fuerte inflexión en la historia de la frontera: cuando cambia la línea de fronteras, comienza a borrarse la demarcación interna de la frontera nacional y se inicia otro período, el de la frontera ultramarina, que dará lugar a la narrativa de la inmigración que se inicia a mediados de los años 80 y llega hasta comienzos del siglo siguiente. (Si bien su productividad no fue la misma que la de las fronteras internas, ancló en el imaginario. Tanto como para que en los años 60 Cortázar haya organizado en dos lados, allá y acá, su libro *Rayuela)*.

en y a través de la frontera que con otra perspectiva no se pueden reconstruir.[11] En ese sentido, la noción de frontera permite pensar América Latina en términos de *regiones transnacionales*, propiciando así el armado de nuevos corpus, la renovación del repertorio de categorías críticas y la transdisciplinariedad como requisito metodológico. Y seguir esas redes, a su vez, con sus modalidades de difusión y con su expansión, supone un modo diferente de poner lo latinoamericano en dimensión mundial. Trabajar a partir de la noción de frontera, por ejemplo, la producción y las prácticas literarias vinculadas con las migraciones transatlánticas permite acceder a un corpus todavía poco explorado.[12]

Un estudio literario de la frontera, por lo tanto, contribuye a fortalecer algunas de las herramientas con las que considero hay que pensar actualmente los problemas culturales: transnacionalidad, circulación mundial y trans/interdisciplinariedad. Es un desafío volver a pensar la literatura latinoamericana en esas coordenadas por lo menos hasta las primeras décadas del siglo XX, así como lo es detectar su persistencia en la narrativa contemporánea, cuando, cada vez más, hay que apostar a la imaginación crítica y a la búsqueda de nuevas herramientas que desencasillen los estudios literarios de los esquemas meramente textuales, disciplinarios o nacionales. Pero, también, es un desafío para los estudios históricos y para las ciencias sociales asumir el aporte de los estudios literarios en su irreductible especificidad.

---

11 Hice una primera aproximación a un abordaje de este tipo en A. Laera, "Sobre la guerra en el Paraguay (relatos nacionales en las fronteras)", en G. Batticuore, L. El Jaber y A. Laera (comps.), *Fronteras escritas. Cruces, desvíos y pasajes en la literatura argentina*, Rosario, Beatriz Viterbo, 2008, pp. 183-213.

12 En esa dirección, ver A. Laera, "Representaciones obliteradas: inmigrantes y extranjeros en la novela popular del siglo XIX", en A. Fernández Bravo, F. Garramuño y S. Sosnowski (eds.), *Sujetos en tránsito: (in)migración, exilio y diáspora en la cultura latinoamericana*, Buenos Aires, Alianza, 2003.

Patagonia: expediciones literarias al abismo de la historia

Claudia Torre[1]

En 1996, Jean Baudrillard (1929-2007) visitó la Patagonia argentina. Antes de partir hacia el sur, los periodistas Jorge Fonderbrider y Pablo Chacón le hicieron una entrevista en la ciudad de Buenos Aires. En ella Baudrillard dijo:

> Detrás de la fantasía de la Patagonia está el mito de la desaparición: hundirse en la desolación del fin del mundo. Por supuesto que se trata de una metáfora. Viajar a la Patagonia, por lo que imagino, es como ir hasta el límite de un concepto, como llegar al fin de las cosas. Conozco Australia y el desierto norteamericano, pero presiento que la Patagonia es la desolación de las desolaciones. De todos modos no se trata de una fantasía estrictamente personal. Sé de mucha gente en Europa que piensa como yo sobre la Patagonia: una región de exilio, un lugar de des-territorialización, una especie de triángulo de las Bermudas.[2]

En las expresiones del filósofo francés pueden leerse todos los lugares comunes que el discurso de la posmodernidad resumió sobre la Patagonia argentina: desolación, vacío, misterio. La Patagonia parece, en la metáfora del intelectual, un lugar ideal para desaparecer. El desierto patagónico resulta, de esta manera, no sólo un lugar vacío, sino también un lugar vaciado; desde el siglo XVI -cuando Antonio Pigafeta aseguraba haber visto gigantes en la Bahía de San Julián- hasta la década de 1990. Ya en la modernidad, como explica Gabriela Nouzeilles, el desierto patagónico era un espacio heterotópico que se constituía

---

1 Universidad de San Andrés.

2 Fonderbrider, Jorge y Chacón, Pablo, "La metáfora de la desolación", en *Clarín*, Buenos Aires, 6 de septiembre de 1996.

como una formación social de crisis, articulación imperfecta de la utopía, espacio otro del Estado moderno.[3] Y en la posmodernidad, este estatuto perdura: el desierto sigue siendo una patria pendiente.

Roberto Arlt, cronista viajero del diario *El Mundo,* escribía en la década de 1930:

> Los árboles han desaparecido casi repentinamente. Se han esfumado a lo largo de los rieles, lustrosos y rectos. El tren es como un dardo, humeante en la punta, que va entrando en el desierto patagón. Es la tierra de la desolación. Hora tras hora, el tren marcha con un ritmo monótono que acentúa el piafar de la locomotora.[4]

Arlt ha podido deslindar dos situaciones: por un lado, lo que desaparece (árboles) y, por el otro lado, lo que aparece e irrumpe en ese vacío: el ferrocarril y el propio cronista periodístico del diario *El Mundo.* Ambos conviven. Roberto Arlt ha decidido consignar una aparición, a diferencia de Baudrillard que prefería entregarse al sofisticado placer de desaparecer en alguna geografía remota. Sin duda, la *aguafuerte* patagónica del escritor argentino resulta inquietante por su lógica de la convivencia. Lo que desaparece convive con lo que es. He aquí, sin lugar a dudas, el mundo del terror.

La metáfora de la desaparición no se organiza en la cultura argentina como una categoría de la literatura fantástica. Tiene, como se sabe, un triste correlato real en las palabras que el dictador Jorge Rafael Videla usó para explicar sucintamente ante la prensa de los años setenta la

---

3 Nouzeilles, Gabriela, "Heterotopías en el desierto: Callois y Saint Exupery en la Patagonia", en *Margens. Revista de cultura,* núm. 5, Belo Horizonte, jul-dez de 2004.

4 "Hasta donde termina el riel" es una *aguafuerte* publicada, como tantas otras, en el diario *El mundo* del 15 de enero de 1934 y compilada en: Arlt, Roberto, *En el país del Viento. Viaje a la Patagonia* (1934), Buenos Aires, Simurg, 1997.

ausencia de personas: "El desaparecido no tiene entidad, no está ni muerto ni vivo, está desaparecido".[5]

La semántica de los derechos humanos se apropia del término y lo re-funcionaliza para convertirlo en una entidad política de denuncia. En esta re-categorización, el término dialoga con otro ya existente: "genocidio". Adorno señalaba en *Minima Moralia:*

> Lo que los nazis hicieron a los judíos era indecible: los idiomas no tenían palabras para ello [...]. Pero había que encontrar una expresión, si no se quería hacer de las víctimas, que son demasiadas para que sus nombres puedan ser recordados, objeto de la maldición del "no hay que acordarse de ellos". Y así se ha acuñado en inglés el término *genocide.* Pero la codificación impuesta en la *Declaración Internacional de los Derechos Humanos* ha hecho, a su vez, en interés de la protesta, lo indecible conmensurable. Al ser elevada a concepto, la posibilidad queda en cierto modo reconocida: una institución que prohíbe, rechaza, discute. Un día podrán tener lugar ante el foro de las *United Nations,* sesiones en las que se debata sobre si cualquier otra nueva atrocidad cae bajo la definición de *genocide...*[6]

Es notable cómo, en 1951, el intelectual de la Escuela de Frankfurt podía pensar con perspectiva y, al mismo tiempo, prever el uso y la manipulación que podrían hacerse del término "genocidio". En efecto, treinta años después de esta lectura asistimos en Argentina a un uso desacompasado y excesivo del término "genocidio". Como señala Hugo Vezzetti, la noción y las representaciones del genocidio han desbordado ampliamente la noción jurídica.[7] El genocidio no un término que designa sólo a los asesinatos

---

[5] Véanse las declaraciones de Videla en 1979. Disponible en línea: http://www.youtube.com/watch?v=9czhVmjeVfA

[6] Adorno, Theodor, *Minima Moralia. Reflexiones desde la vida dañada,* Madrid, Akal, 2006.

[7] Vezzetti, Hugo, *Pasado y presente. Guerra, dictadura y sociedad en la Argentina,* Buenos Aires, Siglo XXI Editores, 2003.

masivos del terrorismo de Estado, sino que califica también políticas económicas y efectos de marginación y violencia estructural.

La evidente trivialización del término habilita asociaciones simplistas, llegándose incluso a escuchar el uso del término "genocidas" para designar a policías tratando de disolver de modo agresivo y decidido un piquete urbano para normalizar el tránsito de la ciudad.

"Genocidio" y "desaparecidos" fueron expresiones usadas también para designar un acontecimiento del proceso de modernización de la Argentina del siglo XIX. Es en esta cuestión que voy a detenerme en el presente trabajo.

Entre 1870 y 1900, se escribieron y publicaron en Argentina un grupo de obras vinculadas con la "Conquista del Desierto". La expresión "Conquista del Desierto" ha sido más frecuentemente usada que la de "Campaña al Desierto". La historiografía revisionista se encargó de establecer la diferencia entre la conquista de Roca en 1879 (sanguinaria y exterminadora) y la campaña de Rosas de 1833 (que recuperó cautivos y procuró pactos, tratados y negociaciones con las tribus). El término "desierto" no remite a una geografía de beduinos, arenas secas y sol recalcitrante, sino -como se sabe- al espacio que está más allá de la línea de frontera, habitado por diversos grupos aborígenes (generalmente nómades). Yo mantendré la denominación epocal "Conquista del Desierto" a lo largo de todo el trabajo, aunque la expresión correcta es, por cierto: Conquista *al* desierto. La variación pronominal encierra, como es de esperarse, interesantes merodeos semióticos. La expresión "Conquista del Desierto" podría interpretarse en sentido inverso al de su uso habitual durante el siglo XIX. Es decir, poniendo a "desierto" como sujeto de la acción: es el desierto *quien* conquista y no *lo que es* conquistado. A su vez, la expresión también podría leerse en sentido paradojal: si el desierto estaba, ¿qué es lo que había que conquistar? Pregunta que inmediatamente pierde sentido cuando entendemos lo que la palabra "desierto" denominaba en el imaginario argentino del siglo XIX. La expresión se inscribe en la cultura argentina con una fuerte impronta alberdiana por aquello de "gobernar es poblar"; esta concepción requería que hubiese una ausencia de *pueblos,* entendida como equivalente a ausencia de *población;* cosa que -en rigor- no era un hecho real. Los expedicionarios del desierto concibieron como "desierto" a las tierras pobladas no ya no como práctica experiencial, sino como actividad simbólica: inventaron el "desierto" como condición de posibilidad de una cultura y de una literatura.

La narrativa expedicionaria sobre el desierto estuvo compuesta por textos militares, científicos, políticos y periodísticos escritos antes, durante o después de la conquista; en los que se intentó dar cuenta de esa experiencia específica. Las obras conforman una *narración transversal* que, como práctica, atraviesa diversos sujetos, diferentes instituciones y múltiples órdenes discursivos: literario, científico, militar, político. Esta *transversalidad* constitutiva del *corpus* también alcanza a los géneros codificados (memorias militares, recuerdos, crónicas, autobiografías, partes, cartas, telegramas, descripciones geográficas, relatos de viaje). Las obras presentan un marcado carácter institucional, tal como los viajes expedicionarios que narran. Pero, además, están escritas en primera persona. He aquí su especificidad: el dispositivo de enunciación está atravesado por la tensión entre el *yo* y la *institución;* y aquella puede leerse en el plano de la escritura.

El "viaje al desierto" es una expresión que podía sonar natural en el mundo decimonónico. Sin embargo, leída en perspectiva, encierra muchos interrogantes que no son, por cierto, sólo de carácter retórico. El desierto lo era por contrapartida con espacios poblados y sin la zona de contacto con ellos no se hubiera entendido que, además de una geografía implicaba -sobre todo- un concepto. Un concepto que se construía en relación, que involucraba a otros conceptos y cuya autonomía de significado se establecía en red. Porque desierto designaba lo que no era ciudad y lo que no era frontera, e incluso lo que estaba fuera del mundo de las naciones. Sin embargo, sin la ciudad, la frontera y el mundo, el desierto no se explicaba. Finalmente, hasta podía pensarse que el desierto era lo que la ciudad quería que fuera; o no era nada. La condición de *exterioridad* del desierto resulta -desde todo punto de vista- fundamental. El trabajo de conceptualización de la geografía del desierto fue una contundente operación intelectual de la Generación del 37. Jens Andermann señala que la Generación del 37:

> No imagina una nación para el desierto sino que imagina, en primer lugar, ese mismo desierto que es el primer contenido, una letra que pretende su ausencia. [...] El espacio y el paisaje no sólo están en el origen de los problemas políticos y literarios que se plantean los jóvenes románticos, sino que la construcción lingüística de ellos como originalidad pre-lingüística es la primera operación autorizadora de un proyecto ideológico y estético.[8]

La cautiva de Esteban Echeverría comenzaba sus versos presentando la imagen de un desierto. Toda la obra -uno de los clásicos del siglo XIX- consistirá en investir a ese espacio natural de una entidad funcional a una estética y a un programa político. El desierto se convertía así, claramente, en el exterior de otra cosa. A su vez, presentaba verdaderas encrucijadas, si se piensa en sus posibilidades de representación, porque se trataba de un espacio pensado como límite y a la vez como ámbito de posibilidades infinitas. En el arco que iba desde su figuración como una

---

8 Andermann, Jens, *Mapas de Poder. Una arqueología literaria del espacio argentino,* Rosario, Beatriz Viterbo editora, 2000.

entidad abstracta y simbólica hasta las representaciones que lo mostraban como un espacio político, económico y social, el desierto se presentaba siempre como un problema. El desierto entonces, no era totalmente seco, ni totalmente plano e, incluso, estaba habitado. Sus fronteras eran, además, imprecisas. Un tribunal arbitral de la época señalaba: "Para que un accidente natural constituya una frontera eficiente entre estados debe reunir dos condiciones primordiales: fácil de reconocer, difícil de cruzar".[9] La afirmación -posterior a la *Conquista del Desierto*- intentaba describir y precisar qué debía ser una línea de frontera, pero en su reverso sugería aquello que no había sido una línea de frontera en el territorio argentino de entonces.

La *Expedición al Río Negro* encabezada por Julio Argentino Roca se realizó entre abril y julio de 1879. El ejército estaba constituido por 6.000 hombres y se "redujeron" a más de 14.000 indios. Pero, en rigor, la *Conquista del Desierto* se llevó a cabo entre 1878 -año en que el todavía ministro Julio A. Roca dirige un mensaje al Poder Ejecutivo Nacional pidiendo llevar la ocupación militar hasta el Río Negro[10]- y 1885, año en que el cacique manzanero Valentín Saihueque ingresa, capturado, en la ciudad de Buenos Aires. Como hecho histórico, la "Conquista" no remite a un singular o a un único tipo de acontecimiento. Si bien la figura de Roca confería unidad militar y política a todas las acciones, la conquista se conformó a partir de una serie de hechos muy diversos: operaciones pequeñas que antecedieron a la constitución de cinco columnas del ejército: la del propio Julio A. Roca, y Conrado Villegas (a

---

9 Se trata de la *Memoria presentada en nombre del gobierno de Su Majestad Británica al Tribunal Arbitral entre SMB y los Estados Unidos de Venezuela* publicada en Londres en 1899 que contiene 141 láminas con mapas y fotos sobre el límite argentino-chileno.

10 Roca, Julio Argentino, *Mensaje al Congreso Nacional. Congreso Nacional, Cámara de Diputados,* año 1878, 39ª sesión ordinaria.

la que se sumaron Vintter y García), la de Nicolás Levalle, la de Eduardo Racedo, la de Napoleón Uriburu, y la de Hilario Lagos. Cada una de estas columnas expedicionarias tenía sus particularidades. Sin embargo, la historia y los relatos de la conquista provienen sólo de la primera. Las tribus "vencidas" eran muy diversas: salineros, ranqueles, puelches, pehuenches, huiliches, manzaneros, tehuelches y onas. A su vez, tribus y caciques cuyas jerarquías internas y pactos políticos eran muy variados y cuyo poder e influencia regional (espacial y temporal) era muy asimétrica, tenían relaciones muy diversas con sectores del poder político y económico de Buenos Aires; no siempre definidas por el enfrentamiento.

Lo que dio en llamarse en singular "Conquista del Desierto" no se conformó sólo de un ejército avanzando, sino también de una campaña previa que implicó múltiples mensajes al Congreso Nacional. Discursos, leyes, decretos, resoluciones, mensajes y proclamas tuvieron, probablemente, más impacto que las acciones bélicas *in situ*. Además, hubo una serie heterogénea de pactos, tratados y acuerdos con algunas tribus. Entre otras cuestiones, esos pactos remitieron a su vez a un sistema de distribución de indios que el Estado argentino ideó para sus prisioneros de guerra, durante y después de la conquista; los cuales, en su carácter de capturados -indios de lanza prisioneros, prisioneros no combatientes, indios reducidos voluntariamente, familias de indios-, representaron luego una población importante en la ciudad de Buenos Aires. En los periódicos de la época -*La Prensa, La América del Sur, El Nacional*- no se discutía sobre la necesidad de someter o no al indio, sino sobre las condiciones en que esos indios debían ser "incorporados" a la sociedad; cómo debían ser "civilizados" y cómo debía llevarse a cabo esa tarea. Esa "incorporación" era, por cierto, una forma del sometimiento -no de integración-, pero habla de prácticas específicas y refiere a un imaginario en torno a la figura del "otro".

La mayor parte de las obras de la narrativa expedicionaria argentina son desconocidas, y la -lamentablemente- escasa bibliografía sobre ellas está atravesada por dos estereotipos: el primero es la concepción del "indio único" como un sujeto salvaje vencido por las huestes modernizadas del ejército civilizador. El segundo es el reverso de éste: la concepción del "ejército genocida", la potencia exterminadora de un Ejército nacional que avanza en firme sobre el terreno y opera sobre el cuerpo del indefenso indio sabio. De ambos podría decirse, como Borges lo hizo en *Historia del guerrero y la cautiva,* que "acaso las dos historias refieren una sola y que el anverso y el reverso de esa moneda son, para Dios, iguales".[11] Ambos estereotipos provienen de una misma matriz narrativa y analítica desde la que se contó y se estudió el mundo de la frontera -las expediciones, la muerte de indios, el paisaje y el poblamiento-: la dicotomía civilización/barbarie. Esto no llama la atención, dado que esa dicotomía era fundante en la filosofía y en el paradigma de pensamiento de todo el siglo XIX. Lo que es, quizá, llamativo es que la lectura crítica posterior del siglo XX haya reproducido esa misma matriz explicativa y que haya quedado encerrada en esa estructura dual. Gran parte de la bibliografía del siglo XX sobre el tema es laudatoria, no produce una lectura crítica y proviene de historiadores e instituciones militares que recolectaron fuentes para confirmar hipótesis establecidas previamente. Hay, además, una ausencia de trabajos de envergadura en la historiografía progresista posterior a 1960 que -habiendo hecho intervenciones decisivas en el campo de los estudios sobre la modernización argentina

---

11 Jorge Luis Borges, "Historia del guerrero y la cautiva", en *El Aleph,* Buenos Aires, s/d, 1947.

de la segunda mitad del siglo XIX– no se ha detenido en la *Conquista del Desierto* como acontecimiento.[12]

La versión del éxito blanco estuvo a cargo de los propios cronistas contemporáneos al acontecimiento, así como de la historiografía laudatoria posterior, hasta la celebración del centenario en 1979, durante la última dictadura militar argentina. El libro del militar e investigador Juan Carlos Walther: *La conquista del desierto. Síntesis histórica de los principales sucesos ocurridos y operaciones militares realizados en la Pampa y Patagonia contra los indios (años 1527-1885)* ofrece una extensa relación desde el siglo XVI hasta el siglo XIX.[13] La *Conquista del Desierto* está referida en el capítulo XI. Se trata del estudio más exhaustivo sobre el tema, publicado por el *Círculo Militar* en 1947 y reeditado por EUDEBA en los años setenta. Para su autor, estudiar la Conquista del Desierto implicaba divulgar "este hermoso capítulo de nuestra historia militar que permitió afianzar nuestra soberanía y lograr nuestra actual organización política". La lectura que Walther realizaba en clave de epopeya heroica –tratándose siempre de una historia que intentaba "recuperar a los héroes" por imperativos éticos y morales para transmitir valores a futuras generaciones– se sostenía en una pormenorizada descripción de batallas y de pequeños combates así como de itinerarios militares, como ningún otro libro sobre el tema lo había hecho hasta la fecha. Al mismo tiempo, dejaba establecidas dos cuestiones centrales para los futuros estudios sobre la *Conquista del Desierto,* ambas vinculadas a las series en las cuales debía ser incluida. La primera era la de pensar la *Conquista del*

---

12 *Una nación para el desierto argentino* (1980), de Tulio Halperín Donghi, es un ejemplo, entre otros.

13 Cfr. Walther, Juan Carlos, *La conquista del desierto. Síntesis histórica de los principales sucesos ocurridos y operaciones militares realizados en la Pampa y Patagonia contra los indios (años 1527-1885),* Buenos Aires, Círculo Militar, 1947.

Desierto como una continuidad de la Conquista española de América durante el siglo XVI. La segunda remitía a su valoración como parte de la gesta de la Independencia argentina.

La constitución del acontecimiento como gesta patriótica es un circuito que va desde la *Expedición al Río Negro* en 1879 hasta la *Comisión Nacional del Monumento al Teniente General Roca,* en la década de 1930 y de allí al *Congreso de Historia sobre la Conquista del Desierto* en 1979.

En la misma línea del trabajo de Walther, ese *Congreso Nacional del Centenario de la Conquista del Desierto* celebrado en la provincia de Río Negro durante la última dictadura militar (1979) produjo una serie de trabajos que ratificaron los lineamientos generales del historiador militar y que -salvo contadas excepciones- ilustraban una época: la lectura acrítica y racista del acontecimiento, consecuencia directa de la devastación del campo de la investigación social académica por parte de un Estado terrorista y represor.[14]

Las dos líneas de lectura inauguradas por Walther (la continuidad con la conquista española y la continuidad con la gesta de la independencia) serán retomadas más de cuarenta años después por el crítico literario David Viñas; no para legitimarlas sino para denostarlas y denunciarlas con la publicación en 1982 de *Indios, ejército y frontera.*[15] Se trata de una antología de textos precedida por un conjunto de ensayos críticos sobre Julio A. Roca, los indios, la campaña, los burgueses conquistadores y las estancias. Lucio V. Mansilla, Álvaro Barros, Vicente Gil Quesada, Alfred Ebelot, Estanislao Zeballos, Francisco Moreno, Federico

---

14 Cf. *Congreso Nacional de historia sobre la Conquista del Desierto (General Roca, del 6 al 10 de noviembre de 1979),* Tomos I, II, III y IV, Buenos Aires, Academia Nacional de la Historia, 1980.

15 Viñas, David, *Indios, ejército y frontera,* Buenos Aires, Siglo Veintiuno editora, 1982.

Barbará, Manuel Olascoaga y hasta el General Fotheringham conformaban el muestrario de los autores del "genocidio" -tal era el concepto que proponía David Viñas-, quien leía, en esa producción, la intervención de un ejército tecnologizado, latifundista y exterminador en la tierra aborigen. "Los indios fueron los desaparecidos de 1879".

Escrito en el exilio, *Indios, ejército y frontera* ofrecía, para los lectores argentinos de entonces, una atractiva y provocadora manera de desempolvar el tema y tirar por la borda las ingenuas y repetidas formulaciones del Congreso del Centenario de 1979. Fiel a una crítica ideológica que siempre se sabía militante y con no menos habilidad para capitalizar la coyuntura, Viñas proponía leer de una manera crítica la *Conquista del Desierto,* pensando el acontecimiento como un genocidio y a los indios a partir de una categoría escalofriante instalada por la dictadura militar de entonces: "desaparecidos". Indios igual desparecidos de 1879. La efectividad y el impacto de la ecuación ganaron, por ese entonces, muchos lectores, sobre todo de corte universitario, porque eran los años de su regreso del exilio a la cátedra de *Literatura argentina* de la Universidad de Buenos Aires; a la que Viñas volvía para repensar sus hipótesis y discusiones de *Literatura argentina y realidad política* publicado en 1963. Con el correr de los años esa posición fue cuestionada, aunque no con mucho impulso, porque el tema de la Conquista seguía sin ser estudiado en profundidad.

Genocidio y *desaparecidos* fueron dos figuras que en la lectura del crítico aparecían como las versiones del horror, más que como sus matices, y habilitaron una forma precisa de leer y pensar el acontecimiento y la producción escrita en torno al mismo.

Con respecto a la analogía con el terrorismo de Estado del siglo XX y con la desaparición física de personas que incluyó también torturas, robos, sustracción de recién nacidos y otros delitos graves en relación con los cuales la figura de *desaparecido* funcionó como su epítome, es preciso recordar una diferencia importante: el gobierno de Videla operó en la clandestinidad, mientras que el sometimiento y el exterminio de indios durante el período roquista fue defendido públicamente en las Cámaras y, sobre todo, exhibido. El propio discurso beligerante de la época debe cotejarse con la convivencia y la ambigüedad que caracterizaron gran parte de las relaciones entre uno y otro bando. De modo que, desde ese punto de vista, la analogía resulta problemática. Ahora bien, con respecto a la figura del *genocidio* hay que tener en cuenta que la utopía civilizatoria expedicionaria, antes que la eliminación de una etnia procuró su sometimiento. Por lo que la categoría de genocidio -valiosa para conceptualizar y condenar prácticas estatales criminales aberrantes del siglo XX- no llega a explicar otros muchos aspectos que se desprenden de la Conquista, tales como la hibridación entre criollos e indígenas, el trazado de territorios, la extensión de la policía del Estado, la producción de saberes literarios y científicos, entre otros. La asociación "militares expedicionarios-genocidas" de la dictadura militar de 1976, así como la de "indios-desparecidos", presupone y sobreentiende una analogía previa: "indios-subversivos". La figura del *exterminio* habla -desde un punto de vista conceptual- más elocuentemente de lo que ocurrió: el intento de desintegración de las matrices socioculturales aborígenes más representativas del período.

Hugo Vezzetti explica que la noción de genocidio nació en el ámbito del derecho internacional después de la Segunda Guerra Mundial y dentro de un conjunto de nuevas categorías delictivas aplicables a los Estados que comprendía los "crímenes contra la paz" y los "crímenes contra la humanidad". El término "genocidio" fue creado entonces para referir ciertas categorías de crímenes masivos.

La Asamblea General de las Naciones Unidas aprobó en 1948 una convención para la prevención y represión del crimen de genocidio en la que se consideraba que eran tales aquellos crímenes "cometidos con la intención de destruir, totalmente o en parte un grupo nacional, étnico, racial o religioso". Vezetti argumenta que mientras que en las masacres las víctimas son elegidas por lo que hacen o piensan (o lo que se cree que piensan y lo que se teme que puedan hacer), la lógica del exterminio genocida es que la víctima es elegida sólo por lo que es, sin ninguna posibilidad de elegir o actuar para evitar su destino; no hay profesión de fe, compromiso con el enemigo, o incluso colaboración con sus verdugos que pueda ahorrarles la muerte. Las víctimas de la *Conquista del Desierto* no conformaban un grupo ni cultural ni políticamente homogéneo. No creo que se haga honor a los indios homologando el estilo político de Callvucurá con el de Saihueque a los fines de condenar las acciones exterminadoras del Estado argentino. Cuando en la discusión de la *Comisión de Fronteras* de 1878 el diputado Lozano pidió que "se procure dominar a los indios por medios pacíficos porque esto es exigido por la justicia, lo es también por un principio de equidad consignado en la Constitución y en la ley del 67, que obliga al Congreso a procurar tener tratos pacíficos con ellos y convertirlos al cristianismo...", el diputado dijo que "desearía saber si ese plan (aludiendo al plan de extensión de la frontera hasta el Río Negro) no contradice este principio para dar mi voto por el proyecto en general". En la respuesta de Roca se aclara que no hay ningún propósito de exterminar la raza, sino de someterla. Así lo cuenta el *Diario de Sesiones* de la Cámara de Diputados de la Nación, año 1878, tomo I, pág. 683, y lo citan Curapil Curruhuinca y Luis Roux.[16] Por su parte,

[16] Curruhuinca, Curapil y Luis Roux, *Las matanzas del Neuquén. Crónicas mapuches,* Buenos Aires, Plus Ultra, 1993.

las ensoñaciones de Olascoaga, el topógrafo oficial de la expedición de Roca, recrean la figura del sometimiento: "Ver entrar humilde y juiciosamente a las ciudades aquellas muchedumbres de indios de todas edades y sexos y distribuirse entre las familias".

Estrictamente no podría decirse que la lógica de la *Conquista del Desierto* fuese una lógica de la desaparición. Pactos, intercambios, tratados y negociaciones de larga data hablan de otra cosa, no de la desaparición de los cuerpos como objetivo final y único. No hay, como objetivo acabado, una destrucción premeditada que responde a un objetivo específico y utiliza recursos burocráticos y tecnología (tales son las condiciones de definición del concepto en su matriz jurídica). Esta visión -la de un ejército acabadamente genocida- paradójicamente es la visión de la cultura castrense que ciertas miradas ingenuas repiten, creyendo que la denuncian. Hay otro aspecto a considerarse que desestima también la lógica de la desaparición: el hecho de que muchos indios capturados fueron trasladados con sus familias a la ciudad de Buenos Aires y fueron distribuidos (la separación brutal de las unidades familiares fue uno de los hechos más tristes de la historia argentina y varios relatos expedicionarios dan testimonio en clave festiva de ello): los jóvenes fueron enviados a constituir la peonada de las estancias; los niños, a formar parte de los criados en las familias de la elite porteña; las mujeres adultas constituyeron el personal de servicio de familias porteñas. Esto avala la hipótesis de la desintegración de la matriz étnica, pero no la de la desaparición de personas que no sólo no desaparecían, sino que aparecían, y cada vez más cerca, incluso en el interior mismo de la intimidad burguesa de entonces. La proximidad era casi inexpugnable.

Después de la conquista, las críticas a Roca por el hacinamiento de indios que -habiendo sido trasladados a la isla de Martín García- contraían la tuberculosis eran letales y se configuraba como un reproche que señalaba que no sólo no se había abolido la barbarie, sino que se la había ingresado a Buenos Aires produciendo enfermedad. Como señala Diego Armus, la aventura de la guerra al indio desentona con el discurso y las prácticas de la elite finisecular argentina, en general más entusiasmada con estrategias eugenésicas de mejoramiento e incorporación que con aquellas otras que suponían la violenta eliminación, es decir la desaparición de los cuerpos.[17]

De modo que lo que puede observarse no es un plan genocida del Estado criminal del que la sociedad es víctima, sino una sociedad constitutivamente racista pidiendo la expulsión de los cuerpos o su inmolación, y un Estado cuya política social es mucho más inepta que eficaz. Lo cual lleva a un campo aún poco transitado en la Argentina del siglo XXI: ¿cuál es la responsabilidad de aquella sociedad en la desintegración de las matrices étnicas de un sector importante de los habitantes del desierto argentino? Como escribió César Aira en *La liebre*, "ese inconveniente tenía la pampa, que uno rara vez podía pasar de largo ante sus semejantes aunque no tuviera nada que decirles".

---

17 Armus, Diego, *La ciudad impura. Salud, tuberculosis y cultura en Buenos Aires, 1870-1950*, Buenos Aires, Edhasa, 2007.

El fin del mundo. Fronteras, insulamiento y escatología en Tierra del Fuego

Carlos Masotta[1]

1. Introducción

Desde la perspectiva de la nación, el mapa *es* el territorio. La fórmula, sin embargo, no es reversible, pues si la nación encuentra en sus límites un *locus* relevante para autodefinirse, también instala el problema de la formulación local de esos límites. El trazo cartográfico dibuja el límite nacional con una única línea cerrada. Pero en las zonas limítrofes, el proceso histórico y social resuelve esa línea en términos locales y a fuerza de imaginación. Allí la frontera se historiza exigiendo temporalidad al espacio, haciendo del límite una especie de *cronotopo,* una amalgama de espacio y tiempo.

En este trabajo abordaré a *la frontera* como una construcción sociocultural que recurre tanto al espacio como al tiempo en la definición conflictiva de pertenencia y alterización nacional. Me detendré en los modos en que aquella línea cartográfica fue y es imaginada en la ciudad de Ushuaia, capital de la provincia de Tierra del Fuego, Antártida e Islas del Atlántico Sur, limítrofe con la República de Chile. Basándome en información histórica y observaciones etnográficas realizadas entre 2005 y 2009, expondré características relevantes del caso en torno a un tropo muy difundido en el lugar: *el fin del mundo.*[2]

---

1 Instituto Nacional de Antropología y Pensamiento Latinoamericano, Universidad de Buenos Aires. CONICET.

2 El presente trabajo desarrolla puntos tratados en mi tesis doctoral y un escrito anterior. Cf. Masotta, Carlos, "Insularidad y fuga. Problemas de

Como Tierra del Fuego es la provincia más austral de Argentina y se encuentra en el extremo del llamado Cono Sur, "el fin del mundo" apareció como un fácil eslogan turístico. Con todo, mediante la observación etnográfica, ese descriptor se reveló también como un hermético signo que, actuado y en diálogo con otros, concentraba el complejo proceso histórico local: colonización, militarización, conflicto limítrofe y políticas de inmigración. En Tierra del Fuego, el territorio pareció solidario con la política, pues siendo la más lejana de la metrópoli, fue la última provincia en constituirse y completar el mapa federal del país (1992).

2. El trayecto del fin del mundo

Ushuaia es la ciudad más meridional de Argentina, aunque gusta publicitarse con una hipérbole más extrema aún. Los carteles que forman un portal de entrada sobre la Ruta Nacional 3 declaran: "Bienvenido a la ciudad más austral del mundo". La leyenda está sostenida por un gran triángulo de cemento que representa esquemáticamente al mapa provincial. Sobre esta escultura, una flecha señala hacia el vértice recto: su capital, Ushuaia.

Por tierra, la ciudad no cuenta con otra entrada. Después de la concentración urbana, la Ruta 3 continúa unos 20 kilómetros antes de terminar en la costa del Canal de Beagle. Luego, está la frontera con Chile, pero no existen caminos que la atraviesen. Ese recorrido concluye en un Parque Nacional y en un mirador donde los turistas

localización en Ushuaia (Tierra del Fuego)", Buenos Aires, Facultad de Filosofía y Letras, Universidad de Buenos Aires, tesis doctoral, 2011; "Mapas profanos, vistas panorámicas e imágenes alter-nativas. Formas de la frontera austral argentino chilena en Ushuaia", en *Revista chilena de Antropología Visual,* núm. 11, Santiago de Chile, 2008. También disponible en línea: http://www.antropologiavisual.cl/masotta.htm

se fotografían frente a otro gran mapa provincial pintado sobre un cartel. La redundancia de las señalizaciones cartográficas parece indicar que esa localización límite debe vivirse imperativamente.

Entre el mapa de cemento y el del cartel del final de la ruta se despliega lo que podría llamarse *el trayecto del fin del mundo*. Consiste en un recorrido costero marcado por diferentes sitios que repiten ese tropo espacial afirmándolo y otorgándole verosimilitud. Describiré brevemente los más relevantes.

Al traspasar el portal de la ciudad y ya en su casco histórico, sobre la costa del Canal de Beagle, un cartel del Municipio muestra una pintura *naif* del perfil urbano con la inscripción "USHUAIA. Fin del Mundo". Frente a él, sobre una muralla, otra leyenda de 50 metros de largo con grandes letras azules declara: "Ushuaia, fin del mundo, principio de todo". Más adelante, en las afueras de la ciudad se encuentra la "Estación del fin del mundo", donde puede abordarse el "Tren del fin del mundo". Se trata de un emprendimiento turístico que reconstruyó en 1994 parte del tren que usaba el viejo presidio de Ushuaia y que ahora realiza un pintoresco recorrido hasta el comienzo del Parque Nacional. Por caminos y senderos del parque se llega a un mirador, casi en el límite internacional. Allí, como en el imperio que mencionara Borges, el mapa parece adquirir finalmente el tamaño del territorio en un ritual turístico que consiste en la visita *obligada* al mismo fin de la Tierra. Los carteles anuncian: "Final de Ruta 3"; "Buenos Aires 3.060 Km.; Alaska 17.848 Km". Un gran mapa junto a un mástil señala el trazo de esa ruta que se interrumpe sobre el mar: "Usted está aquí". Los turistas posan señalando ese punto sobre el mapa provincial. Estos carteles forman un portal hacia un nuevo sendero. La performance del fin del mundo concluye un poco más allá, cruzando ese umbral y en una pasarela montada sobre la playa. El lugar ofrece la visión panorámica del Canal de Beagle encajonado por la Bahía Lapataia donde la naturaleza es solidaria con las advertencias de los carteles. En el agua, algunos islotes parecen marcharse hacia el horizonte. El cielo, frecuentemente plomizo, la niebla y el clima lluvioso y frío crean una escena espectral: no se duda de que esas rocas constituyen la misma disolución de la Tierra. Pero, esporádicamente, el hechizo se rompe cuando la niebla, al disiparse, muestra otras montañas *más allá del fin*.

Los *hitos* del *trayecto del fin del mundo* no son sólo marcaciones espaciales. También hay en ellos una preocupación por el tiempo. Algo de esto se delata en la intervención estatal del eslogan, cuando el Municipio agrega a ese tropo la cita milenarista "...principio de todo". Esa preocupación por *el fin* (que supone la mención de un principio) adquiere especial densidad temporal al encarnarse en la figura de un *indio autóctono y desaparecido*. Desde el ingreso a Ushuaia hasta el mirador, *el trayecto del fin del mundo* está acompañado por los indios desaparecidos de Tierra del Fuego.

Volvamos al comienzo en la entrada de la ciudad. A unos metros del portal de bienvenida se yergue la estatua gigante de un indio yámana. Fue emplazada en 1992, año de la provincialización, coincidente con el quinto centenario del "Descubrimiento de América". Frente a los mencionados carteles del Municipio se encuentra el *Museo del Fin del Mundo,* donde se montó una escena indígena al aire libre con chozas y esculturas de cuerpos en tamaño natural. Sobre la calle principal, un gran mural realizado en 1996 muestra a otro indio gigante en un gesto dramático, con un cadáver a sus pies. Una de las estaciones del recorrido del *Tren del Fin del Mundo* también recreó en tamaño natural el "típico asentamiento de una tribu de indígenas que *habitaban estas tierras hace cientos de años:* los Yámanas".[3] Finalmente, alrededor de la pasarela del mirador de la Ruta 3 los carteles informan que el visitante está parado sobre restos arqueológicos pertenecientes de grupos indígenas.

Los sentidos de esta incorporación de lo indio al trayecto y su articulación con las retóricas del fin del mundo se completan con el ejercicio de un sostenido discurso en torno a un "último ona", *retórica de la desaparición indígena* (Vidal 1993) que agrega densidad escatológica a la mencionada cita espacial del fin.

Esta doble marcación, territorial y étnica con orígenes en el siglo XIX, adquirió nueva fuerza a partir de una epistemología geopolítica que se actualizó en la década de 1970 con la profundización de la militarización de la zona y de políticas para la promoción industrial y el incremento poblacional (Ley 19640/72). Con la provincialización de Tierra del Fuego ambas retóricas se combinaron y continúan activas.

Desde la aplicación de aquella ley, la fuerza del proceso inmigratorio constante ha multiplicado la población de Ushuaia casi por diez.[4] Desde 2004, aproximadamente, las tomas ilegales de tierras fiscales por sectores populares desataron una amplia discusión pública sobre el derecho al espacio urbano, la autoctonía y las definiciones de comunidad nacional, provincial y local.

En este sentido, la recurrencia a dichas retóricas en forma de intervenciones en el espacio público, debe considerarse como un dato relevante en sí mismo. Como un ejercicio reflexivo de deixis espacial sobre la condición problemática del hábitat austral en general. En él confluyen

---

3 Así lo describe el sitio oficial de la empresa. El destacado es mío. Dsiponible en línea: http://www.trendelfindelmundo.com.ar/ (última consulta: 5 de marzo de 2012).

4 En 1976, Ushuaia contaba con 7.171 habitantes; en 1991 con 29.452 y en 2010 con 57.000 (DPDE 1976; INDEC 1991, INDEC 2010).

las alteridades del límite internacional con las provocadas por el mismo auge inmigratorio y del proceso de urbanización. La producción de un espacio donde se citan dialécticamente la mensura, la imaginación y su experiencia en su definición austral.[5]

La ocupación de ese territorio se desarrolló históricamente por medio de la producción de un espacio en disputa, ya sea por Estados nacionales como por diversos sectores de la sociedad civil en el proceso de afincamiento. Desarrollaré más adelante que la insistente mención a los indígenas desaparecidos constituye el reverso de un discurso de afirmación inmigrante y nacionalista en el lugar.

El trayecto del fin del mundo traza simbólicamente el límite internacional, trazo que se vuelve a marcar en el desfile cívico-militar del aniversario de Ushuaia. La forma *desfile* recorre y vigila ritualmente esa línea. Militares, instituciones educativas y centros de inmigrantes marchan con sus estandartes en los que se reitera el mapa provincial. Recuerdo haber visto niños de un jardín de infantes portando acuarelas de una isla marrón, triangular y solitaria en medio del mar.

3. La isla

La población local se refiere frecuentemente a "la isla". Esta fórmula circula en conversaciones cotidianas, discursos políticos, textos mediáticos y avisos comerciales; desde un anuncio de prostitución, "Linda y sensual. Nueva en la isla", a un titular del diario local: "Crece la demanda de asistencia social de personas recién llegadas a la isla".[6] La expresión tiene su correlato iconográfico: el logo del

---

5 Lefebvre, Henri, *The Production of Space*, Oxford, Blackwell, 1991.

6 En *El Diario del Fin del Mundo*, 10 de marzo de 2009.

diario representa el clásico dibujo de un islote. En postales y publicidades se reitera la imagen insular correspondiente al faro de las *rocas Les Eclereurs,* cercanas, en el Canal de Beagle. La Isla Grande de Tierra del Fuego es muy extensa y no permite una fotografía de conjunto. En cambio, esas rocas le devuelven la imagen de una isla *hirperreal,* como la que suelen dibujar los humoristas para representar las alternativas de un náufrago.

Sin embargo, "la isla" no tiene "isleños". No se usa este gentilicio. Esta ausencia también se corresponde con la iconografía del islote desierto. Los términos más frecuentes de autoctonía tampoco hacen referencia a ese carácter insular: "antiguos pobladores" y, sobre todo, "fueguinos", que adquirió especial relevancia desde la década de 1990 con el proceso de provincialización (por ejemplo, "Movimiento Popular Fueguino", "Fueguinos autoconvocados"). "La isla" sin isleños coincide con una forma de enunciación de localidad donde el traslado ocupa un lugar prominente: "yo llegué a la isla en...", "no pude salir de la isla...".

A la vez, mis interlocutores usaron el tropo de manera reflexiva: "...recordá que estamos en una isla", me proponían como explicación, cuando evaluaban fenómenos como la escasez de delitos, los suicidios o la "sensación de encierro" geográfico.

Un uso local del mapa provincial grafica "la isla". Al mostrar solamente la porción de territorio argentino, invisibiliza las tierras chilenas lindantes y el confuso archipiélago es reemplazado por una sola isla. Este uso esquemático del mapa provincial simula una isla, aunque el principal territorio de la provincia corresponde sólo a la mitad de la Isla Grande de Tierra del Fuego. Al recortar el límite internacional se borran las islas chilenas y la provincia aparece sola sobre el océano. En el espacio púbico de la ciudad, el dibujo del mapa provincial se repite abrumadoramente en instituciones estatales, comercios y emblemas.

Este aislamiento cartográfico y retórico es singular pues, visualmente, es fácil contrastarlo. Ushuaia es como un anfiteatro sobre el Canal de Beagle que tiene frente a sí las imponentes montañas de las islas chilenas Navarino y Hoste, pero el mensaje del mapa parece haberse impuesto sobre esa visión.[7]

"La isla" (y su mapa) no es una mera cita geográfica o espacial. Se trata de un complejo concepto nativo que contiene diferentes aspectos del proceso social fueguino. Es un *insulamiento,*[8] una figura mediante la cual se construye una frontera, un aislamiento social y simbólico, adoptado como su principal metáfora. Sloterdijk revisó la genealogía insular en el pensamiento occidental desde Robinson Crusoe hasta la actualidad. Sin duda, Tierra del Fuego está en una isla, pero la imaginación geopolítica crea "La isla", una separación absoluta.

Desde el siglo XIX el eco de la obra famosa de Defoe no ha dejado de escucharse en el archipiélago austral. Comentaré dos casos argentinos elocuentes. Se trata de los textos que los escritores argentinos Roberto J. Payró y Ricardo Rojas escribieron sobre la región en 1898 y 1934-1941, respectivamente. En ellos, es notable el protagonismo especial, ya no de la Isla Grande de Tierra del Fuego, sino

---

7 Benedict Anderson menciona al "mapa logo" como un elemento relevante en la difusión popular de la identificación nacional con lo territorial a través de una forma característica y fácil de memorización. "Señal pura. Ya no brújula para el mundo. De este modo el mapa entró en una serie infinitamente reproducible que podía colocarse en carteles, sellos oficiales, marbetes, cubiertas de revistas y libros de texto, manteles y paredes de hoteles. El mapa logotipo, al instante reconocido y visible por doquier, penetró profundamente en la imaginación popular, formando un poderoso emblema de los nacionalismos que por entonces nacían". Anderson, Benedict, *Comunidades imaginadas,* México, Fondo de Cultura Económica, 1993, p. 245. En su esquematismo, puede suprimir las marcas explicativas, topónimos, distancias, escalas, accidentes geográficos e incluso a "los vecinos".

8 Sloterdijk, Peter, *Esferas III,* Madrid, Siruela, Madrid, 2006.

de la pequeña e inhóspita Isla de los Estados, la tierra más oriental y atlántica del archipiélago fueguino. Lo que me interesa señalar de este desplazamiento es la operación de sustitución que, mediante una especie de sinécdoque, intenta transmitir a la isla mayor del archipiélago el espíritu de una isla mítica. Una operación similar a la que señalamos con el uso actual de las *rocas Les Eclereurs* como ícono provincial, pero ahora en clave literaria. Un juego de reenvíos entre la imagen de una isla continental y otra oceánica.[9]

Once de los cuarenta capítulos del folletín "La Australia Argentina. Una excursión periodística a la costas patagónicas, Tierra del Fuego e Isla de los Estados" (1898) que Payró escribió como corresponsal del diario *La Nación,* los dedicó a esa isla. Tanta escritura sobre el pequeño lugar representó, además, un tiempo de estadía allí que duplicó el de toda su "excursión". Esta desproporción fue comentada por el autor, pero su justificación es poco confiable. Ni la búsqueda de "tiempo para ordenar las notas" y menos aún la elección de un lugar estratégico que le procurase el "color local", explican con claridad su decisión. Para lo primero Payró contaba con, por lo menos, dos semanas de navegación de regreso hasta Buenos Aires. Mientras que la elección de la búsqueda del "color local" en una isla desierta sólo ocupada por una pequeña base militar, un faro y un presidio es inverosímil cuando contaba con la opción de Ushuaia donde se asentaban inmigrantes e indígenas además de gendarmes.

---

9 "*Las islas continentales* son islas accidentales, islas derivadas: separadas de un continente, nacidas de una desarticulación, de una erosión, de una fractura, sobreviven al hundimiento de lo que las retenía. *Las islas oceánicas* son islas originarias, esenciales [...] Todo lo que la geografía nos decía sobre estas dos clases de islas, la imaginación ya lo sabía por su propia cuenta". Deleuze, Gilles, "Causas y razones de las islas desiertas", *Euphorion. Revista de Filosofía,* núm. 3, 2005, p. 6.

En su aislamiento, Payró describe una isla distópica donde se suceden cuadros de una sociedad militar descompuesta en una geografía inhóspita, con un clima imposible, en el límite último de lo conocido. Al presidio lo llama "paraíso al revés" y la base de Prefectura Naval le pareció "una guarida de piratas costaneros". El suelo está infectado de ratones y el faro, que justifica la presencia allí del Estado nacional, falla por haberse errado su emplazamiento. El cronista sólo encuentra orden en la reglamentación de su trabajo: "Había -¡oh poder del aislamiento!- reglamentado mis horas: de mañana desayuno, un poco de trabajo,... después el almuerzo,... luego a escribir....".[10]

Su crónica patagónica constituye una crítica a la falta de controles del Estado en la empresa de colonización de la región y un comentario a las fuerzas incontenibles de la inmigración en el desarrollo capitalista (enriquecimientos rápidos y exterminio de los pueblos indígenas). Pero su elección final por la Base de Prefectura parece delatarlo como una especie de Robinson austral, aislándose voluntariamente de la sociedad local para jugar al soberano con su propia escritura: "Nunca he tenido mejor la sensación del desierto, ni aún en medio de la Pampa, [...] parecíame estar solo, aislado del mundo, en un lugar extraño que no perteneciera a nada, que no tuviera relación con nada".[11]

Poco más de treinta años después del viaje de Payró, Ricardo Rojas repitió el mismo gesto y se *desvió* hacia la Isla de los Estados con su obra "Archipiélago". Su caso es importante por el tipo de narración desarrollada, la relevancia de Rojas como uno de los representantes más destacados del primer nacionalismo cultural en Argentina y la especial experiencia de confinamiento político que

10 Payró, Roberto, *La Australia Argentina*, Buenos Aires, Hispamérica, 1998 [1ª ed., Buenos Aires, La Nación, 1898], p. 453.

11 Ibid., p. 548.

sufrió en esa ciudad en 1934.[12] En la perspectiva de nuestro problema, el título de la obra es un punto de interés. Rojas ubica a la Isla Grande de Tierra del Fuego en el contexto del archipiélago fueguino, pero para una marcación literaria del límite entre Argentina y Chile. Los textos fueron escritos durante su cautiverio, pero comenzaron a publicarse en 1941 también en el diario *La Nación*. Finalmente, en 1947 fueron compiladas en forma de libro. Estas publicaciones posteriores a los sucesos del confinamiento obedecieron al rechazo de Rojas de realizar un texto de crítica política (como lo hicieron otros confinados) y a que en los años posteriores se desató el conflicto diplomático entre Argentina y Chile por las islas ubicadas en la estratégica desembocadura del canal de Beagle (Picton, Lennox y Nueva). En resumen, el texto responde a este contexto más que al de su escritura original.

Rojas se fue inclinando hacia un tipo de nacionalismo místico con el cual traducía su vasto conocimiento de la historia y la cultura argentina en señales de un destino ya trazado. Incluso su propia experiencia en Ushuaia es comentada como el resultado de un misterioso designio que lo llevó hasta allí para atender las urgencias australes y adoptar "la isla" como metáfora del país y del continente.

En forma similar a la crónica de Payró, *Archipiélago* concluye con un insólito desvío hacia aquella extraña isla, trocada aquí como un doble metafísico de la Isla de los Estados. Se trata del "Epílogo fantástico", "Mi fuga a la isla

---

12 Para entonces el imperfecto faro había sido apagado y reemplazado por otro automático en un islote cercano. El presidio militar fue clausurado y reabierto en Ushuaia junto a una cárcel de reincidentes que, para 1930, contaba con un moderno edificio producto de la llamada ley de "Colonización Penal". Pronto la cárcel albergó en forma irregular a presos políticos. Rojas fue acusado de conspiración junto a otros radicales prominentes que, dado su reconocimiento público, fueron alojados en casas de familia en Ushuaia bajo un régimen de libertad condicional.

de Konik-Sción". Allí cuenta cómo fue conducido hacia ese lugar por Karniel, un shamán ona (selknam): "Allá moran -afirmó- los más altos *mehenes* de América, hoy atribulada, como el Onaisin (Tierra del Fuego) [...]. Usted llegará hasta el umbral misterioso, y tal vez oirá a alguno de los héroes muertos".[13]

Karniel conduce a Rojas hacia las afueras de la ciudad para internarse en el bosque. Permanecen en una choza donde se realizó el último *hain,* el rito iniciático de los onas. Luego se internan en una gruta y atraviesan túneles por debajo de las montañas hasta la costa. En la playa abordan una canoa y viajan hasta las costas de Konik-Sción.

Al llegar, Rojas es recibido por la figura resplandeciente del "Santo de la Espada" y luego se acercan "muchos héroes" replicando: "El indio ha muerto, el gaucho ha muerto, el criollo está en agonía, pero llegará el nuevo tiempo de América y todos los muertos resucitarán".[14]

4. Insulamientos

La imaginación insular tiene un particular componente de desterritorialización. Desde su trasfondo utópico crea una metáfora de la nación que, al mismo tiempo, puede marcar la separación absoluta o un nuevo origen. Payró fue en busca de la primera (detrás del "color local") y dio con la segunda (una isla imposible, infectada de ratones, sin relación con nada). El de Rojas fue un camino inverso: eligió el confinamiento interno a la opción del exilio exterior que le ofreció el gobierno, optó por la reclusión en el

---

[13] Rojas, Ricardo, *Archipiélago. Tierra del Fuego,* Buenos Aires, Losada, 1947, pp. 243-244.

[14] Ibídem, pp. 254-255.

confín de la nación y allí, en una isla fantástica, encontró la escatología nacional.

Lo que intento sugerir con estos ejemplos de desplazamiento, es que el *insulamiento* fueguino es poderoso y está presente en la región desde la misma llegada del Estado Nacional a sus costas. Para Argentina, la isla es un accidente en el mapa de la nacionalidad y su desplazamiento de la masa continental requiere de una permanente marcación soberana. De alguna manera, allí la nación se desterritorializa. La confusa geografía del archipiélago fueguino atravesado por el límite internacional fue respondida con la creación de una isla imaginaria y oceánica que ve en la Isla de los Estados el lugar donde reflejarse y separarse del archipiélago.

En 1994, el flamante primer gobierno provincial organizó la reconstrucción del antiguo faro en las instalaciones del viejo presidio de Ushuaia patrimonializado como museo. Para eso, se trasladó desde la Isla de los Estados lo que quedaba del faro. Una de las primeras acciones patrimoniales de envergadura recreaba en la ciudad aquel hito fundacional del Estado en la región (un faro junto a un presidio). Esas ruinas ya habían sido declaradas "Monumento Nacional" por un decreto de la última dictadura en 1976, ante el creciente clima de conflicto limítrofe con Chile en la zona.[15]

Otro acto relevante fue la incorporación de las islas Malvinas a la nueva provincia. Las complejidades del caso

---

15 Masotta, Carlos, "Se desmoronarán primero estas montañas...". Los monumentos y las memorias del Estado en la frontera austral argentino chilena", en *Revista de Estudios Trasandinos,* núm. 6, Santiago, 2001. El escenario de la novela de Julio Verne *El faro del fin del mundo* (1904) fue la Isla de los Estados y el primer establecimiento argentino en 1884. El difundido uso de del tropo del "fin del mundo" en Ushuaia desde la década de 1970, cuenta con este antecedente literario. Con esa adopción puede notarse también aquí el mismo tipo de intercambio semántico entre esa pequeña isla y la Isla Grande de Tierra del Fuego.

exceden el alcance de este trabajo, sólo agregaremos que la asociación de Tierra del Fuego con las Malvinas aparece como otra forma de *insulamiento.* En Ushuaia se inauguro uno de los monumentos dedicados a la memoria de la guerra de Malvinas más grandes del país. La escultura está integrada a la línea que llamamos arriba *el trayecto del fin del mundo.* Consiste en un gran mapa de cemento vertical donde los contornos de esas islas fueron vaciados. Estos agujeros están orientados hacia esas islas. En el espacio urbano, el monumento de Malvinas aparece como una derivación del mapa territorial triangular del portal de la ciudad. Este último macizo y aquel vaciado como alegoría de la ausencia de soberanía.

Podríamos sumar otros ejemplos de *insulamiento* en la historia fueguina. Sin duda, un momento particular de refuerzo se produjo al llegar al clímax de un conflicto armado en 1978. Pero lo relevante es que, acabado éste definitivamente por los tratados de 1984, las marcas y políticas de *insulamiento* no decrecieron, sino que aumentaron con la provincialización. En 1999, la Provincia confeccionó su bandera con el mapa logo triangular en rojo. Hasta entonces, ninguna bandera provincial había necesitado exponer su territorio imaginado.

"La isla" no sólo habla de un mapa territorial y político, sino también de una forma de poblarlo que suele responder a un plan predeterminado y sostenido en la concepción de que está, esencialmente, desierta de soberanía y de habitantes.

El auge inmigratorio desencadenado a partir de la Ley 19.640 no ha cesado hasta la fecha. Los sectores populares inmigrantes encuentran en la economía provincial oportunidades de ascenso social pero con el costo de la distancia, el frío, la precariedad laboral y habitacional. Dentro de esos costos se encuentra también una compleja dinámica de fricciones de clases y grupos que pueden resumirse con la fórmula de relaciones entre *establecidos* y *outsiders* elaborada por Norbert Elías y John Scotson.[16] En este caso, un conflicto de derechos y honor de localidad en términos de clase social, procedencia y tiempo de residencia.

Un inmigrante, afincado en Ushuaia desde la década de 1990, me señaló: "Acá, el año en que llegaste a la isla es tu signo del zodíaco". La metáfora puede explicarse en tres sentidos, donde el tiempo es el hacedor de las fronteras de la sociedad local. El tiempo de residencia marca al inmigrante de forma indeleble, dice y determina su futuro. El año de llegada se traduce en un índice sobre el tipo de inmigrante y el contexto histórico y social de su ingreso a "la isla".

"La isla" describe también esta condición temporal particular de hábitat. En 2006, cuando la toma de tierras fiscales por sectores inmigrantes pobres excitó el debate público en torno a la "crisis habitacional" de la ciudad, el portal de internet *"Botella al mar"* intervino con una nota sobre los riesgos de esa situación. Con el título "De Robinson Crusoe a la Ushuaia contemporánea. Acerca de la capacidad de carga de Tierra del Fuego",[17] el texto proponía pedagógicamente aquella vieja metáfora de la economía planificada del náufrago, ahora con un nuevo ropaje biopolítico, pues la "capacidad de carga" volvía sobre "la isla", para hablar de la inmigración: en tanto territorio acotado, su naturaleza no podría resistir la llegada de infinitos inmigrantes y, en consecuencia, había que poner límites al ingreso de nuevos *Robinsones* o *Viernes*.

---

16 Cfr. Elías, Norbert y Scotson, John, *Logiques de l'exclusión,* París, Fayard, 1997.

17 *"Botella al mar"* fue el sitio de periodismo local más popular en Ushuaia hasta principios de 2008, cuando sus fundadores lo cerraron por ingresar como funcionarios al nuevo gobierno provincial. Su slogan era *"Con el agua hasta el cuello, pero con la boca afuera"*.

5. El fin

Con "el fin" puede señalarse tanto el límite último de algo como un objetivo a cumplir, una voluntad, un destino, un término o una finalidad. Pero si superponemos ambas significaciones sobre el mismo sintagma es posible comprender el poder de la escatología como relato que, exponiendo el primer sentido de *fin* (el final de los tiempo, del mundo), desarrolla una reflexión sobre el segundo (la finalidad de los hombres en el mundo, de su vida y de sus padecimientos). La amalgama entre ambos extremos es la creencia en un plan u organización del tiempo al cual los hombres se hallan sujetos. La escatología fue una creación del pensamiento teológico pero, notándose su alcance ideológico, nada dificulta su aplicación al mundo secular. "Escatología" proviene de las palabras griegas *eskaton* ('lo último') y *logos* ('discurso', 'tratado'). En la religión, la escatología opera como teoría del apocalipsis, fin absoluto de *los tiempos* pero para la resurrección e instalación de unos nuevos (el Apocalipsis cristiano). Lo que nos interesa es una versión secular que se da cuando la nación se expresa como *comunidad de destino* (como la llamara Weber), constituyéndose así como una escatología histórica. Vimos un ejemplo cuando Rojas hace que los héroes anuncien la llegada del "nuevo tiempo de América", tras la muerte y resurrección de los prototipos de población nacional (indios, gauchos criollos).

En esta perspectiva, "la isla" y "el fin del mundo", además de esgrimir una frontera territorial absoluta, refieren a ese tiempo fueguino e insular que se despliega con el proceso poblacional, y lo hace a través de la mención de los indígenas locales desaparecidos como un metacomentario sobre la población actual. Es más, ambas figuras fueron incorporadas al espacio urbano en el mismo momento y por las mismas agencias hacia comienzos de la década de 1970. Por primera vez se aplicó oficialmente aquel viejo tropo verniano con la creación del "Museo del fin del mundo", en el mismo momento que se comenzó el barrio *Tolkar* ("corazón grande" en lengua Selk'nam). Mientras el museo se dedicará a la historia y naturaleza local, ese barrio llevará palabras indígenas en los nombres de sus calles.

En la actualidad, *lo indígena* fue diseminado en el espacio urbano más allá de la línea costera. Los términos en lenguas yámanas o selknam se repiten incansablemente, al igual que el mapa logo. Por lo menos 10 barrios y 30 calles, además de instituciones, parques y otros lugares. El uso del vocabulario indígena como efecto del proceso poblacional se expresa además en los bautismos de niños. En estos ejercicios el *Museo del Fin del Mundo* es la institución de consulta y legalización.

El uso de topónimos indígenas en Ushuaia fue tratado originalmente por Hernán Vidal,[18] quien señaló su difusión a partir del auge inmigratorio en la década de 1980, como una forma de distinción de clase que encontraban los sectores medios. Sin descartar esta dinámica, nuestras observaciones posteriores nos indican que dicho proceso de nominación comenzó en la década anterior y que finalmente se difundió, siendo adoptado también por sectores populares.

La operación de nominación indígena se concibe como una especie de rescate y exegesis, pues se entiende que ya no existen hablantes de esas lenguas. El atractivo de su revitalización implica este reconocimiento como lengua muerta de pueblos autóctonos pero desaparecidos. Allí se encuentra el carácter escatológico de estas prácticas

---

18 Vidal, Hernán, "A través de sus cenizas. Imágenes etnográficas e identidad regional en Tierra del Fuego", tesis de Maestría, Mimeo, Quito, FLACSO, 1993; del mismo autor, *La frontera después del ajuste. De la producción de soberanía a la producción de ciudadanía en Río Turbio,* Cuadernos para el Debate, Buenos Aires, IDES, 1998.

que, al actualizar el relato del "último ona", recuerda en esa ausencia la vacancia territorial.

Una sintética cronología de títulos muestra cómo "*El último ona*" fue *descubierto* repetidamente desde el siglo XIX hasta la actualidad: "Lamentaciones del último Guaikaro", de Ramón Lista (1898)[19]; "El último representante de una raza" de Eduardo Holmberg (1909); "Una india Ona", de Roberto Lehmann-Nitsche (1916); "El último de los Ona", de Marcelo Bórmida (1956); "Evocación a la memoria de Angela Loij, la última Selk'nam", Anne Chapman (1974); el film "Onas. Vida y muerte en Tierra del Fuego", A. Chapmann (1973); "El *último ona", de Rodolfo Casamiquela (1980). U*n nuevo capítulo tuvo lugar en 1985 cuando se difundió que Virginia Choquintel (hija de padres selknam), vivía en el Gran Buenos Aires. El Gobierno de Tierra del Fuego hizo gestiones para que se afinque en la ciudad fueguina de Río Grande. Al morir, en 1999, la noticia hizo circular nuevamente el tropo. La Cámara de Diputados de la Nación aprobó una resolución expresando "su reconocimiento a la trayectoria de (la) última sobreviviente pura de la etnia selk'nam-ona"[20] (CDN 1999). *En* 1990 Chapmann publicó otra compilación de artículos con el título: "El fin de un mundo".[21]

Esta insistencia en la *ultimidad* de los indígenas se despliega como una preocupación biopolítica sobre la

---

19 Hoy se sospecha que los guaykaros no existieron realmente: cf. Martinic, B. M., "Los guaicurúes, ¿un grupo racial definido o un accidente étnico?", en *Anales del Instituto de la Patagonia. Serie Ciencias Sociales,* núm. 15, Chile, Universidad Austral, 1984. De ser así, el texto de Lista sería un ejemplo elocuente del uso estratégico de la retórica de "el último".

20 *Diario del Congreso de la Nación,* 1999.

21 Chapman, Anne, *El fin de un mundo. Los Selknam de Tierra del Fuego,* Buenos Aires, Ed. Vázquez Manzini, 1990. El texto fue reeditado en otros formatos y, con el mismo título, la antropóloga montó una muestra fotográfica que fue exhibida recientemente en la capital fueguina, Buenos Aires y otras ciudades de Argentina y Chile.

ausencia de población argentina en el lugar, completando su cuadro con la figura de "El primer argentino".

Con ese nombre se recuerda Luis Fique, quien fue miembro del grupo que instaló la primera subprefectura en 1884. Fique se afincó en el lugar con emprendimientos económicos, bautizando un comercio como "El primer argentino". Desde la década de 1950, su memoria fue incorporada a monumentos, calles y placas conmemorativas, y sus descendientes son partícipes obligados en los actos oficiales conmemorativos de la fundación de la ciudad. "El primer argentino" remite también a la saga de los llamados "antiguos pobladores", que comprenden a las familias de clase media y alta establecidas en Tierra del Fuego desde el siglo XIX hasta la década de 1940, aproximadamente; es decir, durante el período de la colonización civil y penal de Tierra del Fuego anterior a la militarización definida a partir de 1943. Los descendientes de los "antiguos pobladores" suelen exponer su condición nativa junto a esos orígenes como un capital de prestigio reconocido públicamente.

La noche anterior a los festejos del día aniversario de la ciudad (12 de octubre), el municipio de Ushuaia organiza la "cena de los antiguos pobladores". La diferenciación de los eventos (cena/desfile) obedece a un contraste isomórfico con la versión de historia local que los reconoce como pioneros civilizadores y fundadores del lugar; pero atiende al proceso de militarización e inmigración inducida del Estado, como los definidores finales de soberanía nacional. Esto último representado ritualmente en la forma desfile que comentamos en el primer apartado de este trabajo.

Con todo, "El primer argentino" parece ser un nexo entre ambos estadios pues las ceremonias oficiales previas al desfile, en la mañana del aniversario, comienzan con ofrendas en su tumba y en su monumento. Como aquellas familias eran mayormente de origen inmigrante, la figura de Fique fue adoptada como una presencia nacional ya en aquellos tiempos, cuando la navegación era la única alternativa que recreaba la forma del archipiélago sin reparar en el límite entre países.

Como el "último ona", "El primer argentino" mantiene el señalamiento de una vacancia de soberanía, pero ahora junto a la presencia de una inmigración patriótica que puede intervenir en cualquier genealogía temporalmente más profunda (los indios, los pastores anglicanos, los inmigrantes anteriores a Fique). "El último ona" es el reverso del "primer argentino". Un microrrelato de origen que, al tiempo que recuerda el fin de aquellos, instala el principio de la inmigración argentina como el comienzo de una serie abierta.

6. La paradoja de la frontera

La construcción local del "fin del mundo" parece resolver la paradoja de la frontera.[22] Es decir, se acepta que establece un límite, pero éste, ¿a cuál de las partes pertenece? Puesto que la alteridad se instaura políticamente, la resolución de esta paradoja (imposible en última instancia) es una condición siempre presente, volátil y necesaria de definir localmente.

Sintéticamente, "el fin del mundo" es una hipérbole argentina que *captura* la frontera con Chile *invisibilizando* el otro lado. El *insulamiento* austral oculta también el lugar relevante que ocupó la fuerza de trabajo de origen chileno en la nacionalización austral, pues con ella se inscribe nuevamente el archipiélago.[23] Hoy "El último ona" se parece a una metáfora de ese ocultamiento.

---

22 De Certeau, Michel, *La invención de lo cotidiano, I Artes del Hacer*, México, Universidad Iberoamericana, 1990.

23 Vidal, Hernán, *La frontera después del ajuste. De la producción de soberanía a la producción de ciudadanía en Río Turbio*, Cuadernos para el Debate, Buenos Aires, IDES, 1998.

Puerto Williams es la población más cercana geográficamente (pero muy lejana en la imaginación) a la ciudad de Ushuaia. A pesar de la cercanía, la comunicación entre ambas es casi nula. Su escudo lleva la consigna "Mas allá del fin del mundo". Allí la comunidad *Ukika* reúne a un grupo de familias yaganes aunque, del otro lado se los muestre como muñecos prehistóricos en un museo al aire libre y el Tren del Fin del Mundo afirme "que habitaban estas tierras hace cientos de años....".[24] Una informante nacida en Ushuaia me describió su asombro cuando ya de adulta los *descubrió:*

> Uy!... todos los libros dicen que están todos muertos! Que no existen más, que todo desapareció. Uy! eso me empezó a taladrar el cerebro hasta el día de hoy. Yo cada vez que tengo oportunidad cuento que hay una comunidad. Porque *de este lado* del Canal de Beagle (Argentina) se sigue machacando con que es la cultura que desapareció.

La nación encuentra, en la figura de una isla, una forma de imaginar sus límites y de construir su alteridad porque en ella se inscribe un tipo de relato civilizatorio de racionalidad moderna y capitalista. Tal fue el alcance de esta teoría insular en el pensamiento político filosófico del siglo XIX, cuya frecuente aplicación fue referida por Marx como "robinsonadas". Ellas producen el desvío del razonamiento sociológico hacia el caso hipotético de aislamiento de un individuo que expresaría las verdades de la

---

24 "Yaganes"/"Yámanas". La frontera internacional sobre el Canal de Beagle ha recreado una diferencia entre los nombres con los que se identifican a los aborígenes de tradición canoera: yaganes del lado chileno, yámanas del argentino. El tratamiento instrumental de las fuentes históricas, etnográficas y arqueológicas al respecto fue tratado elocuentemente por Vila I MiTjá, Assumpció, "Dadores de nombres/dadores de identidad. Secuencia para Tierra del Fuego", en García Jordán, Pilar; Jordi Gussiniyer; Miquel Izard (coords.), *Estrategias de poder en América Latina,* Barcelona, Universidad de Barcelona, 2000.

naturaleza humana. La isla, como separación o *puesta entre paréntesis,* hace del aislamiento un metacomentario social a la vez que brinda una narración pedagógica consecuente (separación, naufragio, sobrevivencia, refundación).

La *robinsonada* tiene potencia de mito de origen. Remite la explicación del mundo a un contrato social original *in illo tempore*. Robinson es una escatología moderna y colonial pues instala en su isla un fin y un nuevo comienzo. Recuérdese que el inglés Robinson salva la vida del aborigen Viernes (¿un último?), completando con un esclavo su estado soberano insular. Con todo, Robinson sabe que en algún punto lo suyo es una representación y que su estado soberano, precario y transitorio, requiere para sostenerse de la permanente reiteración de una farsa: es que las naciones son grandes *robinsonadas*...

La frontera norte: bordes estéticos y territoriales en el Noroeste argentino

Marta Sierra[1]

Fig. 1, Dorado (2006), Guadalupe Miles

1 Kenyon College, Ohio, USA.

1. Estéticas fronterizas: heterotopías de la región y la frontera

"Dorado" (fig. 1), de Guadalupe Miles, experimenta con los efectos de la luz sobre dos cuerpos en la penumbra. Contrariamente a nuestras expectativas, estas imágenes, antes que revelar, ocultan y juegan con la ambigüedad visual del claroscuro. En la luz del crepúsculo, nuestros ojos ávidos indagan en las formas que se ocultan detrás de un manto de sombra que cubre gran parte de la composición. "Dorado" es parte de un proyecto mayor que llevó a esta fotógrafa bonaerense, viviendo actualmente entre Salta y Barcelona, a recorrer las riberas del río Pilcomayo en la región del Chaco Salteño por un período de catorce años. En la serie "Chaco", Miles recrea las experiencias de su trabajo con las comunidades Wichi, Iowaja y Nivakle del área. Su práctica fotográfica se caracteriza por una estética de frontera que traza puntos de contacto y diferencias con otros intentos previos de representación visual de la zona fronteriza y las comunidades indígenas de Argentina. Sus imágenes nos llevan a cuestionarnos el modo en que se han construido subjetividades subalternas en el imaginario nacional argentino y nos reenvían a un archivo compartido de representaciones del "otro" en la conciencia nacional. En "Dorado", Miles lleva a cabo la exploración visual de una subjetividad fronteriza. ¿De qué manera esta iconografía de la frontera investiga la relación entre lo regional y lo nacional? ¿Cómo se concreta en el repertorio visual de estas fotografías la interrogación de los límites y la naturaleza de una identidad colectiva? Más aun, ¿en qué medida la fotografía cuestiona la frontera como un constructo espacial, identitario y visual?

Estudios previos han dado cuenta de la importancia de lo cultural en la representación de la frontera.[2] La frontera se "textualiza" ya como un constructo que produce represión social y militar,[3] pone límites a las narrativas territoriales,[4] y cuestiona los proyectos identitarios del Estado nación.[5] La profusa crítica sobre la representación cultural de la frontera se ha centrado fundamentalmente en la construcción histórica de la frontera sur y la "Campaña del Desierto". En la reconstrucción de esta conciencia territorial argentina hace falta aún la indagación entre proyectos de colonialismo interno en relación con grupos subalternos blancos y mestizos como las aristocracias del interior, en quienes la "lógica de definir a la nación desde el discurso unilateral del proyecto civilizador" fuertemente centrado en los intereses de las burguesías porteñas también ha tenido un efecto duradero.[6] Cuestionar la construcción de fronteras internas y externas en el espacio nacional argentino concita así la necesidad de hablar de los múltiples "contraespacios" o "heterotopías" que, como las distintas regiones del país, han contestado representaciones espaciales utópicas basadas, históricamente, en la capital del país.[7] Como señala Domingo Ighina, los diseños de nación en el período de 1880 a 1930 tendieron a excluir

---

2 Andermann, Jens, *The Optic of the State. Visuality and Power in Argentina and Brazil,* Pittsburgh, University of Pittsburgh Press, 2007; Fernández Bravo, Álvaro, "No todo es mentira", en *Literatura y frontera. Procesos de territorialización en las literaturas argentina y chilena del siglo XIX,* Buenos Aires, Editorial Sudamericana-Universidad de San Andrés, 1999.

3 Viñas, David, *Indios, ejércitos y frontera,* Buenos Aires, Santiago Arcos editor, 1983.

4 Andermann, Jens, *Mapas del poder. Una arqueología literaria del espacio argentino,* Rosario, Beatriz Viterbo, 2000.

5 Fernández Bravo, Álvaro, *op. cit.*

6 Ighina, "Introducción" a Domingo Ighina *et al.* (ed.), *Espacios geoculturales. Diseños de nación en los discursos literarios del Cono Sur, 1880-1930,* Córdoba, Alción, 2000, p. 25.

7 Ibídem, p. 24.

las regiones como espacios anacrónicos que tanto desde lo político como lo económico eran incapaces de responder a las demandas del modelo europeo que regía las necesidades y demandas de la burguesía porteña.[8] En muchos casos, las regiones funcionaron así como heterotopías o espejos distorsionados que cuestionaron la formación espacial del Estado argentino moderno y su impacto en las construcciones identitarias nacionales.

Es desde estos lineamientos conceptuales que me interesa abocarme aquí al estudio de la producción fotográfica de Guadalupe Miles y Florencia Blanco que tienen como eje de interés la región del Noroeste argentino y, específicamente, Salta. Guadalupe Miles y su serie "Chaco" y las fotografías que forman parte de la serie "Salteños" de Florencia Blanco cultivan representaciones alternativas de lo regional y proponen una estética de frontera que cuestiona lo regional costumbrista. El regionalismo puede ser "revisitado", en palabras de Doris Sommer, como un modelo alternativo de consolidación identitaria y como una modalidad que busca dar homogeneidad interna a las naciones modernas latinoamericanas de fines del siglo XIX y XX. Como una forma de resolver las tensiones entre lo autóctono y lo foráneo, los modelos regionales han buscado tener en cuenta también las necesidades y presiones de incorporación a los modelos globales de producción y consumo.[9] En la historia cultural y espacial de Argentina, es posible así pensar cada región como un microcosmos de políticas de poblamiento y conformación territorial que dan forma en gran escala a la historia de la identidad nacional argentina y como una historia de procesos de subjetividad que negocian distintos márgenes y fronteras internas.

---

8 Ibídem.

9 Sommer, Doris, *The Places of History: Regionalism Revisited in Latin America,* Durham and London, Duke University Press, 1999, p. 2.

A nivel epistemológico, la región ha sido reivindicada sobre todo por círculos intelectuales del denominado "interior" argentino como una propuesta para desestructurar el inveterado centralismo porteño, también predominante en los estudios culturales y literarios. Como nos recuerdan estudios como los de Zulma Palermo, es necesario entonces buscar "genealogías alternativas para el pensamiento crítico" que se encuentren en un punto intermedio entre paradigmas universalistas como el de la globalización, y aquellos que exaltan las identidades regionales.[10] Más aun, es necesario revisar "los mecanismos, las estrategias y los lenguajes", por los cuales la "inteligencia" latinoamericana ha estado inscripta en una lucha "por el control de los significados de carácter netamente occidental".[11] En una línea similar, Jorge Torres Roggero propone el estudio de "geoculturas", "intradiscursos" o los mensajes latentes que se hallan perdidos en la contracara de los discursos oficializados.[12] Los denominados "estudios geoculturales" se radican así en buscar un "recorrido alternativo que incorpora el patrimonio silenciado por la historia oficial de las letras".[13] Como señala Francesco Loriggio, la idea de lo regional tiene que ver con una especificidad de lugar o una "provincialización" de los estudios nacionales sobre la literatura de un país. Al cuestionar tanto los procesos de modernización como de colonialismo, las teorías acerca de lo local buscan capturar los modos en que la creación de límites o bordes internos se producen en la configuración de una identidad literaria nacional.[14] La fotografía de Miles

---

10 Palermo, Zulma, *Desde la otra orilla. Pensamiento crítico y políticas culturales en América Latina*, Córdoba, Alción, 2005, p. 40.

11 Ibídem.

12 Citado en Palermo, Zulma, *op. cit.*, p. 43.

13 Palermo, Zulma, *op. cit.*, p. 51.

14 Loriggio, Francesco, "Regionalism and Theory", en Jordan, David (ed.), *Regionalism Reconsidered. New Approaches to the Field*, Nueva York and

y Blanco nos llevan así a cuestionarnos, de manera adicional, de qué modo la producción cultural del país responde al establecimiento de fronteras internas de conocimiento y a los modos en que el arte permite trazar cartografías epistemológicas alternativas. Desde este punto de vista, lo visual es no sólo un recurso para hacer visible otras subjetividades y otros espacios, sino también un mecanismo para interrogar la estrecha conexión entre conocimiento, visión e identidad social.

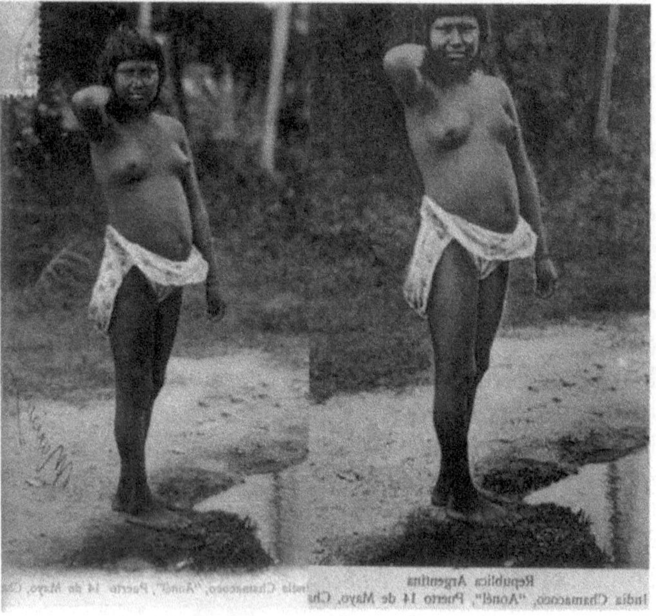

Fig. 2, India Chamacoo

London, Garland, 1994, p. 21.

Fig. 3, Indio Mataco, Ledesma Jujuy Argentina

2. Indio, fotografía y frontera

"Fotografía de india Chamacoo" (fig. 2) registra el modo en que los primeros retratos indígenas proponían una imagen para el objeto de consumo. Producidos como tarjetas postales, en un momento en que el auge de la fotografía argentina en expansión coincide con la asimilación de las comunidades aborígenes en Argentina, estas imágenes sirven para la creación de taxonomías étnicas. En el contexto de las postales etnográficas comunes en los países imperiales que mostraban a los habitantes de sus colonias en África y Asia, en Argentina, estas representaciones sirven para establecer la clasificación del indio en un momento crítico de su asimilación a la modernidad capitalista.[15]

Postales como "Indio Mataco Ledesma Jujuy Argentina" (fig. 3) hacen aun más evidente esta relación con las nuevas economías regionales para las cuales el indio se empleaba como mano de obra. Ya sea a través de su incorporación en las reducciones estatales o en misiones religiosas franciscanas en Chaco y Formosa, o forzados a integrarse en la economía capitalista de obrajes, plantaciones de algodón, o en la industria zafrera del Salta, Jujuy y Tucumán, los grupos aborígenes se vieron forzados a abandonar su sistema de vida.[16] Esta asimilación había hecho posible el acceso de fotógrafos profesionales a las comunidades indígenas del Noroeste y Noreste, quienes se enfrentaban con la dificultad de crear tipografías étnicas de un sujeto en desaparición. En las postales se busca preservar la imagen del indio como un sujeto premoderno, por medio de la elección de fondos rústicos o naturales y la pose de cuerpos desnudos,

---

15 Masotta, Carlos, *Indios en las primeras postales fotográficas argentinas del siglo XX*, Buenos Aires, Colección Registro Gráfico, 2007, p. 12.

16 Wright, Pablo G., "Los indígenas del Chaco Argentino", en *Aborígenes del Gran Chaco. Fotografías de Grete Stern 1958-1964,* Buenos Aires, Fundación Antorchas, 2005, p. 29.

en compañía de objetos que se consideraban "típicos" del grupo, como arcos, flechas o palos.[17] Para el caso de las fotografías de las mujeres indígenas, las postales muestran una "feminización" que bordea lo pornográfico y que, en la visión positivista de la época, se halla influida también por las connotaciones de pasividad e infantilidad del discurso de colonización interna de los Estados Unidos. De hecho, las reducciones creadas en el norte del país, en particular las del Nordeste, como las de Napalpí, tenían como ideales el sometimiento del indio y su transformación en hombres productivos y buenos ciudadanos, ideales que dieron forma a las reservas norteamericanas.[18] La "fotogenia feminizada de lo indígena" pone en evidencia su disponibilidad iconográfica (su explotación como una imagen pública) y material (su incorporación al capitalismo en desarrollo).[19]

Las iconografías para el consumo de estas postales muestran puntos en común con las prácticas fotográficas al servicio de la colonización interna en el siglo XIX. Debido a su carácter referencial, la imagen fotográfica ha sido una herramienta central en la constitución de etnologías y tipos raciales que acompañaron procesos de territorialización tanto en Europa como en América.[20] Para el caso de Argentina, Jens Andermann ha estudiado en profundidad estos roles de la imagen fotográfica y sus usos en la configuración de "iconografías espaciales" al servicio de los procesos de territorialización y de colonización del indígena.[21] En este sentido, la captura de una iconografía

---

17 Masotta, Carlos, *op. cit.*, p. 9.

18 Wright, Pablo G., *loc. cit.*

19 Masotta, Carlos, *op. cit.*, p. 11.

20 Ryan, James, "Imperial Landscapes: Photography, Geography, and British Overseas Exploration, 1858-1872", en Bell, Morag; Robin Butlin y Michael Hefferman (eds.) *Geography and Imperialism, 1820-1940*, Manchester and Nueva York, Manchester University Press, 1995, p. 59.

21 Andermann, Jans, *The Optic of the State. Visuality and Power in Argentina and Brazil*, Pittsburgh, University of Pittsburgh Press, 2007, p. 132.

natural permitió la apropiación y transformación de lo que el Estado nación consideraba como anómalo, incluyendo aquí no sólo las comunidades indígenas, sino el mundo natural, en un tropo espacial que permitía la acumulación capitalista.[22] Así, la fotografía contribuyó históricamente, junto con otros medios visuales como la cartografía, a codificar un espacio, a crear prácticas espaciales tanto materiales como simbólicas que configuran un sujeto soberano, una perspectiva de poder y dominación.[23]

Las prácticas fotográficas del siglo XIX incluyen no sólo su uso científico en estos procesos de territorialización, sino también su cultivo en el orden doméstico, por medio del cultivo del retrato, hecho que contribuye a la configuración de identidades de clase tanto en Buenos Aires como en las provincias. John Tagg nos recuerda acertadamente que los códigos de pose y postura que populariza la fotografía de estudio tienen una historia que se conecta con los progresos técnicos de la fotografía a mediados del siglo XIX en Europa. El retrato se cultiva así como una forma de crear una identidad social para las clases medias europeas. Pero al mismo tiempo, el retrato fotográfico implica, desde sus orígenes, un proceso de democratización de la imagen asociado con la consolidación del capitalismo. En sus orígenes, el daguerrotipo era, por ejemplo, una miniatura de valor único que implicaba un lujo, una decoración exquisita, una posesión que confería un cierto estatus social a quien lo poseía.[24] El daguerrotipo había sido la técnica preferida para una serie de usos domésticos que incluían la seda fotográfica sensible y las fotominiaturas (en anillos,

---

22 Ibídem, p. 128.

23 Ibídem, p. 183.

24 Tagg, John, *The Burden of Representation,* Amherst, Massachusetts University Press, 1988, p. 37.

porcelanas, guadapelos, medallones y alajeros).[25] Llegada hacia 1840 al Río de la Plata, la fotografía fue ampliamente desarrollada en el siglo XIX y tuvo un rol central en la configuración de una identidad personal y colectiva. Esto es evidente en las series de gauchos de Benito Panunzi, el fotógrafo italiano que con su experiencia de fotógrafo de la guerra de Crimea fue el primer "fotógrafo viajero" que plasmó escenas de los gauchos hacia 1860. Christiano Junior, emigrado de Brasil, lleva a cabo la aun más ambiciosa tarea de retratar la totalidad de la República Argentina en una serie de "álbumes de vistas" que, hacia 1876, buscaron inmortalizar imágenes de la ciudad de Buenos Aires y del interior argentino.[26] Los álbumes de Panunzi y Junior fueron centrales en la constitución de una iconografía de los márgenes y en la consolidación de una imagen identitaria urbana para centros modernos como Buenos Aires y otras ciudades del interior.

La fotografía no sólo crearía una identidad social para las clases medias urbanas. Las poses de frente o de perfil tan popularizadas por el daguerrotipo y más tarde por las "cartas de visita" (que permitían multiplicar distintas poses del mismo sujeto por primera vez en copias de papel) con el tiempo pasarían a representar la criminalidad. El "peso de la frontalidad", como lo denomina Tagg, pronto se trasladaría a las clases más bajas en la escala social. Hacia mediados de la década de 1880, el retrato de frente sería lo característico de los documentos de la prisión como así también de las estadísticas sociales que buscaban codificar distintas formas de inferioridad social y que utilizaban estas

---

25 Niedermaier, Alejandra, *La mujer y la fotografía. Una imagen espejada de autoconstrucción y construcción de la historia*, Buenos Aries, Leviatán, 2008, p. 36.

26 Gómez, Juan, *La fotografía en la Argentina. Su historia y evolución en el siglo XIX (1840-1899)*, Temperley, Abadía editora, 1986, p. 69.

imágenes como mecanismos de supervisión y reforma.[27] Este registro representacional será central en la ideología del pensamiento positivista y sus ideales de orden y progreso que estuvieron en la base de la formación de muchas sociedades latinoamericanas. Para el caso de Argentina específicamente, Penhos discute cómo dirigentes e intelectuales acudieron al registro de la fotografía para exorcizar temores causados por lo que percibían como el desorden social. Tanto en la antropología como en la criminología la fotografía cumplió durante este período la función de clasificar y registrar a aquellos y aquellas que eran vistos como "otros" en una imagen que pronto se caracterizaría por ser "de frente y de perfil". Lo curioso de estas fotos, como analiza Penhos, es que se trata de una "condensación extrema de la narración, que en vez de estar desplegada en una escena (en el caso de los indios podríamos pensar en un malón), se concentra en ese rostro que cuenta toda una historia, personal pero también genérica (de una raza, de una enfermedad mental, de un tipo de delincuente)".[28]

---

27 Tagg, John, *op. cit.*, p. 37.

28 Penhos, p. 51.

Fig. 4, "Cacique Pincén", Antonio Pozo

Las fotos de indios y criminales tomadas de frente y perfil ponen en escena las tensiones de un imaginario social en proceso de constitución, como lo demuestra el retrato del cacique Pincén, tomado en el estudio de Antonio Pozzo en Buenos Aires, en 1878 (fig. 4). Se marca así el fin de la resistencia indígena en el sur del país al congelar en la postal la imagen de quien hubiera sido una legendaria amenaza para los gobiernos que buscaron, desde Juan Manuel de Rosas, hasta Julio Argentino Roca, lidiar con la colonización de las tribus más rebeldes del sur del país. Pincén, como muchos otros, se negó hasta este último intento, a posar para ser fotografiado ya que, como registran crónicas de la época ya que, los indígenas pensaban que la cámara tomaría "su alma".[29] En postales como ésta, resulta evidente el modo en que la pose es en un elemento central en la dinámica de contacto cultural que proponen. Compartiendo códigos y problemáticas de la etnografía y la antropología, las fotografías de sujetos indígenas implican el ingreso a una "zona de contacto" como llama Mary Louise Pratt a los textos que exponen esta dinámica de frontera. El momento de la pose que estas imágenes recrean marca así la construcción de un sujeto soberano y la apropiación visual de la zona de frontera, una relación de "perspectiva soberana" y de "sujeción a leyes impersonales".[30] La foto de Pincén congela así, en un espacio y tiempo escenográficos, el momento final de la conquista simbólica de la frontera, y condensa metonímicamente el rol predominante de lo visual en los procesos de colonización interna del siglo XIX. Congelada aquí su imagen como un trofeo arqueológico, la foto ubica al cacique en unas coordenadas anacrónicas, exponiendo al mismo tiempo los marcadores de su identidad: el vestido y los instrumentos de caza: "Inmerso en una

---

[29] Masotta, Carlos, *op. cit.*, p. 10.

[30] Andermann, *op. cit.*, p. 2.

naturaleza burda e indómita, alejada del contacto cultural y de la modernidad, además de caracterizarlo como un sujeto natural (su relación con la naturaleza es pasiva, posa simplemente allí) habita un tiempo también particular".[31]

Nos impacta, en las imágenes recogidas por Masotta, no sólo la frontalidad con que se retrata al sujeto fotográfico, sino fundamentalmente la exposición de los cuerpos desnudos en un registro que, como nos recuerda Elizabeth Edwards, tiene que ver con el deseo de apropiar la otra cultura desde una posición de superioridad tecnológica. Fotografía y antropología fueron elementos centrales en el proceso de justificación y racionalización de la dominación colonial: el desarrollo científico de la antropología acompañó la consolidación del evolucionismo y sus nociones acerca de la determinación biológica de la cultura.[32] La imagen habla así de los complejos mecanismos de la memoria. Operación paradójica, por lo demás, si tenemos en cuenta que gran parte del peso de la fotografía como registro visual del colonialismo tiene que ver con la superioridad tecnológica que representa y su implementación para el control y la clasificación de un entorno físico, ya sea por medio de la realización de planos, la organización de la explotación de recursos naturales, o bien para la descripción y la clasificación de la población.[33] Como parte de este proceso, la fotografía antropológica contribuyó a establecer un conocimiento que buscaba apropiarse de la realidad de otras culturas y organizarlas en una estructura que fuera inteligible para el sujeto europeo. Demetrio Brisset explica que la fe en la objetividad de la fotografía la convertiría eventualmente en sustituta de los dibujos de campo; como

---

31 Masotta, Carlos, *op. cit.*, p. 12.

32 Edwards, Elizabeth, *Anthropology and Photography (1860-1920)*, New Haven, London, Yale University Press/Royal Anthropology Institute, 1992, p. 6.

33 Ibídem.

tal, la fotografía fue una prueba testifical de la presencia *in situ* del antropólogo y el carácter verídico de su relato, una autenticación que llevaba implícita la apropiación del tiempo y del espacio de los individuos estudiados, descontextualizándolos para demostrar supuestas inferioridades.[34]

Fig. 5, Chaco, "Muchacho mirando a la cámara", Guadalupe Miles

---

[34] Brisset, Demetrio, "Acerca de la fotografía etnográfica", en *Gazeta de Antropología*, núm. 15, 1999. Disponible en línea: http://www.ugr.es/~pwlac/G15_11DemetrioE_Brisset_Martin.html (consultado el 1 de noviembre de 2011).

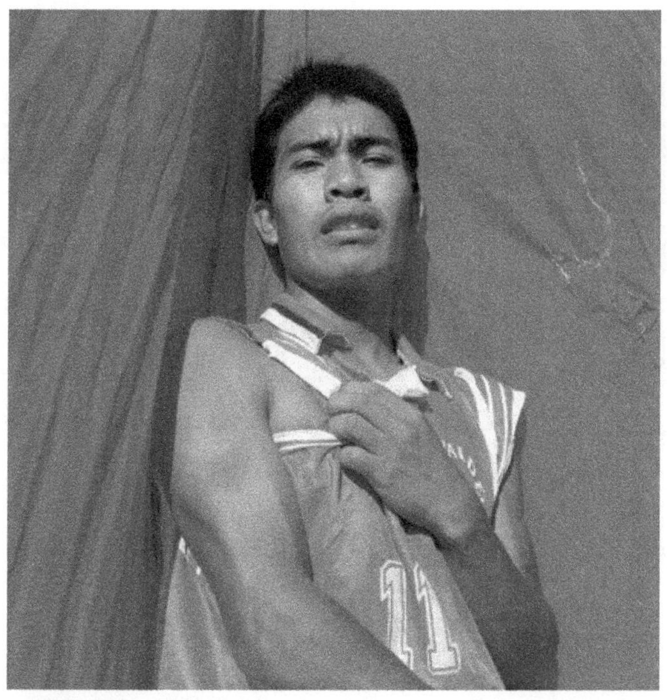

Fig. 6, Chaco, “Muchacho en rojo”, Guadalupe Miles

Fig. 7, "Pelo", Guadalupe Miles

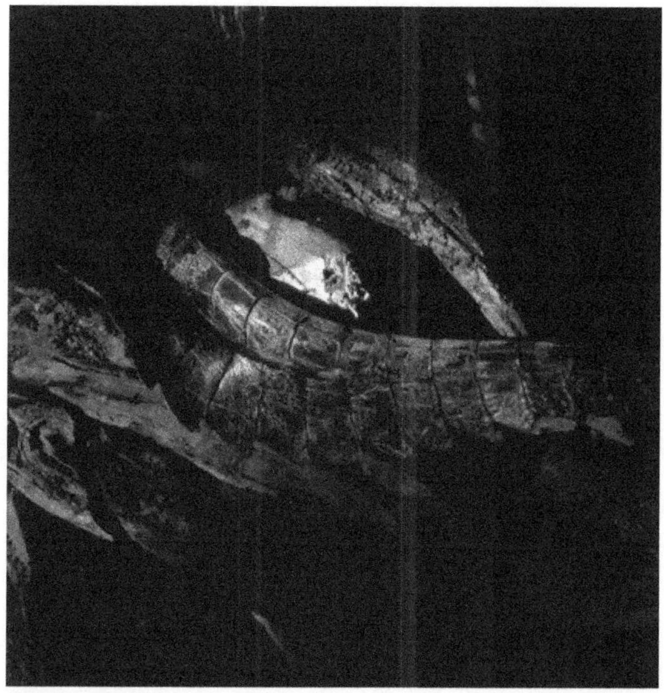

Fig. 8, "Animal", Guadalupe Miles

La serie "Chaco", de Guadalupe Miles, revisita esta serie de relaciones visuales a partir de estéticas que, como ha reconocido la fotógrafa en una entrevista, tiene antecedentes en la obra de Grete Stern, Carlos Luis "Pajita" García Bes y el lenguaje de la publicidad, donde Miles llevó a cabo sus primeros trabajos.[35] Realizadas entre 2001 y 2005, estas imágenes que trabajan con la profundidad visual la "zona de contacto". El aspecto más evidente de la serie es el modo en que los sujetos son fotografiados

35 Entrevista personal a Guadalupe Miles, Salta, 2009.

desde una perspectiva que los presenta como autónomos y poseedores de una mirada lúdica o desafiante frente al observador (fig. 5). En otros casos se exploran los cuerpos por su volumen geométrico o formal o bien se juega con el cuerpo en relación a colores y texturas de materiales textiles (fig. 6). En muchos ejemplos de la serie, hay texturas abstractas en que lo figurativo ha sido dejado de lado ya parcialmente (fig. 7) o totalmente por lo que las figuras aparecen en un registro "desfamiliarizado" (fig. 8). Por medio de este trabajo con la composición de la imagen y el color, estas representaciones carecen de marcadores que tradicionalmente han ubicado al indio en relación a su cultura de origen, desafiando así la "estampa antropológica tradicional".[36] Las imágenes de Miles proponen una relación dinámica entre la imagen y el observador, al no congelar a los sujetos en un pose sino insertarlos en un continuo temporal implícito. La inclusión de texturas a través del agua, la tela y el barro crea un volumen visual que otorga dinamismo interno a las imágenes. La representación fragmentada de los cuerpos los quita del marco tradicional del retrato y niega la exposición del sujeto en su totalidad, algo que profundiza la dinámica entre visión y no visión que las imágenes de "Dorado" hacen evidente.

---

[36] Consúltese el sitio www.guadalupemiles.com.ar

Fig. 9, "Muchacha con fondo", Guadalupe Miles

Fig. 10, "Hombre en el monte", Guadalupe Miles

La serie de 2009, "Proyecto plantas curativas", es un estudio visual que revisa críticamente el tratamiento capitalista del mundo natural. Fotos de esta serie buscan una reconexión creativa entre los sujetos y el mundo natural, como lo representa aquí la profundización del campo visual (Figs. 9 y 10). En otros casos, la exploración sobre la forma se ha desplazado a los elementos naturales. "Proyecto plantas curativas" se inserta además en un proyecto comunitario que Miles ha estado llevando a cabo con las comunidades aborígenes con las que trabaja, que incluyen la recuperación del canto y de la danza tradicionales y un proyecto editorial de tres libros, uno de relatos, otro para la escuela y un tercero sobre plantas curativas en edición bilingüe.[37] Si se compara el uso de la naturaleza como trasfondo, se puede apreciar que hay la búsqueda de una relación orgánica que contrasta la asociación capitalista de explotación entre indígena y mundo natural, evidente en imágenes como la postal de "Indio mataco, Ledesma, Jujuy Argentina". Las fotos de Miles trabajan así con el archivo visual de la "naturalización" de la frontera y socavan la relación de identificación entre territorio e indio que estuvo a la base de la expansión territorial argentina del siglo XIX. La frontera se construye como un diálogo visual en que el observador es invitado a un juego de interacción y exploración mutua. Como "zonas de contacto" estas imágenes desestabilizan además la relación entre la fotógrafa y su sujeto ya que, como registran los testimonios que acompañan a algunas de las imágenes, se ha establecido una colaboración como demuestra el testimonio de Karina, una de las fotografiadas: "El tiempo es importante, entrar en el otro tiempo. Cuando poso para las fotos mi cuerpo se relaja, respiro profundo el aire puro. No se deben matar a los remedios que están en la naturaleza, deben estar siempre seguros. Cuando estoy cerca de la planta esa es mi felicidad" (Gazpacho).

La estética de Miles comparte mucho de la retórica visual de las vanguardias y en las influencias que la artista ha reconocido. El trabajo con el color y la textura de diseños y materiales de las culturas aborígenes es evidente en las obras de Carlos Luis "Pajita" García Bes, pintor, dibujante, ceramista y tapicista salteño quien, hacia los años 50 utilizó la técnica del *frottage* para realizar el estudio y relevamiento de los petroglifos de Salta. Con estas imágenes, García Bes elaboró una serie de tapices que emplean los diseños indígenas como punto de partida para la exploración artística

---

[37] Entrevista personal a Guadalupe Miles, septiembre de 2010.

y la recuperación visual de motivos que, de otra manera, hubieran perecido en el olvido. La combinación de arte de vanguardia e intencionalidad social es también evidente en la serie de Grete Stern, "Aborígenes del Gran Chaco" (1958-1964), de quien Miles también reconoce influencias. Entrenada en las artes gráficas y el uso vanguardista de la imagen fotográfica gracias a sus experiencias en la Bauhaus, Stern había incursionado en el uso del retrato y el fotomontaje, en la serie denominada más adelante "Sueños", y que aparecieron entre 1948 y 1951 en la revista femenina *Idilio*. Más tarde, Stern trasladará esta experiencia en las artes gráficas a las fotos de carácter social y humanista que refleja su trabajo de tres años en las zonas fronterizas de Chaco, Formosa y Salta. A pesar de la escasa recepción de la serie que Stern buscó exhibir entre 1965 y 1973, sus fotos revelan una estética y una vitalidad aún vigentes.[38] De manera similar al trabajo de Miles, la presencia de lo figurativo geométrico en la composición de las imágenes contribuye a socavar la retórica fotográfica antropológica en la presentación del indígena. Aunque más cercana a la estética del retrato que Stern como otra legendaria fotógrafa argentina Annemarie Heinrich habían cultivado en su versión de estudio durante los años cuarenta, los primeros planos de rostros de Stern posicionan a sus sujetos en una situación que exalta el rostro humano ya que Stern prefería retratar a sus sujetos ya desde abajo o bien al mismo nivel del rostro.[39] Al mismo tiempo, las fotos de Stern comparten más con el registro etnográfico y la tradición del retrato en la Argentina como un medio de clasificación visual de grupos étnicos, cuyos antecedentes se pueden encontrar en los "álbumes de vistas" compilados hacia finales del

---

[38] Priamo, Luis, "Grete Stern y los paisanos del Gran Chaco", en *Aborígenes del Gran Chaco. Fotografías de Grete Stern*, p. 39.

[39] Ibídem, p. 41.

siglo XIX por Christiano Junior. La estética de Guadalupe Miles dialoga así con tradiciones fotográficas de larga data en Argentina que han buscado, por medio de la imagen, concitar los diálogos y tensiones en la construcción de sujetos fronterizos. Como contrarrelatos visuales de las postales etnográficas de los siglos XIX y comienzos del XX, las fotos de "Chaco" conducen al observador a espacios fluidos de las zonas de contacto que dan cuenta de las tensiones raciales y étnicas de las formaciones identitarias argentinas. De manera similar, Florencia Blanco lleva a cabo una reconstrucción crítica de la frontera norte a partir de una relectura visual del regionalismo.

3. Versiones apócrifas del regionalismo: el caso de Florencia Blanco

Las imágenes de Florencia Blanco exploran la constitución del sujeto mestizo y la formación identitaria de Salta como una unidad regional, como revela la serie "Salteños". Radicada actualmente en Buenos Aires, Blanco ha mantenido una relación cercana con Salta, donde pasó gran parte de su adolescencia y juventud. "Salteños" puede leerse también a la luz del cine de Lucrecia Martel y su trilogía integrada por *La ciénaga, La niña santa y La mujer sin cabeza,* todas películas ambientadas en Salta y que llevan a cabo una crítica directa a la decadencia del modelo económico y social de las oligarquías provinciales. De hecho, Blanco colaboró con la producción y fotografía de muchas de las realizaciones de Martel. Por ejemplo, hizo el casting salteño de *La ciénaga,* llevó a cabo la investigación de locaciones y fue ayudante de dirección en *La niña santa;* en general, comparte con Martel una estética "no regionalista" de representación del Noroeste argentino. "Salteños" reelabora, como en el caso de las representaciones de Miles, la estética tradicional del retrato, central como elemento configurador de la identidad de la clase media incipiente en Salta.[40] Sin embargo, lejos de reflejar la pose estereotipada del retrato clásico, el acto de posar desafía aquí los criterios compositivos tradicionales del retrato de estudio y presenta al sujeto fotográfico en una situación de interacción y juego visual con el observador. Se busca así trascender la construcción de un "salteñismo entendido como identidad local" ya que las imágenes trabajan desde la descontextualización y el borramiento de índices de lo local.

Fig. 11, "Hombre con perro pila", Florencia Blanco

[40] Caro Figueroa, Gregorio A., "Esos otros salteños". Disponible en www.florenciablanco.com.ar/textos/002.htm (accedido el 30/09/2009).

Fig. 12, "Hombres en el río vaqueros", Florencia Blanco

En "Hombre con perro pila", el principal sujeto fotográfico es el perro que sorprende por su imagen a la vez extraña y grotesca, principal elemento compositivo de la imagen. Se trata de una fotografía que escenifica, sin embargo, un juego de miradas, la nuestra de asombro y falta de certeza en relación al perro, la del hombre, que mira a su perro con placer y con orgullo (fig. 11). Algo similar ocurre en el retrato colectivo, "Hombres en el río vaqueros" (fig. 12). Centrada en un momento festivo en el río, se destaca allí la figura del hombre con la guitarra debido a que su mirada se intercepta directamente con la del observador. En el campo visual que reconstruye esta foto, su mirada nos ubica en el mismo lugar de la fotógrafa que hizo la toma original. En otras palabras, sujeto, observador y fotógrafo comparten el mismo campo visual al tiempo que la foto invita, en un gesto de complicidad, a participar del juego que está teniendo lugar en el río.

Las imágenes de Blanco se resisten a la construcción del sujeto en un objeto visual.[41] Al mismo tiempo, "Hombre con perro pila" y "Hombres en el río vaqueros" complejizan el circuito de circulación de la imagen al unir la miradas del sujeto, observador y fotógrafo, quebrando así el proceso por el cual la fotografía crea una "imagen total" y en cierto modo "mata al sujeto" al transformarlo en un "Otro" en el proceso de circulación como objeto de consumo visual.[42] Caracterizadas por una estética de lo extraño, estas fotos comparten el registro ominoso del cine de Martel, al quebrar nuestras expectativas de "localismo", a lo que se alude, con ironía, en el título de la serie, "Salteños". Como señala Barthes en "Camera Lucida", estas imágenes perforan la homogeneidad del campo visual y los códigos de referencialidad del registro fotográfico. De este modo, a diferencia de aquellas fotos que nos permiten ubicar la fotografía en una serie de identificaciones culturales o históricas, algo que Barthes denomina "studium", en estas imágenes sobresale el "punctum" que como elemento de ruptura, produce una relación visual de ruptura y un cuestionamiento de la homogeneidad temporal y espacial de la construcción fotográfica. La estética de lo extraño se lleva a cabo no sólo por la elección de sujetos fotográficos inusuales sino también por el encuadre de la foto que, como en "Hombres en el río vaqueros", juega con lo que está fuera del campo visual. Las fotos de Blanco trabajan así no sólo con la tensión visual de lo extraño que está en el centro de la escena, sino que concitan una intensidad emocional acerca de lo que no se ve.

---

[41] Barthes, Roland, "Extracts from *Camera Lucida*", en Wells, Liz (ed.), *The Photography Reader*, London and Nueva York, Routledge, 2003, p. 23.

[42] Ibídem.

Fig. 13, "Living", Florencia Blanco

Fig. 14, "Con vista al mar", Florencia Blanco

La frontera norte se construye así como una serie de imágenes que desestabilizan expectativas de identificación propias del registro fotográfico. En otros casos, la creación de este registro desnaturalizador va de la mano de una estética kitsch, caracterizada "por la imitación invertida de modelos de elegancia que no persisten más que en diminutos círculos sociales en extinción".[43] Esto es particularmente evidente en las escenas de interiores que, en fotografías como "Living" (fig. 13), muestran la intención de testimoniar la presencia de espacios eclécticos a puntos de desaparecer.[44] Imágenes que citan visualmente un estilo a través de la elección de un mobiliario y de ciertos objetos de decoración, estas reflejan lo que Matei Calinescu define como la "falta de adecuación estética" del kitsch en que los objetos desentonan por sus cualidades formales (el material, la forma, el tamaño, etc.) con el contexto cultural o el modelo que la composición busca recrear.[45] La "ambigüedad semiótica" (Calinescu) de estas composiciones es evidente porque al tiempo que imitan, buscan definir una singularidad, como revelan imágenes como "Con vista al mar" (fig. 14), en que el carácter citacional de la imagen es evidente en el trasfondo elegido que se referencia con un guiño irónico en el título de la imagen. El carácter ecléctico de estas imágenes no es necesariamente un producto de la intención compositiva de Blanco al hacer la toma sino que es el producto de la realidad presente en los ambientes salteños que la fotógrafa busca capturar con su cámara.[46]

---

43 García Navarro, Santiago, "En Salta, la cámara escribe nuevos recuerdos de provincia", en *La Nación,* 10 de agosto de 2001. Disponible en línea (última consulta: 30 de septiembre de 2009).

44 Entrevista personal a Florencia Blanco, Buenos Aires, 2009.

45 Calinescu, Matei, "Kitsch", en *Five Faces of Modernity. Modernism, Avant-Garde, Decadence, Kitsch, Postmodernism,* 3ª edición, Dirham, Duke University Press, 1987, p. 236.

46 Entrevista personal a Florencia Blanco, Buenos Aires, 2009.

Fig. 15, "Vestíbulo", Florencia Blanco

"Vestíbulo" (fig. 15) lleva implícita la afirmación de una identidad de clase y de un modelo de domesticidad que se concita por medio de los retratos colgados en la pared a la par de un mobiliario decrépito. Al mismo tiempo, esta imagen socava esta construcción identitaria por medio de detalles que dan cuenta de los efectos erosivos del paso del tiempo, como se nota en la corrupción del mobiliario y las paredes. Símbolos de una aspiración social en decadencia, "Vestíbulo" nos recuerda los interiores asfixiantes del cine de Martel. A pesar de la intención implícita de honrar una temporalidad por medio de la reconstrucción celebratoria de los retratos en las paredes, el uso del espejo y sus efectos de duplicación visual fragmentan esta temporalidad. Se trata así de imágenes que exponen la vulnerabilidad de las construcciones de clase al tiempo que exploran los mecanismos de consolidación de esta identidad a partir de criterios de decoración y estética. Lo kitsch funciona aquí no sólo para señalar una construcción estética sino social. Como señala Lydia Santos, lo kitsch y lo cursi son términos que se trasladan a América Latina hacia 1860 y que se asocian con la clasificación social de grupos subalternos.[47] La estética fotográfica de Blanco hace eco de la revitalización del género producido a partir de los años sesenta en América Latina. Asociado con la ideología de la copia, lo kitsch será así, para el caso latinoamericano, una forma de cuestionar la creación de barreras y niveles sociales a partir de conceptos y prácticas estéticas. Tanto las clases medias emergentes como grupos sociales menos privilegiados, emplearán el kitsch como una forma de reapropiar el gusto y el comportamiento de clase que no les son propios y redefinir teorías del "buen gusto" de otros grupos sociales. Estética de la heterogeneidad cultural, el kitsch disputa la construcción de jerarquías sociales y culturales, un elemento sobresaliente en la más reciente producción de Florencia Blanco. La serie de "Retratos al óleo" ahonda en la construcción de lo kitsch al trabajar en detalle los mecanismos de descontextualización de esta estética, al insertar, por ejemplo, los retratos en contextos diferentes (fig. 18). Blanco acude aquí a un uso popular de la fotografía por parte de las clases menos privilegiadas en Argentina que buscaban este medio como la forma más económica de obtener "retrato al óleo" sin el costo incurrido en un taller de arte. En estos "palimpsestos fotográficos" se vuelve a retratar al sujeto al incorporar una pátina de pintura sobre la imagen fotográfica inicial (Javier Villa). En el contexto de la fotografía de Blanco, las "Fotos al óleo" profundizan el quiebre con lo local al explorar un distanciamiento con el referente fotográfico, a través del retoque pictórico y la descontextualización de la imagen.

[47] Santos, Lydia, *Kitsch Tropical. Los medios en la literatura y el arte en América Latina,* Frankfurt, Vervuert/Madrid, Iberoamericana, 2004, p. 29.

Lo kitsch funciona así como una técnica estética de interrogación de los imaginarios colectivos y la vinculación entre lo social y lo visual.

4. Conclusión: iconografías fluidas de la frontera

Debemos a Walter Mignolo una de las más agudas conceptualizaciones acerca de la frontera y el territorio como entidades que, trascendiendo lo físico-espacial, construyen imágenes discursivas y cognoscitivas de la realidad. Como señalan sus estudios sobre el tema, los modelos de territorialidad implican historias de colonialismo que están unidas a paradigmas de modernización prevalentes en el mundo occidental. Aunque sus modelos de interpretación tienen que ver más con la constitución de paradigmas globales como lo que denomina "el occidentalismo", su teoría sobre la frontera puede aplicarse bien a las tensiones internas que ocurren a nivel del Estado nación. Mignolo explora, por ejemplo, la formación de fronteras externas a la luz de aquellas fronteras internas en que ciertos paradigmas de colonialidad y modernidad se quiebran. La noción de "border" expresa así aquellos momentos de ruptura de hegemonías coloniales, momentos que son a la vez "imaginarios" y que concitan una nueva forma de producción de conocimiento desde los interiores de un modelo colonial-moderno. Se trata de momentos de desplazamiento de los *loci* enunciativos en que nuevos registros discursivos salen a la luz.[48] Vistas a la luz de estas teorizaciones sobre la frontera, la producción fotográfica de Guadalupe Miles y Florencia Blanco da cuenta de estos desplazamientos territoriales y simbólicos a partir de una exploración de la imagen y su rol en dinámicas de colonización interna. En "Chaco"

48 Mignolo, Walter, pp. 11, 12, 36.

como en "Salteños" es evidente además que esta crítica al colonialismo como una forma de sujeción visual va de la mano de una interrogación de procesos de modernización que han creado márgenes y desplazamientos sociales en la Argentina desde su constitución institucional y territorial del siglo XIX. Las estrategias fotográficas de la creación de una ambigüedad compositiva por medio del uso del fuera de plano; la inclusión de sujetos fotográficos no tradicionales; el uso del color, la textura visual y la incorporación de la temporalidad para evitar el congelamiento de la imagen; la inclusión de una estética kitsch y la distancia irónica con el referente, son todos mecanismos que cuestionan de raíz las construcciones de estos márgenes que históricamente han sido llevadas a cabo en la comunidad imaginada argentina. Estas representaciones fotográficas ponen en el centro de la escena epistemologías e imágenes que han permanecido veladas en el archivo visual identitario del país y establecen un diálogo con la fotografía argentina reciente y sus intentos de restaurar la subjetividad social por medio de la memoria.

En su estudio sobre la imagen fotográfica, Susan Sontag propone que su fuerza radica no sólo en su potencial simbólico sino también en su aspecto material. La fotografía "recicla lo real", y debido al alto contenido de información archivado en esta "imagen-mundo", como la denomina Sontag, la imagen fotográfica es capaz de subvertir lo real al transformarlo en su sombra.[49] Desde este punto de vista, las estéticas fotográficas de frontera de Miles y Blanco trabajan de un modo complejo los procesos de interacción entre los bordes y los múltiples centros de la imaginación nacional argentina. Al explorar iconografías espaciales y su relación con la formación de una subjetividad fotográfica,

[49] Sontag, Susan, "The Image-World", en *A Susan Sontag Reader*, Nueva York, Farrar, Straus, Giroux, 1982, pp. 349-367.

Miles y Blanco crean una estética liminal que explora la frontera como una construcción visual identitaria móvil y dialógica, en que nuevas heterotopías, o "imágenes-mundo" tradicionalmente ausentes en el imaginario visual argentino son reveladas a través de las potencialidades interpretativas de la cámara.

FRONTERAS ENTRE CONOCIMIENTO ESCOLAR Y CONOCIMIENTO ACADÉMICO

Gustavo Bombini[1]

Sin duda, la cuestión del conocimiento escolar convoca las representaciones más disímiles, en relación con los campos disciplinarios desde donde sea abordada, según el sistema de ideas previas, valoraciones y prejuicios, o del lugar de la memoria acerca de lo escolar en la experiencia subjetiva y social.

Forma de conocimiento en muchas ocasiones minorizada, suele asociarse a la idea de una versión adaptada del conocimiento académico, que recurre a simplificaciones que garantizan su trasmisión y que se halla en un permanente desfasaje de actualización con respecto a los desarrollos científicos de cada campo.

Estas concepciones naturalizadas, en muchos casos, como sentido común acerca de lo que ciertas comunidades consideran como conocimiento escolar entran en tensión con el reconocimiento de los procesos más complejos que se observan a la hora de definir al conocimiento escolar como una construcción sociohistórica cambiante. En este sentido, son los estudios en el campo de la historia del currículum los que han desarrollado, en las últimas décadas, los avances más interesantes para pensar las disciplinas escolares en términos de construcciones sociohistóricas complejas que se configuran a partir de diversidad de variables. Un autor como el inglés Ivor Goodson entiende las disciplinas escolares no como entidades monolíticas, sino como "amalgamas cambiantes de subgrupos y tradiciones que influyen mediante el enfrentamiento y el compromiso,

---

1 Escuela de Humanidades, Universidad Nacional de San Martín. Universidad Nacional de La Plata. Universidad de Buenos Aires.

sobre la dirección de los cambios".[2] Otros, como los franceses Dominique Juliá[3] y André Chervel,[4] ofrecen trabajos claves, difundidos en el ámbito hispánico al inicio de los estudios sobre *historia de las disciplinas escolares.* En ellos es posible detectar la producción de contribuciones sobre historia de las disciplinas, en diversos campos del conocimiento científico y humanístico que tienen presencia en la escuela.

Pensar en esas "amalgamas cambiantes", al decir de Goodson, supone el reconocimiento de la dimensión pragmática propia de la lógica de lo escolar. Por ésta, tales conocimientos se hallan ligados de manera inmediata a una práctica, se convierten en objeto de transmisión a través de diversas estrategias explicativas, de matrices posibles en la producción de tareas y de cierta dimensión artesanal que el trabajo de la enseñanza supone. En este punto, se observa la necesidad de una indagación en torno a la especificidad del conocimiento escolar. Éste ya no será un "pálido reflejo" de un saber mayor, sino que reconocerá un comportamiento particular, un modo de configuración que entra en tensión con las otras prácticas culturales asociadas: prácticas de investigación lingüístico-literarias, ejercicio de la crítica y las prácticas literarias propias. Si recupera algo de la lógica de aquellas, lo hace siempre desde el horizonte insoslayable de la propia tradición del conocimiento escolar.

Acaso esta consideración del conocimiento escolar en su especificidad epistemológica y pragmática genere

---

2 Goodson, I. F., *Historia del Currículum. La construcción social de las disciplinas escolares,* Barcelona, Pomares-Corredor, 1995.

3 Julia, D., "La construcción de las disciplinas escolares en Europa", en Ruiz Berrio, J. (ed.), *La cultura escolar en Europa. Tendencias históricas emergentes,* Madrid, Biblioteca Nueva, 2000.

4 Chervel, A., "Historia de las disciplinas escolares. Reflexiones sobre un campo de investigación", *Revista de Educación,* núm. 295, Madrid, 1991.

nuevas tensiones entre los campos de las que se suelen llamar "disciplinas de referencia" (la lingüística, la gramática, la historia de la literatura, la teoría literaria); y sea de este modo necesario volver a pensar en cada disciplina cómo se producen estas articulaciones entre campos de referencia y campos de la enseñanza.

La historia de las disciplinas escolares deviene, entonces, un capítulo hasta ahora marginal de la historia de las configuraciones de los campos. En este sentido, la historia de la enseñanza de la lengua y la literatura constituye un aporte para la comprensión de procesos culturales más amplios. Tal vez se trate de acontecimientos, prácticas y polémicas hasta ahora soslayadas, ensordinadas o poco visibles que se dan en los ámbitos de construcción de los campos culturales.

Abordar estos temas que ligan disciplinas lingüísticas y literarias con el campo pedagógico y didáctico nos invita a realizar recorridos marginales entre los hechos a considerar, los textos a leer y las fuentes a reconstruir.

Seguramente, no se trata de la producción centralmente visible y ya trabajada, sino de la realización de ciertos recortes donde la cuestión pedagógico-didáctica se presenta en un lugar descentrado; como refugiado en un territorio de fuentes diversas, que acaso no constituyan el núcleo duro de la producción de ciertos intelectuales. Artículos, cartas, documentos que dan cuenta de su participación en ciertos eventos (sin que quede registro escrito), intervenciones en polémicas periodísticas, textos de archivos personales e institucionales, legajos de instituciones escolares, pueden erigirse en fuentes marginales a ser rescatadas en busca de las singulares inflexiones que ciertos procesos habrán de reconocer.

Un ejercicio posible, entonces, es el de revisar las trayectorias de algunos intelectuales que cumplieron una misión destacada en los procesos de configuración de los nacionalismos en América Latina, para reconocer, en la singularidad de sus itinerarios, el valor de las intervenciones de corte pedagógico.

Sin agotar en los límites de esta presentación la riqueza del caso, me detendré en la figura del dominicano Pedro Henríquez Ureña; quien, en su nomadismo intelectual, participó de procesos significativos fundamentalmente en México y en Argentina. Nació en una familia vinculada a la actividad literaria, a la actividad pedagógica y al poder político. Su padre Francisco llega a ser presidente del país. Su madre Salomé es poeta y directora del Instituto de Formación de Maestros, y su hermano Max es crítico literario. Luego de iniciarse en la actividad intelectual en Cuba, pasa unos años de formación artística y literaria en Nueva York, para recalar por fin en México. Allí desarrolla una intensa actividad intelectual y pedagógica, y es parte del movimiento de los *ateneístas.* De esta época es su intervención directa en la creación o fortalecimiento de instituciones de formación. Como testimonio de sus preocupaciones pedagógicas, vale la minuciosa carta referida a la configuración de los programas de Literatura de la escuela preparatoria. Es enviada a fines de 1913 -junto a las tablas bibliográficas- a don Ramón Menéndez Pidal, sobre cuya opinión cifra importantes expectativas, tal como lo manifiesta en carta enviada a Alfonso Reyes el 8 de marzo de 1914:[5]

> Me escribió Menéndez Pidal en respuesta a envíos. Me trata de "querido amigo", dice que todo está muy bien: las Tablas (sobre las cuales promete observaciones), mi curso de Altos Estudios (que le describí), mis romances (de los cuales pide más).

---

5 *Cf.* Henríquez Ureña, P. y Reyes, A, *Correspondencia 1907-1914,* Edición de José Luis Martínez, México, Fondo de Cultura Económica, 1986.

En la esperanza del juicio favorable por parte del maestro español, el joven dominicano pone en juego lo medular de su producción pedagógica hasta entonces: las "Tablas de la historia literaria en lengua española" constituyen para él un instrumento para la sistematización y la enseñanza del complejo campo transnacional de las literaturas en nuestra lengua. Se trata de un intento por superar a los manuales en uso; en un caso por considerados descartables por su desorden, y en el otro por su inviabilidad al estar en idioma francés. Su *Curso de altos estudios* será una versión -entre las muchas posibles- en relación con los cursos para la enseñanza universitaria, terciaria no universitaria y secundaria que Henríquez Ureña dictó fundamentalmente en México y Argentina.

Tal vez sea la experiencia de la Revolución mexicana y su participación directa en el grupo de los ateneístas, lo que forjó en Henríquez Ureña cierta convicción acerca de una equitativa y universal distribución de los bienes simbólicos a través de la educación, contra cualquier modo de apropiación excluyente del conocimiento y del arte por parte de alguna élite. La premisa de una educación universal, accesible a todos y garantizada por el estado impregnó el pensamiento pedagógico y cultural del dominicano; premisa sobre la que vuelve una y otra vez en diferentes intervenciones a la hora de valorar, por ejemplo, la enseñanza literaria como un puente necesario para la formación de lectores. O en su tarea editorial, con la defensa de las antologías como espacios privilegiados para la adquisición de conocimientos panorámicos y de los prólogos a los clásicos como lugares de reposición de información para el acceso de grandes públicos lectores.

Como es sabido, en 1922, Pedro Henríquez Ureña visita Argentina en misión diplomática, acompañando al primer secretario de la SEP, José Vasconcelos. Queda cautivado por la vida intelectual de Buenos Aires, razón por la cual, en 1924 se radica en el país. Este rasgo de itinerancia de su biografía puede tener un correlato en un cierto modo dinámico de pensar su relación con el conocimiento y sus posibilidades de intervención en distintos contextos. En la concepción de Henríquez Ureña, la dimensión de lo pedagógico, la transmisión escolar del conocimiento se presentan como una actividad inmediatamente pública en el sentido más amplio del término. Como una vía regia para encauzar su deseo de intervención. El ingreso al circuito argentino asumirá características bien diferentes a las de su acogida en el México juvenil y revolucionario de los ateneístas. En cierto momento, se queja con su amigo Alfonso Reyes de su escasa participación en la cosa pública en Argentina; lo que en parte se subsana con su intervención en la comisión curricular en la que participó hacia mediados de la década de 1930 junto a Amado Alonso y Gregorio Halperín.

La participación activa en el campo pedagógico no se da sin contradicciones. Por un lado, Pedro Henríquez Ureña se autodefine: "Yo no soy un contemplativo; quizá no soy ni escritor en el sentido puro de la palabra; siento la necesidad de que mi actitud influya sobre las gentes, aún en pequeña escala".

Pero, a la vez, plantea -quizá de manera exagerada en este escrito- su complicada relación con la práctica de la enseñanza; precisamente uno de esos lugares desde donde influir sobre las gentes, aún en pequeña escala, como él mismo reclamaba. Dice Henríquez Ureña en un texto autobiográfico: "Y yo he trabajado siempre en la tarea más devastadora de la fuerza mental y más enemiga del libre juego de la imaginación y del pensamiento: la enseñanza".

Más allá de estas contradicciones del fuero íntimo del profesor Pedro Henríquez Ureña,[6] nos interesa afirmar

[6] Estas citas de Pedro Henríquez Ureña están incluidas en Bombini, Gustavo, *Los arrabales de la literatura. la historia de la enseñanza literaria*

que una historia de la constitución del campo intelectual latinoamericano habrá de reconocer, en términos de propiedades de posición, estas funciones político-pedagógicas que ciertos actores asumen como parte de su proyecto intelectual, y que tienen peso significativo como eficaces e inmediatas estrategias de intervención.

Este hecho básico admite distintos énfasis, posicionamientos, valoraciones y producciones escritas, según épocas y países. Eugenio María de Hostos, Rafael Pombo, José Martí, Ricardo Rojas, José Vasconcelos, Enrique Rodó, Calixto Oyuela, Leopoldo Lugones o Amado Nervo, por citar a algunos, realizan intervenciones en el campo pedagógico en distinto grado de intensidad. Emergen así figuras de intelectual que establecen distintos tipos de relaciones con el aparato burocrático estatal y/o con la propia cultura escolar; actores con participación directa en la construcción de las políticas públicas, productores de conocimiento en el campo pedagógico y didáctico, funcionarios de distinto rango en ministerios y secretarías, formadores de docentes o profesores de escuela secundaria, autores de libros para la enseñanza. He aquí algunas de las facetas posibles que exigen una consideración aguda que dé cuenta de las particulares maneras en que estas trayectorias se resuelven y que les otorgue la relevancia que estas tareas poseen en cada caso.

Es en esta y otras constelaciones de nombres posibles donde se perfila el interés por comprender procesos culturales y pedagógicos específicos que, lejos de constituirse en hechos circunscriptos al campo educativo, muestran la fuerte imbricación entre proyecto intelectual, literario, filosófico y pedagógico. Efectivamente, lo pedagógico -en

---

en la escuela secundaria argentina (1860-1960), Buenos Aires, Facultad de Filosofía y Letras, UBA/Miño y Dávila Editor, 2004. Allí se ofrece un análisis de la trayectoria docente del crítico dominicano.

la potencia de sus posibilidades de intervención inmediata– ha sido un terreno transitado con entusiasmo por diversidad de intelectuales en el proceso de consolidación de los nacionalismos en América Latina.

Acordando con Raúl Antelo,[7] es posible pensar a Pedro Henríquez Ureña como una figura clave para los estudios de orientación comparatista. A partir de allí cabe dejarse sorprender por la profusión de referencias culturales que recorre un trabajo suyo como *Las corrientes literarias en América Latina.* Esta lección de comparatismo nos estimula hoy recuperar esta perspectiva del maestro dominicano, para imaginarnos el ejercicio de reconstruir los procesos de configuración de la disciplina escolar "Lengua y literatura" en distintos países del ámbito latinoamericano. Así como su relación con tópicos decisivos como: los nacionalismos literarios. Los debates en torno a la lengua legítima, a la lengua estándar y a la lengua de la escolarización. El hispanismo como espacio de discusión entre filólogos y pedagogos o entre filólogos/pedagogos en el momento de consolidación de los sistemas educativos.

En este marco, las hipótesis de Pierre Bourdieu[8] acerca del poder de la escuela como institución del mercado lingüístico podrán, al mismo tiempo, mostrar su pertinencia y reclamar matices en función de un horizonte multicultural y plurilingüístico como es el latinoamericano.

---

7 *Cf.* Antelo, R., "Henríquez Ureña, comparatista", en Henríquez Ureña, P. *Ensayos,* edición crítica a cargo de José Luis Abellán y Ana María Barrenechea, Madrid, 1998.

8 Bourdieu, P., *¿Qué significa hablar? Economía de los intercambios lingüísticos,* Madrid, Akal, 1986.

Acerca de los límites epistémicos y las metáforas en las ciencias

Héctor A. Palma[1]

Este artículo pretende aportar algunas herramientas a la filosofía y a la historiografía de las ciencias. Parto del supuesto, discutible por cierto, de que tanto la filosofía de la ciencia tradicional como así también los *estudios sobre la ciencia y la tecnología* han fracasado en la tarea de aportarle algo significativo a la historiografía de las ciencias. Porque no han podido resolver de modo más o menos satisfactorio el problema de la relación -de los límites, en suma- entre ciencia y contexto, problema que remite a una de las eternas cuestiones del intelecto humano -lo interno y lo externo, el adentro y el afuera, los límites, las fronteras- aplicado, en este caso, a la actividad científica.

Los conceptos de "límite" y "frontera" pueden funcionar como sinónimos, pero también pueden connotar matices diferenciales. Cuando se habla de "fronteras de la ciencia" -con un compromiso epistemológico discutible mediante-, se hace referencia a aquellos pocos científicos y/o teorías que trabajan en lo último de cada área; a una élite científica que marca la agenda del futuro de la investigación. En cambio, hablar de "límites" refiere a un panorama algo más complejo y, por qué no, confuso. Me ocuparé aquí de los límites y no de las fronteras de la ciencia.

En la acepción más corriente,[2] "límite" hace referencia a una línea real o imaginaria que separa dos países, terrenos, territorios,[3] de modo que, sea en sentido literal o figurado, significa tanto que más allá no se puede ir como así también

---

1 Escuela de Humanidades, Universidad Nacional de San Martín.

2 No se considera aquí el concepto de *límite* como es usado en matemática.

3 Es la primera acepción del diccionario de la Real Academia Española.

que es el lugar que, en virtud de pertenecer a algún poder hegemónico, no debe ser invadido. Delimita el lugar del que no se puede salir y también al que no se puede entrar. Estos dos sentidos diferentes pero complementarios pueden servir de hilos conductores para analizar las respuestas, o al menos las estrategias argumentativas, que se han dado en la reflexión histórico-socio-epistemológica acerca de las ciencias: los límites de la ciencia que denominaré aquí "negativos" y "positivos".[4]

1. Los límites de la ciencia

1.1. Límites en sentido negativo

Se trata de los límites que le impiden a la ciencia salirse de sí misma. Plantearlos tiene que ver con elucidar cuáles son las barreras más allá de las cuales la ciencia no puede o no debería ir, o no tiene nada que decir. Estos límites se pueden agrupar en cuatro clases diferentes (que se interpelan y solapan entre sí):

1.1.a. Límites éticos

La injerencia creciente de la ciencia y la tecnología en la vida cotidiana, sobre todo en las últimas décadas, ha provocado el planteo ineludible de problemas y aun de dilemas éticos. En general, este tipo de planteos se basa en el supuesto de que no todo lo que es posible realizar desde un punto de vista tecnocientífico, es correcto desde el punto de vista ético. La agenda más reconocida incluye el carácter generalmente contaminante de buena parte de la producción industrial, la calidad de los alimentos producidos merced a los nuevos procedimientos, los problemas

---

[4] "Negativo" y "positivo" aquí no implican de ningún modo juicios de valor.

que surgen de las prácticas médicas, los desarrollos de la biología molecular, las tecnologías reproductivas y la ingeniería genética. El panorama es variado: sectores radicalmente cientificistas[5] o tecnocráticos suelen lamentar que los frenos éticos (y culturales) "retrasen" el desarrollo tecnocientífico. Sectores más conservadores, generalmente confesionales, se ocupan de levantar barreras éticas, muchas veces forzadas y dogmáticas, a todo lo que esté relacionado con la reproducción humana. Sectores progresistas laicos y ecologistas intentan levantar barreras éticas a ciertas prácticas productivas.

1.1.b. Límites de incumbencia

Se trata básicamente de elucidar qué tipo de problemas explica o resuelve la ciencia y cuáles no. Suele argumentarse que la ciencia no puede dar respuesta a los problemas existenciales intrínsecamente humanos y que pensar que todos los problemas interesantes e importantes de la vida humana pueden tener una respuesta científica (actual o futura) constituye el núcleo de posiciones cientificistas y reduccionistas, cuyas versiones más actuales se fundan en fantasías farmacológicas, tecnológicas y sociobiológicas.

1.1.c. Límites técnico/prácticos

Cabe preguntarse si existe algún límite práctico o técnico para la investigación científica, sobre todo en lo que se refiere a las ciencias naturales, cada vez más ligadas al uso de instrumentos y aparatos de creciente complejidad. Aunque una respuesta afirmativa parece obvia, resulta muy difícil aventurar pronósticos en este sentido. Cabe consignar que las posturas cientificistas y tecnocráticas

---

5 Definiremos algo vagamente "cientificismo" como aquella actitud que reconoce como único conocimiento válido a la ciencia. Obviamente hay versiones más suaves, aunque orientadas en el mismo sentido.

desconocen los límites correspondientes a los tipos "a" y "b", y relativizan los ligados al tipo "c".

1.1.d. Límites teóricos

Resulta inquietante e incluso sorprendente para una mirada omnipotente de la ciencia preguntarse si, finalmente, hay aspectos de la realidad que no es posible conocer.[6] Este límite, que alude a lo que es sólo pensable aunque, por definición, no cognoscible, remite nuevamente al problema de Kant, pero visto de otro modo. Por un lado, es posible preguntarse en términos absolutos si hay zonas, propiedades u objetos (lejos de la "cosa en sí" de Kant) del mundo intrínsecamente incognoscibles. Pero, por otro lado, y quizá como consecuencia de lo anterior, puede preguntarse más legítimamente si existe algún límite producto del hecho de que la ciencia que tenemos es una ciencia humana. Los límites de nuestra ciencia no sólo arraigan en su génesis social y cultural, sino también por el hecho de que tanto el aparato perceptual como la racionalidad de los humanos es el producto específico de millones de años de evolución. De modo tal que nuestra capacidad de relación con el mundo se desarrolla en un rango de posibilidades e intereses amplísimo pero acotado y definido. Se trata de una versión biológica evolutiva, y no trascendental, de las categorías kantianas. En este sentido puede pensarse, a modo de hipótesis, que seres con racionalidad, producto de una secuencia evolutiva diferente, y por tanto posiblemente con diferente composición físico química, aparato cognoscitivo e intereses tendrían una ciencia inconmensurable con la producida por los humanos.[7]

---

[6] Sobre los límites en estos dos últimos sentidos, véanse Rescher, Nicholas, *The Limits of Science*, Londres & California, University of California Press, 1984, y Horgan, John, *The End of Science: Facing the Limits of Science in the Twilight of the Scientific Age*, Nueva York, Broadway Books, 1996.

[7] Véase Rescher, N., *op. cit.*

1.2. Límites de la ciencia en sentido positivo

El otro sentido de límite, que he llamado "positivo", se refiere al lugar al que no se puede entrar, a la exclusividad sobre un ámbito, en este caso, de saberes y valores. Este problema, desde el punto de vista de la reflexión sobre la ciencia, ha generado una enorme cantidad de polémicas, a tal punto que puede decirse que la mayor parte de la reflexión epistemológica de los últimos cien años ha girado en torno a este problema: la cuestión de los límites/relación entre la ciencia y el contexto.

A fines del siglo XIX y comienzos del XX, y sobre todo con el afianzamiento de lo que posteriormente se llamó Concepción Heredada[8] (en adelante, CH), la filosofía, convertida ya en "filosofía de la ciencia", habida cuenta de los ostensibles cambios críticos en la ciencia de esos años, y en oposición a las posiciones metafísicas e idealistas y en el convencimiento de que la ciencia es el único saber legítimo y con aspiraciones de verdad, se propone establecer las condiciones canónicas -los límites en suma- de aceptabilidad y legitimidad científica. En este sentido, uno de los problemas fundamentales de la agenda epistemológica

---

8 La expresión "Concepción Heredada" *(received view)* fue acuñada por H. Putnam para designar un conjunto de ideas acerca de la ciencia expresada por los autores de los círculos de Viena y de Berlín y otros externos y aun posteriores a ambos. Resulta muy útil para el tenor de este trabajo, pero es menester reconocer que se trata más bien de una *interpretación heredada* construida con posterioridad, por la gran heterogeneidad de posiciones más allá de algunos sustanciales puntos (véase Ibarra y Mormann, *Representaciones en la ciencia,* Barcelona, Ediciones del Bronce, 1997). Diez y Lorenzano, por su parte, señalan que lo que se conoce como *la* filosofía de la ciencia del período clásico no es más que una reducción artificial operada por los textos introductorios; véase Diez, José y Pablo Lorenzano (eds.), *Desarrollos actuales de la metateoria estructuralista: problemas y discusiones,* Buenos Aires, Universidad de Quilmes, 2002. También, Reisch, George, *How the Cold War transformed Philosophy of Science. To the Icy Shapes of Logic,* Nueva York, University of Cambridge, 2005.

era el de la demarcación entre ciencia y otros saberes, cuya versión primera y más fuerte fue el criterio verificacionista del significado, entre enunciados con sentido y sin sentido. Este principio semántico restringía el universo del sentido a los enunciados empíricos y a los derivados lógicamente de ellos y, sobre todo, acababa siendo una forma de establecer los límites de la ciencia para reservarle un lugar de privilegio epistémico inexpugnable (y aun de exclusividad) como el ámbito de la objetividad, la decidibilidad empírica, la intersubjetividad y la racionalidad.[9] Pero estas consideraciones no son sólo conceptuales, sino que convergen en una división disciplinar real y efectiva del trabajo, en unos claros límites de las agendas disciplinares, dentro de los cuales la filosofía se ocuparía de las cuestiones de justificación y legitimación de las teorías, mientras que otras disciplinas como la psicología, la historia y la sociología de la ciencia[10] se debían ocupar de las cuestiones del "descubrimiento", ese ámbito difuso, acausal e irrelevante para la verdad científica. En todo caso, la relación con el contexto resultaba un elemento negativo y retardatario del progreso de la racionalidad científica. Se propugnaba –o se fantaseaba con– una ciencia sin sujeto y sin historia. Las críticas de K. Popper[11] a algunas tesis del Círculo de Viena no hicieron mella en la idea de una epistemología sin sujeto y de una ciencia sin historia y sin contexto.

A partir de los años sesenta, otros autores situados en la misma tradición –N. Hanson, S. Toulmin, los dos

---

9 No interesan demasiado aquí las fuertes críticas y reformulaciones que este criterio inicial sufrió aun en la misma tradición epistemológica.

10 Véase, por ejemplo, Merton, Robert, *The Sociology of Science. Theoretical and Empirical Investigations,* The University of Chicago Press, 1973.

11 Popper, Karl, *The Logic of Scientific Discovery,* Londres, Hutchinson (revisada de 1958 del original alemán de 1935). También, del mismo autor, *Conjectures and Refutations,* Londres, Routledge and Kegan Paul, 1963; *Objective Knowledge,* Oxford, Clarendon, 1970.

discípulos díscolos de K. Popper (I. Lakatos, pero sobre todo P. Feyerabend) y fundamentalmente Th. Kuhn- preparan el camino hacia una epistemología más descriptiva que prescriptiva y hacia una revalorización de la historia y el contexto. Se trata, en el fondo, de una forma de asumir el problema irresuelto de los límites entre la ciencia y el contexto social y cultural, a través de la puesta de relieve de sus vínculos.

Los aportes de Hanson[12] y Toulmin,[13] aunque a partir del esfuerzo de incluir perspectivas histórico-sociológicas, no iban más allá de resolver el problema gnoseológico de la ciencia. Lakatos,[14] por su parte, tenía razón cuando planteaba: "La historia de la ciencia sin la filosofía de la ciencia es ciega, la filosofía de la ciencia sin la historia de la ciencia es vacía", pero no dio -aunque creyó hacerlo- una respuesta a este problema. Aunque intentó superar las deficiencias ostensibles de las versiones inductivistas y popperianas a la hora de relacionar ciencia e historia, su noción de Programas de Investigación Científica no consiguió superar el mandato reconstruccionista de la versión estándar, sin lograr escapar de las posiciones dualistas irreconciliables. Su revalorización de la historia apenas alcanzó a ampliar la "historia interna", que siguió contando con la prioridad metodológica y ontológica: "La filosofía de

12 Hanson, N. R., *Patterns of Discovery*, Cambridge, Cambridge University Press, 1958.

13 Toulmin, Stephen, *Foresight and understanding*, Nueva York, Harper Torchbooks, 1961 y *Human Understanding*, Princeton, Princeton University Press, 1970.

14 Lakatos, Imre, "Criticism and the Methodology of Scientific Research", en *Proceedings of the Aristotelian Society*, núm. 69, pp. 149-186, 1968. Del mismo autor, "History of Science and its Rational Reconstructions", *Proceedings of the Biennial Meeting of the Philosophy of Science Association*, vol. 1970, pp. 91-136, East Lansign; *Proofs and refutations. The Logic of Mathematical Discovery*, Cambridge, Cambridge University Press, 1976.

la ciencia proporciona metodologías normativas con cuyos términos el historiador reconstruye la 'historia interna' y aporta de este modo una explicación racional del desarrollo del conocimiento objetivo".[15] Aunque ampliada, la historia "externa", sólo opera aquí como un mero "complemento" sociopsicológico de la "interna".[16] Feyerabend[17] hace una aguda crítica al problema del método en la ciencia, lo cual va en contra de las posiciones logicistas tradicionales; sin embargo, en el resto de su provocativa obra sólo anula de tal manera los límites de la ciencia occidental moderna, a la que ubica como un producto inespecífico de la cultura.

El mérito del libro más conocido de Kuhn[18] consiste en haber revalorizado la idea de que la práctica cognoscitiva científica es una actividad cultural sujeta a la posibilidad del análisis sociohistórico, poniendo así de manifiesto temas y problemas que anteriormente no se habían discutido a fondo. A partir de Kuhn, el conocimiento científico comienza a ser considerado un producto de grupo y por lo tanto imposible de entender tanto en su eficacia peculiar corno en la forma de su desarrollo sin hacer referencia a la naturaleza especial de los grupos que lo producen. De esta manera, al poner de relieve que las distintas formas del conocimiento natural no vienen dadas por un *método* universal o ahistórico socava cualquier categoría epistemológica privilegiada y permite que los análisis sociohistóricos se planteen la tarea de abrir la, hasta ese momento, "caja negra" de la producción científica. El relajamiento de

15 Lakatos, Imre, 1982, p. 11.

16 Este debate también se dio entre los historiadores. Véase De Asúa, Miguel, *La historia de la ciencia. Fundamentos y transformaciones*, Buenos Aires, CEAL, 1993.

17 Feyerabend, Paul, *Against Method: Outline of an Anarchistic Theory of Knowledge*, Minnesota Studies in the Philosophy of Science, vol. IV, 1970.

18 Kuhn, Thomas, *The Structure of Scientific Revolutions*, Chicago, University of Chicago Press, 1962-1970.

los límites contextuales de estas nuevas formas de ver la ciencia implica también un cambio de las incumbencias disciplinares y una toma de la palabra en cuestiones relacionadas con la "verdad" científica por parte de los análisis sociohistóricos.

Sin embargo, los esfuerzos epistemológicos orientados a dar cuenta de las relaciones/límites entre la ciencia y el contexto han sido estériles o fracasados. Probablemente porque el peso de la agenda de la tradición, en la que abrevan todos estos autores, sea demasiado grande y, también, porque la búsqueda de categorías de análisis únicas y rígidas que puedan explicar el desarrollo histórico -en este caso, de la ciencia- siempre resultan condenadas al fracaso de antemano. En la historia de la ciencia pueden vislumbrarse "patrones de descubrimiento" (Hanson), "ideales de orden natural" (Toulmin), teorías (Popper), programas de investigación científica (Lakatos), hay períodos de desarrollo lineal y acumulativo y otros de radicales rupturas. Así, retomando a Lakatos, "la historia de la ciencia es más rica que sus reconstrucciones racionales". Es cierto que Kuhn fue bastante más allá; no obstante, sus indudables aportes chocaron también contra el hecho de que la historia empírica de las ciencias no se ajusta a esa imagen de revoluciones y ciencia normal. Se encuentran muy pocos paradigmas y/o matrices disciplinares en el sentido en que utiliza estos conceptos su autor. La inconmensurabilidad es insostenible en su versión fuerte y se diluye la potencia del planteo en su versión débil. Sin contar con que su esquema se aplicaría tan sólo a algunas áreas de la ciencia.

Cabe hacer, por último, una mención a líneas con menos seguidores: las llamadas *concepciones semánticas* o también *modelo-teóricas,* que incluyen tanto la *concepción estructuralista*[19] como la *concepción semántica.*[20] La tesis básica de todas ellas es que la naturaleza, función y estructura de las teorías se comprende mejor cuando su caracterización, análisis o reconstrucción metateórica se centra en los modelos que determina. Para ella, el componente más básico para la identidad de una teoría es una clase de estructuras, y más específicamente, una *clase de modelos.* Su punto de partida es que las teorías no se identifican metateóricamente con conjuntos de enunciados; presentar una teoría no es presentar una clase de axiomas, sino una clase de modelos. Se entiende aquí por "modelo", a diferencia del otro sentido de "modelo científico" (véase, más abajo, la nota 39) un sistema o "trozo de la realidad" en el "pasa lo que las afirmaciones del sistema dicen"; más precisamente, las afirmaciones son verdaderas en dicho sistema. Se trata, pienso, de una estrategia bien dirigida, pero que adolece de algunos problemas básicos, al intentar preservar el núcleo reconstruccionista racional de las teorías, con esquemas algo rígidos y que no permiten establecer puentes entre la ciencia y la cultura, permaneciendo, por así decir dentro de los límites estrechos de las versiones tradicionales.

Como quiera que sea, la necesidad creciente de atender ya no tanto o no sólo a los aspectos sincrónicos -es decir, de

---

19 Véanse: Suppes, Patrick, *Studies in the Methodology and Foundations of Science. Selected Papers from 1951 to 1969,* Dordrecht, Reidel, 1969; del mismo autor, *Models and Methods in the Philosophy of Science: Selected Essays,* Dordrecht, Reidel, 1993; Sneed, Joseph, *The Logical Structure of Mathematical Physics,* Dordrecht, Reidel, 1971; Stegmüller, Werner, *The Structuralist View of Theories,* Berlín, Springer, 1979; Moulines, Ulises, *Exploraciones metacientíficas,* Madrid, Alianza, 1982; del mismo autor, *Pluralidad y recursión,* Madrid, Alianza, 1991.

20 Véanse: Van Fraassen, Bastian, *The Scientific Image,* Clarendon Press, Oxford, 1980; Suppe, Federick, *The Semantic Conception of Theories and Scientific Realism,* Urbana and Chicago, University of Illinois Press, 1989; Giere, Ronald, *Explaining Science,* Chicago, University of Chicago Press, 1988.

reconstrucción racional de las teorías– sino de considerar también los aspectos diacrónicos de la práctica científica posibilitó un reacomodamiento de las incumbencias disciplinares, básicamente en las líneas que teorizaban sobre la ciencia dentro de la sociología, la historia, la antropología y la retórica. Los límites que separaban a la ciencia de otros saberes o de las condiciones concretas de su producción comenzaron a diluirse. Los llamados *estudios sobre la ciencia* propician una encrucijada de perspectivas disciplinares y son el resultado de largos debates que se precipitaron en las últimas décadas. Así, ha surgido una amplia gama de posiciones relativistas, irracionalistas, historicistas, retoricistas o posmodernistas que, apoyadas en el reconocimiento tanto de la imposibilidad de defender posiciones fuertes como la CH como del relevante papel de los elementos contextuales no sólo en el proceso del "descubrimiento" sino también en la validación del conocimiento científico, han salido a impugnar la especificidad cognoscitiva de la ciencia sosteniendo que ella es *un saber entre saberes,* una parte más de un conjunto heterogéneo de saberes y prácticas discursivas. Entre estas líneas de trabajo se destacan: las nuevas sociologías de la ciencia que rompen con el mandato mertoniano, como el Programa Fuerte; el Programa Relativista; el Programa Constructivista (incluida la llamada antropología de laboratorios); los análisis del discurso científico y las retóricas de la ciencia.[21] La filosofía

---

21 Véanse: Bauer, Henry, *Scientific Literacy and the Myth of Scientific Method. Urbana,* U. Illinois Press, 1992; Bloor, David, *Knowledge and Social Imaginary,* D. Bloor, 1971; De Coorebyter, Vincent (ed), *Rhetoriques de la Science,* París, PUF, 1994; Fuller, Steve, *Philosophy, Rhetoric and the End of Knowledge,* Madison, U. Wisconsin Press, 1993; Gross, Alan, *The Rhetoric of Science,* Cambridge, Massachusetts, Harvard University Press, 1990; Latour, Bruno y Steve Woolgar, *Laboratory Life: the Social Construction of Scientific Facts,* Hollywood, Sage, 1979; Latour, Bruno, *Science in Action,* Cambridge, Harvard University Press, 1987; Locke, David, *Science as Writing,* Yale University, 1992; Woolgar, Steve, *Science:*

general de la ciencia, más allá de la resistencia a abandonar algunos programas en las carreras universitarias, ha dejado de producir conocimiento y, en la actualidad, las inquietudes filosóficas pasan por las llamadas filosofías especiales de la ciencia (de la biología, de la física, de la matemática, del psicoanálisis, etc.). Aquí también hay un cambio en los límites y las estrategias: mientras la filosofía general de la ciencia construía un cerco alrededor de una entelequia artificialmente homogénea ("la" ciencia), hoy se asume no sólo que la ciencia es múltiple ("las" ciencias), sino que también los límites disciplinares se han modificado. Las filosofías especiales de la ciencia han cambiado la estrategia y se ocupan de problemas que surgen de las ciencias pero que no son problemas científicos; al mismo tiempo, lejos de pontificar normativas para la ciencia unificada, interactúan con el científico (cuando esto se da) en procura de resolver problemas que tiene aristas científicas pero también filosóficas.

Resumiendo lo dicho hasta aquí, puede decirse que hubo un gran esfuerzo de la CH por desarrollar criterios para esclarecer las diferencias y especificidades de la ciencia, criterios cuyo fracaso parcial se explica, probablemente, por su misma rigidez y exacerbación, resultando así impotentes para explicar la relación de la ciencia con otras prácticas humanas (estableciendo límites estrechos y rígidos, en suma). Como contraparte, los desarrollos posteriores de la misma epistemología, la historia y la sociología de las ciencias, revelando elementos concluyentes para llamar la atención sobre tales insuficiencias, contribuyeron a disolver la especificidad y a mostrar en qué se parece la ciencia a

---

the Very Idea, Londres, Tavistock, 1988; Collins, Harry, "The sociology of scientific knowledge: studies of contemporary science", *Annual Review of Sociology,* vol. 9, 1983, pp. 265-285; Knorr Cetina, Krohn & Whitley (eds.), *The social process of scientific investigation,* Dordrecht, Reidel, 1981.

otros tipos de prácticas culturales -anularon los límites- según dos estrategias igualmente estériles: o bien buscando relaciones causales fuertes entre los resultados de la ciencia y el contexto; o bien relajando tanto estas relaciones que las explicaciones proporcionadas resultan inverosímiles o meras correlaciones.

En este juego de pensar en términos de límites, si unos han sido impotentes para entender las prácticas de los científicos en lo que tienen de parecido con otras prácticas, otros lo han sido para dar cuenta de las diferencias y especificidades. La exacerbación de los límites lleva a posturas cientificistas fuertes para las cuales sólo el saber científico es legítimo. Pero la disolución, plausible por otra parte, de los límites estrechos de las epistemologías estándar, contribuye a la disolución de la especificidad de la ciencia y a reflotar posturas románticas, relativismos e irracionalismos varios. Ni unos ni otros pueden dar acabada cuenta del multifacético fenómeno de las ciencias. Las palabras del biólogo y médico F. Jacob ilustran magistralmente este problema:

> El siglo XVII tuvo la sabiduría de considerar la razón como una herramienta necesaria para tratar los asuntos humanos. El Siglo de las Luces y el siglo XIX tuvieron la locura de pensar que no sólo era necesaria, sino suficiente, para resolver todos los problemas. En la actualidad, todavía sería una mayor demostración de locura decidir, como quieren algunos, que con el pretexto de que la razón no es suficiente, tampoco es necesaria.[22]

---

[22] Jacob, Francois, *Le jeu des possibles,* París, Librairie Artheme Fayard, 1981.

2. Redefinición del problema de los límites: metáforas epistémicas en la historia de las ciencias

> Lo que calificamos de evolución en el
> pensamiento es muchas veces tan sólo
> la sustitución transformadora, en ciertos
> puntos críticos de la historia, de una metáfora-base por otra,
> en la contemplación por el hombre del universo,
> de la sociedad y de sí mismo.
>
> Robert Nisbet [23]

Aceptemos que toda historia de la ciencia debe ser epistemológica si no se quiere caer en el mero anecdotario o en una difusa historia de las ideas; sin embargo, la relación entre las ciencias, y entre ellas y el contexto, no admite explicaciones simples y unicausales. Esta tensión fundacional fue mal resuelta por la tradición analizada porque, más allá de las distintas versiones, comete el error estratégico de no asumir que la historia empírica no se somete a categorías epistemológicas únicas o rígidas y que los límites entre ciencia y contexto son, siempre y en alguna medida variable, difusos. Por ello, quizás deba pensarse que esas categorías deben ser instrumentos lo suficientemente variados y flexibles y no matrices *a priori* y, sobre todo, ahistóricas. Propondré aquí una herramienta que llamaré "metáfora epistémica" (ME en adelante), concepto que requiere una serie de precisiones.

---

23 Nisbet, Robert, *Social Change and History*, Nueva York, Oxford University Press, 1976.

2.1. El giro epistémico de la metáfora[24]

El punto de vista que se expondrá aquí va un poco más lejos todavía de lo señalado por Nisbet en el epígrafe de esta sección. En efecto, no sólo los grandes cambios de época se definen como la sustitución de unas grandes metáforas por otras (por ejemplo, el mecanicismo del siglo XVII), sino que esos cambios menos relevantes que ocurren todo el tiempo en la ciencia, serían en gran medida producto de la introducción de nuevas metáforas: hacen una metáfora quienes sostienen que el universo es un organismo, o que es una máquina, o que es un libro escrito en caracteres matemáticos; que la humanidad o una civilización se desarrolla o muere; que las leyes de la economía o la sociología son equivalentes a las de la física newtoniana; que entre las empresas comerciales, o aun entre los pueblos y culturas, las innovaciones tecnológicas operan mecanismos de selección de tipo darwiniano; que hay una mano invisible que autorregula el mercado; que las especies evolucionan por selección natural; que la mente humana es una computadora o bien que una computadora es una mente; que la información biológica de una generación a otra se transmite mediante un código genético, etc. Muchas veces, y en defensa del privilegio epistémico de la ciencia, suele señalarse que expresiones como las precedentes son meras formas de hablar, un lenguaje figurado o desviado, que cumpliría funciones didácticas o heurísticas.[25] La génesis de estas expresiones es claramente metafórica, pero ellas no sustituyen a ninguna otra expresión literal que el científico tendría para sí y para sus pares, sino que

---

24 El punto de vista resumido aquí fue desarrollado extensa y detalladamente en Palma, Héctor, *Metáforas en la evolución de las ciencias*, Buenos Aires, J. Baudino ediciones, 2005.

25 Además de las funciones retóricas y estéticas de las metáforas de la literatura y del sentido común.

tienen, clara y fundamentalmente, funciones epistémicas, cognoscitivas. Este nuevo modo de ver, este giro epistémico en la concepción de la metáfora, implica un cambio de paradigma (si se permite la expresión un tanto gastada por el abuso) que requiere algunas precisiones sobre la epistemología de las metáforas.

2.2. Las metáforas

El mapa del análisis de las metáforas muestra dos líneas principales: la semántica y la pragmática. Pertenecen a la primera autores clásicos como Aristóteles (Cf. *Poética* -1457b- y *Retórica* -1404b y sig.-), y autores contemporáneos como Richards,[26] Ricoeur,[27] Black,[28] o Goodman,[29] entre otros; pertenecen a la segunda Davidson,[30] Martinich[31] (1991), o Searle[32] (1991), también entre otros.

Las versiones semánticas sostienen que la metáfora surge porque algo ocurre con el significado de los términos y/o expresiones intervinientes. Aristóteles definía a la metáfora como "la transposición de un nombre a cosa distinta de la que tal nombre significa" (Aristóteles, *Poética,* 1457b). La metáfora sería una forma de lenguaje figurado (como la ironía o la hipérbole) cuya función es la analogía o semejanza. Pero esta definición, que conlleva el problema de la relación entre lenguaje literal y lenguaje

---

26 Richards, Ivor, *The Philosophy of Rethoric,* Oxford, Oxford University Press, 1936.

27 Ricoeur, Paul, *La métaphore vive,* París, Editions du Seuil, 1975.

28 Black, Max, *Models and metaphors,* Ithaca, Cornell University Press, 1962.

29 Goodman, Nelson, *The Languages of Art,* Indianapolis, Bobbs-Merrill, 1968.

30 Davidson, Domald, *Inquiries into Truth and Interpretation,* Oxford, Clarendon, 1984.

31 Martinich, Aolysius, "A theory for metaphor", en Davis, S., *Pragmatics,* N.Y, Oxford University Press, 1991.

32 Searle, John, "Metaphor", en Davis, S., *op. cit.*

metafórico, ha sido revisada. Black ha mostrado que no hay *sustitución* o *comparación* de un lenguaje a otro sino más bien una *interacción* entre ambos. Entonces, comprender una metáfora no sería descifrar un código o hacer una traducción, porque la metáfora, más que dar cuenta de una semejanza o analogía preexistente, es la instancia que crea la semejanza. Cuando se construye una metáfora, más que hacer una comparación o sustitución, se ponen en actividad simultánea -en interacción- dos ámbitos que habitualmente no lo están. Y justamente, la potencia de la metáfora procede más bien de su carácter un tanto impreciso y difuso, de sus límites borrosos.

Sin embargo, estas consideraciones sobre el significado no explican por qué una expresión lingüística puede ser interpretada literalmente en un contexto y metafóricamente en otro o por qué algunas metáforas tienen éxito. Este problema ha llevado a pensar que se trata de una cuestión atendible desde una perspectiva pragmática, es decir distinguiendo entre el significado lingüístico, determinado por el sistema de la lengua -las reglas de la gramática y la semántica-, y el significado comunicativo, determinado por el contexto en que los hablantes usan la lengua según reglas que les permiten entenderse, y regido según ciertos principios no demasiado rigurosos que regulan la interacción comunicativa racional. Según el punto de vista pragmático, estos elementos provenientes del contexto determinan o influyen decisivamente en la producción y/o comprensión de las acciones lingüísticas. Esta consideración puede extenderse a los hablantes científicos y obviamente a las ME; en este sentido, hay que pensar que el éxito de una metáfora depende no sólo de cuestiones estrictamente semánticas, sino también de un contexto mucho más amplio.

Para ir precisando el concepto de ME es necesario ahondar un poco más en la relación entre lenguaje literal y lenguaje metafórico. Dentro de la línea pragmática, Searle sostiene que el problema que plantean las metáforas es un caso particular del problema de explicar de qué modo el significado del hablante y el significado léxico u oracional se distinguen o separan. Sería un caso especial de *decir una cosa y significar algo más.* No se trataría de dos interpretaciones o acepciones diferentes -una literal y otra metafórica- sino de que, en todo caso, las expresiones en cuestión pueden usarse de dos formas diferentes y el significado metafórico "es siempre significado proferencial del hablante", esto es, significado que adquieren sus palabras cuando se utilizan en circunstancias concretas, significado no convencional que requiere del auditorio la captación de las intenciones de ese hablante al utilizar las expresiones. Searle analiza distintos principios por los cuales se puede construir una metáfora, pero su aporte no va más allá de la tesis tradicional: cualquier expresión puede tener, además, de un significado literal, un significado metafórico. Ello abona, de otro modo, la antigua primacía del lenguaje literal por sobre el lenguaje metafórico, desviado y secundario.[33] Por eso me interesa y resulta más útil la tesis de Davidson, que puso en cuestión la dualidad significativa de las expresiones metafóricas, criticando cualquier enfoque de interacción e insistiendo en que la metáfora significa sólo lo que significan las palabras usadas para expresarlas literalmente y nada más. Anula la distinción entre lenguaje literal y metafórico porque considera que las nociones semánticas tales como "significado", sólo tienen un papel dentro de los límites bastante estrechos (aunque cambiantes) de la conducta lingüística regular y predictible, límites que marca (temporalmente) el uso literal del lenguaje. Para Davidson, en todo caso, lo que se necesita

---

33 Véase Lakoff, George y Mark Johnson, *Metaphors we Live by,* Chicago, University of Chicago Press, 1980.

es una explicación de cómo es comprendida la metáfora, pero considerando que tal proceso de comprensión es el mismo tipo de actividad que se pone en juego en relación con cualquier otra expresión lingüística, es decir, un proceso que requiere un acto de construcción creativa de lo que el significado literal de la expresión metafórica es y lo que el hablante cree sobre el mundo. Hacer una metáfora, como hablar en general, es una *empresa creativa.*

La crítica de Davidson se dirige más que nada a la idea, defendida tanto por los que aceptan como por los que no aceptan la posibilidad de la paráfrasis, según la cual la metáfora puede cumplir una función significativa y comunicativa de modo peculiar y secreto.[34] Davidson se opone así a una suerte de teoría del conocimiento subyacente según la cual la metáfora contendría un elemento cognoscitivo que sólo ella podría transmitir y que tal elemento es lo que debería captarse para entenderla. No habría, en verdad, ningún *significado metafórico* por oposición a otro literal.

Ahora es posible precisar un poco más la idea de ME:

- Las ME producen nuevos significados, sea cual fuere el mecanismo psicológico por el cual lo hacen; la imposibilidad de dar una paráfrasis literal de las mismas, su intraducibilidad[35] en suma, es argumento en favor de ello.

---

34 Por ejemplo Ricoeur *(op. cit.),* defiende la existencia de cierta capacidad o cualidad misteriosa de la metáfora, de suministrar "un conocimiento profundo verdadero de la realidad".

35 La tesis de la indeterminación de la traducción de Quine (Quine, Willard, *World and Object,* Cambridge, MIT Press, 1960) puede ser aplicada a las metáforas en su relación con el lenguaje llamado literal, tanto para justificar el problema de lograr una paráfrasis adecuada, como así también para pensar que una buena paráfrasis (un "buen diccionario" diría Quine) puede ir construyéndose con el tiempo.

- La comprensión y el éxito de una ME dependen no sólo de los significados, sino también del contexto y las condiciones adecuadas.

La ME (retomando a Davidson) no posee ninguna ventaja -ni desventaja- epistémica respecto del llamado lenguaje literal. Ella puede, y debe para el caso de las ciencias, arreglárselas en soledad con su referencia y por tanto ser verdadera o falsa en las mismas circunstancias y condiciones que el lenguaje en general. De este modo queda abierta la puerta para tratar a las metáforas como a cualquier enunciado informativo ya que el significado de una ME deja de estar atado a la situación o enunciado que le dio origen. Huelga aclarar que esto sería un sinsentido aplicado a las metáforas literarias y vale sólo para las ME, lo cual lleva al problema de mostrar qué sucede cuando ellas se literalizan.

2.3. La historia de una ME

Para clarificar este giro que pretendo darle a la noción de metáfora, resultará útil el concepto de "bisociación" *(bisociation),* acuñado por A. Koestler[36] para otro contexto, y que sirve para nombrar la intersección de dos planos asociativos o universos de discurso que ordinariamente se consideran como separados y, a veces, hasta incompatibles. Hasta el momento en que alguien hace converger ambos universos o planos produciendo un resultado novedoso e inesperado en ese momento, los planos en cuestión constituían mundos separados y no asociables, funcionando cada uno según una lógica propia y a partir de elementos que sólo se producen en ese plano. Cuando alguien ofrece otro plano asociativo establece una convergencia inédita que produce un cambio igualmente inédito

---

36 Koestler, Arthur, *The Act of Creation,* Nueva York, Penguin Books, 1964.

en la percepción de los hechos, y la lógica habitual de acuerdo a la cual se consideraban los hechos dentro de una esfera resulta invadida por la lógica de la otra esfera. No interesa mayormente aquí cuáles son los procesos psicológicos involucrados, pero resulta moneda corriente en las ciencias que, en un momento determinado, los hechos salen del marco en que ordinariamente se percibían y comienzan a organizarse y pensarse según una nueva lógica produciendo resultados nuevos y sorprendentes. Pero este tipo de procedimientos no se refiere sólo a un cambio de perspectiva sobre el mismo hecho o grupo de hechos al modo en que las distintas disciplinas abordan objetos complejos. La nueva mirada producto de la transferencia metafórica -bisociación- puede reorganizar lo conocido o, literalmente, *inaugurar* o introducir nuevos hechos, con claras consecuencias ontológicas.

Pero las metáforas de las ciencias no suelen mostrar su bastardo origen, que sólo puede detectarse a través de una especie de auditoría genealógico/semántica. Entonces, el concepto de bisociación, que muestra sólo el costado sincrónico del proceso, requiere ser completado con un abordaje diacrónico que explique por qué las metáforas tienen éxito y mueren rápidamente como tales, literalizándose. Lo que se inicia como una bisociación entre ámbitos ajenos a partir del éxito, con el transcurrir temporal acaba siendo una explicación literal en el ámbito adoptivo[37] en un proceso que podría caracterizarse como de *bisociación sincrónica* seguido de una *literalización diacrónica.* Esta doble condición del proceso por el cual se construye e instala una metáfora permite reconsiderar de otro modo lo que ya se adelantara más arriba: puede concederse que haya un lenguaje literal y otro metafórico subsidiario de

---

[37] Turbayne explica este proceso como el pasaje de una metáfora viva a una muerta (Turbayne, Colin, *The Myth of Metaphor,* 1962).

aquél en el momento de la bisociación -momento del análisis sincrónico-, pero diacrónicamente pueden analizarse considerando que ninguno de los dos lenguajes es deudor del otro, sino que son independientes. Ambos son literales, por así decir, y obviamente han de enfrentar el problema de la verdad, la referencia y el significado, del mismo modo que un supuesto, y ahora ya no privilegiado, lenguaje literal. Digámoslo una vez más: esto supone categorías de análisis distintas a las empleadas por la crítica literaria, que analiza las metáforas como novedosas, triviales, reiterativas o exóticas, pero a la que le resulta absurdo pensarlas como verdaderas o falsas en un sentido relevante.[38]

2.4. Las ME en la historia de la ciencia[39]

Un repaso por la historia de la ciencia muestra una profusión tal de ME en la producción y desarrollo del conocimiento que permite sospechar con gran fuerza que se trata más bien de algo habitual. Sin embargo, como decíamos más arriba, las ME no son una suerte de *módulo* estándar identificable claramente, sino que adquieren

---

38 Pierde sentido, entonces, entrar en la discusión contra los que han sostenido que una de las características definitorias de las metáforas es que son siempre falsas si se las toma literalmente.

39 Queda latente la cuestión de los modelos científicos que no abordaré aquí. Sólo señalaré que existe cierto consenso en la literatura epistemológica estándar en reconocer el papel heurístico y/o didáctico de los modelos científicos, pero hay distintas posiciones sobre el papel que cumplirían en el análisis de las teorías: para R. Carnap se puede prescindir totalmente de ellos en las ciencias empíricas y no cuentan para el análisis de las teorías; para E, Nagel cumplen un papel (no imprescindible) y deben ser tomados en cuenta en el análisis de las teorías; para M. Hesse, R. Harré o M. Black son componentes relevantes y por lo tanto imprescindibles para el análisis de las teorías. Esta última posición es compartida por la denominada "concepción semántica de las teorías" (véase más arriba). Aquí, sin más, consideraré a los modelos científicos como un tipo de metáfora (véase, para una fundamentación detallada, Palma, H., *op. cit.)*.

variadas formas, niveles y alcances. Como, además, el rastreo de la génesis de las principales metáforas científicas llevaría muy probablemente al trasfondo semioculto de la cultura, resulta muy difícil establecer clasificaciones o taxonomías exhaustivas. Sin embargo, pueden señalarse al menos cuatro formas principales o típicas según las cuales se producen ME entre áreas del conocimiento.

A. En primer lugar, la utilización de metáforas muy generales, muchas veces verdaderos supuestos metafísicos sobre la naturaleza o la sociedad, que atraviesan una época: por ejemplo, el mecanicismo del siglo XVII que se expresa en la física, pero también en la biología, la filosofía política, la ética; o el evolucionismo en el siglo XIX que explica -en distintas versiones y solapamientos particulares y, a veces, sesgados- la historia, las culturas, la política, las sociedades.[40]

B. En segundo lugar, la utilización de cuerpos teóricos completos -o casi completos-, o de conceptos originales de un ámbito científico particular, que se exportan o extrapolan a otros ámbitos diferentes. Siendo enorme la cantidad y diversidad de casos, a modo de ejemplo pueden citarse los siguientes. El de los usos de la física newtoniana, que no sólo se constituyó en modelo de cientificidad durante al menos dos siglos, sino que asistió a la extrapolación de sus conceptos y fórmulas -con mayor o menor rigurosidad, meticulosidad y felicidad- a ámbitos ajenos como la economía y la sociología. Las ciencias biológicas han sido también grandes proveedoras de metáforas. La teoría celular agregada a la teoría de las enfermedades infecciosas

---

40 Algunos ejemplos de metáforas se desarrollan en Palma, H. *(op. cit.)*. Nisbet analiza, aunque a veces forzadamente, la metáfora del desarrollo a lo largo de la historia de la cultura occidental desde el concepto original de physis (Nisbet, R., *op. cit.*). I. Cohen analiza una gran cantidad de metaforas aunque no utiliza esa denominación (Cohen, Irving, *Interactions,* Massachussets, mit Press, 1995).

proveyó de metáforas a la sociología organicista de fines del XIX y principios del XX. El caso del evolucionismo es particularmente interesante para mostrar las consecuencias del carácter difuso de los límites de la metáfora, porque funcionó como una metáfora general, como se dijo más arriba, pero la expansión y difusión de la teoría darwiniana de la evolución se vio atravesada por el evolucionismo general, por ejemplo en lo que se ha denominado, equívocamente, "darwinismo social" o en la fundamentación del movimiento eugenésico. La teoría de Darwin aparece en las economías evolucionistas de las últimas décadas (como teoría económica general, como teoría de la empresa o economía de la innovación tecnológica), en la medicina evolucionista e incluso en epistemologías evolucionistas. En las últimas décadas está bastante extendido considerar a la mente como una computadora, o bien a la computadora como una mente en las neurociencias y en el programa de Inteligencia Artificial. En la actualidad, una de las metáforas más potentes es la que traslada algunos conceptos de la teoría de la información y la idea de "programa" hacia la biología molecular.

C. En tercer lugar, hay una infinidad de casos al interior mismo de los cuerpos teóricos de disciplinas particulares. No se trata ya de metáforas que se obtienen de la exportación de teorías y/o conceptos provenientes de disciplinas consolidadas hacia otras, sino simplemente de analogías y metáforas obtenidas del conocimiento común o de la cultura. Por citar sólo algunos: el árbol de la vida, la mano invisible, el mercado en economía, el contrato social, el derecho natural.

D. Finalmente se encuentran las metáforas en la formación de científicos, los usos didácticos en la enseñanza primaria y media, y en la comunicación pública de la ciencia. En efecto, las metáforas pueden tener un papel fundamental en la formación académica y profesional, no sólo como meras estrategias instrumentales de aprendizaje, sino también en la constitución de marcos teóricos y conceptuales sustantivos, tal como mostrara claramente Kuhn. Pero también la enseñanza para no especialistas y la comunicación pública de la ciencia se constituyen principalmente a través de metáforas (muchas de ellas poco felices). En estos casos, el uso de metáforas contribuye a reforzar la errónea idea según la cual la comunicación pública de la ciencia es meramente un caso de traducción de un lenguaje especializado a otro más accesible al público general. Sin embargo, también para estos casos, considerar las metáforas desde sus aspectos epistémicos contribuiría, por un lado, a entender mejor su funcionamiento y potencialidad y, por otro lado y sobre todo, a hacer explícita su incidencia en la construcción de la imagen ideológica que la cultura se hace de la ciencia.

2.5. Límites y perspectivas de la ME

Para no caer en un exceso de optimismo, es necesario tener en cuenta que el planteo esbozado precedentemente es una apuesta programática que deberá legitimarse en el trabajo empírico de analizar exhaustivamente los episodios en los cuales se encuentran involucradas ME, lo cual implica que de ninguna manera conlleva una visión "panmetafórica" de la historia de las ciencias. Se trata tan sólo de una propuesta instrumental que será útil en algunos casos y no en otros. En la misma línea, podría especularse con que la producción de metáforas es la clave misma del lenguaje y de la producción de novedades en el campo del conocimiento, pero ello no es necesario: para una historia de las ciencias la constatación fenomenológica de la profusión de ME avala metodológicamente la propuesta.

Como quiera que sea, el concepto de ME tiene algunas ventajas teóricas con respecto a la agenda estándar de los estudios sobre la ciencia. En primer lugar, constituye un módulo o una categoría de análisis flexible y de límites difusos, como se señaló más arriba, lo cual estaría más en línea con la diversidad de la historia empírica de las ciencias. Esos límites difusos de las ME -los que le dan su potencialidad- permiten explicar procesos de recepciones sesgadas, malas interpretaciones, consecuencias imprevistas o éxitos inéditos. La ME permite explicar muchos procesos de intercambios y apropiaciones conceptuales entre las ciencias e incluso autoriza a eliminar la barrera epistemológica artificial entre ciencias naturales y sociales -y humanidades-, pues el tráfico de metáforas se da en sentidos cruzados. Asimismo, la relación entre las ciencias y la cultura y la sociedad podría explicarse sin apelar a posiciones dualistas (ciencia-cultura; racionalidad-irracionalidad; rigurosidad-especulación; exactitud-vaguedad, etc.).

El planteo expuesto permite vislumbrar una explicación de la introducción de la novedad en la ciencia, al tiempo que una relación osmótica -hablando de metáforas y de límites- entre ciencia y sociedad, dado que en cualquier momento hay una cantidad de metáforas disponibles circulando socialmente. Las novedades en ciencia hay que buscarlas o bien en otras ciencias, o bien en ámbitos extra o, si se prefiere, precientíficos.

El concepto de ME que evoluciona es una herramienta útil porque combina categorías de análisis historiográfico/epistemológicas que permiten un análisis diacrónico sin descuidar los aspectos sincrónicos o estructurales de la ciencia. Asimismo el concepto de ME resulta compatible con distintos tipos de secuencias históricas para la ciencia, resultando ocioso cualquier intento de establecer *a priori* si la ciencia resulta de un proceso principalmente revolucionario o de acumulación lineal o mixto. En suma, puede contribuir a rescatar las viejas aspiraciones de reconstrucción del proceso científico sin caer en las exigencias desmesuradas, rígidas y duales de la epistemología estándar y, al mismo tiempo, dar cuenta de los procesos diacrónicos sin caer en las versiones relativistas de los estudios sobre la ciencia. Los límites intrínsecamente difusos de las metáforas, esos que parecen condenarlas a una debilidad interpretativa y que en ocasiones llevan a la sobreinferencia falaz, no sólo son los que también le confieren una inusitada potencia explicativa, sino que además podrían servir para dar cuenta de esos no menos difusos límites de la ciencia en los distintos sentidos expuestos.

En honor a la verdad es justo reconocer que la literatura también ha generado buenas metáforas a lo largo de los siglos: lo que quizá deba ser revisado es el hecho de que se las haya apropiado y monopolizado "ilegítimamente". Después de todo, las metáforas de la ciencia no son menos bellas, y probablemente, incluso sean más ricas y potentes.

Riesgos teóricos y agenda de políticas de ciencia y tecnología: el "mal del modelo lineal" y las instituciones como cajas negras

Diego Hurtado y Eduardo Mallo[1]

A partir de los años noventa, el contexto político e ideológico que sirvió de escenario para las reformas del Estado generó las condiciones de posibilidad para la naturalización de un tipo de diagnóstico general sobre el desarrollo de la ciencia y la tecnología en América Latina.[2] En el núcleo de este diagnóstico se ubican dos nociones: la de "modelo lineal de innovación" y la de "sistema nacional de innovación". Una versión simplificada de este tipo de diagnósticos podría parafrasearse así:

> La debilidad de las actividades de investigación, desarrollo e innovación (I+D+i) de los países de América Latina se explica en buena medida por la implementación del "modelo lineal de innovación". Esta visión ingenua -que supone una posición "ofertista" en la producción de conocimiento- debe ser reemplazada por conceptualizaciones más realistas, que incorporen la compleja trama de elementos e interacciones (no lineales) propios de los procesos de innovación. La noción de "sistema nacional de innovación" supone una aproximación más adecuada y debe ser el punto de partida para la formulación de las políticas de I+D+i para los países de la región.

---

1 Centro de Estudios de Historia de la Ciencia y de la Técnica "José Babini", Escuela de Humanidades, Universidad Nacional de San Martín.

2 Un estudio detallado sobre la correlación de las reformas de los noventa y la evolución del complejo de ciencia y tecnología argentino, puede verse en: Mallo, Eduardo, "Políticas de ciencia y tecnología en la Argentina: la diversificación de problemas globales, ¿soluciones locales?", en *Redes*, año 17, núm. 32, 2011, pp. 133-160.

A partir de la incorporación de una dimensión de historia institucional y de la asunción básica de que los entornos institucionales son una variable crucial en los procesos de innovación,[3] en estas páginas intentamos poner en cuestión el tipo de caracterizaciones esbozado mediante un repaso de las trayectorias de algunas de las principales instituciones del complejo de ciencia y tecnología (CCyT) argentino. Argumentamos que el "modelo lineal de innovación" no explica la debilidad y escasa incidencia en el desarrollo social y económico de las actividades de I+D+i locales. También se intenta mostrar los problemas que surgen de aplicar la noción de "sistema nacional de innovación" (SNI) a los países de América Latina como supuesto antídoto a los males del modelo lineal. Finalmente, indagamos sobre las razones teóricas e ideológicas que hicieron posible la difusión de un tipo de diagnóstico que supone que las trayectorias institucionales y, en general, las especificidades nacionales no son un insumo necesario.

1. Diagnósticos simplificadores

Un diagnóstico muy difundido desde hace por lo menos quince años sostiene que, entre las razones centrales que explican la debilidad de los CCyT de los países de la región debe considerarse la aplicación (explícita o implícita) del "modelo lineal de innovación".

---

3 Freeman, Christopher, "Formal Scientific and Technical Institutions in the National System of Innovation", en Bengt-Åke Lundvall (ed.), *National Systems of Innovation*, Londres-Nueva York, Pinter, 1992, pp. 169-187; Edquist, Charles, "Systems of Innovation Approaches - Their Emergence and Characteristics", en Edquist, Charles (ed.), *Systems of Innovations. Technologies, Institutions and Organizations*, Londres, Routledge, 2005, pp. 1-35 [1a ed., London, Pinter/Cassell, 1997], pp. 24-26.

Una caracterización estándar de este modelo supone que los procesos de innovación comienzan con la investigación "básica" y atraviesan una serie secuencial de etapas: investigación aplicada, desarrollo tecnológico, desarrollo de producto, producción, comercialización.[4] En el caso argentino, la adopción del modelo lineal como parte de los cimientos conceptuales del CCyT se habría iniciado con su difusión en la arena internacional durante los años de la posguerra. Albornoz lo explica de esta forma:

> La orientación en función de la cual se ajustaron los instrumentos de la política científica y tecnológica de la posguerra se basaba en el concepto de "modelo lineal de innovación" [...] Tal enfoque dio lugar a lo que se denomina "políticas de oferta" de conocimiento a una sociedad integrada por "usuarios".[5]

En este proceso, América Latina "no fue una excepción, sino, más bien, un ejemplo relevante".[6] Una visión más matizada y elaborada de esta perspectiva se encuentra en el trabajo de Dagnino y Thomas.[7] Luego de explicar que "el concepto de cadena lineal de innovación [...] devino parte del nuevo contrato social entre la comunidad científica y el estado", y de vincular esta perspectiva con la aparición del "modelo institucional ofertista", los autores agregan:

---

4 Pinch, Trevor y Wiebe Bijker, "The Social Construction of Facts and Artifacts: Or How the Sociology of Science and the Sociology of Technology Might Benefit Each Other", en W. Bijker, T. Hughes, T. Pinch, *The Social Construction of Technological Systems*, Cambridge, Mass., The MIT Press, 1987, pp. 17-50, p. 23.

5 Albornoz, Mario, "Política científica. Módulo de contenido para el dictado del curso". Disponible en línea: http://www.oei.es/ctsiima/albornoz.pdf (última consulta: 2 de noviembre de 2011), p. 6.

6 Ibídem, pp. 6-8.

7 Dagnino, Renato y Hernán Thomas, "La política científico y tecnológica en América Latina: nuevos escenarios y el papel de la comunidad de investigación", en *Redes*, vol. 6, núm. 13, 1999, pp. 49-74.

> El éxito de este modelo en el contexto de la reconstrucción de la infraestructura económica, y, en particular, científica y tecnológica europea y del Japón, reforzó el supuesto de su validez universal.[8]

Ahora bien, es a través de "agencias supranacionales, como la UNESCO y del Departamento de Asuntos Científicos de la OEA" que se difundió el modelo lineal en América Latina.[9] La creación de consejos nacionales de Ciencia y Técnica sería uno de los resultados decisivos de la aplicación de este modelo normativo. Para estos autores, "las recomendaciones del *establishment* internacional inspiradas en teorías desarrollistas rostowianas" influyeron sobre "el aparato de estado latinoamericano".[10] Finalmente, los autores encuentran en la adopción del modelo lineal "una relación isomórfica con lo que ocurría en el plano más abarcativo de la política económica e industrial (el modelo de sustitución de importaciones)". De esta forma, concluyen:

> Así como a la propuesta de modelo primario exportador se respondía con la sustitución de importaciones, a la estrategia de transferencia tecnológica se respondía con la emulación del modelo ofertista lineal.[11]

La posición de Dagnino y Thomas parece adecuada para explicar -como ellos afirman con referencia al caso argentino- el desempeño del sistema CONICET-universidades públicas. Implícitamente, los autores dejan fuera de esta caracterización al resto de las instituciones públicas de I+D+i, como la Comisión Nacional de Energía Atómica (CNEA), el Instituto Nacional de Tecnología Agropecuaria (INTA), el Instituto Nacional de Tecnología Industrial (INTI), la

---

8 Ibídem, p. 51.
9 Ibídem, pp. 58-59.
10 Ibídem, p. 59.
11 Ibídem, p. 60.

Comisión Nacional de Investigaciones Espaciales (CNIE), por mencionar sólo las más visibles. En todo caso, la perspectiva de los autores pone de manifiesto que una explicación de este comportamiento, si fuera posible extenderlo del sistema CONICET-universidades públicas al resto de las instituciones -extensión que parece insinuada en lo que llaman "relación isomórfica"-, requiere abrir el foco a un estudio más detallado de trayectorias institucionales y de las formas en que éstas se vincularon históricamente con otros sectores de la sociedad, como el sector empresarial, el agro o la defensa.

Ahora bien, lo cierto es que el "mal del modelo lineal" fue adoptado como diagnóstico general, válido para cada uno de los países de la región. Podrían citarse numerosos ejemplos de este tipo de diagnósticos. A modo de muestra, citaremos dos. Desde el ámbito académico, se sostiene:

> Asumiendo un modelo lineal de innovación, los esfuerzos fueron concentrados en los fines científicos, esto es, en el lado de la oferta, siendo la racionalidad que una masa crítica de investigadores de alta calidad, laboratorios bien equipados y universidades fuertes resultarían en "buena ciencia", la cual, tarde o temprano, encontraría su aplicación en el desarrollo tecnológico.[12]

Desde el ámbito de los organismos encargados de elaborar y debatir políticas, se afirma de forma más categórica:

> Durante muchos años en América Latina las políticas y los instrumentos de política fueron diseñados asumiendo que las innovaciones y el conocimiento se transferían siguiendo una trayectoria lineal y unidireccional desde los centros de

---

[12] Velho, Lea, "S&T institutions in Latina America and the Caribbean: an overview", en *Science and Public Policy*, vol. 32, núm. 2, 2005, pp. 95-108, pp. 96 y 97.

investigación y universidades (oferta), hacia la estructura productiva.[13]

A modo de síntesis, digamos que, además de un uso abstracto del concepto de "linealidad", que aparece como explicación suficiente de procesos históricos complejos, existe un componente ideológico subyacente, de raíces etnocéntricas, que supone que las dinámicas de I+D+i de los países de la región son "simples", y que, en consecuencia, su comprensión no requiere de la densidad de análisis y debates que rodean las conceptualizaciones de los sistemas de I+D+i de los países avanzados. Entre otros corolarios, este enfoque presupone que es irrelevante la producción de conocimiento acerca de las dinámicas institucionales o las especificidades nacionales de las actividades de I+D+i en los países de la región.

2. Modelo lineal versus historia

El esbozo de algunos tramos de las trayectorias de tres instituciones públicas argentinas concebidas para realizar actividades de I+D+i en tres áreas estratégicas -agro, industria y energía nuclear- muestra, a nuestro juicio, que no es posible caracterizar los desempeños de estas instituciones a partir del modelo lineal de innovación.

2.1. Industria

A mediados de los años cincuenta, la escasa actividad de I+D+i orientada a la resolución de problemas del sector industrial se complementa con una "cultura" empresarial

---

13 SEGIB, "Documento sobre Innovación y Conocimiento". Disponible en línea: http://www.segib.org/upload/File/Doc_innov_con_ES.pdf (última consulta: 2 de noviembre de 2011), p. 4.

de escaso dinamismo tecnológico, caracterizada por el hábito por la importación de insumos y equipamiento. En este momento se planteó el problema de seleccionar las estrategias adecuadas para incrementar el acceso del sector productivo a tecnología moderna y, como parte del mismo, la exigencia de vincular la producción científica a la producción de tecnología y a las necesidades de la industria.[14] Con este objetivo, en diciembre de 1957, se creó el Instituto Nacional de Tecnología Industrial (INTI). En la estructura inicial del INTI se buscó articular tres laboratorios centrales o departamentos con centros de investigación. Los laboratorios centrales se proponían cubrir las ramas principales de la ciencia aplicada. Su objetivo era dedicarse a tareas de mayor complejidad y de mediano y largo plazo, es decir, al tipo de problemas que no resultaban rentables a corto plazo para el sector privado.

A principios de 1959, el INTI contaba con dos laboratorios centrales, uno de ensayo de materiales y otro de química. Unos años más tarde se agregó el laboratorio de física, dedicado especialmente a la metrología mecánica, entendida como ciencia de las mediciones precisas. La idea inicial era atender a las necesidades de la industria automotriz, en pleno desarrollo expansivo, en áreas como metrología dimensional, magnitudes eléctricas, termodinámicas y ópticas. También se proponía el mantenimiento de los patrones de medida nacionales y la verificación de instrumentos de control.

Por su parte, los centros de investigación fueron concebidos como unidades relativamente autónomas -temporarias o permanentes-, y su creación debía responder a la

---

14 Oszlak, Oscar, "Política y organización estatal de las actividades científico-técnicas en la Argentina: críticas de modelos y prescripciones corrientes", *Serie Estudios Sociales,* núm. 2, Buenos Aires, Centro de Estudios de Estado y Sociedad, 1976, pp. 41-43.

solicitud de empresas, institutos universitarios o dependencias del Estado. Los interesados debían asegurar los aportes financieros para mantener el centro en funcionamiento. Los nombres de algunas de estas unidades de investigación y desarrollo ponen en evidencia que sus objetivos estaban lejos de enfocarse en la investigación básica, o que se inspiraran en una concepción explícita o implícita cercana al modelo lineal: Centro de Investigación de Tecnología Aplicada a la Construcción; Centro de Investigación Automotriz; Centro de Investigaciones Acústicas y Luminotécnicas; Centro de Investigación de Celulosa y Papel; Centro de Investigación de la Tecnología del Cuero; Centro de Investigación Tecnológica de la Industria del Caucho; Centro de Investigación de Métodos y Técnicas para PyME; Centro de Investigaciones Tecnológicas de la Industria Lechera; Centro de Investigación de Máquinas y Herramientas.

Si bien caracterizar la trayectoria del INTI excede el presente trabajo, digamos que, en lo que hace a los centros de investigación, si bien permitieron un funcionamiento relativamente más flexible frente a los rígidos métodos de la administración pública, no lograron, pese a los esfuerzos de ingenieros, científicos, técnicos y empresarios que participaron de su conducción, construir una alianza estratégica entre los sectores público e industrial. Ahora bien, entre 1957 y 1961, más de doscientas corporaciones extranjeras se instalaron en Argentina. Según Jorge Schvarzer:

> Ese proyecto al que se lo presentó como "nacional" y se lo caracterizó como industrialización sustitutiva de importaciones, se lo podría haber llamado, con más precisión, "industrialización por desborde de las empresas transnacionales de su mercado local".[15]

---

15 Schvarzer, Jorge, *La industria que supimos conseguir. Una historia político-social de la industria argentina,* Buenos Aires, Ediciones Cooperativas, 2000, p. 222.

El mismo autor señala la reproducción de este esquema en muchos países de la región, "donde actuaron las mismas transnacionales en las mismas ramas". A la sombra de las empresas extranjeras y del sector agroexportador local, los empresarios argentinos consolidaron hábitos de aversión al riesgo, búsqueda de rentas y atraso técnico.

Mientras que el ingeniero José Luis Albertoni, presidente del INTI entre 1973 y 1975, habló en ese momento de "dar preferencias a líneas de investigación y desarrollo tecnológico conectadas con temas como vivienda popular, salud, alimentación, vestido, transporte colectivo, protección del ambiente, etc." y de "apoyar un desarrollo industrial que pueda servir de base a una política de redistribución de ingresos",[16] el golpe de marzo de 1976 clausuró esta tendencia. En los primeros meses de 1981 fue promulgada una nueva Ley de Transferencia de Tecnología a través de la cual se desreguló el régimen de importación de tecnología. Para Emanuel Adler se trata de una de las leyes "más liberales de América Latina".[17] El proceso de franca desindustrialización iniciado con la política económica de la última dictadura relegó al INTI al papel de ente con "autoridad" para registrar contratos, con una función primordialmente estadística e informativa.

Estos breves segmentos de la trayectoria del INTI ponen de manifiesto que no es el modelo lineal lo que debilitó las intenciones originales que impulsaron la creación del INTI. En todo caso, la presencia dominante de empresas trasnacionales, conducciones cambiantes -producto de la volatilidad de las sucesivas políticas industriales-, y la

---

16 Albertoni, José Luis, "Balance y perspectiva después de un año en INTI", Informe del Ing. Albertoni al personal" (mimeo), Biblioteca del INTI, Buenos Aires, 1974.

17 Adler, Emanuel, *The Power of Ideology: The Quest for Technological Autonomy in Argentina and Brazil,* Berkeley University of California Press, 1987, p. 115.

escasa vocación emprendedora de las dirigencias empresariales locales parecen rasgos más adecuados para explicar la sinuosa trayectoria del INTI que el modelo lineal.[18]

2.2. Agro

En el caso del Instituto Nacional de Tecnología Agropecuaria (INTA), parece aun más clara la inconveniencia de vincular su trayectoria al modelo lineal. La creación del INTA, en diciembre de 1956, fue motivada por el llamado Plan Prebisch. Entre las causas del estancamiento agrario, este documento se refería a la erosión, el bajo rendimiento por unidad de superficie y el retraso en la tecnificación y la aplicación de conocimientos científicos.[19]

> *El INTA se creó a partir de las veintiocho estaciones experimentales de la Secretaría de Agricultura y Ganadería. Al año de su creación se sumaron otras nueve estaciones para cubrir zonas del país sin asistencia. Desde sus inicios, el INTA se propuso dar cobertura territorial, ir al rescate de las economías regionales y llegar capilarmente a las familias rurales con las tecnologías consideradas más adecuadas. Desde la perspectiva de las actividades de I+D+i, en sus primeros años el INTA tuvo cierto éxito en el desarrollo de variedades locales y en la adaptación de la oferta tecnológica disponible en el escenario internacional a la agricultura de clima templado.*[20]

Para 1970, el INTA contaba con trece estaciones experimentales regionales, veintiún estaciones experimentales agronómicas, una estación cooperativa de experimentación

---

18 Una síntesis de la trayectoria histórica del INTI puede verse en: Hurtado, Diego y Pablo Souza, "Cincuenta años del INTI", en *Ciencia Hoy*, vol. 17, núm. 101, 2007, pp. 60-66.

19 Gargano, Cecilia, "La reorganización de las agendas de investigación y extensión del Instituto Nacional de Tecnología Agropecuaria (INTA) durante la última dictadura militar argentina (1976-1983)", en *Realidad Económica*, núm. 258, 2011, pp. 120-149, p. 123.

20 Saucede, Mara, Entrevista realizada por Diego Hurtado, Buenos Aires, 5 de noviembre de 2007.

y extensión, cinco subestaciones experimentales, diez campos anexos, doscientas veinte agencias de extensión, y tres centros de investigaciones en el Centro Nacional de Investigaciones Agropecuarias de Castelar. Alrededor de mil profesionales universitarios componían el personal técnico dedicado a investigación y extensión.[21]

Desde 1971, año de inscripción del primer cultivar Marcos Juárez INTA, se iban a inscribir en las siguientes cuatro décadas más de sesenta cultivares. A modo de ejemplo, y como un hito representativo de este período, mencionemos el desarrollo, en 1972, de la vacuna oleosa contra la aftosa, impulsada por el equipo del doctor Scholeim Rivenson, del Centro de Investigación de Ciencias Veterinarias del INTA, junto con el Centro Panamericano de Fiebre Aftosa, dependiente de la Organización Panamericana de la Salud. Esta vacuna antiaftosa de base oleosa se convirtió luego en la pieza clave de los planes de lucha contra la enfermedad y fue ampliamente utilizada en América Latina.[22]

Ahora bien, el crecimiento del INTA a comienzos de la década de 1970 había sido el resultado de un proceso de acumulación con escasa coordinación. Un seguimiento detallado de la compleja trayectoria del INTA y sus transformaciones debería -como señala Gargano- considerar "la centralidad de la renta de la tierra en el proceso de acumulación de capital como constante en la historia económica argentina".[23] Sin embargo, a partir de esta breve presentación, parece claro que, igual que en el caso del INTI, es difícil pensar que en la concepción y trayectoria del INTA haya jugado un papel relevante el modelo lineal de innovación.

---

21 INTA, *La Argentina agropecuaria y el INTA*, Buenos Aires, Ministerio de Agricultura y Ganadería de la Nación, 1971, pp. 12-13; Gargano, Cecilia, *op. cit.*, p. 124.

22 Sadir, Ana, Entrevista realizada por Diego Hurtado, Castelar, 1 de noviembre de 2007.

23 Gargano, Cecilia, *op. cit.*, p. 124.

2.3. Energía nuclear

Finalmente, el desarrollo de tecnología nuclear tal vez sea el ejemplo más claro, en el caso argentino, de lo inadecuado de hablar de modelo lineal. El desarrollo nuclear en Argentina fue centralizado en la Comisión Nacional de Energía Atómica (CNEA), creada en 1950. Desde sus orígenes, la ideología que dominó la institución incluyó un fuerte componente industrialista. En enero 1958, científicos, ingenieros y técnicos de la CNEA pusieron en marcha el primer reactor de investigación construido en América Latina. El *know-how* de elementos combustibles desarrollados por la división de metalurgia de la CNEA fue vendido al año siguiente a la empresa alemana Degussa-Leybold. A comienzos de los años sesenta, la CNEA y la Asociación de Industriales Metalúrgicos crearon la firma SATI (Servicio de Asistencia Técnica a la Industria). El SATI, según Jorge Sábato, fue concebido para difundir nuevos métodos de producción, el uso de nuevos metales, materias primas, para desarrollar mejores métodos de control de calidad, adecuarse al mercado local y "preparar a la industria del país para la profunda transformación tecnológica que se producirá en los próximos años".[24]

En la construcción del reactor de investigación RA-3 inaugurado en mayo de 1967, participaron sesenta y siete empresas argentinas. De acuerdo con el entonces presidente de la CNEA, Oscar Quihillalt, el nuevo reactor no suponía "un especial avance en cuanto a la tecnología de reactores se refiere", pero sí significaba "la apertura de nuevos cauces a la industria nacional", "la expansión de las industrias de

---

24 Sábato, Jorge, "Plan de actividades del Departamento de Metalurgia de la Comisión Nacional de Energía Atómica, Argentina", en *Conferencia de Expertos Latinoamericanos en Metalurgia de Transformación,* Buenos Aires, CNEA-OEA-INTI-US Air Force Office of Scientific Research, agosto 18-23 de 1964, pp. 4-8.

base, la capacitación tecnológica, la investigación científica y técnica, el integral aprovechamiento de los recursos naturales y, en suma, la modernización del país".[25]

A mediados de los años setenta, el desarrollo nuclear argentino era considerado, detrás de China e India, el más avanzado de los países en desarrollo y un creciente sector de empresas nacionales se reunía alrededor de las principales líneas de desarrollo del plan nuclear.[26] En ese momento, mientras las presiones de los países exportadores de tecnología nuclear se incrementaban, Argentina cerró su primer acuerdo importante con Perú para exportar a este país un centro de investigaciones nucleares, incluido un reactor de investigación de diseño argentino. También en ese momento, como desprendimiento de la CNEA, se creó la empresa de tecnología INVAP SE, de la que hablaremos más abajo.[27]

3. Las universidades y el CONICET

Retomando el trabajo ya citado de Dagnino y Thomas, podría pensarse, en todo caso, que el modelo lineal tuvo su manifestación clara en el tándem CONICET-universidades. Una pregunta que surge en este punto es la siguiente: ¿por qué las instituciones públicas de I+D+i vinculadas a las tres

---

25 CNEA, *RA-3. Reactor de Experimentación y Producción. Descripción General,* Buenos Aires, CNEA, 1967, pp. 1-2 y 16-17.

26 Ver, por ejemplo: Redick, John, "Regional Nuclear Arms Control in Latin America", en *International Organization,* vol. 29, núm. 2, 1975, pp. 415-445; De Young, Karen, "Latin Americans Hurry to Catch Up in Nuclear Power", en *Washington Post,* 8 de junio de 1977, p. A14.

27 Una historia sintética del desarrollo nuclear argentino puede verse en: Hurtado, Diego, "Cultura tecnológico-política sectorial en contexto semiperiférico: el desarrollo nuclear en la Argentina (1945-1994)", en *Revista Iberoamericana de CTS,* vol. 7, núm. 21, 2012, pp. 163-192.

áreas estudiadas -industria, agro y energía nuclear- fueron creadas al margen de las universidades?

Durante el proceso de creación del INTA, por ejemplo, surgieron duras críticas desde algunas universidades, principalmente desde la Facultad de Agronomía y Veterinaria de la UBA. Las más importantes señalaban que no se había consultado a la opinión pública, ni informado a los institutos provinciales, ni a las universidades. También se criticaba el ingente presupuesto asignado al INTA y el peligro de que esta nueva institución monopolizara la experimentación agropecuaria, relegando de esta manera a las actividades de investigación en las universidades. Un documento de la UBA proponía la creación de un "Consejo Nacional de Investigaciones Agropecuarias" para financiar a las instituciones ya existentes.[28] En cuanto a la CNEA, poco después de la caída del gobierno de Perón, el físico Enrique Gaviola atacaba su existencia misma por haber "absorbido el jugo vital y la poca carne científica de las universidades, hasta dejarlas inermes". Y agregaba que, en "un país pobre en investigadores, laboratorios y fondos para gastos, es un despilfarro tener laboratorios de investigación donde no se enseña".[29] Podrían multiplicarse los ejemplos que sugieren que las universidades públicas argentinas no eligieron el "modelo ofertista" o la orientación hacia la "ciencia básica", sino que quedaron relegadas a este perfil de producción de conocimiento como consecuencia de la desconexión provocada por las principales iniciativas de diseño institucional tomadas durante la década de 1950, como expresión de la configuración económico-política de país dependiente.

---

28 Losada, Flora, "Los orígenes del Instituto Nacional de Tecnología Agropecuaria (1956-1961)", en *Realidad Económica,* núm. 210, 2005, pp. 21-40.

29 Gaviola, Enrique, "La herencia de Richter: parasitismo atómico", en *Mundo Argentina,* 21 de diciembre de 1955, pp. 17-18.

La fragmentación interna del gobierno de facto que derrocó a Perón y las intenciones de drástica "reorganización" de las instituciones heredadas del peronismo iban a dejar al gobierno de facto con escasa capacidad para la implementación de políticas públicas.[30] Por otro lado, como señala Rouquié, fue con la caída de Perón y con "la 'desperonización' de las instituciones militares [...] que el esfuerzo industrial dejó de ser una de las preocupaciones obligadas del ejército argentino".[31] El panorama de facciones militares enfrentadas y las tensiones entre sectores económicos dominantes obstaculizó la consolidación de una política económica de mediano plazo y facilitó la consolidación de formas centralizadas de autoridad de las tres armas sobre sectores de la industria y de las instituciones públicas de I+D+i, que ya se encontraban bajo sus respectivas jurisdicciones. Con referencia a este tipo de escenarios y a su tendencia a la conformación de "compartimientos estancos", sostiene Oszlak: "En condiciones de fraccionamiento burocrático resultante de la descentralización y autonomización de funciones, la coordinación de actividades entre unidades se hace, o bien innecesaria, o bien imposible".[32] En este contexto, la CNEA, el INTA, el INTI, o el CONICET -creado por el gobierno de facto en febrero de 1958 para fortalecer la investigación en las universidades- fueron la respuesta a demandas corporativas sin proyección política ni estrategias de mediano plazo. En el caso del tándem CONICET-universidades, su

---

30 Sikkink, Kathryn, *Ideas and institutions. Developmentalism in Brazil and Argentina*, Ithaca, Cornell University Press, 1991, pp. 75-83.

31 Rouquié, Alain, *Poder militar y sociedad política en la Argentina. II. 1943-1973*, Buenos Aires, Emecé, 1982 [1a ed., París, Presses de la Fondation Nationale des Sciences Politiques, 1978], p. 348.

32 Oszlak, Oscar, "Políticas Públicas y Regímenes Políticos: Reflexiones a partir de algunas experiencias Latinoamericanas", *Documento de Estudios CEDES*, vol. 3, núm. 2, Buenos Aires, 1984, p. 25.

perfil internacionalista orientado a la ciencia "pura" no fue el producto de una orientación de política científico-tecnológica, sino de su ausencia.

Las dictaduras de los años sesenta consolidaron esta tendencia. Como señala Rouquié, con el impulso de la Doctrina de la Seguridad Nacional entre los militares de América Latina, los militares argentinos "se habían convertido en desarrollistas para luchar contra el comunismo". El nuevo eslogan de la dictadura argentina que se inicia en junio de 1966 fue "seguridad y desarrollo". Ahora bien, mientras que la noción de *seguridad* se aplicaba al *enemigo interno*, la noción de *desarrollo* apelaba a *industrialización, ciencia y tecnología*, es decir, al *proletariado industrial* y a las *universidades*, es decir, al *enemigo interno*. En pocas palabras, en la consigna "seguridad y desarrollo", los sentidos de ambos conceptos son excluyentes. En esta contradicción se esconde el germen de la imposibilidad lógica de avanzar en el proceso de "modernización".

Un corolario de este campo de fuerzas, a fines de los años sesenta, fue la desvinculación de la economía de los países de la región respecto de sus respectivas actividades de ciencia y tecnología. Mientras las dictaduras debilitaban las universidades, las filiales de las empresas transnacionales, desde los sectores más dinámicos de las economías nacionales, importaban tecnología. Como señalaba entonces Celso Furtado:

> Entre 1955 y 1968, las ganancias de las subsidiarias de empresas norteamericanas en América Latina por derechos de patentes y asistencia técnica representaron el 56 por ciento de las ganancias remitidas a sus casas matrices.[33]

---

[33] Furtado, Celso, *Economic Development of Latin America*, Cambridge, Cambridge University Press, 1970, p. 204, n. 4.

4. Modelo lineal y políticas públicas

A modo de ejemplo histórico sugerente, citemos uno de los muchos intentos que, en el terreno de la formulación de políticas científico-tecnológicas, buscaron mejorar los vínculos entre la esfera de la producción y las instituciones públicas dedicadas a I+D+i. En junio de 1970, la Junta de Comandantes en Jefe que gobernaba de facto el país aprobaba las "Políticas Nacionales". Al menos en el plano retórico, debían ser consideradas "de cumplimiento obligatorio para el sector público, nacional, provincial y municipal". Algunas de ellas se referían al tema "Ciencia y Técnica". Entre otros objetivos, se mencionaba que la inversión pública y privada destinada a sostener la investigación debía alcanzar de forma gradual un mínimo del 1,5% del producto bruto interno al final de la década. En mayo del año siguiente, fue aprobado por ley el Plan Nacional de Desarrollo y Seguridad. El capítulo XIV, dedicado a "Ciencia y Técnica", explicaba que en 1975, no menos del 50% de la inversión global en ciencia y técnica debía estar destinada a financiar investigaciones orientadas a resolver problemas de los distintos sectores económicos. También se mencionaba que se promulgaría la legislación pertinente para facilitar el regreso al país de científicos y técnicos y se financiarían programas a ejecutarse fuera de las áreas metropolitana y pampeana. Este último punto iba a facilitar la futura creación de centros regionales que, según el entonces presidente del CONICET, "cumplieran las veces de 'parques industriales'".[34] Durante 1973, se pusieron en marcha los "Programas Nacionales de Investigación" coordinados por la entonces Subsecretaría de Ciencia y Técnica (SUBCyT), del Ministerio de Cultura y Educación. Cada programa se

---

[34] Villamayor, Orlando, *Problemas de la investigación científica argentina*, Buenos Aires, s/e, 1972, pp. 36-38 y 42-45.

proponía "contribuir decisivamente en la solución de un problema de relevancia nacional".[35]

Un segundo ejemplo se refiere al retorno a la democracia a fines de 1983. En este momento se creó la Secretaría de Ciencia y Técnica (SECyT), como dependencia del Ministerio de Educación y Justicia. Al frente de la SECyT fue nombrado el matemático Manuel Sadosky, quien asumió "la irrupción del problema tecnológico". Al respecto, la SECyT se propuso revisar "no sólo los temas sino los puntos de vista de la comunidad científica sobre la tecnología y la investigación tecnológica". La SECyT se comprometía a "hacer un gran esfuerzo para aumentar la investigación tecnológica". El histórico problema de vincular la actividad de investigación con el sector productivo apareció como tema perentorio para el CONICET. Con este objetivo, se creó en marzo de 1984 el área de Transferencia de Tecnología. En este ámbito se puso en marcha en febrero de 1986 la Oficina de Transferencia de Tecnología y, a fines de ese año, la Comisión Asesora de Desarrollo Tecnológico, compuesta por investigadores, empresarios y funcionarios del Estado, con el objetivo de asesorar al Directorio del CONICET en cuestiones de vinculación tecnológica y promover la inversión de riesgo dentro del sector productivo. Sin embargo, esta iniciativa fue impulsada en un contexto de profunda crisis económica y escaso financiamiento.[36]

Oteiza señala que, para el período 1985-1989, los tres objetivos centrales de la SECyT no se habían cumplido. El objetivo de "articular e integrar las políticas científicas y tecnológicas con el resto de las políticas de desarrollo económico y social" no fue posible por la evolución de la

35 SUBCyT, *Preparación del presupuesto nacional en ciencia y técnica para el ejercicio 1974*, Buenos Aires, Ministerio de Cultura y Educación, 1973, p. 22.

36 SECyT, *Memoria crítica de una gestión (1983-1989)*, Buenos Aires, Talleres Gráficos Litodar, 1989.

economía argentina. El objetivo de "establecer un régimen sobre la importación de tecnología y asegurar su efectiva absorción y adaptación a las condiciones sociales" fue incompatible con las políticas de liberalización y desregulación. Finalmente, el objetivo de "alcanzar autonomía tecnológica en el campo de la informática" fue neutralizado por la presión de las empresas transnacionales.[37]

5. ¿Linealidad o determinaciones de contexto periférico?

Estos breves análisis de algunas instituciones del CCyT argentino y de algunas iniciativas de políticas para el sector de CyT, parecen indicar que el mal del modelo lineal es un diagnóstico extremadamente simplificado que no coincide con la complejidad que surge de un análisis que incorpore trabajo empírico. Ahora bien, si estamos de acuerdo en aceptar la distorsión que introducen este tipo de explicaciones genéricas, entonces podemos explorar un caso con características inéditas de desarrollo de capacidades de I+D+i.

A fines de la década de 1980, mientras las actividades de la CNEA quedaban paralizadas por cuestiones presupuestarias, la empresa de tecnología INVAP y el *Haut Commisariat a la Recherche*, organismo estatal de Argelia, firmaban un acuerdo de asociación tecnológica. El 24 de marzo de 1988 era inaugurado el reactor de investigación e irradiación NUR de 1 MW, construido por INVAP. Versino señala que, entre 1982 y 1984, desde la gerencia de INVAP se había comenzado a impulsar en la ciudad patagónica de

---

37 Oteiza, Enrique, "Introducción", en Oteiza, Enrique (ed.), *La política de investigación en ciencia y tecnología. Historia y perspectivas*, Buenos Aires, Centro Editor de América Latina, 1992, pp. 11-83 y p. 25.

Bariloche la conformación de empresas asociadas dirigidas por ex funcionarios de INVAP.[38] Ingenieros, químicos y físicos de INVAP se habían embarcado en emprendimientos tecnológicos de una complejidad que, para muchos analistas, parecía estar fuera del alcance de los países de América Latina. De este proceso de tercerización surgieron ANVAP (servicios de análisis químicos y físicos), TRAVAP (tratamientos anticorrosivos a equipos industriales), ROTVAP (equipos y maquinarias), EQUIVAP (sensores y control de procesos), SIAP Patagonia (sensores para meteorología) y UNIVAP (producción de software de diseño). Como parte de este proceso, en 1985 se creó, también en Bariloche, la empresa ALTEC, otra sociedad del Estado estrechamente vinculada a la CNEA -que contaba con tres miembros en el directorio-, dedicada a productos y servicios en el área de informática y electrónica.[39]

Algunos miembros de INVAP, conscientes del abismo que separaba una experiencia como la del *Silicon Valley* en la costa oeste de los Estados Unidos, con la escala y potencialidades de la economía argentina, encontraban paralelismos notorios con lo que estaba ocurriendo en Bariloche.[40] Ahora bien, a pesar de estas expectativas y de un desempeño estable hasta 1987, este conglomerado de firmas fue barrido casi en su totalidad por la crisis económica de 1989. Con enormes dificultades, INVAP iba a lograr sobrevivir al caos hiperinflacionario. "Esta década

---

38 Versino, Mariana, "Análise sócio-técnica de processos de produção de tecnologias intensivas em conhecimento em países subdesenvolvidos. A trejetória de uma empresa nuclear e espacial argentina (1970-2005)", tesis de Doctorado en la Política Científica y Tecnológica, Campinas, Instituto de Geociêcias, Universidade Estadual de Campinas, 2006, p. 108.

39 CNEA, *Memoria Anual 1988*, Buenos Aires, CNEA, 1989, p. 71.

40 Santos, Eduardo, entrevista realizada por Diego Hurtado, Bariloche, 11 de octubre de 2007; Buch, Tomás, Comunicación personal, Bariloche, 20 de agosto de 2009.

tuvo para nosotros un aspecto negativo en lo local, aunque a su vez tuvo un efecto positivo que fue el volcarnos a la exportación", cuenta el físico Héctor Otheguy, uno de los fundadores de INVAP.[41]

Transcurridas más de dos décadas desde los primeros intentos de impulsar en Bariloche la creación de un sistema industrial compuesto por empresas de alta tecnología integrando a un conjunto de instituciones públicas de I+D+i, puede preguntarse: ¿por qué en todo este tiempo, en el lugar donde se producen reactores nucleares y satélites no "germina" una versión de lo que podría ser un *Silicon Valley* a la medida de un país en desarrollo? ¿Estamos frente a un fracaso o ante un éxito? Para algunos actores, en relación con las expectativas, se trata de un fracaso. "Si me preguntaran cuál es la razón del fracaso, mi respuesta es: ¡no lo sé! Y no puede decirse que no le hayamos dado vueltas al asunto", sostiene Eduardo Santos, físico que participó del desarrollo de la tecnología de enriquecimiento de uranio impulsada por CNEA e INVAP y que fue presidente de la CNEA en los años noventa.[42] Para Tulio Calderón,[43] gerente del Área de Proyectos Aeroespaciales de INVAP, si se piensa que la ciudad de Bariloche produce seis veces más valor agregado *per capita* que el promedio regional o nacional, y que "hoy la provincia de Río Negro, a través de Bariloche, lidera las exportaciones de alto valor agregado del país", entonces puede decirse que "a escala argentina, Bariloche es un éxito". Ahora bien, la población de Río Negro es de poco menos de 600 mil habitantes, esto es, el 2% de la población del país.

---

41 Otheguy, Héctor, entrevista realizada por Diego Hurtado, Buenos Aires, 1 de septiembre de 2009.

42 Santos, Eduardo, comunicación personal, Bariloche, 19 de agosto de 2009.

43 Calderón, Tulio, comunicación personal, Bariloche, 29 de agosto de 2009.

En este punto no sólo resulta evidente que el modelo lineal nada tiene que ver con la evolución de este polo tecnológico patagónico -que es un desprendimiento del desarrollo nuclear-, sino que su dinámica, siendo por muchas razones un caso de estudio paradigmático para Argentina, presenta numerosas incógnitas propias de las complejas determinaciones económicas y políticas de un contexto semiperiférico.

6. El antídoto para un diagnóstico errado

Muchos de los panoramas simplificadores que diagnosticaron el mal del modelo lineal vinieron acompañados de una supuesta propuesta superadora. El antídoto era el enfoque para la formulación de políticas centrado en la noción de "Sistema Nacional de Innovación" (SNI).

En un artículo enormemente citado de Katz y Bercovich, publicado en el libro titulado *National Systems of Innovation. A Comparative Analysis,* editado por Richard Nelson, los autores intentan aplicar a la Argentina la noción de SNI. Refiriéndose a "las actividades de I+D y de generación de conocimiento realizadas por las agencias de investigación y universidades del sector público, empresas públicas descentralizadas y las fuerzas armadas", sostienen en la introducción: "Prestamos atención a las diversas ideologías y lobbies políticos y militares que de una u otra manera influenciaron la algo caótica evolución de esta parte importante del sistema nacional de innovación argentino". Y al comienzo de la última sección, afirman:

> Un cuidadoso examen del sistema nacional de innovación argentino muestra que el país está lejos de tener una red integrada y coherente de agentes, instituciones y políticas

dedicadas a cuestiones de generación, difusión y empleo de conocimiento científico y tecnológico.[44]

Si se tiene en cuenta que la definición más amplia de *sistema* es "todo lo que no sea caótico"[45], de la caracterización de Katz y Bercovich parece deducirse que en Argentina no puede hablarse de un SNI.

No sólo desde el sector académico, sino también desde los formuladores de políticas se presentó el concepto de SNI como la opción superadora para América Latina. Una publicación del BID explica que "la región colectivamente tiene que fortalecer sus sistemas nacionales de innovación (SNI) y tratar de vincularlos con la sociedad mundial del saber", aunque aclara con referencia al propio concepto de SNI, que se trata de "un término que ahora se emplea con mucha frecuencia en la bibliografía (aunque no siempre se comprende bien)".[46]

Ahora bien, no se trata del mero uso de un término. Lo crucial de este asunto es ver cuáles son las condiciones de aplicabilidad de la noción de SNI, qué cosas presupone este concepto. Como sostienen Arocena y Sutz: *"SNIs es un concepto 'ex-post',* esto es, un concepto construido sobre estudios empíricos que muestran patrones similares" (itálica en el original).[47] Y aclaran que la evidencia empírica que

---

44 Katz, Jorge y Néstor Bercovich, "National Systems of Innovation Supporting Technical Advance in Industry: The Case of Argentina", en Richard Nelson (ed.), *National Innovation Systems: A Comparative Analysis,* Oxford, Oxford University Press, 1993, pp. 451-475 y p. 470.

45 Boulding, Kenneth, *The World as a Total System,* London, Sage, 1985.

46 De Moura Castro (et. al.) "La ciencia y la tecnología para el desarrollo. Una estrategia del BID", Washington DC, BID, Serie de informes de políticas y estrategias sectoriales del Departamento de Desarrollo Sostenible, 2000, p. 2, 5.

47 Arocena, Rodrigo y Judith Sutz, "Looking at National Systems of Innovation from the South", en *Industry and Innovation,* vol. 7, núm. 1, 2000, pp. 55-75.

respalda la elaboración y eficacia del concepto de SNI está tomada de países europeos.

Reforzando esta apreciación, en una revisión crítica de la trayectoria de la noción de SNI, con referencia a su libro de 1992 -junto con el citado de Nelson, obra fundacional en la elaboración y difusión del concepto-, Bengt-Åke Lundvall sostiene:

> La mayoría de los capítulos del presente volumen no tratan el sistema de innovación como un concepto *ex-ante,* sino *ex-post.* El concepto remite a sistemas relativamente fuertes y diversificados que cuentan con buen apoyo institucional y de infraestructura para las actividades de innovación.

En cuanto a su aplicación a los países en desarrollo, Lundvall reconoce serias limitaciones:

> Otra debilidad del enfoque de los sistemas de innovación radica en que hasta el momento no se ha ocupado de las cuestiones de poder en relación con el desarrollo [...] Los privilegios de clase y la situación poscolonial pueden bloquear las posibilidades de aprendizaje; asimismo, competencias ya existentes podrían ser destruidas por motivos políticos vinculados con la distribución mundial de poder.[48]

7. Reflexiones finales

De los breves análisis presentados en este trabajo parece deducirse lo siguiente: los componentes explicativos que deben guiar la búsqueda de respuestas para la comprensión de las debilidades de los complejos de ciencia

---

48 Lundvall, Bengt-Åke, "Investigación en el campo de los sistemas de innovación: orígenes y posible futuro *(Post-criptum)*", en Bengt-Åke, Lundvall (ed.), *Sistemas nacionales de innovación. Hacia una teoría de la innovación y el aprendizaje por interacción,* Buenos Aires, UNSAM Edita, 2009, pp. 359-387 y pp. 380-381.

y tecnología de los países de la región requieren de una densidad de estudios que probablemente hoy no existan. En el caso argentino, si bien se cuenta con una importante tradición de reflexión que vincula dinámicas empresariales y estructura económica con dinámicas de compra, adaptación y uso de tecnologías, un eslabón perdido parece ser la producción de conocimiento dedicada a comprender la conexión de estos análisis con las dinámicas y trayectorias de las instituciones públicas dedicadas a I+D+i.

A modo de ejemplo puntual, citemos el caso de la ausencia en la argentina de "laboratorios industriales". Según Rosenberg, fueron estos laboratorios los que determinaron en los países industrializados hasta qué punto las actividades de las comunidades científicas podrían asumir la responsabilidad de dar respuesta a necesidades sociales.[49] Desde esta perspectiva, cabría preguntarnos: ¿qué determinantes obstaculizaron en Argentina el surgimiento de laboratorios industriales?

Desde una perspectiva que analiza los procesos de diferenciación e integración institucional, Shinn estudia la emergencia en Alemania, durante el último tercio del siglo XIX, y su posterior difusión en Gran Bretaña, Francia, Estados Unidos, la Unión Soviética y Japón, de lo que llamó "comunidades de investigación tecnológica" *("research-technology communities")*.[50] Cuenta Shinn que estos grupos cumplieron el papel de compensar el proceso de segmentación y diferenciación que se inició en el siglo XIX como consecuencia, por un lado, del desarrollo del capitalismo industrial y, por otro, de la consolidación institucional de

---

49 Rosenberg, Nathan, *Schumpeter and the Endogeneity of Technology*, London, Routledge, 2000, pp. 24-25.

50 Shinn, Terry, "Crossing Boundaries: The Emergence of Research-Technology Comminities", en Etzkowitz, H.-Leydesdorff, L. (eds.), *Universities and the Global Knowledge Economy*, London/Washington, Pinter, 1997, pp. 85-96.

la ciencia disciplinaria. Este tipo de procesos de integración de componentes institucionales públicos de regulación y metrología, universidades, instituciones públicas de investigación y desarrollo, y firmas privadas, promovido por una comunidad intersticial de productores de instrumentación genérica, tampoco tuvo lugar en Argentina.

Junto con los laboratorios industriales, ésta parece ser otra pieza ausente del ciclo diferenciación-integración de lo que podría concebirse como un proceso sistémico de crecimiento y diversificación institucional. En Argentina, la provisión de dispositivos genéricos -la tecnología de la ciencia- tanto como la tecnología de la industria fueron productos de importación desde países avanzados. A cambio de un proceso de integración sistémica acompañado de un contexto propicio para la conformación de "culturas" tecnológicas integradoras, lo que habría tenido lugar desde mediados de la década de 1950 sería un proceso de integración subordinada de los segmentos institucionales emergentes de la dinámica de diferenciación sectorial a nodos institucionales de países avanzados. Este escenario, más que remitir a un contexto apto para la conformación de un SNI, remite a una estructura político-económica que sistemáticamente debilitó todo intento de articulación de las condiciones de posibilidad para la conformación de un SNI.

Finalmente, girando el foco hacia una cuestión metodológica, no puede dejar de mencionarse el sentido político de la práctica de la prescripción, presentada en general desde ámbitos académicos bajo el formato de conocimiento experto capaz de establecer evaluaciones y estrategias por "afuera" de las estructuras de poder. El entrecruzamiento de capital académico y visibilidad social que en ocasiones acompaña al discurso prescriptivo suele ser uno de los recursos para acceder a las codiciadas consultorías de organismos internacionales. La condición es presentar panoramas didácticos y optimistas, que utilicen los marcos teóricos presentados en los documentos que los organismos internacionales ponen en circulación y que las prescripciones vayan en la misma dirección que el *mainstream*. Es decir, se trata de una demanda que estimula los diagnósticos que promueven la emulación y que, a su vez, hace innecesaria o no recomendable la producción de conocimiento sobre las especificidades locales. Sin embargo, el "lugar" de la prescripción en los países en desarrollo merece un estudio propio, que debería incluir la investigación de las dinámicas académicas en ciencias sociales, de los mecanismos de establecimiento de jerarquías epistémicas y agendas, y de su capacidad para producir conocimiento que pueda ser insumo para la formulación de políticas.

La perspectiva académico-política que supone que América Latina puede ser una unidad de análisis -lo que no se acepta, por ejemplo, para Europa, apelando a las complejidades y especificidades propias de los países europeos- adolece de un fuerte componente de etnocentrismo, que manifiesta la intención implícita de no alterar la rígida jerarquía de estados que sostiene la división internacional del trabajo vigente. Nociones como "frontera tecnológica", "ciencia de frontera", "ciencia de punta" o "brecha tecnológica" -la propia noción de "país avanzado" se vincula a este juego de representaciones- reifican la metáfora de la frontera en una dirección legitimadora de la epopeya autorreferencial de la cultura occidental, que le asigna a los países avanzados el lugar de pioneros al ubicarlos en la "zona de contacto" con el devenir. Por su parte, las sociedades periféricas deben "acortar la brecha", es decir, seguir la huella, ya sea comprando, copiando, o pagando regalías y asistencia técnica.

Para ser capaces de impulsar procesos de I+D+i transformadores en América Latina, hay que superar el estadio de los diagnósticos y formulaciones de políticas genéricas, y abandonar explicaciones del estilo del "modelo lineal" o prescripciones como la del SNI, que suponen que todos los males de las actividades de ciencia y tecnología en la región pueden comprenderse y solucionarse sin necesidad de construir tradiciones y categorías propias para la producción de conocimiento específico de los países de la región.

En las fronteras del paradigma disciplinario en ciencias sociales: Wallerstein y el análisis de los sistema-mundo

Horacio Crespo[1]

Un objetivo inicial de esta contribución es dirigir la atención de sus lectores hacia la obra de Immanuel Wallerstein -creador y director hasta 2005 del Fernand Braudel Center for the Study of Economies, Historical Systems, and Civilizations en la Universidad del Estado de Nueva York en Binghamton-, uno de los intelectuales más audaces e incitantes de esta enmarañada coyuntura inicial del siglo XXI, signada ya definitivamente por los trazos de la crisis. La equiparación de este proceso desatado en la economía de Estados Unidos y Europa en 2008 con la crisis y depresión iniciada en 1929 ya es aceptada, por su profundidad, continuidad y consecuencias sobre el conjunto del sistema capitalista, pero también se ha señalado reiteradamente que su amplitud, escala y alcances en todos los campos de la sociedad podría llegar a caracterizarla como de dimensiones civilizatorias.

La reflexión de Wallerstein anticipó esta crisis, siguió detenidamente su proceso, puede mirarla de frente, y se instala críticamente en esta coyuntura desde la apreciación del desarrollo histórico mundial del capitalismo. El punto decisivo es la previsión que efectúa acerca del agotamiento del capitalismo por las crecientes dificultades de reproducción sistémica, y a partir de esta evaluación también anticipa la irrupción de un difícil período de transición hacia otro sistema social -sobre el que se resiste a dar

[1] Centro de Estudios Latinoamericanos, Escuela de Humanidades, Universidad Nacional de San Martín. Facultad de Humanidades, Universidad Autónoma del Estado de Morelos.

predicciones- que estima en medio siglo de duración. En esta etapa el comportamiento de todos los actores sociales será decisivo para la articulación de la nueva sociedad que se va gestando en esta coyuntura, lo cual es el fundamento de su posición política alineada con el surgimiento de un amplio y profundo proceso mundial de nuevos movimientos de resistencia y cambio social. La crítica del paradigma disciplinario hegemónico en las ciencias sociales que constituye uno de los elementos más significativos de su trabajo, es una contribución sustantiva a la construcción de nuevos instrumentos críticos necesarios para que el conocimiento acerca de la sociedad sea un dispositivo adecuado a la construcción y desarrollo del proceso emancipatorio que estima es una de las posibilidades ciertas abiertas por la crisis.

1. El moderno sistema mundial

Autor inclasificable, en todo caso practicante de la llamada sociología histórica -aunque como veremos, en realidad su trabajo plantea precisamente la crítica radical de las disciplinas parcializadas del conocimiento acerca de la sociedad-, su obra principal es *El moderno sistema mundial,* una interpretación original y fructífera de la *historia larga* del capitalismo a partir de sus orígenes, mismos que sitúa, en una propuesta fuertemente polémica, en el siglo XVI.[2] La cronología del capitalismo propuesta por

2 Wallerstein, Immanuel, *El moderno sistema mundial,* I. *La agricultura capitalista y los orígenes de la economía-mundo europea en el siglo XVI,* Siglo Veintiuno Editores, México, 1979; *El moderno sistema mundial,* II. *El mercantilismo y la consolidación de la economía-mundo europea 1600-1750,* Siglo Veintiuno Editores, Madrid, 1984; *El moderno sistema mundial,* III. *La segunda era de gran expansión de la economía-mundo capitalista 1730-1850,* Siglo Veintiuno Editores, Madrid, 1999. Las pri-

Wallerstein -que por la importancia decisiva del tema merece una discusión mucho más amplia que la breve referencia que podemos dar aquí, al igual que de las posiciones antagónicas a la suya y todo el célebre debate historiográfico y teórico acerca de la *transición* del feudalismo al capitalismo, que tanto eco ha tenido por razones obvias en América Latina- redimensiona el papel asignado a la llamada Revolución Industrial en la transformación social y económica capitalista y, en la dimensión política, el de la Revolución francesa,[3] y supuso también desacuerdos

meras ediciones en inglés fueron de 1974, 1980 y 1989, respectivamente. En la entrevista realizada por Aguirre Rojas, Wallerstein (cf. *infra*, nota 5) anunció un par de volúmenes más, cuanto menos, para completar su ambicioso programa de reconstrucción crítica y global de la completa historia del sistema-mundo capitalista entre el siglo XVI y la actualidad. Dice Wallerstein: "De hecho, este tomo IV tratará en lo esencial los problemas del siglo XIX, y aunque todavía no sé con exactitud en qué fecha lo detendré, es muy probable que más adelante, después de terminarlo, habrá eventualmente un tomo v, e incluso quizás, aunque por ahora no podemos saberlo, tal vez habrá hasta un tomo VI", inclusive, con cierta autoironía, habla de "la eventual periodización de los posibles tomos V, VI, VII, VIII, IX, X, etcétera", dando a entender la apertura de la propuesta contenida en su obra que no puede entenderse como concluida en algún momento, sino como un programa de trabajo a futuro, Wallerstein, Immanuel, *Crítica del sistema-mundo capitalista*, p. 199, ver referencia completa: *infra*, nota 5. El cuarto tomo finalmente se publicó recientemente: Wallerstein, Immanuel, *The Modern World-System, IV, Centrist Liberalism Triumphant, 1789-1914,* University of California Press, Berkeley, 2011. En cuanto a los orígenes del capitalismo Wallerstein insiste en que Marx sitúa precisamente en el siglo XVI ese proceso: "Creo que si uno relee con atención a Marx, verá que él dice de manera explícita que la transición al capitalismo se da en el siglo XVI. En mi opinión esto es muy claro. Aunque también habría que aceptar que no siempre, y no en todas las ocasiones, él expresó esta idea que acabo de mencionar con la suficiente fuerza o con la suficiente claridad", Wallerstein, *Crítica...*, p. 232.

3 El fuerte revisionismo del autor respecto a estos temas cruciales, y algunas serias diferencias con Marx, se expresan especialmente en ibídem, p. 198, 240-248; cf. también el significativo capítulo "La Revolución Industrial: ¿cui bono?", en Wallerstein, Immanuel, *Impensar las ciencias sociales. Límites de los paradigmas decimonónicos*, Siglo Veintiuno Editores,

importantes con Fernand Braudel acerca de la datación del origen del capitalismo moderno y también respecto a la pertinencia de la extensión histórica del concepto de capitalismo más allá del mundo moderno.[4] En perfecta consonancia con esta posición, que sitúa la transición del feudalismo al capitalismo entre 1450 y 1550, Wallerstein se coloca en una posición polémica respecto a Perry Anderson y su importante trabajo *El estado absolutista,* en el que el historiador inglés señala a este proceso como feudal.[5]

En *El moderno sistema mundial,* Wallerstein construye un instrumental teórico que permite entender los cambios históricos involucrados en el surgimiento y desarrollo del mundo moderno. Este proceso, esencialmente capitalista en su naturaleza, fue una respuesta a la crisis del sistema feudal de los siglos XIV y XV y es el elemento principal de explicación del ascenso de Europa occidental a la supremacía mundial a partir del siglo XVI, al emerger como resultado de su expansión y dominio de otros continentes

---

México, 1998, II, 3, pp. 47-56. Para la importancia y sentido de este tema en América Latina, donde el debate feudalismo/capitalismo ha sido central en la historiografía marxista, cf. Assadourian, Carlos Sempat, Ciro Flammarion Santana Cardoso, Horacio Ciafardini, Juan Carlos Garavaglia, Ernesto Laclau, *Modos de producción en América Latina,* Cuadernos de Pasado y Presente, 40, Córdoba, 1973.

4 "[Braudel] estaba en desacuerdo con la idea de una ruptura fundamental desarrollada en el siglo XVI respecto de los orígenes del capitalismo dado que pensaba, más bien, que había que hacer remontar esa ruptura hasta el siglo XIII"; Braudel también estaba en desacuerdo con la idea de que "el capitalismo era un fenómeno que había existido exclusivamente en el período de vida del mundo moderno". Ibídem, p. 173.

5 Anderson, Perry, *El estado absolutista,* Siglo Veintiuno de España Editores, Madrid, 1979 [1ª ed.: *Lineages of the Absolutist State,* New Left Books, London, 1974]. Wallerstein señala, refiriéndose específicamente a las opiniones de Anderson: "Pero en todo caso y para resumir, pienso que el estado absoluto es en su totalidad una creación del mundo moderno. No se trata, para nada, de un fenómeno del mundo pre-moderno ni mucho menos, y evidentemente tampoco se trata de un fenómeno del mundo feudal, en absoluto", Wallerstein, *Crítica...,* p. 224.

el primer sistema económico mundial, que aseguraba un continuado crecimiento económico.

Este nuevo orden mundial difiere de los grandes imperios anteriores en que no se articuló sobre una sola unidad política. El nuevo sistema mundial capitalista reposó sobre una división internacional del trabajo que determinó las relaciones entre las diversas regiones del planeta y también los tipos específicos de régimen de trabajo en cada una de ellas. El modo específico de ordenamiento político en ellas derivó también directamente de la posición relativa que ocupaban en el sistema mundial. Para describir y explicar la estructura de este modelo sistémico de economía-mundo Wallerstein propone cuatro conceptos diferentes, que se articulan entre sí en posiciones relativas de dominio y subordinación: centro, semiperiferia, periferia y espacios exteriores. El primero se constituyó con las regiones beneficiadas directamente por la economía capitalista mundial; la semiperiferia se situó conceptualmente entre el centro y la periferia, poseía fuertes organizaciones estatales y se integraba con regiones del centro en declinación y regiones periféricas en ascenso en el sistema mundial; la periferia (de la que son buenos ejemplos históricos Europa oriental y América Latina) carecía de gobiernos efectivos o estaba controlada por estados exógenos, exportaba materias primas y producía sobre la base de sistemas laborales coercitivos (servidumbre o esclavitud). El centro expropió una enorme cantidad de capital generado en la periferia a través de relaciones comerciales con términos de intercambio inequitativas, y también a través de saqueos y botines frutos de la conquista colonial.

La economía capitalista mundial, tal como la visualiza Wallerstein, es un sistema dinámico que muestra grandes cambios en su desarrollo histórico y provoca transformaciones de gran amplitud e importantes efectos en el mundo, aunque algunos elementos básicos permanecen constantes.

La expansión geográfica del sistema económico capitalista mundial alteró los sistemas políticos y los regímenes de trabajo en todas las zonas en las que fue penetrando. Aun cuando el funcionamiento de la economía mundial se muestra creando grandes disparidades entre los diversos tipos de economía que se articulan en ella y modificaciones muy dinámicas de sus componentes, la relación entre el centro, la semiperiferia y la periferia en términos relativos permanece siempre vigente. Por ejemplo, los avances tecnológicos pueden tener un efecto expansivo en el conjunto de la economía mundial y ocasionar cambios significativos en las áreas semiperiféricas y periféricas. Sin embargo, desde la perspectiva crítica que ha asumido, Wallerstein señala que el despliegue temporal del sistema económico mundial capitalista que ha creado enormes riquezas, de todos modos ha acentuado las desigualdades entre centro y periferia en lugar de ir garantizando una gradual prosperidad para todos, tal como señalan sus apologistas.

En las décadas recientes, caracterizadas por la anemia del pensamiento historiográfico dedicado a las grandes historias estructurales sistémicas y sus derivaciones críticas, escenario del auge de las modas llamadas genérica e impropiamente *posmodernas* –la mayoría triviales, y social y políticamente descomprometidas– y de las acrobacias epistemológicas soportadas en el *giro lingüístico*, la obra de Wallerstein se destaca bastante solitaria como recordatorio *crítico* de la historicidad de la construcción capitalista y de la inexistencia de *legalidad* histórica en la combinatoria de hechos sociales inscripta en su origen; también por un consistente rechazo a su *naturalización* como fundamento último de toda apologética, en la mejor tradición de la concepción de Marx.[6]

---

6 Para un acercamiento a la obra de Wallerstein es importante: Wallerstein, Immanuel, *Crítica del sistema-mundo capitalista*, Estudio y entrevista

2. Una trayectoria intelectual y política: historización y crítica del capitalismo

Wallerstein nació de padres judíos emigrados de Austria en 1930, en una Nueva York atravesada por la Gran Depresión, factor fundamental de su biografía y su desarrollo intelectual, "la capital de la economía mundo [...] también la capital económica, política y cultural de los Estados Unidos en aquella época [...] en el corazón del poder", y él se define como "un neoyorquino completo, por gusto, por temperamento [...] también por formación".[7] Esa ciudad era, en consecuencia, un inigualable lugar de observación y un privilegiado centro de formación intelectual. En la Universidad de Columbia, donde se graduó de doctor en 1959, fue alumno de Herbert Marcuse y Franz Neumann, del teólogo Paul Tillich y de Charles Wright Mills; en 1954 escribió su tesis de maestría con un lúcido análisis del macartismo como resultado del impulso de una derecha visceral, antiintelectualista y enemiga del *establishment*, rasgos siempre agazapados en la cultura política estadounidense y, en cierta medida, reaparecidos en el período presidencial de Georges W. Bush, del que nuestro autor fue un crítico implacable. Se planteó así un recorrido intelectual rico, plural, que reconoce en Marx, Freud, Schumpeter y Polanyi las influencias básicas, y en Fanon, Braudel y

---

de Carlos Antonio Aguirre Rojas, Ediciones Era, México, 2003, 373 pp. Este volumen, en su primer tercio, entrega un detallado e incisivo estudio introductorio de la entera obra de Wallerstein del investigador de la UNAM Carlos Aguirre Rojas, fechado en mayo de 2002. Él mismo, además, edita la extensa y sustantiva entrevista que le hiciera a Wallerstein en noviembre-diciembre de 1999 en el Centro Fernand Braudel en Binghamton (Wallerstein dirigió este centro entre 1976 y 2005), que ocupa el resto del volumen, completado por una útil bibliografía de su cuantiosa producción traducida al castellano hasta esa fecha, también elaborada por Aguirre Rojas.

7 Ibídem, p. 146.

Prigogine a los detonadores de su originalidad y partícipes de un esencial y constituyente diálogo científico. Respecto de estos últimos, afirma que son "las tres personas que han tenido el más grande impacto sobre mi pensamiento, dado que los he conocido de manera personal y directa, y puesto que ellos han logrado modificar la manera en la cual yo percibía el mundo".[8] Inicialmente impresionado por los acontecimientos de la independencia de India en 1947, Wallerstein asimismo rememora sus inicios como joven africanista, y en el desafío de una aparente paradoja que debería sacudir muchas conciencias en la actualidad se permite afirmar que fue la ética judía del compromiso moral y político junto a la alternativa nacionalista del sionismo previo a 1948 lo que fundamentó en él "desde el principio una gran empatía por la causa palestina". Su experiencia como estudiante y activista en África occidental en los forcejeos de los inicios de la descolonización y los umbrales de la independencia permearon su visión con la perspectiva del mundo de la periferia con una disposición comparativa y global, elemento clave del primer momento de constitución de su pensamiento.[9]

El crucial 1968, que lo encontró como un activo participante del movimiento contestatario en Columbia University, significó para él la plena conciencia de la centralidad y, a la vez, las limitaciones del liberalismo en el mundo moderno. En esos años, influido por la radicalización producto de lo que él llama las "revoluciones" del 68 -a las que les otorga un decisivo protagonismo en el

---

8 Ibídem, p. 145.

9 Cf. sus dos tempranos libros: *Africa. The Politics of Independence*, Vintage Books, Nueva York, 1961; *The Road to Independence: Ghana and the Ivory Coast*, Mouton, Paris & The Hague, 1964. También: *Africa. The Politics of Unity*, Random House, Nueva York, 1967 y *Africa: Tradition & Change*, Random House, Nueva York, 1972, escrito en colaboración con Evelyn Jones Rich.

cambio de la sociedad contemporánea, y también en el consistente desarrollo de una contundente visión crítica en las ciencias sociales históricas-, crea con la teoría del moderno sistema-mundo la clave de bóveda de su obra, como respuesta a las concepciones de la modernización social características del *desarrollismo* de la década de 1950. Inequívocamente marcado por las ideas del centro-periferia de Raúl Prebisch y también por las de los dependentistas de los años sesenta,[10] redondeadas a mediados de la década de los años setenta por la rica colaboración intelectual con uno de los mayores historiadores del siglo XX, Fernand Braudel, Wallerstein reconoce sin embargo en Marx un fundamental punto referencial. "Yo diría, más bien, que he sido profunda y enormemente influido por Marx, y que tengo una gran cantidad de deudas intelectuales con su pensamiento. Diría también que es el pensador más interesante de todo el siglo XIX, pero que no es el único que

---

10 Según Aguirre Rojas hubo una autoadjudicación por parte de Braudel -en una entrevista en la revista *L'Histoire* en 1982- de la paternidad de la teóricamente capital distinción entre centro y periferia, también adjudicada por muchos al autor de *El moderno sistema mundial*. Wallerstein, con notable honestidad intelectual, insiste enfáticamente en la autoría de Raúl Prebisch: "Habría que decir que hacia esos años [cincuenta y sesenta del siglo pasado] Braudel *no* ha utilizado nunca esos términos de centro-periferia. Los términos de centro y periferia, en el sentido en que se los utiliza actualmente, son en realidad originarios de Raúl Prebisch. El mismo Prebisch quizás los ha sacado de algunos autores alemanes que habían escrito en los años veinte y cuyos trabajos habían sido olvidados, pero en cualquier caso si hay un padre para estos dos términos, ese padre es Raúl Prebisch [...] insisto en que para mí el verdadero responsable de la acuñación de los términos de centro-periferia es Raúl Prebisch". A la vez, Wallerstein reivindica para si la acuñación del concepto de semiperiferia, cf. Wallerstein, *Crítica...*, pp. 209-210, también p. 169. No es asunto sólo de prelaciones intelectuales, que de todos modos importan, sino que en esta cuestión se dirime una cuestión interesante: la influencia de una construcción teórica realizada en América Latina sobre otra relevante construcción intelectual como la teoría del sistema-mundo originada en los países centrales, o sea la circulación de paradigmas en un sentido inverso al habitual.

existe en el mundo, que no estoy de acuerdo con todo lo que él dice, y que para mí no es tan importante autocalificarme de marxista o no marxista. No trato de alejar o de evitar esta etiqueta, pero tampoco hago un esfuerzo especial por ostentarla".[11] Lo que se suma a una definición atractiva, entrañable, que de inmediato recuerda los planteos de José Aricó en el ámbito latinoamericano, ya que él lo hubiera podido decir con similar hondura: "La manera en que concibo que hay que colocarse en relación al propio Marx: como un compañero de lucha, que sabía precisamente lo que sabía [...]".[12] Pero luego, rotundo: "pero de lo que *sí* estoy seguro es que no soy posmarxista [...] en mi opinión esto no quiere decir nada, y pienso que es algo tonto, sin sentido";[13] los resquicios y blanduras del eclecticismo, si alguno podía alentarse en la multiplicidad de referencias formativas e informativas que despliega Wallerstein, son cerrados con contundencia en esa tajante afirmación.

En las diferencias esenciales que plantea con Marx uno puede reconocer otros de las componentes esenciales del pensamiento de Wallerstein. Tributario de la Escuela de Frankfurt se separa fuertemente de la Ilustración del siglo XVII, en la que reconoce aprisionado a Marx en dos puntos capitales: la noción de que la "historia es progreso inevitable" y, aquella otra, cuya filiación retrocede a Descartes, aunque su articulación es también propia del lenguaje ilustrado, la del necesario *dominio* del hombre sobre la naturaleza. En la elaboración de Wallerstein la naturaleza deja de ser considerada bajo una idea mecánica y de discontinuidad tajante con el hombre, y aparece con fuerza la noción de Prigogine de naturaleza *creadora*. Esto le permite abordar con mucha radicalidad la visión general del sistema

---

11 Ibídem, p. 167.
12 Ibídem, p. 168.
13 Ibídem, p. 169.

capitalista sin ninguna fisura apologética propia del positivismo evolucionista, y constituir también en la cuestión ecológica y la superación del productivismo exacerbado un nivel crítico esencial de nuestro tiempo, reconociéndolo como dimensión fundamental de las crecientes dificultades de la reproducción sistémica del capitalismo. Más allá de las fundadas dudas que ocasionan las caracterizaciones tan tajantes elaboradas por Wallerstein acerca del autor de los *Grundrisse*, que podríamos criticar por unilaterales y quizás más apropiadas para ciertos momentos y tendencias del "marxismo" que para el propio Marx, resulta muy reveladora su voluntad manifiesta de "romper con este Marx todavía preso de la herencia iluminista".[14]

De la entrevista de 1999 a Wallerstein de Aguirre Rojas van surgiendo una variedad de propuestas y temáticas, variadas e intensas.[15] Sobre el final de la misma reconocemos una síntesis de los ejes intelectuales que han estructurado una obra esencialmente ya hecha, pero que sigue promoviendo ideas y debates nuevos y profundos. En primer lugar, el concepto y la historia del sistema-mundo capitalista, el proceso de su constitución, crecimiento, consolidación y agotamiento. En segundo término, el problema de qué hacer hoy y como analizar la situación actual, unido al concepto de *utopística*, término acuñado por Wallerstein para designar "la evaluación seria de las alternativas históricas, el ejercicio de nuestro juicio en cuanto a la racionalidad material de los posibles sistemas históricos alternativos. Es la evaluación sobria, racional y realista de los siste-

---

14 Ibídem, pp. 200-204; también "Un regreso a Marx", en Wallerstein, *Impensar...*, Parte IV, caps. 11 y 12, pp. 165-202. Para un análisis más complejo de Marx, Engels y el marxismo de finales del siglo XIX en relación al positivismo y el evolucionismo, que no exime a Marx de estos componentes, pero los dialectiza, cf. Gouldner, Alvin, *Los dos marxismos*, Madrid, Alianza Editorial, 1983.

15 Cf. supra, nota 3.

mas sociales humanos y sus limitaciones, así como de los ámbitos abiertos a la creatividad humana. No es el rostro de un futuro perfecto (e inevitable), sino el de un futuro alternativo, realmente mejor y plausible (pero incierto) desde el punto de vista histórico. Es, por lo tanto, un ejercicio simultáneo en los ámbitos de la ciencia, la política y la moralidad".[16] Finalmente, el tercer eje de trabajo reconocido por Wallerstein es el del reordenamiento del mundo del saber, o sea las consecuencias de sus preocupaciones epistemológicas, que nos ocupará más adelante.

En la intelectualidad estadounidense Wallerstein fue, como dijimos, uno de los principales críticos de la política de George W. Bush, marcada -según él- por una aceleración de la *decadencia* de la hegemonía norteamericana. Su compromiso político se despliega en la discusión de las implicaciones coyunturales de una visión estructural del sistema-mundo capitalista en su época terminal, de la participación de los nuevos actores sociales antiglobalización y de los eventuales límites tendenciales de dicho sistema, de los cuales los dos principales son la demografía y la ecología, como lo ha señalado ajustadamente Eric Hobsbawm. La presunción de Wallerstein es que el capitalismo no terminará por su fracaso, sino por su "éxito" histórico acabado, por el cumplimiento cabal de todos sus presupuestos, en una visión que tiene reminiscencias de Hegel -nada concluye hasta haber desplegado y agotado todas sus posibilidades- y también de ciertas posturas del marxismo de la Segunda Internacional, ceñido por el positivismo, esto último un tanto paradójico teniendo en cuenta las líneas fundamentales del pensamiento de Wallerstein. Estamos tentados de decir -en un pensamiento como el de nuestro autor, colocado por muchas buenas razones

---

16 Wallerstein, Immanuel, *Utopística o las opciones posibles del siglo XXI*, Siglo Veintiuno Editores, México, 1998, pp. 3-4.

en las antípodas de este tipo de planteamientos- que nos encontramos nuevamente en el terreno del "derrumbe" del capitalismo, tal como lo pensaba y discutía Eduard Bernstein en la socialdemocracia alemana y europea en la segunda mitad de la década de 1890. "He afirmado -escribe en *Utopística*- que existen limitaciones estructurales para el proceso de acumulación incesante de capital que rige nuestro mundo actual, y que esas limitaciones en la actualidad saltan a la primera plana como un freno para el funcionamiento del sistema. He señalado que esas limitaciones estructurales -que he llamado las asíntotas de los mecanismos operativos- han creado una situación estructuralmente caótica, difícil de soportar y que tendrá una trayectoria por completo impredecible. Por último, he sostenido que un nuevo orden surgirá de este caos en un período de cincuenta años, y que este nuevo orden se formará como una función de lo que todos hagan en el intervalo, tanto los que en el actual sistema tienen el poder como de quienes no lo tienen. Este análisis no es optimista ni pesimista, en el sentido de que no predigo y no puedo predecir si el resultado será mejor o peor. Sin embargo, es realista al tratar de estimular las discusiones sobre los tipos de estructuras que en realidad mejor nos pueden servir a todos nosotros y los tipos de estrategias que nos pueden impulsar en esas direcciones. Así que, como dicen en África oriental, *¡harambee!*".[17]

Como vemos en esta última cita, lejos de la inercia del objetivismo, Wallerstein propone acción diligente en dilucidar el carácter y las oportunidades abiertas por la

---

17 Ibídem, pp. 89-90. *Harambee* significa literalmente "trabajando juntos por un propósito común" o "vamos todos a bogar juntos" en swahili. El concepto ha sido importante durante siglos en algunas zonas de África Oriental en la construcción y mantenimiento de las comunidades, y así es retomado por Wallerstein, con un claro sentido político, tal como lo señalamos al comienzo de este artículo.

crisis, y reconocer en su propio diseño las alternativas históricas del siglo XXI: "Una vez que entendamos nuestras opciones, debemos estar listos a participar en la batalla, sin ninguna garantía de ganarla. Esto es crucial, ya que las ilusiones sólo engendran desilusiones, con lo que se vuelven despolitizantes".[18]

Aunque relativamente ya distantes en el tiempo -en particular por el decisivo viraje de coyuntura a nivel planetario que significaron los atentados del 11 de septiembre de 2001 en Nueva York y sus derivaciones bélicas-, los conceptos de Wallerstein en la entrevista con Aguirre Rojas no solamente ayudan a aclarar o debatir cuestiones teóricas e historiográficas de gran importancia, sino que plantean desafíos intelectuales y políticos de una inmediata actualidad. Además, y en estrecha conexión con su actividad en la Comisión Gulbenkian acerca de la situación epistemológica de las ciencias sociales ante la crisis del paradigma decimonónico sobre el que se sustentan, cuyo informe final coordinó y presentó en 1995,[19] podemos verificar en la entrevista importantes posicionamientos acerca de la convergencia conceptual de las ciencias sociales con las nuevas "ciencias de la complejidad", en un camino básicamente plural por ahora abierto a todas las combinaciones, asumiendo esencialmente los puntos de vista de Ilya Prigogine.

3. El paradigma de la complejidad: Ilya Prigogine

Debo aquí abrir un paréntesis. El escenario innovador abierto por Prigogine, cuya plena asimilación sigue en ciernes en el campo de las ciencias sociales contemporáneas,

---

18 Ibídem.

19 Cf. nota 20.

posibilita planteamientos radicales en torno a la epistemología y a la concepción holística del conocimiento social. Este notable científico, nacido en Moscú en 1917, emigrado de niño y naturalizado belga en 1949, aplicó en sus investigaciones teóricas las bases de la termodinámica clásica al estudio de procesos irreversibles, desarrollando la teoría de las estructuras disipativas. Se le otorgó el Premio Nobel de Química en 1977 "por su gran contribución a la acertada extensión de la teoría termodinámica a sistemas alejados del equilibrio, que sólo pueden existir en conjunción con su entorno, particularmente la teoría de las estructuras disipativas", concepto este último definido por el mismo Prigogine.

Un sistema disipativo es un sistema termodinámico abierto que está operando fuera de equilibrio termodinámico -y con frecuencia lejos de ese equilibrio-, en un medio ambiental con el cual intercambia energía y materia. Se entiende por equilibrio un estado de balance entre todos los componentes de un sistema. Una estructura disipativa es un sistema disipativo que presenta un régimen dinámico que en cierto sentido se encuentra en *steady state,* o sea una condición estable que no cambia a través del tiempo o en la cual el cambio en una dirección está continuamente balanceado por el cambio en otra, es decir en una situación más general que el sólo equilibrio dinámico, ya que esa situación de equilibrio puede prolongarse en el tiempo. Precisamente, las estructuras disipativas se caracterizan por la aparición espontánea de rupturas simétricas y la formación de estructuras complejas, y en ocasiones caóticas, en las que las partículas interactuantes exhiben un amplio rango de correlaciones. Las nociones de no linealidad, fluctuación, bifurcación y autoorganización (autopoiesis)[20] son

20 Autopoiesis es un neologismo propuesto en 1971 por los biólogos chilenos Humberto Maturana y Francisco Varela para designar la organización

fundamentales en el dominio de las estructuras disipativas, las que se encuentran en el origen de los estudios de sistemas complejos. Es de aquí que se pueden desprender conceptos fundamentales para la teoría de la sociedad, y también elementos de alta productividad por la vía analógica.[21] De hecho, creo que constituyen la mayor posibilidad

---

de los sistemas vivos: la autopoiesis es la condición de existencia de los seres vivos en la continua producción de sí mismos. Esta propiedad de los sistemas de producirse a sí mismos define el "acoplamiento" de un sistema a su entorno. Aunque un sistema autopoiético se mantenga en desequilibrio, puede conservar una consistencia estructural absorbiendo la energía de su medio en forma permanente. Al igual que la célula y los seres vivos, los sistemas autopoiéticos tienen la capacidad de conservar la unión de sus partes y la interacción entre ellas. Asimismo, estos sistemas son autónomos en sus operaciones debido a su facultad de reaccionar y amoldarse de acuerdo a los estímulos que inciden desde el medio. De esta manera, son sistemas cerrados en permanente autorregulación, y se constituyen a través de una red de procesos que logran transformar componentes pero en los que el mismo sistema maneja su identidad con relación al entorno. Estos sistemas están abiertos a su medio porque intercambian materia y energía, pero simultáneamente se mantienen cerrados operacionalmente, pues son sus operaciones las que los distinguen del entorno. El término autopoiesis nació de la biología, pero más tarde fue adoptado por otras ciencias y autores, tal como lo hizo el sociólogo Niklas Luhmann. Un fundamental trabajo para adentrarse en la importancia de este concepto en los nuevos desarrollos de la teoría social y política contemporánea: Von Beyme, Klaus, *Teoría política del siglo XX. De la modernidad a la postmodernidad,* Madrid, Alianza Editorial, 1994.

21 Una muy interesante exploración es: Mier, Raymundo, □Ilya Prigogine y las fronteras de la certidumbre□, *Metapolítica,* vol. 2, octubre-diciembre de 1998, pp. 673-690. □Es patente □dice Mier□ que las reflexiones de Prigogine y las nuevas alternativas que surgen de la aceptación de las tesis sobre la flecha del tiempo no pueden dejar de conmover el pensamiento social, las concepciones de la historia, la reflexión sobre las pautas normativas, las modalidades del intercambio simbólico, las concepciones del poder y de los espacios y prácticas de lo político. [ ] la metáfora de lo social se multiplica y multiplica también su capacidad para intervenir tanto en la complejidad eficaz de los procesos de interacción simbólica como en la representación de la complejidad como un factor decisivo en la formación y la permanencia de las pautas reguladoras de memoria y creencia. La reflexión sobre los alcances metafóricos del diálogo entre las ciencias toma un nuevo curso; su carácter incierto y su destino ini-

de una vía de renovación de las ciencias sociales actuales, y el contacto decisivo de Wallerstein con Prigogine es muy significativo en esta perspectiva.

4. La crítica al paradigma dominante de las ciencias sociales

La reflexión crítica de Wallerstein respecto de la organización del saber acerca de la sociedad es de larga data. Ya en 1974, en el prólogo del primer volumen de su obra fundamental, *El moderno sistema mundial,* ejerce la crítica al estado de las ciencias sociales contemporáneas hegemonizadas por el funcionalismo, que "se han convertido en el estudio de grupos o de organizaciones, cuando no en psicología social disfrazada",[22] señalando que la "adecuada comprensión de la dinámica social del presente requiere *una comprensión teórica* que sólo pude estar basada en el estudio de la más amplia gama posible de fenómenos, incluyendo *la totalidad del tiempo y el espacio históricos*."[23]

En 1977, en la breve pero sustanciosa presentación de la revista *Review,* del Centro Fernand Braudel, planteó sin ninguna ambigüedad la necesidad de renovar el vocabulario de las ciencias sociales, consciente de que esto implicaba repensar críticamente sus categorías para superar el atascamiento producido por la hiperespecialización.[24] Wallerstein planteó allí, y luego lo retomaría de

maginable no hacen sino alimentar la imagen de un proceso humano abierto a la creación incesante y que en cada instante se enfrenta a condiciones que lo obligan a decidir en condiciones azarosas un trayecto no pocas veces trágico, pero no pocas veces luminoso□. (pp. 689-690).

22 Wallerstein, *El moderno...*, I, p. 17.

23 Ibídem, p. 16. El subrayado es mío.

24 Wallerstein, Immanuel, "The Tasks of Historical Social Science: An Editorial", *Review,* vol. I, núm. 1, verano de 1977, pp. 3-7, Fernand Braudel Center for the Study of Economies, Historical Systems, and Civilizations.

manera más compleja, una particular percepción del origen histórico de la ciencia social, cuya clave fue la "propensión a la universalización geográfica y temporal de la verdad, que corrió pareja con su progresiva división sectorial". Esta construcción estuvo marcada por la creencia en una "naturaleza humana" permanente, una antropología fundante más allá de toda discusión. Sobre estos fundamentos se efectuó la construcción de diversos dominios del conocimiento, llamados "disciplinas", concebidos como ámbitos "lógicamente autocontenidos". En torno a 1900 estos territorios del saber estaban ya consolidados sobre la base de cinco grandes campos: economía, ciencia política, sociología, historia y antropología.

Muchos científicos sociales rechazaron individualmente estos supuestos, pero desde tres corrientes de pensamiento se intentó plantear una visión alternativa del mundo, desestimando esta tendencia "universalizante-sectorizante". La primera, proveniente de la Alemania guillermina, las *Sttatswissenschaften,* encontraron un primer vocero en Friedrich List, pero se continuaron largamente, desde Schmoller hasta Bucher y desde Veblen a Schumpeter y Polanyi. Una segunda, el amplio movimiento de los *Annales*. Y, tercera, *last but not least,* el marxismo. Estas tres escuelas eran holísticas en su objetivo general y compartían la creencia de que teorizar es una actividad indispensable, pero no desde posiciones deductivistas, sino que pensaban que las teorías eran coagulaciones de saber temporalmente acotadas, de importancia heurística, acerca de la concreta y mudable realidad de lo empírico.

Impensar las "ciencias sociales históricas", tal es el concepto adoptado por Wallerstein, que en castellano puede asociarse a una *implosión,* para la acción de revisión de este paradigma disciplinario dominante;[25] *impensar,* uso de un verbo desacostumbrado que subraya su argumento central de que es necesario ir más allá de "repensarlas" -una operación habitual en la actividad científica específica-, poniendo el acento en la puesta en cuestión de todo el

---

[25] Wallerstein, Immanuel, Unthinking Social Science. The Limits of Nineteenth-Century Paradigms, Polity Press/Basil Blackwell, Cambridge and Oxford, 1991; Wallerstein, Impensar..., op. cit. Unthinking: el verbo no existe en inglés -el Oxford English Dictionary no lo registra-, resulta ser un neologismo acuñado por Wallerstein. El juego semántico es interesante ya que gramaticalmente unthinking como adjetivo, que sí existe en inglés, significa "expresado, hecho, o actuando sin las consideraciones propias de las consecuencias de tal acción"; por lo tanto, in the back of your head, o sea de entrada, el neologismo de Wallerstein transmite una idea de audacia. Aunque, en realidad, sea una nueva palabra compuesta del prefijo un más el participio presente thinking (que viene de to think: 'pensar'). Es importante que el participio presente (que en rigor es un adjetivo verbal) indica una acción progresiva, en curso, no terminada. Es idéntico al gerundio en español y por lo tanto es preferible la traducción en español por esta forma verbal: "impensando", subrayando así el sentido de modificador de su objeto directo, o sea las ciencias sociales; no debe traducirse, a mi juicio, tal como lo hace Susana Guardado, traductora de la edición en español, con el infinitivo "impensar" ya que el infinitivo es un sustantivo verbal y entonces el énfasis estaría en la acción. Luego, en la parte VI del libro, utiliza el gerundio: "Análisis de los sistema-mundo como impensando", Wallerstein, Impensar..., p. 247. El prefijo un: 1) específicamente con participios (thinking, como dijimos, es participio presente en inglés, gerundio en español) le da el sentido de "opuesto, contrario a pensar" o sea "no pensar", dejarlo en su estado prístino o en el caos, que es un desorden ordenado; 2) con verbos (de nuevo, el participio es un adjetivo verbal): a) hacer lo contrario o deshacer una acción específica, en esta acepción de deshacer está la idea de implosión; b) remover, dejar libre de pensar, de nuevo la idea de estado prístino; 3) además el prefijo intensifica esa acción opuesta, por lo tanto, el término en sí es polémico, se define sólo en base a su contrario y en este aspecto polémico también se puede ver la idea de implosión, lo "belicoso" que significa destruir los paradigmas existentes. Finalmente, el describir los paradigmas existentes con el término thinking les otorga una jerarquía un tanto irónica, llama mucho la atención que no haya querido usar términos ya existentes como disbelieve, disregard, excogitate para desarrollar su entero argumento. (Esta nota se redactó con base en una comunicación personal de María Fernanda Crespo).

paradigma que las soporta, considerado por el autor como "la principal barrera intelectual para analizar con algún fin útil el mundo social".[26] El autor señala que la cuestión epistemológica de las ciencias sociales radica en que se institucionalizaron como una forma de conocimiento propia del siglo XIX y ello generó una epistemología específica, centrada en una antinomia nomotética-idiográfica falsa en lo que hace a la distinción entre ciencias físico-naturales y ciencias sociales y humanas, con lo que impulsa un vigoroso cuestionamiento a todo el desarrollo posterior a Dilthey, particularmente las posiciones de Windelband. Esta institucionalización reposó en las transformaciones de lo que Wallerstein llama "sistema-mundo", particularmente como resultado de la acción de la Revolución Francesa y Napoleón entre 1789 y 1815: el básico reconocimiento de su carácter ya capitalista y los límites impuestos a la división laboral de la economía-mundo capitalista por la existencia de un sistema interestatal compuesta de estados "hipotéticamente soberanos".[27] Surgió así una situación en la llamada burguesía mundial aceptó la "normalidad del cambio" para tener la oportunidad de "contenerlo y retrasarlo".

Como expresión y respuesta a esta normalización de la idea del cambio político y social surgieron tres nuevas instituciones: las ideologías, las ciencias sociales y los movimientos, como forma de la síntesis intelectual/cultural del "largo" siglo XIX.[28] Las tres grandes ideologías formu-

---

26 Ibídem, p. 3.

27 Ibídem, p. 18.

28 Wallerstein refiere a las ideologías como instituciones, en la medida en que surgen después de la "normalización del cambio" social, y van más allá de una *Weltanschauung* en el sentido de que no sólo interpretan el mundo sino que resultan útiles para establecer objetivos políticos conscientes de mediano plazo, o sea una *Weltanschauung* "formulada de manera consciente y colectiva con objetivos políticos formales".

ladas, capaces de establecer una agenda política específica, fueron el conservadurismo, el liberalismo y el marxismo.

Para enfrentar la normalización del cambio no bastaron las ideologías. No sólo debía establecerse una agenda de cambio, sino que era necesario conocer el mundo y su funcionamiento, para poder alimentar las agendas políticas, y esto generó la construcción de las ciencias sociales. De la misma manera que las ideologías son más que *Weltanschauungen,* las ciencias sociales van más allá que los pensamientos o las filosofías sociales. Desde el Renacimiento a la Ilustración surgieron espléndidos procesos de pensamiento, tanto en la filosofía política, a partir de Maquiavelo y Tomás Moro hasta Rousseau, pasando por Bodin, Spinoza, Hobbes, Locke y Montesquieu, como en la economía política, de Hume a Marx, a través de Adam Smith, los fisiócratas, Malthus, Ricardo y John Stuart Mill.[29]

Sin embargo, las ciencias sociales supusieron otra cosa que este estupendo florecimiento del pensamiento social;

---

29 En este punto, Wallerstein revela nuevamente una inadecuada comprensión del entero proyecto crítico de Marx. Marx no trabajó en el campo de la "economía política" sino que precisamente la superó ejerciendo la crítica de sus fundamentos, revelando el carácter de clase de sus postulados básicos y la imposibilidad que tenía de revelar el secreto de la sociedad burguesa: la plusvalía. La crítica de Marx a la "economía política" es un modelo epistemológico a aplicar a las demás disciplinas de las ciencias sociales, al igual que su concepción de una ciencia holística de la sociedad, que también está presente en la tradición de Locke, Montesquieu y Rousseau, y en el joven Hegel. Una asimilación adecuada de la crítica de Marx es esencial en la construcción de un nuevo paradigma del conocimiento de la sociedad, que está en el núcleo de las preocupaciones de Wallerstein, por lo que es muy pertinente señalar esta incorrecta lectura de la posición de Marx y la necesidad de recuperar el debate acerca de la epistemología del marxismo desarrollado con mucha intensidad especialmente en Italia y Francia desde finales de la década del cincuenta del siglo pasado, hasta finales de los setenta. En Argentina hasta 1975, en México, y en menor medida en Brasil, hubo importantes resonancias de ese debate epistemológico, que también es necesario recuperar.

se institucionalizaron para producir estudio empírico del mundo social, capaz de comprender, orientar e influir en el "cambio normal" de la sociedad, en un notable esfuerzo colectivo y una importante inversión social. El ámbito principal de institucionalización de las ciencias sociales fueron las universidades, renovadas intensamente en el siglo XIX, en las que se fueron generando las nuevas disciplinas, cuyas denominaciones supusieron un triunfo de la ideología liberal sobre la conservadora. Esto se reflejó en la cuidadosa delimitación de tres ámbitos de actividad: la del Estado, la del mercado, y la de la "personalidad". Las ciencias políticas, la economía y la sociología se correspondieron bien pronto con estas tres grandes esferas, siendo la última más bien residual, asumiendo como objeto de estudio todo lo que no entraba en las dos primeras esferas. Junto con esto, y centrada en la obra de Leopold von Ranke, la historia redefinió su papel, y ya institucionalizada se convirtió en una disciplina rigurosamente idiográfica. Wallerstein plantea cuatro puntos atinentes al desarrollo de estas incipientes ciencias sociales. Primero, desde un punto de vista empírico, tuvieron que ver con los principales países de la economía-mundo capitalista; segundo, los eruditos se especializaron generalmente con temáticas de un solo país; tercero, el modo de trabajar dominante era empírico y concreto; y, finalmente, este empuje empirista de base nacional se convirtió en el modo de restringir el estudio del cambio social.[30]

---

30 Para una buena síntesis de las ideas de Wallerstein en torno al problema de la constitución de las ciencias sociales cf. Lee, Richard E., "The Structures of Knowledge and the Future of the Social Sciences: Two Postulates, Two Propositions and a Closing Remark", *Journal of World-Systems Research,* VI, 3, fall/winter 2000, Special Issue "Festchrift for Immanuel Wallerstein", Part II, pp. 786-796. El autor fue secretario científico de la Comisión Gulbenkian.

5. Apéndice: Wallerstein y la Comisión Gulbenkian

En la última década del siglo pasado se realizó un importante esfuerzo para fundar e impulsar el debate acerca de la renovación de los paradigmas de las ciencias sociales. La Comisión Gulbenkian para la reestructuración de las ciencias sociales fue creada por la fundación portuguesa Calaste Gulbenkian en julio de 1993, con el objetivo de indagar acerca de las inadecuaciones de la organización de las disciplinas participantes de las ciencias sociales tal como se desarrollaron desde la segunda mitad del siglo XIX hasta la finalización de la Segunda Guerra Mundial, abrir nuevas perspectivas e indicar direcciones de investigación para el próximo medio siglo. Immanuel Wallerstein fue su presidente, y se integró con seis investigadores de las ciencias sociales, dos de las ciencias naturales y dos provenientes de las humanidades. La composición del grupo indica la voluntad de relacionar a los diversos campos científicos y humanísticos, así como la variedad de saberes, su interconexión, los orígenes y perspectivas diversas de los participantes son la clave de constitución de este conjunto de académicos signado por las búsquedas y prácticas innovadoras y las transgresiones disciplinarias. Sus miembros fueron Calestous Juma, keniata, una autoridad en la aplicación de la ciencia y la tecnología al desarrollo sustentable; Jürgen Kocka, historiador alemán de la nueva historia social; Kinhide Mushakoji, japonés, dedicado a la ciencia política, y autoridad en el terreno de las relaciones internacionales y la paz; Peter J. Taylor, geógrafo político e histórico británico; Michel-Rolph Trouillot, antropólogo e historiador haitiano; Evelyn Fox Keller, graduada en física teórica, de Estados Unidos, enfocada a la historia y la filosofía de la moderna biología y a las relaciones entre género y ciencia; Ilya Prigogine, químico belga, ganador del Premio Nobel por su trabajo sobre las estructuras disipativas, los sistemas complejos y la irreversibilidad; Dominique Lecourt, filósofo francés, quien desarrolló una interpretación materialista de la filosofía de la ciencia de Gaston Bachelard; V. Y. Mudimbe, profesor y escritor nacido en el Congo, dedicado a la fenomenología, el estructuralismo, las narrativas míticas y la práctica y usos del lenguaje. Richard E. Lee se desempeñó como secretario científico del organismo.

La Comisión realizó tres reuniones, la primera en la primavera de 1994 en la sede de la Fundación patrocinante en Lisboa, la segunda en la Maison des Sciences de l'Homme en París en enero de 1995 y la última en Binghamton University en junio de ese año; el reporte final fue presentado por Wallerstein y publicado en 1996, ha sido traducido entre esa fecha y 2002 al alemán, búlgaro, coreano, checo, chino, danés, finlandés, francés, esloveno, español, holandés, griego, húngaro, italiano, japonés, lituano, noruego, polaco, portugués, serbio, sueco y turco, lo que refleja la amplitud de su recepción y del debate consiguiente.[31]

---

31 *Open the Social Sciences: Report of the Gulbenkian Comission on the Reestructuring of the Social Sciences,* Stanford University Press, Stanford, 1996 ; en español Wallerstein, Immanuel (coord.), Calestous Juma, Evelyn Fox Keller, Jürgen Kocka, Dominique Lecourt, V. Y. Mudimbe, Kinhide Mushakoji, Ilya Prigogine, Peter J. Taylor, Michel-Rolph Trouillot, *Abrir las ciencias sociales. Informe de la Comisión Gulbenkian para la reestructuración de las ciencias sociales,* Siglo Veintiuno Editores, México, 1996. El informe se divide en cuatro puntos: 1. La construcción histórica de las ciencias sociales desde el siglo XVIII hasta 1945; 2. Los debates en las ciencias sociales de 1945 hasta el presente; 3. El tipo de ciencia social que se requiere actualmente; 4. La reestructuración de las ciencias sociales como conclusión al aporte. Immanuel Wallerstein lo presentó el 24 de octubre de 1995 en el Social Science Research Council de Nueva York, en la presentación del volumen *Open the Social Sciences;* el texto de esa presentación: Open the Social Sciences , en *Items,* Social Scíence Research Council, vol. 50:1, march 1996.

El punto de partida de este trabajo es la consideración del surgimiento y desarrollo histórico de las ciencias sociales. En el siglo XIX emerge la noción de "tres culturas", que implicó la disolución de la antigua organización medieval del conocimiento para constituir el dominio o "cultura" de las ciencias naturales por un lado, de las humanidades (las *bellas letras,* que a veces integraba a la historia, la cual se deslizaba en otras taxonomías a las ciencias sociales, y la filosofía) por el otro, y las ciencias sociales en una situación intermedia. A su vez, las ciencias sociales fueron divididas en "disciplinas": la economía, la ciencia política, la sociología, la antropología; la historia quedó en un situación fronteriza entre la humanidades y las ciencias sociales. Hubo momentos y tendencias de resistencia a esta taxonomía y sus implicaciones, pero hasta la década de 1960 el modelo se instituyó de forma hegemónica.

El factor esencial fue el éxito de la institucionalización. La Universidad, rescatada de la decadencia del modelo medieval que la había colocado en situación de languidez extrema entre los siglos XVI y XVIII, resurgió con sus nuevos departamentos, cátedras, cursos y grados académicos; a nivel nacional e internacional surgieron asociaciones académicas poderosas, lo mismo que revistas especializadas en cada disciplina, y en ocasiones, subdisciplinas; las principales bibliotecas del mundo organizaron su catalogación sobre la base de este diseño del conocimiento.

En los años sesenta, y particularmente a partir de la "revolución cultural" de 1968 este ordenamiento se vio severamente cuestionado. Las diversas "disciplinas" de las ciencias sociales comienzan a desdibujar sus fronteras y a superponerse e interrelacionarse estrechamente, en la teoría y en la práctica; por su parte, la crucial distinción entre las "tres culturas" se deshace. Tanto las humanidades como las ciencias sociales se "historizan" crecientemente, a la vez que muchos de los métodos de las ciencias sociales crecientemente son influidos por criterios y conceptos de las humanidades. A la vez, el límite entre las ciencias sociales y las ciencias naturales se vuelven crecientemente borrosos, por la presencia de las "nuevas ciencias" y su énfasis en la irreversibilidad, la imposibilidad de precisión y el lugar central que ocupa en ellas la complejidad. Las ciencias sociales cobran cada vez mayor interés por los problemas, abordajes y métodos de las ciencias naturales.[32]

A manera de colofón, y a la vez de invitación abierta, citaremos a Wallerstein en términos sintéticos respecto al problema del futuro posible de una ciencia social capaz de ser útil en el conocimiento de la realidad y la transformación del mundo en un sentido emancipatorio, tal como lo planteamos al comienzo de este escrito:

> De manera específica y en términos de lo que hemos estado denominando ciencias sociales históricas, surge el interrogante de si el método de ir de lo concreto a lo abstracto, de lo particular a lo universal, no debería invertirse. Tal vez las ciencias sociales históricas debieran *comenzar* con lo abstracto y avanzar hacia lo concreto, para luego concluir con una interpretación de los procesos de los sistemas históricos particulares que explicara en forma convincente cómo éstos siguieron un camino histórico concreto en particular. *Lo definitivo no es lo sencillo sino lo complejo, incluso lo hipercomplejo, y por supuesta ninguna situación concreta es más compleja que los largos momentos de transición cuando las limitaciones más sencillas se vienen abajo.* La historia y las ciencias sociales adoptaron su forma actual dominante en el momento del triunfo indisputable de la lógica de nuestro sistema histórico actual. Son hijas de esta lógica. Sin embargo, ahora vivimos un largo momento de transición cuando las contradicciones de este sistema han hecho imposible continuar ajustando su maquinaria. *Vivimos en un período de verdadera elección histórica, el cual no puede comprenderse*

---

32 Conlon, Joy, "The Mathematics of the Social Sciences", *Stanford Humanities Review,* vol. VI, 1, 1998.

si partimos de los supuestos de este sistema. El análisis de los sistemas-mundo es un llamado a construir una ciencia social histórica a la que no incomoden las incertidumbres de la transición, que contribuya a la transformación del mundo al iluminar las opciones sin recurrir a la muleta de creer en el triunfo inevitable del bien. El análisis de los sistemas-mundo es un llamado a abrir las persianas que nos impiden explorar muchos terrenos del mundo real. *Dicho análisis no es un paradigma de las ciencias sociales históricas, es un llamado a un debate sobre el paradigma.*[33]

[33] Wallerstein, *Impensando...*, pp. 276-277 (*comenzar,* destacado en el original; los otros destacados son míos).

www.ingramcontent.com/pod-product-compliance
Lightning Source LLC
Chambersburg PA
CBHW020652270326
41928CB00005B/79

* 9 7 8 9 8 7 1 8 6 7 6 5 3 *